Joseph J. Ellis

Sie schufen Amerika

Joseph J. Ellis

Sie schufen Amerika

Die Gründergeneration von John Adams bis George Washington

Aus dem Amerikanischen
von Martin Pfeiffer

Verlag C.H. Beck

Titel der amerikanischen Originalausgabe:
Founding Brothers
The Revolutionary Generation
Verlag Alfred A. Knopf, New York

Die Deutsche Bibliothek – CIP-Einheitsaufnahme
Ellis, Joseph J.:
Sie schufen Amerika : die Gründergeneration
von John Adams bis George Washington /
Joseph J. Ellis. – München : Beck 2002
Einheitssacht.: Founding brothers <dt.>
ISBN 3-406-49520-6

Satz: Fotosatz Otto Gutfreund, Darmstadt
Druck und Bindung: Ebner & Spiegel, Ulm
Gedruckt auf säurefreiem, alterungsbeständigem Papier
(hergestellt aus chlorfrei gebleichtem Zellstoff)
Printed in Germany
ISBN 3 406 49520 6

www.beck.de

Inhalt

Für Ellen

Danksagung

Die Idee, die diesem Buch seine Form gegeben hat, kam mir bei der erneuten Lektüre eines boshaften kleinen Klassikers von Lytton Strachey mit dem Titel *Eminent Victorians*. Mein Problem, so wie ich es jedenfalls in diesem frühen Stadium sah, betraf den Umfang und die Größenordnung. Ich wollte eine bescheiden dimensionierte Darstellung eines gewaltigen historischen Themas schreiben, wollte einen folgenschweren Moment in der amerikanischen Geschichte rekonstruieren, ohne über die Leichen meiner zahlreichen gelehrten Vorgänger zu stolpern, und hoffte, jene Generation politischer Führer, die man gewöhnlich als Gründerväter vergöttlicht und in den Himmel hebt, menschlich und zugänglich zu machen.

Das Buch *Eminent Victorians* hat Strachey wegen des Raffinements seiner Vorurteile berühmt gemacht (sein Titel war zutiefst ironisch), aber ich möchte mich bei ihm dafür bedanken, daß er mir den Mut zu den meinen gegeben hat. Die Idee, die ihn beflügelte, eine Mischung aus List und Selektivität, war, daß weniger mehr sein konnte. «Nicht durch die direkte Methode der peinlich genauen Erzählung», schrieb Strachey, «kann der Erforscher der Vergangenheit hoffen, eine bestimmte Epoche zu schildern. Wenn er weise ist, wird er eine subtilere Strategie wählen. Er wird sein Thema an unerwarteten Stellen angreifen; er wird sich auf die Flanke und die Nachhut stürzen; er wird einen plötzlichen, erhellenden Lichtkegel in finstere, bislang unerforschte Höhlungen richten. Er wird auf den großen Ozean des Materials hinausrudern und dort hier und da einen kleinen Eimer hinablassen, der dann aus jenen fernen Tiefen eine charakteristische Probe ans Tageslicht bringt, die mit sorgfältiger Neugier zu untersuchen ist.» Mit diesem Modell vor Augen bin ich auf den großen Ozean des Materials hinausgerudert, das sich in der Gründungsphase der amerikanischen Nation angesammelt hat, habe meinen kleinen Eimer so weit hinuntergelassen, wie mein Seil reichte, und dann unter Einsatz aller Geschicklichkeit als Geschichtenerzähler, die meine Phantasie hergab, den charakteristischen Proben, die ich heraufgeholt habe, einen Sinn abgewonnen.

Diese Proben entstammen jenem reichhaltigen Depot veröffentlichter Briefe und Dokumente, das wissenschaftliche Herausgeber im Laufe der letzten fünfzig Jahre zusammengetragen haben. Wie jeder andere, der den Versuch unternommen hat, sich über Amerikas Revolutionsgeneration klarzuwerden, bin ich den modernen Ausgaben ihrer Nachlässe zu großem Dank verpflichtet. Die Anmerkungen lassen meine Abhängigkeit von bestimmten Sammlungen erkennen, aber ich möchte hier eine umfassendere Anerkennung für das gesamte Projekt der Bewahrung und Publikation festhalten, das es uns dank einer Finanzierung aus bundesstaatlichen und privaten Mitteln gestattet, die Geschichte der Gründung Amerikas in all ihrer chaotischen Größe wieder zum Leben zu erwecken.

Sobald ich ein Kapitel entworfen hatte, schickte ich es mit der Bitte um Kritik an Fachkollegen, die über Spezialkenntnisse in den Bereichen verfügen, um die es in der jeweiligen Geschichte geht. Folgende Kollegen haben mich vor unzähligen Fehlern bewahrt: Richard Brookhiser, Andrew Burstein, Robert Dalzell, David Brion Davis, Joanne Freeman, Donald Higginbotham, Pauline Maier, Louis Mazur, Philip Morgan, Peter Onuf und Gordon Wood. Wie jeder bezeugen kann, der sich in der historischen Zunft auskennt, habe ich Kritik von seiten einiger der besten Köpfe des Faches erfahren dürfen. Für das, was ich schließlich damit angefangen habe, bin ich natürlich allein verantwortlich.

Drei Freunde und Mentoren haben das gesamte Manuskript gelesen und mir stoffliche oder stilistische Anregungen zu dem Buch als Ganzem gegeben: Eric McKitrick, der mehr über die politische Kultur der frühen Republik weiß als irgend jemand sonst; Edmund Morgan, der mir als erster beibrachte, wie man amerikanische Geschichte betreibt, und der dieses Fach immer noch besser vertritt als jeder andere; Stephen Smith, dessen gegenwärtige Stellung als Redakteur des *U.S. News and World Report* ein wenig seine Berufung als spitzeste Feder in ganz Washington und Umgebung verbirgt.

Das gesamte Manuskript wurde mit der Hand geschrieben, nicht mit einem Federkiel, sondern mit einem Kugelschreiber mittlerer Stärke. Das Kunststück, mein Gekritzel zu entziffern und die Wörter auf eine Diskette zu übertragen, hatte zunächst Helen Canney zu bewältigen, die an drei früheren Büchern mit mir gearbeitet hat, aber bei der Arbeit an diesem hier in einem frühen Stadium abberufen wurde. Holly Sharac machte nahtlos dort weiter, wo sie aufgehört hatte.

Mein Agent Gerald McCauley befaßte sich mit den vertraglichen Feinheiten der Veröffentlichung und entwickelte sich dann zu einem Ein-Mann-Anfeuerungsteam auf der Zuschauertribüne. Ashbel Green, mein Lektor bei Knopf, wurde seinem Ruf als Salz der Erde gerecht. Seine tüchtige Assistentin Asya Muchnik überwachte die Drucklegung mit scharfem Auge und weichem Herzen.

Peter und Scott, meine älteren Söhne, verschlug es an unterschiedliche Enden der Erde, während sich diese Seiten füllten. Mein jüngster Sohn Alexander kritzelte seine Schreibübungen auf den Rand von mehreren Manuskriptblättern. Gemeinsam haben mir meine Kinder als Modell für die liebevolle Rivalität gedient, welche die Beziehung zwischen Brüdern ausmacht.

Meine Frau ertrug die leeren Blicke eines Partners, dessen physische Präsenz darüber hinwegtäuschte, daß er geistig abwesend war und als Autor im fernen 18. Jahrhundert lebte. Dafür, aber nicht nur dafür verdient sie die Widmung am Anfang des Buches.

Joseph J. Ellis
Amherst, Massachusetts

Vorwort
Die Generation

Kein Ereignis der amerikanischen Geschichte, das zu seiner Zeit so unwahrscheinlich war, hat in der Rückschau so unvermeidlich ausgesehen wie die Amerikanische Revolution. Was die Unvermeidlichkeit angeht, gab es allerdings schon damals Stimmen, die Patrioten in spe dazu drängten, die amerikanische Unabhängigkeit als eine frühe Version von *manifest destiny*, der schicksalhaften Bestimmung des Landes, anzusehen. Tom Paine beispielsweise behauptete, es sei einfach eine Sache des gesunden Menschenverstandes, daß eine Insel keinen Kontinent regieren könne. Und Thomas Jefferson betonte in seiner lyrischen Wiedergabe der Gründe für das gesamte Revolutionsunternehmen den selbstverständlichen Charakter der Prinzipien, um die es ging.

Mehrere andere prominente amerikanische Revolutionäre redeten ebenfalls so, als seien sie Schauspieler in einem historischen Drama, dessen Drehbuch schon von den Göttern geschrieben war. John Adams erinnerte sich im Alter an seine jugendlichen Ahnungen von den Kräften der Vorsehung, die hier am Werk waren: «Es gibt... in meiner Erinnerung nichts, das weiter zurückreicht», schrieb er 1807, «als die Beobachtung, daß Künste, Wissenschaften und Reiche immer in westliche Richtung gewandert sind. Und im Gespräch fügte man seit meiner Kinderzeit immer hinzu, ihr nächster Sprung werde sie über den Atlantik nach Amerika führen.» Schon vor dem Ausbruch des Unabhängigkeitskrieges wies Adams seine geliebte Abigail an, hinfort alle seine Briefe aufzubewahren. Dann, im Juni 1776, erwarb er «einen Folioband» zur Aufbewahrung von Abschriften seiner gesamten Korrespondenz, um, wie er es formulierte, «die großen Ereignisse, die stattgefunden haben, und jene noch größeren, die rasch fortschreiten», festzuhalten. Gewiß haben wir die Neigung, uns nur an diejenigen Propheten zu erinnern, deren Vorhersagen sich als zutreffend erwiesen haben, aber es sieht tatsächlich so aus, als sei unter den Angehörigen der Revolutionsgeneration das Gefühl weit verbreitet gewesen, daß sie «bei der Schöpfung zugegen» gewesen seien.[1]

Verstärkt und in unser kollektives Gedächtnis eingegraben wurden diese frühen Vorahnungen vom amerikanischen Schicksal durch den nachfolgenden Triumph der politischen Ideale, welche die amerikanische Revolution, wie Jefferson es so schön formulierte, «der gerecht urteilenden Welt» erstmals verkündete. Überall in Asien, Afrika und Lateinamerika haben ehemalige Kolonien europäischer Mächte mit so vorhersehbarer Regelmäßigkeit ihre Unabhängigkeit errungen, daß der Kolonialstatus zu einem exotischen Relikt vergangener Tage, zu einer bloßen Durchgangsstation für aufstrebende Nationen geworden ist. Das republikanische Experiment, das die Revolutionsgeneration in Amerika so kühn in Gang gesetzt hatte, stieß in den darauffolgenden zwei Jahrhunderten auf erbitterten Widerstand, aber es besiegte die monarchischen Dynastien des 19. und danach dann die totalitären Despotien des 20. Jahrhunderts völlig, genau wie Jefferson es vorhergesagt hatte. Wenngleich die Behauptung, es stehe, wie es ein zeitgenössischer politischer Philosoph formuliert hat, das «Ende der Geschichte» bevor, etwas extrem klingt, ist doch wahr, daß alle alternativen Formen der politischen Organisation gegen die liberalen Institutionen und Ideen, die erstmals gegen Ende des 18. Jahrhunderts in den Vereinigten Staaten eingeführt wurden, vergebliche Rückzugsgefechte zu führen scheinen. Zumindest kann man wohl mit einiger Sicherheit sagen, daß eine Form der repräsentativen Staatsverfassung, die auf dem Prinzip der Volkssouveränität beruht, und eine Form der Marktwirtschaft, die ihren Antrieb aus den Energien der einzelnen Bürger bezieht, zu den allgemein anerkannten Elementen nationalen Erfolges in aller Welt geworden sind. Diese Vermächtnisse sind uns so vertraut, wir sind so sehr gewohnt, ihren Erfolg als selbstverständlich zu betrachten, daß die Ära, in der sie geboren wurden, in der Erinnerung einfach als ein Land der unausweichlichen Ergebnisse erscheinen muß.[2]

Ungeachtet der zuversichtlichen und vorahnungsvollen Aussagen von Führern wie Paine, Jefferson und Adams mußten die Ergebnisse, die für uns so unausweichlich aussehen, für sie erst Gestalt annehmen. Es gilt das alte Sprichwort: Männer machen Geschichte – und die führenden Mitglieder der Revolutionsgeneration waren sich darüber im klaren, daß sie das taten –, aber die Geschichte, die sie machen, können sie niemals kennen. Wir können zurückblicken, die Ära der Amerikanischen Revolution zu einem zentralen Punkt machen und dann das Terrain stromaufwärts und stromabwärts überblikken, aber sie können nur das kennen, was stromabwärts liegt. Eine Anekdote, die Benjamin Rush, der Arzt aus Philadelphia und Unterzeichner der Unabhängigkeitserklärung, im Alter gern erzählte, läßt das einprägsam werden. Am 4. Juli 1776, unmittelbar nachdem der Kontinentalkongreß seine Abänderungen der Erklärung abgeschlossen und sie zur Veröffentlichung an den Drucker gesandt hatte, wurde Rush Zeuge eines Gesprächs zwischen Benjamin Harrison aus Virginia und Elbridge Gerry aus Massachusetts: «Ich werde Ihnen gegenüber erheblich im Vorteil sein, Mr. Gerry», erklärte Harrison, «wenn wir alle für das, was wir jetzt tun, gehenkt werden. Infolge des Umfangs und des Gewichts meines Körpers werde ich in wenigen Minuten sterben, Sie dagegen werden infolge des geringen Gewichts Ihres Körpers ein oder zwei Stunden in der Luft baumeln, bevor Sie tot sind.» Rush erinnerte sich, die Bemerkung habe «ein flüchtiges Lächeln hervorgerufen, auf das aber bald die Feierlichkeit folgte, mit der das gesamte Unternehmen betrieben wurde».[3]

Ausgehend von dem, was wir heute über die militärische Geschichte der Amerikanischen Revolution wissen, können wir sagen: Wenn die britischen Befehlshaber den Krieg in seinen frühesten Phasen nachdrücklicher verfolgt hätten, dann hätte es durchaus sein können, daß die Kontinentalarmee sofort vernichtet und die amerikanische Unabhängigkeitsbewegung im Keime erstickt worden wäre. Dann hätte man die Unterzeichner der Unabhängigkeitserklärung gejagt, vor Gericht gestellt und wegen Hochverrats hingerichtet, und die amerikanische Geschichte wäre in einer ganz anderen Richtung weitergegangen.[4]

Langfristig war die Herausbildung einer unabhängigen amerikanischen Nation, die im Laufe des 19. Jahrhunderts im

Rahmen der schützenden Zwänge des British Empire ihre politische und ökonomische Stärke entwickelt hätte, wahrscheinlich unvermeidlich. Das war der Punkt, um den es Paine ging. Aber das war nicht die Form, in der sich die Geschichte abspielte. Die Schaffung einer eigenständigen amerikanischen Nation geschah nicht allmählich, sondern plötzlich, nicht evolutionär, sondern revolutionär, und die entscheidenden Ereignisse, welche die politischen Ideen und Institutionen des entstehenden Staates prägten, fanden alle mit dynamischer Intensität im letzten Viertel des 18. Jahrhunderts statt. Niemand, der am Anfang zugegen war, wußte, wie sich die Sache schließlich entwickeln würde. Was im Rückblick so aussieht, als sei es die vorbestimmte Entfaltung des göttlichen Willens, war in Wirklichkeit eine Sache der Improvisation, in der reiner Zufall, pures Glück und ebensolches Pech sowie konkrete Entscheidungen, die in der Hitze bestimmter militärischer und politischer Krisen getroffen wurden, über das Ergebnis entschieden. Heute, beim Anbruch eines neuen Jahrhunderts, ja eines neuen Jahrtausends, sind die Vereinigten Staaten die älteste noch bestehende Republik der Weltgeschichte, und sie verfügen über eine Reihe von politischen Institutionen und Traditionen, welche die Prüfung durch die Zeit bestanden haben. Der grundlegende Rahmen für alle diese Institutionen und Traditionen wurde in einem plötzlichen Anfall erzwungener Eingebung und behelfsmäßiger Konstruktion in den letzten Jahrzehnten des 18. Jahrhunderts errichtet.

Zwar erhöht die heutige Sicht unsere Wertschätzung für die Solidität und Stabilität des republikanischen Erbes, aber sie macht uns auch blind für die wahrhaft atemberaubende Unwahrscheinlichkeit der Leistung selbst. Alle wesentlichen Errungenschaften waren beispiellos. Zwar hat es seit der Amerikanischen Revolution zahlreiche koloniale Erhebungen gegen imperiale Herrschaft gegeben, nie aber hatte vorher eine solche stattgefunden. Im Verbund stellten das britische Heer und die britische Flotte die stärkste Militärmacht der Welt dar, die im Laufe des darauffolgenden Jahrhunderts alle Nationen, welche mit ihr um den Anspruch als erste Hegemonialmacht der modernen Zeit konkurrierten, besiegen sollte. Zwar ist im

20. Jahrhundert das republikanische Paradigma – eine repräsentative Regierungsform, die auf dem Prinzip der Volkssouveränität beruht – zur politischen Norm geworden, aber vor der Amerikanischen Revolution ist abgesehen von einigen schweizerischen Kantonen und griechischen Stadtstaaten kein republikanisches Regierungssystem von langer Dauer gewesen, und nie war ein solcher Versuch auf einem Territorium unternommen worden, das so groß war wie die dreizehn Kolonien. (Es gab eine Ausnahme, die aber die Regel bestätigte: das war die kurzlebige römische Republik Ciceros, die dem imperialen Kommando Julius Caesars erlag.) Und schließlich hatten die dreizehn Kolonien, die sich entlang der Ostküste und landeinwärts bis zum Alleghenygebirge und darüber hinaus in unerforschte Wälder voller feindlicher Indianerstämme erstreckten, keine Geschichte einer dauerhaften Kooperation. Schon allein der Begriff «Amerikanische Revolution» propagiert ein völlig fiktives Gefühl von nationalem Zusammenhalt, das zum damaligen Zeitpunkt nicht vorhanden war und sich nur in latenter Form durch Historiker erkennen läßt, die sich damit beschäftigen, im nachhinein zu würdigen, wie es kommen konnte, daß sich alles so zum Guten wendete.

Die heutige Sicht ist also ein heikles Werkzeug. Zuviel davon, und wir verdecken das allgegenwärtige Gefühl der Kontingenz wie auch den problematischen Charakter der Entscheidungen, vor denen die Revolutionsgeneration stand. Ohne ein gewisses Maß an zurückschauendem Wissen hingegen, das es uns erlaubt, von unserem erhabenen Sitz in der Gegenwart aus einen Panoramablick auf die Vergangenheit zu werfen, verlieren wir den Hauptvorteil – vielleicht den einzigen Vorteil –, den die Disziplin Geschichte bietet, und wir werden dann zusammen mit allen zeitgebundenen Beteiligten selbst rettungslos in den chaotischen Strudel der Ereignisse geschleudert. Was wir brauchen, ist eine Form der heutigen Sicht, die sich nicht willkürlich der Mentalität der Revolutionsgeneration aufdrängt, die nicht davon ausgeht, wir erlebten die Geburt einer unvermeidlichen amerikanischen Supermacht. Wir brauchen eine historische Perspektive, die bei der Erfassung der Probleme das eine Auge auf die prekären Kontingenzen gerichtet hält, die man damals empfand, während das andere nach vorn gerichtet ist und auf die weiterreichenden Konsequenzen blickt, welche diejenigen, die im Augenblick gefangen waren, allenfalls in Umrissen wahrnahmen. Wir müssen tatsächlich kurzsichtig und weitsichtig zugleich sein.

Im Bereich der Weitsichtigkeit besteht die entscheidende Einsicht, die von einigen der führenden Politiker der Revolutionsgeneration erfaßt wurde, darin, daß die geographische Isolierung des nordamerikanischen Kontinents und die überreichen Naturschätze, die er beherbergte, der jungen Nation massive Vorteile und ein fast grenzenloses Potential verschafften. Im Jahre 1783, kurz nachdem der militärische Sieg über Großbritannien im Frieden von Paris bestätigt worden war, verlieh kein Geringerer als George Washington dieser kontinentalen Vision ihren beredtesten Ausdruck: «Als die einzigen Herren und Eigentümer einer riesigen kontinentalen Landmasse, die sämtliche verschiedenen Bodenarten und Klimazonen der Welt umfaßt und in der alle Notwendigkeiten und Annehmlichkeiten des Lebens reichlich vorhanden sind, befinden sich die Bürger Amerikas in der beneidenswertesten Lage; sie haben nunmehr durch die kürzlich erfolgte vorteilhafte Friedensregelung die Bestätigung erhalten, daß sie absolute Freiheit und Unabhängigkeit besitzen; von jetzt an sind sie als Akteure auf einer höchst bemerkenswerten Bühne zu betrachten, welche die Vorsehung eigens für die Darbietung menschlicher Größe und menschlichen Glücks bestimmt zu haben scheint.» Wenn die junge amerikanische Republik ihre Kinderjahre überleben konnte, wenn es ihr gelang, als kohärentes nationales Gebilde lange genug zu bestehen, um ihre natürlichen Vorzüge auszubauen, dann besaß sie das Potential, zu einer dominierenden Kraft in der Welt zu werden.[5]

Im Bereich der Kurzsichtigkeit besteht die entscheidende Einsicht, die von der Mehrzahl der an der Spitze stehenden Mitglieder der Revolutionsgeneration geteilt wurde, darin, daß gerade die Argumente, die dazu benutzt wurden, die Loslösung vom British Empire zu rechtfertigen, auch die Legitimität jeder nationalen Regierung untergruben, die in der Lage war, eine derart breit gestreute Bevölkerung zu beaufsichtigen oder einheitliche Gesetze zu erlassen, welche die dreizehn souveränen Staaten und die drei oder vier eigenständigen geographischen und ökonomischen Regionen miteinander verknoteten. Denn das zentrale Argument, das angeführt worden war, um die Autorität des britischen Parlaments und des britischen Monarchen zu diskreditieren, die Hauptquelle der sogenannten «Whig-Prinzipien», war ein obsessiver Argwohn gegen jede zentralisierte politische Macht, die an fernen Orten tätig war, wo sie der unmittelbaren Aufsicht oder Überwachung durch die Bürger, die sie zu regieren beanspruchte, entzogen war. Die nationale Regierung, die während des Krieges unter den Konföderationsartikeln eingesetzt worden war, verkörperte genau die Hauptüberzeugung des Republikanismus der Revolutionsära; daß nämlich keine Zentralgewalt mit der Vollmacht, die Bürgerschaft zu zwingen oder zu disziplinieren, zulässig sei, da sie nur die monarchischen und aristokratischen Prinzipien wiedereinführte, zu deren Abschüttelung die amerikanische Revolution geführt worden war.[6]

Kombinieren wir die langfristigen und die kurzfristigen Perspektiven, dann ergibt sich als Resultat das zentrale Paradox der Revolutionsära, das auch das anscheinend unlösbare Dilemma darstellte, vor dem die Revolutionsgeneration stand. Alles in allem waren die langfristigen Aussichten für die kürzlich zur Unabhängigkeit gelangte amerikanische Nation außerordentlich hoffnungsvoll, nahezu unbegrenzt. Doch die kurzfristigen Aussichten waren äußerst düster, weil schon allein das Ausmaß und die Dimension des nationalen Unternehmens, das, was eben die Zukunft so vielversprechend machte, die Regierungskapazitäten der einzigen durch die Revolution sanktionierten Institutionen überstieg. John Adams, der diesem Problem konzentriertere Beachtung widmete als jeder andere mit Ausnahme von James Madison, geriet immer wieder in Versuchung, die Hände in den Schoß zu legen und die Bewältigung der Aufgabe für unmöglich zu erklären. «Die Gesetzgeber der Antike... schufen ihre Gesetze für einzelne Städte», bemerkte Adams, aber «wer kann Gesetze für 20 oder 30 Staaten erlassen, von denen jeder größer ist als Griechenland oder Rom zur damaligen Zeit?» Und da der einzige Weg zur Erreichung langfristigen Ruhms darin bestand, kurzfristig ein Spießrutenlaufen zu veranstalten, war die sicherste Wette die, daß sich die frühe amerikanische Republik in eine

Ansammlung selbständiger Einzelstaaten oder Regionen auflösen und wie alle Republiken vor ihr weit vor Erreichung des gelobten Landes den Geist aufgeben würde.[7]

Der Hauptgrund dafür, daß dies nicht geschah, ist jedenfalls aus rein juristischer und institutioneller Sicht der, daß 1787 eine winzige Minderheit prominenter politischer Führer aus mehreren Schlüsselstaaten sich verabredete, ein Dokument zu entwerfen und dann zu ratifizieren, das dazu bestimmt war, republikanische Prinzipien mit einem nationalen Maßstab in Einklang zu bringen. Während der darauffolgenden zwei Jahrhunderte haben Kritiker des Verfassungskonvents die Aufmerksamkeit auf eine Reihe seiner unschöneren Züge gelenkt: Der Konvent war außergesetzlich, da er ausdrücklich den Auftrag hatte, die Konföderationsartikel zu revidieren, nicht sie zu ersetzen; seine Sitzungen wurden unter äußerster Geheimhaltung abgehalten; die 55 Delegierten waren eine besitzende Elite, die kaum für die Bevölkerung als Ganze repräsentativ war; Delegierte aus dem Süden benutzten das Verfahren, um verschiedene Garantien zu erhalten, daß die Sklaverei südlich des Potomac nicht abgeschafft werden würde; der Ratifizierungsmechanismus erforderte nicht die einstimmige Zustimmung, welche die Artikel selbst diktierten. In jedem dieser Vorwürfe liegt etwas Wahres.

Etwas Wahres liegt auch in der gegenteiligen Behauptung: daß man den Verfassungskonvent als «das Wunder von Philadelphia» bezeichnen sollte, nicht im üblichen, quasi-religiösen Sinne, wonach eine Versammlung von Halbgöttern göttliche Eingebung empfing, sondern in dem profaneren und prosaischeren Sinne, daß die Verfassung ein politisches Problem zu lösen behauptete, das anscheinend unlösbar war. Denn sie erhob den Anspruch, eine gefestigte Bundesregierung zu schaffen, deren Befugnisse hinreichten, Gehorsam gegenüber nationalen Gesetzen zu erzwingen – also eine wahrhaft kontinentale Union zu disziplinieren –, und zugleich beanspruchte sie, den republikanischen Prinzipien von 1776 treu zu bleiben. Zumindest logisch war das eine Unmöglichkeit, denn der zentrale Impuls dieser republikanischen Prinzipien, der ursprüngliche «Geist von 1776», war eine instinktive Aversion gegen politische Zwangsmacht jedweder Art und eine durchgängige

Furcht vor den unvermeidlichen Korrumpierungen, zu denen es kommt, wenn sich Herrscher, die man nicht sieht, an fernen Orten versammeln. Die antiföderalistischen Gegner der Verfassung brachten genau diese Argumente vor, aber sie wurden von einer engagierten Truppe von Verfechtern der Nation in neun der Ratifizierungskonvente der Einzelstaaten ausmanövriert, mit Argumenten besiegt und schließlich überstimmt.

So trat die Amerikanische Revolution in eine zweite Phase ein, und die Verfassungsvereinbarung von 1787–88 wurde zu einem zweiten «Gründungsmoment» neben dem ursprünglichen Ereignis des Jahres 1776. Die erste Gründung erklärte Amerika für unabhängig; die zweite erklärte Amerika zur Nation. Die Unvereinbarkeit dieser beiden Gründungen spiegelt sich in dem strittigen Charakter der Forschung über letztere wider. Kritiker der Verfassung haben sie damals wie heute als Verrat an den zentralen Prinzipien der Amerikanischen Revolution, als amerikanische Version der Reaktion des Thermidor in Frankreich verdammt. Strenggenommen waren und sind sie historisch im Recht. Verteidiger der Verfassung haben sie damals wie heute als vernünftige Anpassung der Freiheit an die Macht und als realistischen Kompromiß mit den Erfordernissen einer nationalen Sphäre begrüßt. Das hat sich im Laufe der Zeit als richtig herausgestellt, wenngleich sich zur damaligen Zeit selbst die Verfechter nicht sicher waren.

Die vorherrschende Stimmung war damals tatsächlich Unsicherheit. Historiker haben die verschiedenen Kompromisse hervorgehoben, welche die Delegierten in Philadelphia aushandelten, um den Verfassungskonsens zuwege zu bringen: Dabei ging es um das Verhältnis zwischen den Interessen großer Staaten und denen der kleinen; um den Gegensatz zwischen Bundesgerichtsbarkeit und Staatsgerichtsbarkeit; und um den zwischen den Regionen geschlossenen Handel bezüglich der Sklaverei. Das Aufschlußreichste an diesem Kompromißmotiv ist, daß bei jedem dieser Punkte beide Seiten mit einiger Plausibilität davon überzeugt sein konnten, sie hätten das beste Geschäft gemacht. Bei der ganz besonders wichtigen Frage der Souveränität herrschte dieselbe kunstvoll ausgedachte Zweideutigkeit: Die Souveränität lag nicht bei der Bundesregierung oder den Einzelstaaten; sie lag beim «Volk». Was das bedeutete, blieb völlig offen, denn so etwas wie ein amerikanisches «Volk» gab es in diesem Frühstadium nicht; ja, der Hauptzweck der Verfassung bestand darin, einen Rahmen bereitzustellen, der die verstreuten Elemente der Bevölkerung zu einem kohärenteren Kollektiv zusammenfügte, das diese Bezeichnung überhaupt erst verdiente.

Dieser letztgenannte Punkt erfordert einen nachdenklichen Überblick über neuere Forschungen zu den komplizierten Ursprüngen Amerikas als Nation. Ausgehend von dem, was wir jetzt über die Verbindung zwischen England und Amerika in der vorrevolutionären Phase – das heißt vor ihrer Auflösung – wissen, stammte die erste Identifizierung der Kolonialbevölkerung als «Amerikaner» von englischen Autoren, die diesen Begriff negativ verwendeten, um damit eine marginale oder periphere Bevölkerung zu bezeichnen, die nicht denselben Status verdiente wie vollblütige Engländer im metropolitanen Zentrum des British Empire. Das Wort wurde als Beleidigung ausgesprochen, mit der man ein minderwertiges oder untergeordnetes Volk bezeichnete, und es wurde auch so verstanden. Die gesamte Stoßkraft der Rechtfertigung, welche die Kolonisten für die Unabhängigkeit anführten, bestand darin, diese Bezeichnung mit der Begründung zurückzuweisen, sie besäßen sämtliche Rechte *britischer* Bürger. Und die letzte Quelle dieser Rechte lag nicht in irgendwelchen einheimisch amerikanischen Ursprüngen, sondern in einer transzendenten Sphäre von Naturrechten, an denen angeblich alle Menschen überall teilhatten. Zumindest auf der Ebene der Sprache müssen wir also den für das 18. Jahrhundert charakteristischen Kontext der Dinge erfassen und nicht nachträglich in jene Jahre die geheiligten Bedeutungen hineinlesen, die sie dann im nächsten Jahrhundert annahmen. Ebenso wie der Terminus *Demokrat* begann der Terminus *Amerikaner* als Schimpfwort – der eine bezeichnete einen Menschen, der die groben und gedankenlosen Launen der Massen anstachelte, der andere ein minderwertiges, provinzielles Geschöpf. Kurz, sowohl auf der sozialen als auch auf der verbalen Ebene war eine amerikanische Nation immer noch ein prekäres und äußerst problematisches Projekt – bestenfalls *work in progress.*[8]

So ungefähr standen die Dinge im Jahre 1789, als sich die neugewählten Mitglieder der Bundesregierung in New York versammelten und darangingen, die Behauptung zu überprüfen, die Abraham Lincoln in Gettysburg in die so berühmten Worte gefaßt hat, «ob eine so konzipierte und diesem Grundsatz verpflichtete Nation lange überdauern kann». Einige der Aktiva und Passiva, die sie mitbrachten, haben wir bereits erwähnt. Auf der Seite der Aktiva des historischen Hauptbuches würde die vollständige Liste folgende Punkte umfassen: ein überreicher Kontinent, der von europäischer Einmischung durch einen Ozean getrennt ist; eine jugendliche Bevölkerung von nahezu 4 Millionen Menschen, von der etwa die Hälfte nicht älter als 16 Jahre ist und die daher mit Sicherheit in den folgenden Jahrzehnten exponentiell zunehmen wird; eine breite Streuung des Eigentums in der weißen Bevölkerung auf Grund des leichten Zugangs zu verfügbarem Land; ein eindeutiges Engagement für republikanische politische Institutionen, die in der Tüchtigkeit und der Praxis der Kolonialversammlungen wurzelten, später dann während des erfolgreichen Unabhängigkeitskrieges als einziges Paradigma geheiligt und in den Verfassungen der Einzelstaaten institutionalisiert wurden; und nicht zuletzt ein nahezu einmütiger Konsens darüber, daß der erste Präsident George Washington sein würde, zwar nur ein einziger Mann, aber ein unschätzbarer Aktivposten.

Auf der Seite der Passiva im Hauptbuch führten vier Punkte die Liste an: Erstens hatte noch nie jemand ein republikanisches Staatswesen von der Größe der Vereinigten Staaten gegründet, und das überwältigende Urteil der anerkanntesten Autoritäten lautete, daß das nicht möglich war; zweitens verwarf das vorherrschende intellektuelle Vermächtnis der Revolution, das in der Unabhängigkeitserklärung niedergelegt war, alle konzentrierte politische Macht und stellte in seinen heftigsten Formen sogar jede energische Äußerung von Regierungsautorität als fremde Macht dar, die alle verantwortlichen Bürger zurückweisen und nach Möglichkeit umstürzen sollten; drittens hatten, sieht man von der Unterstützung für die Kontinentalarmee während des Krieges ab, die selbst sporadisch und ungleichmäßig war und kaum hinreichte, um den Sieg zu sichern, die Staaten und Regionen, welche die neue Nation ausmachten, keine gemeinsame Geschichte als Nation und keine gemeinsame Erfahrung, wie man sich als kohärentes Kollektiv verhält (beispielsweise hatte Jefferson, als er im Juni 1776 in Philadelphia die Unabhängigkeitserklärung entwarf, an Freunde in seiner Heimat Virginia geschrieben, es sei wirklich beunruhigend, sich in diesem schicksalhaften Augenblick fast 300 Meilen von «meinem Land» entfernt stationiert zu finden); viertens und letztens waren nach der ersten Volkszählung, die der Kongreß 1790 in Auftrag gegeben hatte, fast 700000 Einwohner der jungen amerikanischen Republik schwarze Sklaven, von denen die überwältigende Mehrheit, nahezu 90 Prozent, in der Chesapeake-Region und südlich davon konzentriert waren, wobei ihre Zahl in einer Art demographischer Trotzreaktion gegen sämtliche republikanische Rhetorik, die seit den hitzigen Tagen des Jahres 1776 produziert worden war, ebenfalls exponentiell anstieg.[9]

Wenn man diesen Zeitraum etwas frei definieren darf, dann war das darauffolgende Jahrzehnt das entscheidendste und folgenschwerste in der amerikanischen Geschichte. Andere führende Konkurrenten um diesen Titel – es fallen einem die Jahre 1855–65 und die 1940er Jahre ein – können zwar gewichtige Ansprüche erheben, aber das erste Jahrzehnt unserer Geschichte als souveräne Nation wird immer den Vorrang haben, weil es das erste war. Es schuf die Präzedenzfälle und etablierte in handgreiflichen Fakten, was die Verfassung nur in bewußt zweideutiger Theorie umrissen hatte, und das führte dazu, daß es für die gesamte nachfolgende Geschichte bestimmte Alternativen eröffnete und andere versperrte. Beispielsweise war der Bürgerkrieg eine unmittelbare Folge der Entscheidung, die Frage der Sklaverei in den verwundbarsten frühen Jahren der Republik zu umgehen und aufzuschieben. Ebenso hätte es zu Amerikas Aufstieg als dominierender Weltmacht in den 1940er Jahren niemals kommen können, wenn nicht die Vereinigten Staaten zu Beginn stabile nationale Institutionen errichtet hätten, welche die Konsolidierung des Kontinents gestatteten. (Aus indianischer Perspektive war diese Konsolidierung natürlich eine Eroberung.) Der anscheinend unwiderstehliche Drang, die prominentesten Mitglieder der politischen Führung in dieser Entwicklungsphase als «Gründerväter» zu überhöhen und zu mythologisieren, hat eine gewisse historische wie auch psychologische Berechtigung, denn in einem sehr realen Sinne leben wir politisch, wenn auch nicht genetisch, immer noch mit ihrem Erbe. Und dasselbe Prinzip erklärt auch den parallel dazu verlaufenden Drang, sie zu dämonisieren, denn jede Erörterung ihrer Leistung ist auch ein implizites Gespräch über den spezifischen Charakter des amerikanischen Imperialismus, sowohl nach außen als auch im Innern.

Dieses ganze Thema ist daher von einer Art elektromagnetischem Feld umgeben, das sich für die überwältigende Mehrzahl der heute lebenden Amerikaner als goldener Schein oder Schleier manifestiert, als verseuchte radioaktive Wolke hingegen für eine kleinere, aber recht lautstarke Gruppe von Kritikern, die über das, was aus Amerika geworden ist, oder über den Weg, auf dem wir dorthin gelangt sind, nicht glücklich sind. In der Forschung der letzten Jahre ging die Haupttendenz dahin, sich auf die letztgenannte Seite zu schlagen oder die Kontroverse dadurch zu umgehen, daß man die Mainstream-Politik überhaupt ignorierte. Ein großer Teil der besten Arbeiten hat die Form eines konzertierten Bemühens angenommen, die verlorenen Stimmen aus der Revolutionsgeneration zum Leben zu erwecken – das Alltagsleben Martha Ballards, die im Grenzland von Maine eine Familie aufzog und als Hebamme tätig war; die Erfahrungen von Venture Smith, einem ehemaligen Sklaven, der sich seine Erinnerungen an Afrika bewahrt hatte und 1798 seine darauf beruhenden Memoiren veröffentlichte. Dieser Trend ist so stark ausgeprägt, daß jeder angehende Historiker, der erklärt, er oder sie wolle sich auf die politische Geschichte der frühen Republik und ihre prominentesten Vertreter konzentrieren, im allgemeinen als jemand angesehen wird, der unbeabsichtigt eine Art intellektuellen Offenbarungseid geleistet hat.[10]

Ich bin zwar kein angehender Historiker mehr, aber meine Bemühungen in den letzten Jahren einschließlich der nun folgenden Seiten stellen eine, wie ich hoffe, höfliche Argumentation dar, die der herrschenden wissenschaftlichen Meinung zuwiderläuft; dabei gehe ich von einer Reihe von Annahmen aus, die so entwaffnend altmodisch sind, daß sie im gegenwärtigen Klima wieder neuartig erscheinen könnten. Meines Erachtens waren die zentralen Ereignisse und Errungenschaften der Revolutionsära und der frühen Republik politischer Natur. Diese Ereignisse und Errungenschaften sind historisch bedeutsam, weil sie die nachfolgende Geschichte der Vereinigten Staaten einschließlich unserer eigenen Zeit geprägt haben. Die Hauptakteure in diesem Drama waren nicht die marginalen oder peripheren Gestalten, deren Lebensläufe typischer sind, sondern die politischen Führer im Zentrum der nationalen Geschichte, welche Macht ausübten. Mehr noch, die Gestalt und der Charakter der politischen Institutionen wurden durch eine relativ kleine Zahl von Führern bestimmt, die sich kannten, die miteinander in Abläufen zusammenarbeiteten und zusammenstießen, welche auf der Ebene von Persönlichkeit und Ideologie die Prinzipien von *checks and balances* reproduzierten, die strukturell in der Verfassung verankert waren.

Diese Ansammlung öffentlicher Gestalten, überwiegend Männer, alles Weiße, war kaum für die Bevölkerung als Ganze typisch; andererseits war sie aber auch keine politische Elite von der Art, wie sie in England oder Europa existierte. Alle ihre Mitglieder, nicht nur diejenigen wie Benjamin Franklin und Alexander Hamilton, deren ärmliche Herkunft berühmt ist, wären in England oder Frankreich nie zu Bedeutung gelangt. Die Zwänge und Erfordernisse, welche die Amerikanische Revolution produzierte, lockten ihre Talente heraus und sammelten sie; es war keine erbliche Aristokratie vorhanden, die ihren Aufstieg hätte blockieren können; und es hatte sich noch keine voll ausgebildete demokratische Kultur entwickelt, um ihre elitäre Schärfe zu dämpfen. Sie waren Amerikas erste und in vieler Hinsicht seine einzige natürliche Elite. Ungeachtet neuerer Bemühungen, diesen Titel im 20. Jahrhundert anzusiedeln, stellten sie nach allen informierten und gerechten Maßstäben die größte Generation politischer Talente in der amerikanischen Geschichte dar. Sie schufen die amerikanische Republik, und sie hielten sie in den unbeständigen und verwundbaren frühen Jahren dadurch zusammen, daß sie ihre Gegenwart aufrechterhielten, bis nationale Gewohnheiten und Bräuche Wurzeln schlugen. Unter dem Aspekt der Unterscheidung, die wir oben getroffen haben, führten sie uns von der kurzfristigen zur langfristigen Perspektive.

Es gibt zwei seit langem etablierte Möglichkeiten, diese Geschichte zu erzählen. Beide sind Ausdruck der politischen Parteiungen und ideologischen Lager der Revolutionsära selbst, und jede von ihnen wurde erstmals in den frühesten Geschichtsdarstellungen dieser Periode artikuliert, die geschrieben wurden, als mehrere Angehörige der Revolutionsgeneration noch am Leben waren. Mercy Otis Warrens *History of the American Revolution* (1805) definierte die Interpretation des «reinen Republikanismus», die auch die Version darstellte, für die sich die Republikanische Partei entschied und die daher später als «Jeffersonsche Interpretation» bezeichnet wurde. Sie schildert die Amerikanische Revolution als Befreiungsbewegung, als klaren Bruch nicht nur mit der englischen Herrschaft, sondern auch mit den historischen Verderbtheiten europäischer Monarchie und Aristokratie. Die Machtergreifung der Föderalisten in den 1790er Jahren wird so zu einer feindlichen Übernahme der Revolution durch korrupte Höflinge und Geldleute (Hamilton ist der Hauptschuldige), und sie wird schließlich durch den Triumph der Republikaner bei den Wahlen von 1800 besiegt und der wahre Geist der Revolution wiedererweckt. Das revolutionäre Kernprinzip ist dieser Interpretationstradition zufolge die individuelle Freiheit. Sie hat radikale und, modern gesprochen, libertäre Implikationen, weil sie jede Anpassung persönlicher Freiheit an staatliche Disziplin als gefährlich ansieht. In ihren extremeren Formen ist sie ein Rezept für Anarchie, und ihre Einstellung zu jeglicher energischen Erscheinungsform zentralisierter politischer Macht kann paranoide Formen annehmen.

Die alternative Interpretation erfuhr ihre umfassendste Artikulation erstmals durch John Marshall in seinem gewaltigen fünfbändigen Werk *The Life of George Washington* (1804–1807). Sie sieht die Amerikanische Revolution als beginnende Nationalbewegung, deren wenn auch latente Ursprünge weit in die Kolonialzeit zurückreichen. Die Verfassungsvereinbarung von 1787–88 wird so zur natürlichen Erfüllung der Revolution, und die Führer der Föderalistischen Partei in den 1790er Jahren – Adams, Hamilton und, am bedeutendsten, Washington – erscheinen als die wahren Erben des revolutionären Vermächtnisses. (Jefferson ist der Hauptschuldige.) Das revolutionäre Kernprinzip ist aus dieser Sicht nicht individualistisch, sondern kollektivistisch, denn sie faßt den wahren Geist von 1776 als die tugendhafte Preisgabe persönlicher, staatlicher und regionaler Interessen angesichts der höheren Ziele Amerikas als Nation, die sich zunächst in der Kontinentalarmee und später dann in der neu eingesetzten Bundesregierung verkörperten. Sie hat konservative, aber auch protosozialistische Implikationen, weil sie das Individuum nicht als die souveräne Einheit in der politischen Gleichung ansieht und ihr mehr an Regierungsdisziplin gelegen ist, die als konzentrierendes und kanalisierendes Instrument für nationale Entwicklung fungiert. In ihren extremeren Formen delegiert sie persönliche Rechte und Freiheiten an die höhere Autorität des Staates, welcher «wir» ist und nicht «sie», und sie hat daher sowohl gemeinschaftliche als auch despotische Implikationen.[11]

Es ist wirklich beschämend, vielleicht sogar entmutigend, wenn man erkennt, daß die historische Debatte über die Revolutionsära und die frühe Republik lediglich die zur damaligen Zeit geführte ideologische Debatte rekapituliert, daß die Historiker seither im wesentlichen immer wieder dieselben Schlachten schlagen, welche die Angehörigen der Revolutionsgeneration ursprünglich untereinander ausfochten. Wenn auch zahlreiche Historiker in den darauffolgenden Jahren Positionen eingenommen haben, die auf Kompromisse oder Einebnung der Differenzen hinauslaufen, ist die Grundentscheidung konstant geblieben: Historiker haben sich zu Jeffersonianern oder Hamiltonianern, zu engagierten Individualisten oder hingebungsvollen Nationalisten, zu Liberalen oder Konservativen erklärt und dann Darstellungen geschrieben, die das eine Lager gegenüber dem anderen bevorzugen oder die die eine Seite stigmatisieren, indem sie sie mit den Augen der anderen betrachten, ganz ähnlich wie es die Kontrahenten damals taten. Nun könnten wir zwar vielleicht intellektuelle Peinlichkeit dadurch vermeiden, daß wir behaupten, die zugrundeliegenden Werte, um die es hier geht, seien zeitlos und die entscheidenden Fragen hätten klassischen Charakter, aber die unbequeme Wahrheit ist, daß wir uns in scheinbar endlosen voreingenommenen Plädoyers im Kreis gedreht haben. Vielleicht weil wir immer noch mit ihrem Vermächtnis leben, müssen wir zu einer wirklich historischen Perspektive für die Revolutionsgeneration erst noch gelangen.[12]

Doch wiederum verfügen beide Seiten der Auseinandersetzung in einer Weise, von der Paine uns sagen könnte, sie entspreche dem gesunden Menschenverstand, und Jefferson, sie sei selbstverständlich, über legitime Ansprüche auf historische Wahrheit, und beide Seiten sprechen für die stärksten Impulse der Amerikanischen Revolution. Wie bei allen Revolutionen kamen hier unterschiedliche Fraktionen in einer gemeinsamen Sache zusammen, um das herrschende Regime zu stürzen, und in der Zeit, die auf ihren Triumph folgte, entdeckten sie dann, daß sie grundverschiedene und politisch nicht miteinander zu vereinbarende Auffassungen von dem hatten, was sie beabsichtigten. In der schwindelerregenden Abfolge von Ereignissen, welche die politische Geschichte der 1790er Jahre ausmacht, trat das volle Ausmaß ihrer Meinungsverschiedenheiten zutage, und ihre unterschiedlichen Pläne für die Vereinigten Staaten stießen frontal zusammen. In dieser Debatte für die eine oder andere Seite Partei zu ergreifen ist wie die Wahl zwischen dem Text und der Melodie der Amerikanischen Revolution.

Was die Amerikanische Revolution von den meisten, wenn nicht von allen nachfolgenden Revolutionen unterscheidet, die diesen Namen verdienen, ist, daß im Kampf um die Vorherrschaft, um die «wahre Bedeutung» der Revolution, keine der beiden Seiten völlig triumphierte. Damit meine ich nicht nur, daß die Amerikanische Revolution nicht «ihre eigenen Kinder verschlang» und zu blutrünstigen Szenen auf der Guillotine oder unter den Kugeln von Exekutionskommandos führte, auch wenn das wohl wahr ist. Ich meine vielmehr, daß die Revolutionsgeneration einen Weg fand, die explosiven Energien der Debatte in Form einer kontinuierlichen Auseinandersetzung oder eines Dialogs in Grenzen zu halten, der schließlich durch die Schaffung von politischen Parteien institutionalisiert und sicher gemacht wurde. Und die nachfolgende politische Geschichte der Vereinigten Staaten entwickelte sich dann zu einem Oszillieren zwischen neuen Versionen der alten Spannung, die nur einmal, anläßlich des Bürgerkriegs, zu einem Gewaltausbruch führte. In ihrer vertrautesten Gestalt, wie sie im 19. Jahrhundert vorherrschte, nimmt diese Spannung eine konstitutionelle Erscheinungsform als Konflikt zwischen einzelstaatlicher und bundesstaatlicher Souveränität an. Die Quelle der Uneinigkeit liegt jedoch viel tiefer, es geht dabei um konfligierende Einstellungen gegenüber der Staatsmacht überhaupt, um konkurrierende Versionen staatsbürgerlicher Haltung, um verschiedene Einstellungen zu den verschwisterten Zielen Freiheit und Gleichheit.

Doch der entscheidende Punkt ist der, daß die Debatte nicht so sehr gelöst als vielmehr in das Gefüge unserer nationalen Identität eingebaut wurde. Wenn das bedeutet, daß die Vereinigten Staaten auf einem Widerspruch beruhen, dann sei es so. Mit jener einzigen blutigen Ausnahme leben wir damit seit über 200 Jahren erfolgreich. Lincoln hat einmal gesagt, Amerika gründe sich auf eine Behauptung, die Jefferson 1776 niedergeschrieben habe. In Wirklichkeit beruhen wir auf einer Auseinandersetzung über die Frage, was diese Behauptung bedeutet.

Das heißt nicht, daß sich die politische Geschichte der frühen Republik als höfliches Gerichtsverfahren verstehen ließe, das von einer wunderbar wohlerzogenen Ansammlung von Halbgöttern geführt worden wäre. Auch ein Symphonieorchester ist nicht das passende Bild; oder, angesichts der beschränkten Zahl von Akteuren auf der höchsten Ebene der nationalen Politik, vielleicht ein Kammermusikensemble, in dem jeder Gründervater ein bestimmtes Instrument spielt, dessen Klänge sich harmonisch in die gemeinsame Partitur einfügen. Der entscheidende Punkt ist, daß es keine gemeinsame Partitur, keine zugewiesenen Instrumente und keine miteinander verschmolzenen Harmonien gab. Die Politik der 1790er Jahre war eine wirklich kakophonische Angelegenheit. Frühere Historiker haben dieser Phase nicht ohne Grund die Bezeichnung «Zeitalter der Leidenschaft» gegeben, denn was schrille anklagende Rhetorik, flammende Äußerungen ideologischer Unversöhnlichkeit, intensive persönliche Rivalitäten und übertriebene Behauptungen über eine unmittelbar bevorstehende Katastrophe angeht, hat sie in der amerikanischen Geschichte nicht ihresgleichen. Der politische Dialog in den höchsten Rängen der Revolutionsgeneration war ein zehnjähriger Brüllwettkampf.[13]

Wie haben sie es dann gemacht? Wie kommt es, daß Alfred North Whitehead wahrscheinlich recht hatte, als er bemerkte, es habe in der abendländischen Geschichte nur zwei Momente gegeben, in denen sich die Führung einer aufstrebenden imperialen Macht, rückblickend betrachtet, so gut gehalten habe, wie man vernünftigerweise nur erwarten konnte? (Der erste Fall war Rom unter Caesar Augustus, und der zweite waren die Vereinigten Staaten im ausgehenden 18. Jahrhundert.) Wie kommt es, daß es einen wahren Kern in der charakteristischen Ikonographie der Amerikanischen Revolution gibt, in der nicht dramatische Szenen von Massenschlächtereien, sondern eine Galerie gutgekleideter Persönlichkeiten in klassischen Posen dargestellt sind?[14]

Meine Antworten auf diese Fragen sind in den Geschichten enthalten, die nun folgen. Darin versuche ich, das Gefühl der Dringlichkeit und der Improvisation nachzuzeichnen und zu beschreiben, wie es sich für die acht prominentesten politischen Führer der frühen Republik anfühlte. Das sind, in alphabetischer Reihenfolge, Abigail und John Adams, Aaron Burr, Benjamin Franklin, Alexander Hamilton, Thomas Jefferson, James Madison und George Washington. Zwar ist jede Episode eine in sich geschlossene Erzählung, die mit soviel erzählerischem Geschick, wie es mir zu Gebote steht, einen bestimmten, schicksalhaften Moment erhellen soll, aber in ihrer Gesamtheit haben sie mehrere Themen miteinander gemeinsam.

Erstens war die Leistung der Revolutionsgeneration ein kollektives Unternehmen, das wegen der Unterschiedlichkeit der in der Mischung enthaltenen Persönlichkeiten und Ideologien Erfolg hatte. Ihre Interaktionen und Interferenzen erzeugten eine dynamische Form von Gleichgewicht und Ausgleich, nicht weil irgendeiner von ihnen vollkommen oder unfehlbar gewesen wäre, sondern weil ihre jeweiligen Unvollkommenheiten und Fehlbarkeiten ebenso wie ihre Exzentrizitäten und Exzesse sich gegenseitig ganz ähnlich in Schach hielten, wie es nach der Auffassung Madisons, die er in *Federalist* 10 äußerte, eine Vielzahl von Fraktionen in einer großen Republik tun würde.

Zweitens kannten sie sich alle persönlich, und das heißt, sie brachen Brot miteinander, saßen bei unzähligen Versammlungen zusammen, korrespondierten miteinander über private wie über öffentliche Angelegenheiten. Die Politik blieb in der frühen Republik selbst auf der höchsten Ebene eine persönliche Angelegenheit, bei der die Kontrahenten, selbst diejenigen, die in politische Kämpfe auf Leben und Tod verwickelt waren, dazu gezwungen waren, die emotionalen Affinitäten und die wechselseitigen Vertrautheiten zu bewältigen, die durch häufige persönliche Interaktion entstehen. Die Rivalität und die Freundschaft zwischen Adams und Jefferson ist hier das herausragende Beispiel, wenngleich es mehrere kritische Momente gibt, in denen entscheidende Kompromisse ausgehandelt wurden, weil persönliches Vertrauen das möglich machte. Zwar wurde die amerikanische Republik zu einer Nation von Gesetzen, aber in ihrer Anfangsphase mußte sie auch eine Nation von Männern sein.

Drittens gelang es ihnen, das bedrohlichste und entzweiendste Problem von der politischen Tagesordnung zu verbannen. Dieses Problem war natürlich die Sklaverei, die mit den Prinzipien der Amerikanischen Revolution ganz eindeutig unvereinbar war, ganz gleich welche Version man vertrat. Doch sie war auch das politische Problem mit den tiefsten sozialen und ökonomischen Wurzeln in der neuen Nation, so daß ihre Beseitigung die fragile Union genau in dem Augenblick zu zerbrechen drohte, in dem diese Gestalt anzunehmen begann. Ob es möglich gewesen wäre, die Abschaffung der Sklaverei in die Wege zu leiten, ohne auch die Nation selbst abzuschaffen, bleibt eine offene Frage; sie ist das Hauptthema einer der folgenden Geschichten. Zu welchem Schluß man im Hinblick auf diese hypothetische Frage auch gelangt, mit allen Vorteilen der heutigen Sicht und moderner Einstellungen zu Rassenfragen als moralischer Leitlinie, die Revolutionsgeneration kam zu dem Ergebnis, daß die Risiken die Aussichten auf Erfolg aufwögen; sie entschloß sich ganz bewußt, die Sklavereifrage zu vertagen, indem sie jede Diskussion darüber sowohl auf der nationalen als auch auf der bundesstaatlichen Ebene für tabu erklärte.

Viertens wirken die Gesichter, die aus den Porträts von John Trumbull, Gilbert Stuart und Charles Willson Peale mit so klassischer Würde auf uns herabblicken, die Stimmen, die über die Zeiten hinweg in so lyrischen Tönen zu uns sprechen, zumindest zum Teil deshalb so mythisch-heroisch, weil sie wußten, daß wir hinsehen und hinhören würden. Alle an der Spitze stehenden Angehörigen der Revolutionsgeneration entwickelten ein ausgeprägtes Gefühl für ihre historische Bedeutung, als sie noch damit beschäftigt waren, die Geschichte zu machen, auf der dann ihr Ruf beruhen sollte. Sie begannen, für die Nachwelt zu posieren, nicht nur sich gegenseitig, sondern auch an uns Briefe zu schreiben, insbesondere gegen Ende ihrer jeweiligen Laufbahn. Wenn sie manchmal wie Marmorstatuen aussehen, dann war genau das ihr Wunsch. (John Adams ist, wie Sie sehen werden, eine meiner Lieblingsgestalten, weil er von seiner Anlage her nicht in der Lage war, die Pose durchzuhalten. Seine erfrischende und oft respektlose Offenheit bietet den klarsten Einblick in die tiefer liegenden Ambitionen und die zusammenprallenden Eitelkeiten, von denen sie alle getrieben waren.) Wenn sie sich manchmal wie Schauspieler in einem historischen Drama benahmen, dann ist genau das die Auffassung, die sie oft von sich selbst hatten. In einem sehr realen Sinne sind wir für ihre Leistung mitverantwortlich, denn wir sind das Publikum, für das sie spielten; ihr Wissen um uns als Zuschauer trug dazu bei, sie in Bestform zu halten.[15]

Die Chronologie ist, so sagt man, der letzte Ausweg der Schwachsinnigen und die einzige Zuflucht für Historiker. Meine Erzählung hat zwar bewußt episodischen Charakter – ich erhebe nicht den Anspruch, alle Ereignisse vollständig zu behandeln –, aber sie folgt einer chronologischen Linie; mit einer bedeutsamen Ausnahme. Die erste Geschichte, die das Duell zwischen Aaron Burr und Alexander Hamilton behandelt, paßt nicht in die Abfolge. Abgesehen davon, daß es sich dabei um eine faszinierende Geschichte handelt, die dazu bestimmt ist, Ihre Aufmerksamkeit zu erregen, führt sie Themen ein, die in allen nachfolgenden Geschichten wieder anklingen, indem sie als die Ausnahme dient, welche die Regel bestätigt. Dies ist das einzige Vorkommnis in den Annalen der Revolutionsgeneration, bei dem politische Differenzen in Gewalt und Tod und nicht in fortgesetzter Auseinandersetzung endeten. Und Burr ist, wenn ich ihn richtig sehe, der Außenseiter in der Elite der frühen Republik, zwar eine farbige und faszinierende Gestalt, aber ein Mann, dessen Definition von Charakter unzulänglich bleibt.

Genug der Rechtfertigung und Generalisierung. Wenn die folgenden Geschichten in einer allgemeineren Aussage konvergieren, dann führt der sicherste Weg zu ihr über die Geschichten selbst. Es ist ein heißer Sommermorgen im Jahre 1804. Aaron Burr und Alexander Hamilton werden in getrennten Booten über den Hudson zu einer Verabredung auf der Ebene von Weehawken gerudert. Das Wasser ist unheimlich ruhig, und in der Luft liegt dichter Dunst...

Das Duell 1

Die knappste Fassung der Geschichte könnte folgendermaßen lauten:

Am Morgen des 11. Juli 1804 wurden Aaron Burr und Alexander Hamilton in getrennten Booten über den Hudson an eine abgelegene Stelle in der Nähe von Weehawken, New Jersey, gerudert. Dort wechselten sie nach den herkömmlichen Duellregeln auf zehn Schritt Entfernung Pistolenschüsse. Hamilton wurde in die rechte Seite getroffen und starb am darauffolgenden Tage. Burr blieb zwar unverletzt, stellte aber fest, daß sein Ruf eine ebenso tödliche Verwundung erlitten hatte. Diesem Duell, dem berühmtesten in der amerikanischen Geschichte, fielen beide Teilnehmer zum Opfer.

In dieser Version der Geschichte sind zwar alle Informationen korrekt, aber ihre bewundernswerte Kürze fordert selbst einige bedauerliche historische Opfer. Wenn das Duell zwischen Burr und Hamilton die berühmteste Begegnung ihrer Art in der amerikanischen Geschichte war, dann sollten wir in der Lage sein, vor unserem geistigen Auge ein Bild dieses dramatischen Moments erstehen zu lassen, auf dem «Das Duell» deutlichere Konturen annimmt. Nur eine ausführlichere Darstellung wird es möglich machen, daß das damals so genannte «Treffen in Weehawken» die ihm zukommende Vorrangstellung vor so favorisierten Konkurrenten wie *Zwei rechnen ab* oder dem Filmklassiker *Zwölf Uhr mittags* einnimmt. Bei solchen Dingen reichen knappe Zusammenfassungen einfach nicht aus. Und so kommt hier in einem Versuch, dieser Episode ihre erforderliche Dichte zu geben und die Szene in sämtlichen Details und Schattierungen zu erfassen, eine vollständigere Fassung, in der ich alles verfügbare und unstrittige Beweismaterial, das noch vorhanden ist, zu berücksichtigen versuche.[1]

Aaron Burr verließ sein Haus in Richmond Hill an der Südspitze von Manhattan bei Tagesanbruch am Mittwoch, dem 11. Juli 1804. Zwar hatte der Vizepräsident der Vereinigten

Staaten in dieser Nacht angezogen auf seiner Couch geschlafen, aber er hing sein Leben lang der Maxime Lord Chesterfields an, einem Gentleman stehe es frei zu tun, was ihm beliebe, solange er es mit Stil tue. So war Oberst Burr – den militärischen Titel trug er als stolzes Abzeichen seines Einsatzes in der Amerikanischen Revolution – elegant in einen seidenglänzenden Anzug gekleidet (der übrigens aus einem Stoff namens Bombasin angefertigt war), und er begab sich zum Flußboot am Ufer des Hudson mit der nonchalanten Miene eines geborenen Aristokraten, der zu einer Verabredung mit dem Schicksal schlendert.

Sein Großvater, der große Theologe Jonathan Edwards, hatte einmal gesagt, wir seien alle verworfene Geschöpfe, nichts als Spinnen, die in höchster Bedrohung über einem nie verlöschenden Feuer hingen. Burrs gesamtes Leben war jedoch eine Predigt über die Fähigkeit der klugen Spinne gewesen, sich aus höllischen Schwierigkeiten herauszuziehen und Netze zu spinnen, in denen sich andere fingen. Niemand kann genau sagen, was Burr durch den Kopf ging, während ein einziger Ruderer ihn und William Van Ness, seinen treuen Schüler und Protégé, zum Steilufer von New Jersey auf der anderen Seite ruderte, aber das Urteil der Nachwelt lautete später, daß Burr nun Hamilton in seinem diabolischen Netz gefangen hatte und jetzt anrückte, um sein Opfer zu töten.[2]

Währenddessen bestieg Hamilton unmittelbar nördlich von Richmond Hill in der Nähe der heutigen Wall Street ein kleines Boot mit zwei Ruderern, seinem Arzt Dr. David Hosack und seinem loyalen Mitarbeiter Nathaniel Pendleton. Genau wie Burr war Hamilton korrekt angezogen und bewegte sich ebenfalls mit der gleichgültigen Miene eines Gentlemans. Auch er trug einen militärischen Titel, und zwar einen, der höher war als derjenige Burrs, die Ehrenbezeichnung «General Hamilton», die er auf seinem letzten Posten als Generalinspekteur der Neuen Armee im Jahre 1799 erworben hatte. Mit 49 Jahren war er ein Jahr älter als Burr, und ebenso wie dieser war er verhältnismäßig klein – ein Meter siebzig, zwei Zentimeter größer als sein Gegner –, er hatte ebenso kleine Hände und Füße, einen etwas zarten Knochenbau, und sein Kopf und sein Gesicht waren wirklich unverwechselbar. Man nannte ihn «den kleinen Löwen des Föderalismus», weil er tatsächlich klein war.

Doch der Kopf war die Stelle, an der es Gott für richtig gehalten hatte, den diametralen Gegensatz zwischen den beiden Männern herauszustellen. Burr besaß die dunkle und strenge Gesichtsfarbe seiner Edwards-Vorfahren mit schwarzem Haar über einer hohen Stirn und dunkelbraunen, fast schwarzen Augen, die an eine Kreuzung von Adler und Rabe erinnerten. Hamilton hatte einen hellen, pfirsich- und cremefarbenen Teint mit violettblauen Augen und kastanienbraunem Haar, und all das verband sich zu dem Eindruck eines lebhaften Lichtstrahls im Gegensatz zu Burrs etwas unbeweglichem Schatten. Während Burr in seinem Auftreten gedämpft erschien, so als lägen die komprimierten Energien des Puritanismus von Neuengland zusammengerollt in ihm und warteten auf die Gelegenheit zum Ausbruch, vermittelte Hamilton eine kinetische Energie, die sich unaufhörlich in Ausbrüchen unübersehbarer Brillanz ausdrückte.

Ihre unterschiedliche Herkunft führte auch zu Kontrasten in Temperament und Stil. Im Gegensatz zu Burrs vornehmem Stammbaum, der seiner aristokratischen Haltung ihre Wurzeln und ihre biologische Begründung verlieh, entwickelte sich Hamiltons forscherer und durchgängig kühner Stil als bewußtes persönliches Aufbegehren gegen den Makel seiner ärmlichen Herkunft. John Adams, der Hamilton verachtete, bezeichnete ihn einmal als «den unehelichen Balg eines schottischen Hausierers». Das war zwar als verleumderische Charakterisierung gedacht, aber die von Adams gewählten Worte waren buchstäblich korrekt.

Hamilton war auf der westindischen Insel Nevis als illegitimer Sohn einer vom Unglück verfolgten Schönen französischer Abstammung und eines heftig trinkenden schottischen Händlers mit einem Hang zum Bankrott geboren. Teils wegen seiner nicht gerade vornehmen Herkunft schien sich Hamilton immer beweisen zu müssen; er mußte seine Vorgesetzten mit seiner eigenen Überlegenheit beeindrucken. Ob er einen Infanterieangriff gegen einen verschanzten britischen Stützpunkt in Yorktown führte – er setzte in einem verzweifelten Bajonettangriff als erster über die Brustwehr – oder einer zögernden

Bundesregierung sein visionäres Steuerprogramm für die neue Nation aufdrängte, Hamilton neigte dazu, irdische Probleme als persönliche Herausforderungen zu betrachten und daher als feststehende Gerätschaften, an denen er seine isometrischen Übungen machen konnte, die gewöhnlich die Gestalt demonstrativer Akte von Tapferkeit annahmen. Wenngleich er es auf das bevorstehende Duell mit Burr nicht angelegt hatte, gab es in Hamiltons lebenslangem Verhaltensmuster nichts, was es ihm gestattet hätte, die Herausforderung selbstbewußt-verbindlich und überlegen-triumphierend zurückzuweisen. Er überquerte also die nahezu ruhigen Wasser des Hudson in Richtung Weehawken, weil er glaubte, er könne es sich nicht leisten, die Herausforderung Burrs abzulehnen.[3]

Über die Gedanken, die Hamilton in diesem entscheidenden Moment durch den Kopf gingen, wissen wir übrigens erheblich mehr. Am Vorabend hatte er eine persönliche Erklärung abgefaßt, die er zusammen mit seinem Testament verwahrte, und darin hieß es, er habe aufrichtig gehofft, das Treffen vermeiden zu können. Überdies behauptete er, er hege «abgesehen von politischer Gegnerschaft, die, wie ich zuversichtlich annehme, reinen und aufrechten Motiven entspringt, keinen *Groll* gegen Ob. Burr». Mehr noch, er hatte beschlossen, sich dem Feuer Burrs auszusetzen, ohne Vergeltung zu üben: «Ich habe mich entschlossen, falls unser Treffen in der üblichen Weise abgehalten wird und es Gott gefällt, mir die Gelegenheit dazu zu geben, meinen ersten Schuß *aufzusparen* und zu *verschwenden*, und ich denke sogar daran, selbst meinen zweiten Schuß aufzusparen – und so Ob. Burr eine doppelte Gelegenheit zum Innehalten und Überdenken zu geben.» Diese Vorgehensweise hielt er nicht für selbstmörderisch, sondern betrachtete sie als ein weiteres kühnes Hasardspiel von der Art, die er zu gewinnen gewohnt war.[4]

Die übliche Beschreibung des Schauplatzes des Duells – die Ebene von Weehawken – ist irreführend. Würde man nämlich die Route, die Burr und Hamilton über den Hudson nahmen, verfolgen und unmittelbar stromaufwärts vom heutigen Lincoln-Tunnel landen, dann stünde man vor einem 45 Meter hohen Steilufer. Jeder, der den Versuch unternähme, diese Höhen zu erklimmen, wäre danach kaum mehr in der Lage, ein Duell zu bestehen. Der tatsächliche Schauplatz des Duells war ein schmales Felsgesims von etwa drei Metern Breite und zwölf Metern Länge, das sich nur sechs Meter über der Wasseroberfläche befand. Das war eben wegen seiner relativen Abgeschiedenheit und Unzugänglichkeit ein beliebter Ort für Duelle. Nach der vorab getroffenen Vereinbarung traf die Gruppe um Burr als erste, kurz vor 7 Uhr, ein und begann, die Felsplatte von Gestrüpp und Steinen, die sich hier und da fanden, zu säubern.[5]

Die Gruppe um Hamilton traf kurz danach ein, und die beiden Sekundanten, Van Ness für Burr und Pendleton für Hamilton, besprachen sich, um noch einmal die für das Treffen vereinbarten Regeln durchzugehen. Als «Treffen» wurde es bezeichnet, weil in vielen Staaten und so auch in New York Duelle illegal waren. Deshalb hatten alte Duellanten zusätzlich zur etablierten Etikette des Zweikampfes ein kunstvoll verhüllendes Vokabular entwickelt, das wir heute als «Sprache der Bestreitbarkeit» bezeichnen würden, so daß alle Beteiligten im nachhinein behaupten konnten, sie wüßten von nichts, falls sie je vor Gericht gestellt werden sollten. Keiner der Ruderer durfte beispielsweise die Felsplatte betreten, um bei dem Schußwechsel zugegen zu sein. David Hosack, der Arzt, mußte dem Geschehen ebenfalls den Rücken zukehren.[6]

Da Hamilton der Geforderte war, stand ihm die Wahl der Waffen zu. Er hatte sich für ein speziell angefertigtes Paar reichverzierter Pistolen entschieden, die seinem wohlhabenden Schwager John Church gehörten. Abgesehen von ihrem dekorativen Aussehen, waren die Waffen aus zwei Gründen etwas Besonderes. Erstens hatten sie schon in zwei früheren Duellen Verwendung gefunden, bei denen die jetzigen Kontrahenten involviert gewesen waren: einmal im Jahre 1799, als Church einen Knopf von Burrs Jackett abgeschossen hatte; und dann 1801, als Hamiltons ältester Sohn Philip, der nur wenige Meter von dem Platz in Weehawken entfernt die Ehre seines Vaters verteidigte, eine tödliche Verwundung erlitten hatte. Zweitens enthielten sie eine verborgene Vorrichtung, mit der man einen sogenannten Stecher einstellte. Ohne den Stecher brauchte man zum Abfeuern der Waffe einen Druck von neun Kilogramm. Mit dem Stecher war noch nicht einmal ein halbes Kilo erforderlich. Hamilton wußte von den Stechern, Burr hingegen fast mit Sicherheit nicht.

Nachdem Pendleton und Van Ness die Pistolen – Waffen mit glattem Lauf, die eine ziemlich große Kugel, Kaliber 14 mm, aufnahmen – geladen hatten, flüsterte Pendleton Hamilton zu: «Soll ich den Stecher einstellen?» Hamilton antwortete: «Diesmal nicht.» Als sich die beiden Männer darauf vorbereiteten, ihre vorgesehenen Plätze einzunehmen, waren sie also mit äußerst starken, aber außerordentlich unzuverlässigen Waffen ausgerüstet. Wurde jemand auf so kurze Entfernung von der überdimensionalen Kugel an einer empfindlichen Stelle getroffen, dann war die Wahrscheinlichkeit einer schweren oder tödlichen Verletzung hoch. Doch die technisch bedingte Ungenauigkeit eines Projektils, das aus einem glatten Lauf kommt, bedeutete in Verbindung mit dem starken Ruck, der erforderlich war, um den gespannten Hahn auszulösen, das Pulver zu entzünden und dann die Kugel in Richtung auf ihr Ziel zu befördern, daß bei diesem Duell wie bei den meisten Duellen der damaligen Zeit keine der beiden Seiten erhebliche Gefahr lief, schwer verletzt zu werden – sofern es überhaupt zu einer Verletzung kam.[7]

Burr und Hamilton trafen sich dann in der Mitte, um ihre letzten Anweisungen entgegenzunehmen. Hamilton hatte, wiederum da er der Geforderte war, die Wahl der Position. Er wählte die stromaufwärts, nach Norden, gelegene Seite, eine schlechte Wahl, weil er dann die Morgensonne und ihre Reflexe auf dem Fluß im Gesicht hatte. Die erforderlichen zehn Schritt zwischen den Kontrahenten führten dazu, daß sie an den äußersten Enden der Felsplatte zu stehen kamen. Es wurde vereinbart, wenn beide Duellanten bereit seien, würde Pendleton «fertig» sagen; danach stünde es dann jedem der beiden frei, seine Waffe zu erheben und zu schießen. Falls einer der Männer vor dem anderen feuerte, würde der Sekundant desjenigen, der nicht geschossen hatte, sagen: «Eins, zwei, drei, Feuer.» Wenn er nicht bis zum Ende des Zählvorganges geschossen hatte, verlor er sein Anrecht. An diesem Punkt oder wenn beide Seiten geschossen und nicht getroffen hätten, würde eine Beratung stattfinden, um darüber zu entscheiden, ob eine weitere Runde erforderlich wäre oder ob sich beide Seiten darauf einigten, daß den Verpflichtungen der Ehre Genüge getan sei.[8]

Als Hamilton seinen vorgesehenen Platz erreicht hatte, kurz bevor das letzte Kommando ertönte, bat er um einen kurzen Aufschub. Er zog die Brille aus der Brusttasche, setzte sie auf, blinzelte dann in das grelle Licht, hob seine Pistole, zielte am Lauf entlang auf mehrere imaginäre Ziele und erklärte sich danach bereit. Während dieser Verzögerung wartete Burr geduldig und gefaßt. Es gibt nicht nur keinen Beweis dafür, daß er vorab irgendeine Kenntnis von Hamiltons erklärter Absicht hatte, seinen ersten Schuß aufzusparen oder zu verschwenden, Hamiltons Verhalten in diesem vorletzten Moment ließ auch sicher auf bösere Absichten schließen. Warum er die Brille aufsetzte, wenn er nicht vorhatte, auf Burr zu schießen, bleibt ein Rätsel.

Ein noch größeres Rätsel ist das, was als nächstes geschah. Tatsächlich könnten die sich widersprechenden Versionen der nächsten vier oder fünf Sekunden des Duells als Beleg für die postmoderne Behauptung dienen, so etwas wie objektive Wahrheit gebe es nicht, vielmehr sei die historische Realität ein von Natur aus rätselhaftes und unendlich verhandelbares Bündel freischwebender Interpretationen. Damit unsere Geschichte in dem unstrittigen Rahmen, den wir zu Anfang festgelegt haben, weitergehen kann, müssen wir den dramatischsten Moment überspringen und dann später, wenn die letzten Teile der Erzählung an Ort und Stelle sind, zu ihm zurückkehren.

Zwei Schüsse waren ertönt, und Hamilton war soeben getroffen worden. Die 30 Gramm schwere Kugel hatte ihn in die rechte Seite getroffen und etwa zehn Zentimeter über der Hüfte ein Loch von fünf Zentimetern Durchmesser gerissen. Das Projektil hatte seinen Brustkorb durchschlagen, war von der Rippe abgeprallt, aufwärts durch seine Leber und sein Zwerchfell gegangen und hatte dann den zweiten Lendenwirbel zerschmettert, in dem es steckenblieb. Selbst beim Einsatz aller Errungenschaften der modernen Medizin hätten Hamiltons innere Verletzungen wahrscheinlich zu seinem Tode geführt, mit Sicherheit aber ihn zu einem lebenslangen Krüppel werden lassen. Angesichts der begrenzten Möglichkeiten der damaligen medizinischen Wissenschaft bestand keine Hoffnung. Hamilton selbst erkannte seinen Zustand fast sofort. Als Dr. Hosack auf ihn zustürmte, um ihn zu untersuchen, erklärte er ruhig: «Das ist eine tödliche Wunde, Doktor»; dann verlor er das Bewußtsein.[9]

Währenddessen schien Burr angesichts des Ergebnisses seines Schusses Überraschung und Bedauern zu empfinden. Er wollte zu dem gefallenen Hamilton hingehen, aber Van Ness hielt ihn auf und führte ihn von dem Schauplatz fort zu seinem Boot, wobei er ihn die ganze Zeit hinter einem Schirm verbarg, damit die Mitglieder der Gruppe um Hamilton – da war wieder das Motiv der Bestreitbarkeit – bei einem etwaigen Gerichtsverfahren behaupten konnten, sie hätten ihn nie gesehen. Auf halbem Wege hinunter zum Fluß blieb Burr stehen und beharrte darauf umzukehren. «Ich muß gehen und mit ihm sprechen», bat er inständig. Van Ness weigerte sich jedoch, seiner Bitte nachzukommen, und dirigierte Burr in sein Boot und zurück über den Fluß nach New York.[10]

Hosack hatte fast damit gerechnet, daß Hamilton noch am Ort des Geschehens sterben werde. Nach einigen Minuten ärztlicher Bemühungen stellte sich jedoch heraus, daß der Verletzte regelmäßig atmete, und so trugen sie ihn zum Fluß hinunter. Auf dem Rückweg erlangte Hamilton vorübergehend das Bewußtsein wieder und murmelte zu Hosack: «Pendleton weiß, daß ich beim ersten Mal nicht auf Oberst Burr schießen wollte.» Als einer der Ruderer die Pistole Hamiltons, die auf dem Sitz lag, wegschieben wollte, warnte ihn Hamilton: «Sei vorsichtig mit der Pistole; sie ist nicht abgeschossen und immer noch scharf; sie kann losgehen und Unheil anrichten.» Das war ein eindeutiger Hinweis darauf, daß sich Hamilton selbst anscheinend nicht darüber im klaren war, daß aus der Waffe ein Schuß abgefeuert worden war. Nach der Ankunft auf der New Yorker Seite trug man ihn in das nahegelegene Haus von James Bayard, einem langjährigen Freund und politischen Schüler, wo Hosack ihm reichliche Dosen Laudanum verabreichte und auf das Ende wartete. Am 12. Juli 1804 um zwei Uhr nachmittags starb Hamilton; bei ihm waren Benjamin Moore, der Bischof der Episkopalkirche von New York, sowie David Hosack, Hamiltons Ehefrau Elizabeth und ihre sieben noch lebenden Kinder.[11]

Die Beerdigung, die zwei Tage später stattfand, war eine phantastische Trauerinszenierung. Den Mahagonisarg zog der Grauschimmel Hamiltons; auf dem leeren Sattel hingen umgekehrt seine Stiefel und Sporen. Dahinter marschierten seine Witwe und seine Kinder, die führenden Politiker und Juristen der Stadt, die Studenten und Professoren des Columbia College, Bankpräsidenten, Offiziere des Heeres und der Marine, einheimische Geistliche und ausländische Würdenträger, gefolgt von mehreren hundert einfachen Bürgern. Gouverneur Morris, ein alter Freund der Familie und föderalistischer Parteifreund, hielt in der überfüllten Trinity Church die Trauerrede.[12]

In der Bevölkerung war man sich weitgehend darüber einig, daß Burr Hamilton kaltblütig ermordet habe. Die gegen Burr gerichtete Tendenz der Zeitungsgeschichten nährte den Volkszorn mit ausgedachten Behauptungen (so hieß es beispielsweise, Burr habe einen eigens für das Duell angefertigten Anzug getragen, der aus einem Material bestanden habe, das Kugeln ablenken konnte) und melodramatischen Erdichtungen (so hieß es etwa, während die Witwe und die Kinder Hamiltons über seinem Leichnam Tränen vergossen, hätten Burr und seine Anhänger im örtlichen Wirtshaus auf den Tod Hamiltons angestoßen, wobei Burr lediglich sein Bedauern zum Ausdruck gebracht habe, daß er ihn nicht ins Herz getroffen habe). In einer Wachsnachbildung des Duells sah man, wie Hamilton von Burr und mehreren Komplizen, die im Hinterhalt versteckt lagen, erschossen wurde. Auf dem Schild unter den Wachsfiguren stand zu lesen:

Burr, o Burr, was hast du gemacht?
Den großen Hamilton hast du umgebracht.
Im Strauchwerk hast du dich versteckt
Und ihn mit einer großen Pistole niedergestreckt.

Da sowohl wegen des Duells als auch wegen Mordes ein Verfahren gegen ihn eingeleitet wurde, Zeitungsredakteure ihn als neues Exempel für Verrat mit Benedict Arnold verglichen und Geistliche sein Verhalten in den Mittelpunkt von Predigten stellten, in denen sie das Duellieren als barbarischen Rückfall in mittelalterliche Rechtsvorstellungen geißelten, floh

Burr mit Schimpf und Schande aus der Stadt und ruhte nicht eher, als bis er Georgia erreicht hatte.[13]

Da haben Sie es also: Hamilton ist sicher begraben und nimmt als Märtyrer legendäre Dimensionen an; Burr schleicht sich aus der Stadt, unterwegs zu bizarren Abenteuern im amerikanischen Westen, politisch aber bereits in der Versenkung verschwunden. Das scheint die passendste Schlußszene für unseren Versuch zu sein, «Das Duell» als berühmte und überaus plastische Geschichte zu rekonstruieren.

Das fehlende Element der Geschichte ist natürlich der vier oder fünf Sekunden lange Zeitraum, in dem die Schüsse tatsächlich abgegeben wurden. Die Verschiebung der Behandlung dieses ganz entscheidenden Moments war nicht nur unvermeidlich – es gibt keine allseits anerkannte Version, die sich rekonstruieren ließe –, sie paßt auch zum historischen Ablauf der Debatte, die das einzige Beweismaterial hervorgebracht hat, auf dem jede Erzählung aufbauen muß. Und das heißt, im Gefolge des eigentlichen Duells kam es zwischen den Zeugen des Geschehens zu einem zweiten Duell, zu einem Krieg der Worte; Kontrahenten waren hauptsächlich Pendleton und Van Ness, und dazu kam dann die unvermeidliche Schar von Parteigängern Hamiltons wie auch Burrs, welche die Zeitungen und Pamphlete der damaligen Zeit mit Zeugnissen füllten, die ihre im Widerspruch zueinander stehenden Versionen erhärten sollten.

Bevor aber die nachträglich angefertigten Berichte über das Duell selbst zu einem Duell ausarteten, gaben die beiden einzigen Augenzeugen, Pendleton und Van Ness, eine «Gemeinsame Erklärung» heraus. Deren Hauptzweck war die Behauptung, daß beide Duellanten die für den Zweikampf geltenden Regeln eingehalten hätten, was bedeutete, daß sich Burr und Hamilton, obgleich die Praxis des Duellierens illegal war, dem für richtige Gentlemen geziemenden höheren Ehrengesetz gemäß verhalten hatten. Auf dem Wege zu diesem prinzipiellen Punkt einigten sich Pendleton und Van Ness jedoch über mehrere bedeutsame Einzelheiten, die deshalb Beachtung verdienen, weil sie ein gewisses Licht auf die sich abzeichnende Meinungsverschiedenheit über die tatsächlichen Geschehnisse werfen.

Erstens waren sich Pendleton und Van Ness einig, daß beide Duellanten ihre Waffe abgefeuert hatten. Es gab nicht nur einen, sondern zwei Schüsse. Das war eine wichtige Tatsachenfeststellung, denn mehrere veröffentlichte Berichte über das Duell, die von Freunden Hamiltons stammten, waren – zweifellos unter dem Einfluß verschiedener Versionen seiner vor dem Duell bekundeten Absicht, nicht auf Burr schießen zu wollen – von vornherein zu dem Schluß gelangt, Hamilton habe seinen Schuß zurückgehalten; das heißt, er habe überhaupt nicht geschossen. Da Hosack und die Ruderer den Knall der Schüsse hören konnten, auch wenn sie den Schußwechsel nicht sahen, war ohnehin keine Entstellung oder Verfälschung dieses grundlegenden Punktes möglich, sofern nicht beide Schüsse gleichzeitig gefallen waren. Und Pendleton war sich mit Van Ness darüber einig, daß dies nicht der Fall war.

Das führte zu der zweiten und faszinierendsten Übereinstimmung: daß nämlich zwischen den Schüssen ein Zeitraum verstrichen sei, der «einige Sekunden» dauerte. Darüber, wie viele Sekunden das waren, konnten sie sich nicht einigen. Sie waren sich aber darüber einig, daß zwischen den beiden Schüssen eine wahrnehmbare Zeitspanne lag. Einer der beiden Duellanten hatte als erster geschossen; der andere hatte eine merkliche und wahrnehmbare Frist innegehalten, und danach hatte er dann einen Schuß abgefeuert. Die beiden Schüsse waren nicht sofort losgegangen.[14]

Es ist nicht leicht, die Version des Duells, die sich die Partei Hamiltons dann zu eigen machen sollte, mit diesem einmütig akzeptierten Punkt in Einklang zu bringen. Das entscheidende Element in der von den Anhängern Hamiltons gegebenen Darstellung war, daß Burr als erster geschossen hatte. Wenn man, wie es die Jünger Pendletons und Hamiltons forderten, von der Annahme ausging, daß Hamilton bei seiner Ankunft in Weehawken fest entschlossen gewesen sei, nicht auf Burr zu schießen, dann folgte daraus logisch, daß Hamilton nicht das Feuer eröffnet haben konnte. Vielmehr schoß Burr, während Hamilton seine Pistole immer noch in die Luft hielt. Der Stoß, der von dem Schuß Burrs ausging, rief dann angeblich bei Hamilton in dem Finger, den er am Abzug hielt, eine unwillkürliche ruckartige Bewegung hervor, die zum Abschuß einer

Kugel führte, welche aber, ohne Schaden anzurichten, über Burr hinweg in die Bäume segelte. Van Ness behauptete, er habe am darauffolgenden Tage die Felsplatte noch einmal aufgesucht und dort den abgetrennten Zweig einer Zeder gefunden, der sich in einer Höhe von etwa dreieinhalb Metern, etwas über einen Meter neben der Stelle, an der Burr gestanden hatte, befand. Diese Darstellung der Geschichte ließ sich auch mit der Bemerkung vereinbaren, die Hamilton später im Boot gemacht hatte und bei der er anscheinend davon ausging, daß seine Pistole immer noch geladen sei. Ihm war offensichtlich nicht klargeworden, daß der Schuß Burrs ein zufälliges Abfeuern seiner eigenen Waffe ausgelöst hatte. Andererseits stellte sich die Frage, wie sich, wenn man die von der Partei Hamiltons vertretene Version des Schußwechsels akzeptierte, der zeitliche Abstand zwischen den beiden Schüssen erklären ließ: Nach dieser Darstellung wären die Schüsse nahezu gleichzeitig gefallen.

Die Burrsche Version der Ereignisse wirft zwar ebenfalls einige Probleme auf, aber sie paßt besser zu der zeitlichen Abfolge der Schüsse, über die man Einigkeit erzielt hatte. Van Ness zufolge zielte Hamilton auf Burr und schoß als erster, traf aber nicht. Burr zögerte dann seinen Schuß «vier oder fünf Sekunden» hinaus: Er wartete darauf, daß sich der Rauch um Hamilton verzog, und ebenso darauf, daß Pendleton mit dem Zählen – «eins, zwei, drei, Feuer» – beginne. Pendletons Aufmerksamkeit war jedoch auf seinen Chef gerichtet, und er war anscheinend nicht in der Lage gewesen, in diesem langgezogenen Moment des Dramas überhaupt etwas zu sagen. Burr nahm es dann auf sich, lieber zu schießen, als seinen Schuß zu verlieren. Hamilton stürzte auf der Stelle nieder. Auf der Reihenfolge der Ereignisse beharrte Van Ness: «Es sind sich, glaube ich, alle darüber einig, die in Hörweite waren, aber insbesondere wird es von Doktor Hossack [*sic*] bezeugt, daß zwischen den beiden Schüssen mehrere Sekunden vergingen; und es besteht auch Einigkeit, daß Gen. H. *sofort* nach dem Schuß von Mr. B. fiel, was im Widerspruch zu der Ansicht steht, Mr. B. habe als erster geschossen.» Van Ness lieferte dann zusätzliche Details zum Verhalten Burrs in dem dramatischen Zeitraum:

Was die Frage des ersten Schusses angeht..., bin ich niemals sicherer über eine Angelegenheit gewesen, die der Prüfung durch meine Sinne ausgesetzt war. Hätte je ein Zweifel bestanden, dann wäre er durch die folgenden Umstände beseitigt worden: Erstens, als Gen. H. schoß, beobachtete ich eine Erschütterung oder eine leichte Bewegung in Mr. B.s Körper, die mich annehmen ließ, daß er getroffen worden sei; als ich ihn aber gleich danach unbeweglich an seinem Platz stehen sah, kam ich zu dem Schluß, daß die Wunde nicht erheblich gewesen sein könne. Da ich jedoch immer noch unter dem Eindruck stand, daß er verwundet sei, fragte ich, sobald ich die Gelegenheit dazu hatte, wo er getroffen sei; und nachdem ich ihm den Grund meines Eindrucks erklärt hatte, teilte er mir mit, er sei mit dem Fuß auf einen Stein oder ein Stück Holz geraten, und das habe ihm Schmerzen bereitet, und er habe sich den Knöchel verstaucht.

Mit anderen Worten, Burrs instinktive Reaktion auf Hamiltons Schuß bestand in einem erkennbaren Zusammenzucken und einem unwillkürlichen körperlichen Ruck, einem Verhalten, das Burr, der nachträglich seine gefaßte Haltung herauszustellen bemüht war, auf einen Stein oder ein Stück Holz zu seinen Füßen zurückführte.[15]

Zwar klingen die handgreiflichen Details dieser Version so, als seien sie wahr, und die Umrisse der Geschichte Burrs lassen sich bequemer mit der Abfolge der Schüsse vereinbaren, aber zwei Punkte passen nicht ins Bild. Erstens: Wie erklärt man Hamiltons offensichtlich aufrichtige Überzeugung, die er anschließend im Boot Hosack und Pendleton gegenüber äußerte, daß er nie einen Schuß aus seiner Pistole abgegeben habe? Und zweitens: Wenn Hamilton wirklich auf Burr geschossen hatte, wie erklärt man den abgetrennten Zweig in derartiger Höhe und seitlich von der Stelle, an der Burr gestanden hatte?

Auf die zweite Frage gibt es eine plausible und ganz überzeugende Antwort, die uns dann zu einer plausiblen, aber spekulativeren Antwort auf die erste Frage führen wird. Die entscheidende Einsicht, die über das Potential verfügt, das Rätsel zu entwirren, welches die widersprüchlichen Darstellungen der Geschehnisse während des Duells hervorgerufen haben, ist die, daß beide Seiten ihre Erklärungen um eigensüchtige und irrige Annahmen herum konstruierten. Die Seite der Hamiltonianer mußte behaupten, ihr gefallener Anführer sei ein Märtyrer, der in der eindeutigen Absicht nach Weehawken gekommen war, sich den Schüssen Burrs auszusetzen, ohne zurückzuschießen. Die Seite Burrs mußte behaupten, daß sich ihr Held ehrenhaft, den Duellregeln gemäß, verhalten habe und daß er, nachdem er sein Leben dem Pistolenschuß Hamiltons ausgesetzt hatte, mit gleicher Münze erwidert, aber besser gezielt habe. Die Geschichte der Hamiltonianer erforderte eine Verzerrung bei der Abfolge des Schußwechsels, um Hamiltons postumen Ruf zu bewahren. Die Burr-Geschichte erforderte eine Verzerrung der ehrenhaften Absichten Hamiltons, um Burrs tödliche Reaktion zu rechtfertigen. Beide Versionen stellen das, was aller Wahrscheinlichkeit nach wirklich geschah, falsch dar.

Hamilton feuerte tatsächlich seine Waffe mit Absicht ab, und er schoß als erster. Doch er zielte so, daß er Burr verfehlte und seine Kugel hoch oben im Baum hinter dem Standpunkt Burrs landete. Mit diesem Vorgehen verzichtete er nicht auf seinen Schuß, aber er ließ ihn ungenutzt und erfüllte damit das Versprechen, das er vor dem Duell gegeben hatte. Burr hingegen wußte zwar nicht von dem Versprechen, aber er wußte wohl, daß ein Projektil aus Hamiltons Waffe an ihm vorbeigesaust und in den Baum hinter ihm eingeschlagen war. Nach den Duellregeln war Burr völlig im Recht, als er auf Hamilton zielte und mit Tötungsabsicht auf ihn schoß.[16]

Tat er das aber wirklich? Das ist keine Frage, auf die wir eine Antwort geben können, die über vernünftige Zweifel erhaben wäre. In diesem Sinne bleibt das Geheimnis für immer in den Weiten der bekanntermaßen rätselhaften Gedankenwelt Burrs in diesem überaus bedeutungsschweren Augenblick verschlossen. Erwägen wir aber die folgenden Indizien: Durch die Tötung Hamiltons hatte Burr nichts zu gewinnen und alles zu verlieren, wie er zum damaligen Zeitpunkt fast mit Sicherheit wußte und wie die nachfolgenden Ereignisse ganz schlüssig bewiesen; Burrs erste Reaktion auf den Zusammenbruch Hamiltons, wie sowohl Pendleton als auch Van Ness sie beschrieben, bestand anscheinend in Überraschung und Bedauern, bald danach gefolgt von einem Bedürfnis, mit dem verwundeten Hamilton zu sprechen; überdies hatte Burr in den letzten Stadien der vor dem Duell geführten Verhandlungen, als die Seite Hamiltons den Vorschlag machte, David Hosack als Arzt für beide Seiten fungieren zu lassen, erklärt, ein Arzt reiche aus, und dann hinzugefügt, es sei «selbst dieser unnötig»; schließlich waren, wenn Duellanten den Wunsch hatten, ihrem Gegner einen Streifschuß zu verpassen oder ihn nur oberflächlich zu verletzen, Hüfte und Beine die bevorzugten Ziele; hätte die Kugel Burrs nur fünf oder sieben Zentimeter weiter unten getroffen, dann hätte sie nicht mehr als eine Fleischwunde an der Hüfte hervorgerufen; der Schaden, den sie an Hamiltons inneren Organen anrichtete, war auf das Abprallen von der Rippe zurückzuführen.[17]

Letztlich können wir nie ganz sicher sein. Und es ist durchaus möglich, daß Burrs schwelender Haß gegen Hamilton eine derartige Intensität erreicht hatte, daß bei ihm, sobald er seinen Peiniger hilflos im Visier hatte, überhaupt kein rationales Erwägen der Frage, was zu seinem eigenen Besten sei, stattfand. Was praktisch sicher ist und sich mit dem gesamten zur Verfügung stehenden Beweismaterial am ehesten vereinbaren läßt, ist, daß Hamilton als erster schoß und absichtlich danebenschoß. Die einzig plausible Erklärung für die Bemerkung über die Pistole, die er im Boot machte, ist, daß er nicht bei vollem Bewußtsein war, unter Schock stand und nicht wußte, was er sagte. Oder, weniger wahrscheinlich, daß Pendleton und Hosack diesen Punkt erfanden, um ihre Version der Geschichte zu stützen. Möglich, aber mit den verfügbaren Beweisen nicht zu erhärten ist, daß Burr wirklich ebenfalls sein Ziel verfehlte, daß sein tödlicher Schuß in Wirklichkeit ein Unfall war. Einer der entwaffnendsten Züge der Burr-Version – ein Zug, der ihre generelle Glaubwürdigkeit erhöht – ist ja der, daß sie den Schuß Burrs zu einem überlegteren und vorbedachteren Akt werden ließ. (Weshalb sollte man den Zeitabstand betonen, wenn man die Absicht hatte, die Schuld Burrs zu verkleinern?) Die Gedanken, die in jenen wenigen, aber schicksalhaften Sekunden Burr durch den Kopf jagten, würden die letzte Antwort auf alle Fragen geben, die seinen Charakter betreffen. Aber sie sind ebenso wie die Mehrzahl der geheimsten Gedanken Burrs für immer verloren.

Wenn wir uns so intensiv mit den Dingen beschäftigen, die sich auf jener Felsplatte unterhalb der Ebene von Weehawken abgespielt haben, dann hat das einfach deshalb einen hervorragenden historischen Sinn, weil die Hamilton-Version der Begebenheit die Geschichtsbücher beherrscht und weil sie aller Wahrscheinlichkeit nach falsch ist. Bei unseren Bemühungen, die Fakten zu rekonstruieren, aus denen sich die Geschichte zusammensetzt, haben wir aber ungewollt die naheliegendste Frage außer acht gelassen – die Frage danach, was diese beiden prominenten amerikanischen Staatsmänner überhaupt auf der Felsplatte taten. Gewiß, sie waren dort, weil Burr Hamilton herausgefordert hatte und Hamilton zu der Überzeugung gelangt war, er könne die Herausforderung nicht zurückweisen, ohne seine Ehre zu beflecken. Wodurch aber hatte Hamilton Burr in derartige Wut versetzt? Und was stand für beide auf dem Spiel, daß sie dafür so viel zu riskieren bereit waren?

Die kurze Antwort ist die, daß es, genau wie es ein Duell der Worte nach dem eigentlichen Duell gab – es wurde von den Parteigängern Hamiltons gewonnen –, auch im Vorfeld ein Duell der Worte gegeben hatte, in dem ebenso klar Burr der Gewinner gewesen war. Die etwas längere Antwort lautet, daß der Wortwechsel, der dem Schußwechsel voranging, selbst lediglich der Gipfel einer seit langem bestehenden persönlichen Animosität und politischen Gegensätzlichkeit war, die sich spontan, im Rückblick nahezu unvermeidlich, aus der überspannten politischen Kultur der frühen Republik ergab.

Bei den Wortwechseln, zu denen es vor dem Duell gekommen war, steht außer Frage, daß Burr als erster schoß. Am 18. Juni 1804 lenkte er die Aufmerksamkeit Hamiltons auf einen Brief, der fast zwei Monate zuvor im *Albany Register* erschienen war; in ihm erinnerte sich sein Verfasser, Dr. Charles Cooper, an eine Tirade, die Hamilton im Februar des vorangegangenen Jahres gegen Burr vom Stapel gelassen hatte. Damals kandidierte Burr für das Amt des Gouverneurs von New York, und Hamilton hatte sich abfällig über seine Qualifikationen geäußert. Was Hamilton genau gesagt hatte, wurde in dem Brief Coopers nicht mitgeteilt, aber zum Schluß hieß es darin: «Ich könnte Ihnen eine noch verächtlichere Meinung mitteilen, die General HAMILTON über Mr. BURR geäußert hat.» Das anstößige Wort war *verächtlich*. Burr wollte, daß Hamilton dieses Wort erklärte oder sich davon distanzierte: «Sie könnten erkennen, Sir, daß die Notwendigkeit besteht, die Verwendung sämtlicher Ausdrücke, welche die Behauptungen Dr. Coopers rechtfertigen könnten, auf der Stelle und ohne Einschränkung entweder zuzugeben oder zu bestreiten.»[18]

Da wir ja nun wissen, daß die Aufforderung Burrs eine Kettenreaktion auslöste, die schließlich zu der tödlichen Explosion in Weehawken führte, ist die Feststellung lehrreich, daß weder in dem Brief Coopers noch in der Aufforderung Burrs irgendeine konkrete oder eindeutig verleumderische Aussage Hamiltons angeführt war. Gewiß ist *verächtlich* nicht gerade ein Kompliment. Doch worauf sich dieser Ausdruck genau bezog oder was Hamilton angeblich über Burr geäußert hatte, wird nicht gesagt. Der Kern der Beschwerde war hohl. Hamilton hätte daher in diesem entscheidenden Augenblick nicht mehr zu tun brauchen als zu bestreiten, daß er irgend etwas gesagt habe, worauf diese Beschreibung hätte passen können, und danach sein persönliches Bedauern darüber zum Ausdruck zu bringen, daß ihm in der Presse derart verleumderische Andeutungen zugeschrieben worden seien. Dann wäre Burr kaum etwas anderes übriggeblieben, als seine Erklärung zu akzeptieren.

Hamilton entschied sich jedoch für eine andere Vorgehensweise. Er benutzte nämlich die inhärente Zweideutigkeit der beleidigenden Aussage, um jeder direkten Antwort auf Burr auszuweichen. Er erklärte, es sei ihm unmöglich, «ohne offenbare Unschicklichkeit das Eingeständnis oder die Bestreitung abzugeben, die Sie für erforderlich zu halten scheinen». Mehr noch, das entscheidende Wort gestatte «unendliche Schattierungen, von der ganz hellen bis zur ganz dunklen. Wie soll ich den beabsichtigten Grad beurteilen?» Nach einer kurzen Vorlesung über die Wechselfälle von Grammatik und Syntax, mit der er Burr ärgern wollte, ging Hamilton in die Offensive. Er sah sich gezwungen, aus Prinzip Einspruch dagegen zu erheben, daß ihm zugemutet wurde, «eine Befragung über die Berechtigung von durch *andere* möglicherweise zu ziehende *Schlußfolgerungen* aus Äußerungen, die ich im Laufe einer fünfzehn Jahre währenden Auseinandersetzung über einen politischen Gegner gemacht habe, über sich ergehen zu lassen». Der Brief Burrs war daher eine grobe Beleidigung in seinem arroganten Beharren «auf einer derart unbestimmten Grundlage wie der, welche Sie gewählt haben». Hamilton war sich sicher, wenn Burr wieder bei Sinnen sei, werde er «die Sache in demselben Licht sehen wie ich». Falls nicht, «kann ich die Umstände nur bedauern und muß die Folgen ertragen». Sollte Burr die Absicht haben, ihm mit der Möglichkeit eines Duells zu drohen, dann war Hamilton nicht geneigt, solche Drohungen passiv hinzunehmen. Er würde seine eigenen ergehen lassen.[19]

Als Hamilton diesen Brief abgeschickt hatte, war sein Schicksal praktisch besiegelt. Nicht nur versäumte er die Gelegenheit, sich von der beleidigenden Charakterisierung Burrs zu distanzieren; mit seinem herablassenden Ton und seiner unnötig trotzigen Gegendrohung erhöhte er den rhetorischen Einsatz. Die Antwort Burrs war scharf und kurz: «Nach eingehender Prüfung», schrieb er, «habe ich zu meinem Bedauern festgestellt, daß sich darin nichts von der Redlichkeit und dem Takt findet, die Sie zu schätzen vorgeben.» Dann hob er das verbale Spiel auf ein noch höheres Beleidigungsniveau: «In argloser Zuversicht hatte ich mich darauf verlassen, daß ich von der Freimütigkeit eines Soldaten und der Offenheit eines Gentleman eine aufrichtige Erklärung würde erwarten können.» Solche Erwartungen waren aber offenbar zu hochgesteckt für einen derart doppelzüngigen Charakter wie Hamilton, der «weder den Mut zur Aufrechterhaltung noch den Großmut zur Zurücknahme» seiner Worte besaß.[20]

Überdies eröffnete die Klage Hamiltons – es könne kaum von ihm erwartet werden, daß er sich an alles erinnere, was er «im Laufe einer fünfzehn Jahre währenden Auseinandersetzung» gesagt habe – ungewollt ein ganz neues und noch viel größeres Konfliktfeld. In seinen Anweisungen an Van Ness, den er zu seinem Vertreter in der Kontroverse ausersehen hatte, erklärte Burr, der Brief Coopers habe lediglich die jüngste gegen ihn gerichtete Verleumdung von seiten Hamiltons dargestellt. Burr behauptete, er habe sich immer zurückgehalten, wenn seine politischen Feinde ihn kritisierten, aber «was Mr. H. angeht, beruhte das nicht auf Gegenseitigkeit – seit mehreren Jahren kommt es zu Beleidigungen, die sich auf seinen Namen stützen». Tatsächlich hatte Burr zwei Jahre zuvor, so behauptete er, Hamilton mit einer persönlichen Klage wegen ununterbrochener Verunglimpfungen seines Charakters konfrontiert, und Hamilton hatte seine Taktlosigkeit eingestanden. Ungeachtet der Entschuldigung und des offenbar abgegebenen Versprechens, er werde aufhören, hatte Hamilton dann seine hinterhältige Kampagne fortgesetzt. Burr zufolge bewies der jetzige Vorfall lediglich, daß Hamilton in seiner verleumderischen Haltung unverbesserlich war. Nun aber «mußte es damit ein Ende haben».[21]

Infolgedessen ging es bei der Genugtuung, die Burr jetzt verlangte, um mehr als um eine einzige Äußerung, die in einer Zeitung aus Albany wiedergegeben war. Am 25. Juni 1804 reichte Van Ness die neuen Bedingungen weiter: «Ob. Burr forderte von Gen. Hamilton, er solle ganz allgemein in Abrede stellen, in seinen verschiedenen Gesprächen irgendwie die Absicht gehabt zu haben, Eindrücke zu vermitteln, die geeignet wären, die Ehre von Mr. Burr herabzusetzen.» Burr verlangte jetzt eine generelle Entschuldigung für alle Taktlosigkeiten der Vergangenheit. Er räumte ein, daß dies eine Eskalation darstellte, aber angesichts der arroganten Ausflüchte Hamiltons «wird jetzt mehr erforderlich sein als das, was zunächst gefordert worden wäre».[22]

Mittlerweile war Pendleton als Vertreter Hamiltons in die Verhandlungen eingetreten. Er versuchte, wie es die Etikette der Duellregeln ja auch erforderte, seinen Einfluß geltend zu machen, um einen Weg aus der Sackgasse zu finden. Unter Nachhilfe Pendletons verstand sich Hamilton zu einer Erklärung, in der er jede Erinnerung an das Gespräch in der von Cooper wiedergegebenen Form in Abrede stellte. Dieses Gespräch, so wie sich Hamilton jetzt daran erinnerte, «bestand aus Anmerkungen zu den politischen Prinzipien und Ansichten von Ob. Burr... ohne Bezugnahme auf irgendein Element vergangenen Verhaltens oder auf seinen privaten Charakter». Hamilton hielt es für angebracht, sein Hauptargument zu wiederholen, wonach «das Gespräch, auf das Dr. Cooper anspielte, gänzlich um politische Themen kreiste und weder Ob. Burr irgendein unehrenhaftes Verhalten zuschrieb noch sich auf seinen privaten Charakter bezog».[23]

Strenggenommen hätte die Angelegenheit mit diesem Zugeständnis Hamiltons ihr Bewenden haben müssen. Bei Ehrenangelegenheiten sollte es ausschließlich um *persönliche* Vorwürfe gehen. Politische oder ideologische Meinungsverschiedenheiten, so tiefgreifend sie auch sein mochten, lagen außerhalb des Feldes der Ehre, auf dem ein Gentleman Satisfaktion fordern konnte. Die von Hamilton getroffene Unterscheidung zwischen persönlicher und politischer Kritik war darauf angelegt, den Disput mit Burr aus einer Ehrenangelegenheit in eine politische Meinungsverschiedenheit zu verwandeln. Technisch gesehen, nach den für Duelle geltenden Regeln, hätte sich Burr verpflichtet fühlen müssen, die Erklärung Hamiltons als Äquivalent einer Entschuldigung zu akzeptieren.

Nun war aber Burrs Blut in Wallung. Hätte Hamilton seine Unterscheidung zwischen persönlicher und politischer Kritik früher präsentiert, dann wäre die Angelegenheit aller Wahrscheinlichkeit nach zum Abschluß gekommen, bevor sie überhaupt begonnen hatte. Doch jetzt wollte sich Burr mit nichts Geringerem begnügen als mit einer pauschalen und uneingeschränkten Entschuldigung für alle vorangegangenen Bemerkungen über seinen persönlichen und politischen Charakter: «Es wird keine Bestreitung oder Erklärung zufriedenstellend sein», erklärte Van Ness, «sofern sie nicht generell ist, so daß sie den Gedanken gänzlich ausschließt, daß Gerüchte, welche der Ehre von Ob. Burr abträglich sind, von Gen. Hamilton ausgegangen oder aus irgendeiner seiner Äußerungen zu Recht geschlossen worden sind.» Für Hamilton durfte kein Raum zum Manövrieren mehr bleiben; es bedurfte einer Blanko-Entschuldigung. «Eine Zurücknahme oder Bestreitung aller derartiger Erklärungen oder eine Leugnung jeglicher Absicht, Ob. Burr verächtlich zu machen, ohne Rücksicht auf Zeit und Ort», schloß Van Ness, «ist die einzige Wiedergutmachung, die erfolgen kann.» Später, als dieser Teil der Korrespondenz zwischen beiden Seiten veröffentlicht wurde, bemerkte John Randolph, der exzentrische Staatsmann aus Virginia und Veteran zahlreicher Duelle, Hamilton sei als «immer schwächer werdender Fuchs» aufgetreten, während Burr als ein «starker alter Jagdhund» agierte, der fest entschlossen war, sein Opfer zur Strecke zu bringen, und dabei «einen unbeirrbaren Verfolgungsinstinkt» an den Tag legte und «sich nicht abschütteln oder irremachen ließ».[24]

Genau wie die meisten Duelle der damaligen Zeit nicht zum Tode oder zu schweren Verletzungen führten, endeten die meisten Verhandlungen über Fragen der Ehre nicht in Duellen. Die Burr-Hamilton-Angelegenheit sollte sich in beiden Punkten als Ausnahme erweisen. Als Burr seine Forderungen dahingehend ausgeweitet hatte, daß sie die gesamte öffentliche Laufbahn der Beteiligten umfaßte, und sich dann auch weigerte, die traditionelle Unterscheidung zwischen persönlicher und politischer Kritik anzuerkennen, saß Hamilton wirklich in der Falle. Es wurden noch einige weitere Briefe gewechselt, und dabei suchte Pendleton nach einem ehrenhaften Ausweg. Er protestierte, die Bedingungen Burrs hätten «den ursprünglichen Boden der Untersuchung erheblich verändert und erweitert», indem Hamilton aufgefordert wurde, für «alle möglicherweise kursierenden *Gerüchte*... aus der gesamten Zeit seiner Bekanntschaft mit Ob. Burr» die Verantwortung zu übernehmen. Burr aber rührte sich nicht und wiederholte seinen Vorwurf, seit mehr als zehn Jahren umlaufende «heimliche Gerüchte, in denen sein guter Ruf verleumdet und seine Ehre in Frage gestellt wurden», verlangten eine uneingeschränkte Entschuldigung, und das Beharren Hamiltons auf Unterscheidungen und Einschränkungen sei der «Beweis dafür, daß er die besagten Verfehlungen begangen» habe. Am 27. Juni 1804 war Burr mit seiner Geduld am Ende: «Da der Umfang, den diese Korrespondenz angenommen hat, dazu beiträgt zu beweisen, daß die zufriedenstellende Genugtuung... nicht erlangt werden kann», erklärte Van Ness, «erachtet er es für nutzlos, irgendeinen anderen Vorschlag zu übermitteln als die schlichte Botschaft, die ich nunmehr zu überbringen die Ehre haben werde.» Das war die Einladung zum «Treffen in Weehawken».[25]

Hamilton bat um einen kurzen Aufschub, der es ihm ermöglichen sollte, eine in der Schwebe befindliche juristische Angelegenheit abzuschließen und seine persönlichen Dinge in Ordnung zu bringen. Beide Männer machten ihr Testament und hinterließen genügend Material, um daraus ein, wenn auch unscharfes Bild von der Verfassung zu gewinnen, in der sie sich befanden. Burr schrieb an seine geliebte Tochter Theodosia und an ihren Gatten und rang ihm das Versprechen ab, daß es ihr gestattet werden würde, ihre Studien des Lateinischen, des Griechischen und der Altertumskunde fortzusetzen. Dann äußerte er in einem bizarren Imponiergehabe, wie es für ihn typisch war, die Bitte, falls ihm etwas Unvorhergesehenes zustoßen sollte, möchten seine Tochter und sein Schwiegersohn seine Grüße an eine seiner früheren Geliebten übermitteln, die jetzt als verheiratete Frau auf Kuba lebte.[26]

Am 4. Juli, bei dem Dinner, das die Society of the Cincinnati jährlich zur Feier des Unabhängigkeitstages abhielt, saßen Burr und Hamilton tatsächlich miteinander am selben Tisch. Der Maler John Trumbull, der ebenfalls anwesend war, hielt die Szene fest: «Die Seltsamkeit ihres Betragens fiel allen auf, aber nur wenige hatten irgendeinen Verdacht bezüglich der Ursache. Burr war anders als sonst schweigsam, düster, mürrisch; Hamilton hingegen ließ sich ausgelassen auf die Fröhlichkeit einer heiteren Gesellschaft ein und sang sogar ein altes Soldatenlied.» Die Melodie, die Hamilton sang – sie hieß *General Wolfe's Song* – hatte der große britische General angeblich am Vorabend seines ruhmreichen Todes auf den Feldern von Abraham vor Quebec im Jahre 1759 verfaßt. Es war daher ein unheimlich prophetisches Lied, und das galt besonders für die folgende Strophe:

Soldaten, sagt, warum
Sollten wir melancholisch sein?
Soldaten, sagt, warum?
Das Sterben ist uns ja Beruf!
Wie? Seufzet ihr? O pfui!
Verdammte Furcht – trinkt weiter, Kerls!
Bald trifft es dich, bald mich.[27]

In Hamiltons letzten Tagen gab es noch mehrere ähnlich ergreifende Vorfälle, die allerdings nur dann als solche erkennbar waren, wenn man sie mit dem Wissen um das bevorstehende Duell betrachtete. Am 3. Juli, am Tage vor dem von der Society of the Cincinnati veranstalteten Dinner, hatte er selbst in seinem neuen Landhaus, dem Grange, Gäste zum Dinner eingeladen. Anwesend war unter anderem William Short, der frühere persönliche Sekretär Thomas Jeffersons in Paris und lebenslange Protégé Jeffersons. Ebenfalls eingeladen waren Abigail Adams Smith und ihr Gatte, die Tochter und der Schwiegersohn von John und Abigail Adams. Da Jefferson Hamiltons politischer Hauptfeind war und Adams sein erbittertster Gegner in der föderalistischen Partei, ein Mann, den Hamilton öffentlich als geistig gestört und für das Präsidentenamt ungeeignet bezeichnet hatte, legt die Auswahl der Gäste nahe, daß Hamilton eine Art Erklärung über die Trennung von politischen und persönlichen Differenzen abgeben wollte. Etwa um dieselbe Zeit entwarf er für seinen ältesten noch lebenden Sohn eine «Abhandlung über den Takt». Darin wurde der Takt als eine «wenn auch nicht glanzvolle, ... so doch zumindest sehr nützliche Tugend» herausgestellt, und es folgte eine offensichtlich autobiographisch gefärbte Warnung: «Die größten Fähigkeiten werden bisweilen durch diesen Mangel in den Schatten gestellt, oder sie werden daran gehindert, denjenigen Erfolg zu erzielen, auf den sie ein Anrecht haben. Der Mensch, dem sich dieser Fehler vorwerfen läßt, läuft auch Gefahr, sich zahlreiche Feinde zuzuziehen und zu haben, und gelegentlich wird er... in höchste Schwierigkeiten und Gefahren verwickelt.»[28]

All das legt nahe, daß das bevorstehende Duell mit Burr Hamilton dazu veranlaßte, über die reine Intensität seiner vergangenen politischen Meinungsverschiedenheiten und ebenso auch über seinen immer wiederkehrenden Mangel an Takt in diesen äußerst stark personalisierten Debatten noch einmal nachzudenken. Wer dazu neigt, in Hamiltons letzten Tagen Hinweise auf selbstmörderische Neigungen ausfindig zu machen, könnte den Wunsch haben, über solche Informationen ausführlich zu spekulieren. Im wesentlichen zeigt jedoch das sichtbare und verfügbare Beweismaterial einen Mann, der seine charakteristischen Exzesse in Frage stellt, die ihn irgendwie den Weg hatten einschlagen lassen, der in die gegenwärtige Sackgasse geführt hatte. Hamilton glaubte nicht, daß er, wenn er nach Weehawken ginge, um Burr zu treffen, aller Wahrscheinlichkeit nach seinem Schöpfer begegnen werde. Doch die sich abzeichnende Bedrohung durch eine mögliche Verletzung oder vielleicht gar den Tod trug durchaus dazu bei, daß er sich in Gedanken mit der Kehrseite seines draufgängerischen Stils beschäftigte. Seine Stimmung war nicht so sehr selbstmörderisch als vielmehr bedauernd, weniger fatalistisch als nachdenklich.

Auf Aaron Burr erstreckte sich sein Bedauern und Nachdenken allerdings nicht. Das Material macht hier keine genialen Mutmaßungen oder nuancierten Analysen erforderlich. Hamilton verfaßte seine «Erklärung über das bevorstehende Duell», um denjenigen Kritikern zu antworten, die sich fragten, wie es ein Staatsmann von seiner Reife und von seinem Rang so weit kommen lassen konnte, sich zu einem infantilen Schußwechsel auf zehn Schritt Entfernung anstacheln zu lassen. «Es bestanden in der Sache innere Schwierigkeiten», erläuterte Hamilton in seiner Erklärung; sie wurzelten in der nicht zu bestreitenden Tatsache, «daß meine kritischen Anmerkungen zu den politischen Grundsätzen, dem Charakter und den Ansichten von Ob. Burr» überaus hart gewesen waren «und auch sehr ungünstige kritische Äußerungen zu einzelnen Fällen des privaten Betragens dieses Gentlemans einschlossen». Mit anderen Worten, die Behauptung Burrs, Hamilton habe es sich seit vielen Jahren zur Gewohnheit gemacht, ihn zu verleumden, war im wesentlichen zutreffend. Aus diesem Grunde «stand die Ableugnung, die Ob. Burr in allgemeiner und unbestimmter Form von mir forderte, nicht in meiner Macht». Er konnte sich nicht entschuldigen, ohne zu lügen. Was letztlich jede Aussicht auf eine Entschuldigung oder einen Rückzug versperrte, war die fortbestehende Überzeugung Hamiltons, daß seine gegen Burr gerichteten Beleidigungen alle wahr seien: «Ich habe ihn», schloß Hamilton, «nicht leichtfertig oder aus unwürdigen Beweggründen getadelt. Mit Sicherheit hatte ich starke Veranlassungen für das, was ich gesagt habe.»[29]

Die Antwort auf die entscheidende Frage – was taten diese beiden prominenten amerikanischen Staatsmänner auf jener Felsplatte unterhalb der Ebene von Weehawken? – ist also einigermaßen klar. Burr war dort, weil Hamilton ihn im Laufe ihrer Karrieren, die sich im öffentlichen Leben ständig kreuzten, immer wieder verleumdet hatte. Ungeachtet früherer Versprechungen, damit aufzuhören, hatte Hamilton weitergemacht. Burr war mit seiner Geduld einfach am Ende.

Hamilton war dort, weil er die Anschuldigungen Burrs, die sich auf Aussagen bezogen, welche seiner aufrichtigen Überzeugung nach das Wesen des Charakters dieses Mannes erfaßten, nicht guten Gewissens bestreiten konnte. Mehr noch, Hamilton glaubte auch, daß, wie er es formulierte, seine eigene Fähigkeit, «in Zukunft in jenen Krisen der öffentlichen Angelegenheiten, deren Auftreten wahrscheinlich erscheint, von Nutzen zu sein, ob im Widerstand gegen Böses oder im Bewirken von Gutem, von einer Übereinstimmung mit dem öffentlichen Vorurteil in diesem Punkt wahrscheinlich nicht zu trennen wäre». Mit anderen Worten, wenn er die Herausforderung Burrs nicht annähme, würde er seine allgemein bekannten Überzeugungen in Abrede stellen und dadurch die Achtung derjenigen politischen Kollegen verlieren, von denen sein Ansehen abhing. Das wäre gleichbedeutend mit einem Rückzug aus dem öffentlichen Leben. Und dazu war er nicht bereit. Wenn Burr aus Frustration nach Weehawken ging, dann ging Hamilton aus einer Kombination von Ehrgeiz und Unsicherheit.[30]

Was bedeutete das? Für die Zeitgenossen bedeutete es, daß Hamilton zu einem Märtyrer für die sterbende Sache des Föderalismus wurde und Burr zum verachtetsten politischen Führer auf nationaler Ebene seit Benedict Arnold. Ja, weniger als ein Jahr nach dem Duell nahm Burr geheime Verbindungen mit britischen Beamten auf, bei denen es darum ging, ein beträchtliches Stück des jenseits des Mississippi gelegenen Territoriums in Besitz zu nehmen und es unter britische Kontrolle zu stellen, vermutlich mit Burr selbst als Gouverneur. Vielleicht überlegte sich Burr, da man ihn als neuen Benedict Arnold behandle, könne er ebensogut auch die Früchte eines vergleichbaren Verrats ernten.[31]

Währenddessen griffen Geistliche, Collegepräsidenten und andere selbsternannte Sprecher gemeinschaftlicher Moralbegriffe die Begegnung zwischen Burr und Hamilton auf, um in den meisten Nordstaaten einen Kreuzzug gegen das Duellieren zu führen. Was einst den Eindruck eines ehrenhaften, wenn auch illegalen Willenswettstreits erweckt hatte, der in einen Schleier aristokratischen Zaubers gehüllt und in die Rüstung mittelalterlicher Ritterlichkeit gekleidet war, wurde nun als pathologisches Ritual betrachtet, in dem selbsternannte Gentlemen in kindischer Zurschaustellung ihrer beiderseitigen Unsicherheit aufeinander schossen. Zwar überlebte die Praxis des Duellierens noch im Süden sowie in ihrer demokratischeren Form – mit wildem Drauflosschießen – in den Grenzgebieten des Westens, aber das Stigma, das dem Duell zwischen Burr und Hamilton anhaftete, drängte das Duellieren als nationale Institution in die Defensive. Nicht, daß der Brauch je völlig ausgestorben wäre, da er ja auf irrationale Bedürfnisse zurückging, deren Stärke zivilisierten Sanktionen trotzt: Er gedeiht immer in Grenzregionen, in kriminellen Unterweltmilieus und Ghettogemeinschaften, in denen es der Autorität des Gesetzes an Glaubwürdigkeit mangelt. Gleichwohl trug das Duell zwischen Burr und Hamilton dazu bei, die Stimmung gegen die Sitte des Duellierens umschlagen zu lassen, indem sie den Kritikern dieser Praxis einen Anhaltspunkt lieferte und als dramatisches Schulbeispiel für ihren selbstzerstörerischen Charakter diente. Einer der Gründe, weshalb das Duell zwischen Burr und Hamilton als berühmtestes Duell in der amerikanischen Geschichte zur Legende wurde, ist seine Rolle als Warnung, als denkwürdigstes Beispiel dafür, wie man es nicht machen soll.[32]

Der Hauptgrund für seinen legendären Status und der wichtigste Grund, weshalb wir es als «Das Duell» bezeichnen können, ohne ernsthaft befürchten zu müssen, daß man uns mißversteht, ist die relativ prominente Stellung der beiden Beteiligten. Burr stand als Amtsträger an zweiter Stelle der Hierarchie in der Bundesregierung. Hamilton war nach George Washington die mächtigste Persönlichkeit in der Föderalistischen Partei und, so hätten seine Anhänger hinzugefügt, die intellektuelle Quelle für all die politische Energie, die Washington lediglich symbolisierte. Die fatale Begegnung der beiden Männer repräsentierte einen zeitweiligen Zusammenbruch des vorherrschenden Musters gewaltloser Konfliktaustragung in der amerikanischen Revolutionsgeneration.

Im Gefolge anderer Nationalbewegungen – der Französischen, der Russischen und der Chinesischen Revolution wie auch der zahlreichen nationalen Unabhängigkeitsbewegungen in Afrika, Asien und Lateinamerika – ging die Führungsklasse der erfolgreichen Revolution daran, sich in blutigen Vergeltungsaktionen zu dezimieren, die häufig völkermörderische Ausmaße annahmen. Doch der Konflikt in der amerikanischen Revolutionsgeneration blieb eine leidenschaftliche, aber unblutige Angelegenheit, in der die durch die nationale Unabhängigkeit freigesetzten Energien nicht ihre eigenen Kinder verschlangen. Das Duell zwischen Burr und Hamilton stellte die einzigartige Ausnahme von dieser Regel dar. Vielleicht ist es dies, woran Henry Adams dachte, als er in seinem unnachahmlichen Stil den Augenblick in Weehawken mit seinen «Begleiterscheinungen – sommerliche Morgensonne über felsigen und waldigen Höhen, ein stiller Fluß, ein hoher Himmel und hinter alledem … moralische Düsternis, doppelter Verrat und politische Verzweiflung –» beschrieb und ihn als «den dramatischsten Moment im frühen politischen Leben der Union» bezeichnete.[33]

Was die Angelegenheit wahrhaft dramatisch im Sinne von Henry Adams machte, waren nicht die betrüblichen Konsequenzen einer lediglich persönlichen Fehde, sondern die zugrundeliegenden Werte der politischen Kultur, welche die Begegnung so ergreifend und zugleich so symbolisch werden ließen. Mit anderen Worten, die vollständige Bedeutung des Duells läßt sich nicht erfassen, ohne daß man die seit langem verlorenen Werte der frühen amerikanischen Republik rekonstruiert, welche die Art und Weise prägten, in der Burr und Hamilton einander so mißtrauten und sich sogar haßten. Es ging um mehr, um viel mehr als die pochenden Egos zweier ehrgeiziger Staatsmänner, die um persönliche Ehre miteinander stritten. Hamilton glaubte – und er verfügte über eine ganze Reihe von Beweisen, die seine Überzeugung stützen konnten –, daß nichts Geringeres auf dem Spiel stehe als das Überleben der jungen amerikanischen Nation. Die Klärung der Frage, weshalb er sich mit derart übertriebenen Gedanken trug, ist der Schlüssel zur tiefsten Bedeutung des Duells.

Als Burr erstmals eine Entschuldigung verlangte, weigerte sich Hamilton, ihm Folge zu leisten, und beklagte sich, man könne von ihm wohl nicht erwarten, sich an all seine Bemerkungen zu erinnern, die er im Laufe von 15 Jahren, in denen er mit Burr zu tun gehabt hatte, über ihn gemacht hatte. Tatsächlich kannten sich Burr und Hamilton schon fast doppelt so lange, seit ihren Jugendtagen als Offiziere in der Kontinentalarmee. Doch die von Hamilton genannten 15 Jahre erwiesen sich als präzise Schätzung ihrer Geschichte als politische Gegner. Die Feindschaft begann 1789, als Burr von Gouverneur George Clinton das Amt des Generalstaatsanwalts in New York annahm, nachdem er Wahlkampf für den Kandidaten Hamiltons gemacht hatte, welcher besiegt wurde. Burrs müheloser Loyalitätsschwenk, das erste in einer Reihe ganz ähnlich wendiger Manöver im Laufe seiner Karriere, erregte Hamiltons Aufmerksamkeit und führte zu seinen ersten gegen Burr gerichteten Bemerkungen, von denen wir Kenntnis haben und in denen er Burrs mangelnde politische Grundsatztreue anprangerte.

Wenn sich die ersten Risse 1789 zeigten, dann fand der tatsächliche Bruch zwei Jahre später statt. 1791 besiegte Burr bei den Wahlen zum Senat der Vereinigten Staaten Hamiltons reichen Schwiegervater Philip Schuyler, als sich mehrere rivalisierende Fraktionen in der nach Clans organisierten, ja quasi-feudalen politischen Szene New Yorks zusammentaten, um den Amtsinhaber abzulösen, den man im allgemeinen als Unterstützer Hamiltons ansah. Von da an lief alles wie von selbst. Burr benutzte seine Stellung im Senat, um Hamiltons Steuerprogramm zu bekämpfen und dann eine umstrittene (und wahrscheinlich manipulierte) Gouverneurswahl in New York gegen den Kandidaten Hamiltons zu entscheiden. Hamilton wiederum bekämpfte 1792 Burrs Kandidatur für das Amt des Vizepräsidenten und blockierte zwei Jahre später seine Ernennung zum amerikanischen Gesandten in Frankreich. Zum dramatischsten Zusammenstoß kam es im Jahre 1800, als bei den Präsidentenwahlen Burr neben Jefferson kandidierte – das war seine Belohnung dafür, daß er den größten Teil der Wahlmänner von New York mitbrachte, was den Sieg Jeffersons möglich machte. Wegen der später durch den Zwölften Verfassungszusatz beseitigten Anomalie im Wahlmännerkolleg, die dazu führte, daß auf Burr und Jefferson gleich viele Stimmen entfielen, ohne daß bestimmt wurde, welcher der beiden Kandidaten die Liste anführte, wurde die Wahl an das Repräsentantenhaus überwiesen. Hamilton beeinflußte seine föderalistischen Parteifreunde unter den Abgeordneten dahingehend, daß sie als Präsidenten nicht Burr, sondern Jefferson unterstützten, eine Entscheidung, die für das Endergebnis wahrscheinlich von ausschlaggebender Bedeutung war. Schließlich, im Jahre 1804, im Vorfeld der Gouverneurswahl in New York, aus deren Anlaß übrigens die Bemerkungen fielen, die Burr in seiner Herausforderung anführte, sprach sich Hamilton gegen Burrs Kandidatur für ein Amt aus, das er wahrscheinlich ohnehin nicht gewonnen hätte.[34]

Dieser kurze Überblick über die Rivalität zwischen Burr und Hamilton gibt ein hilfreiches Gefühl für den Kontext, aber um die Vorwürfe, die Burr schließlich erhob, und das private Eingeständnis Hamiltons, wonach sie berechtigt waren, in vollem Umfang würdigen zu können, muß man konkret wissen, was Hamilton über Burr sagte. Im Verlaufe desselben Zeitabschnitts machte sich Hamilton eine Vielzahl politischer Feinde, über die er außerordentlich Kritisches zu sagen hatte (was auch umgekehrt galt). Ja, Hamiltons politischer Hauptfeind war nicht Burr, sondern Jefferson, dicht gefolgt von Adams. Das war logisch und auch politisch plausibel, denn Jefferson war der nominelle Führer der republikanischen Opposition, und Adams war der Anführer des gemäßigten Flügels der Föderalisten, einer Gruppe, die Hamiltons politische Grundsätze manchmal übertrieben und seinen pompösen Stil immer anstößig fand. Doch in dieser Hamiltonschen Schurkengalerie war Burr immer der Hauptschurke, und das, was Hamilton über ihn sagte, war wirklich unverwechselbar.

Während der Hauptvorwurf, den Hamilton gegen Jefferson erhob, lautete, er sei ein utopischer Visionär mit törichten politischen Prinzipien, lief der Kern seiner Kritik an Burr darauf hinaus, daß er völlig bar jeglicher Grundsätze sei. Burr war «prinzipienlos, sowohl als Mann der Öffentlichkeit als auch als Privatmann», behauptete Hamilton, «ein Mann, dessen einziges politisches Prinzip darin besteht, unter allen Umständen zu den höchsten politischen Ehren der Nation aufzusteigen und von da aus noch so viel weiter, wie ihn die Verhältnisse tragen werden». Sporadische Attacken auf Burrs Charakter in derselben Manier – «prinzipienlos im Privatleben, verwegen in seinem Schicksal», «despotisch in seinem gewöhnlichen Betragen», «unverbesserlich» – finden sich in den 1790er Jahren in Hamiltons Korrespondenz auf Schritt und Tritt, und darin spiegelt sich wahrscheinlich nur ein Bruchteil der nicht aufgezeichneten Kommentare, die er föderalistischen Parteifreunden gegenüber abgab.[35]

Die vollständige und besser dokumentierte Salve kam gegen Ende des Jahres 1800 und Anfang 1801, als im Repräsentantenhaus über das präsidentielle Patt zwischen Burr und Jefferson debattiert wurde. Da jeder wußte, daß Jefferson Hamiltons unversöhnlicher politischer Feind war – die Art von schwer zu treffendem Ziel, die Gott anscheinend in die Welt gesetzt hatte, um die visionären Pläne Hamiltons für eine starke Bundesregierung zu vereiteln –, diente die nachhaltige Unterstützung, die Hamilton Jefferson angedeihen ließ – er sei «ein nicht annähernd so gefährlicher Mann» und könne «gewichtige Ansprüche auf Charakter» erheben – nur dazu, seine Verachtung für Burr zu unterstreichen. «Was Burr angeht, so gibt es nichts, was für ihn spräche», bemerkte Hamilton, und er fuhr fort: «Seinen privaten Charakter verteidigen auch seine parteiischsten Freunde nicht. Er ist hoffnungslos bankrott, sieht man von der Ausplünderung seines Landes ab. Seine öffentlichen Prinzipien haben keine andere Quelle oder Zielsetzung als seine eigene Verherrlichung.... Wenn er kann, wird er mit Sicherheit unsere Institutionen in Unordnung bringen, um sich *dauerhafte Macht* und zugleich *Reichtum* zu sichern. Er ist wahrhaft der Catilina Amerikas.»[36]

Diese Erwähnung Catilinas verdient ein kurzes Innehalten, teils deshalb, weil der Verweis für moderne Ohren so fremdartig ist, daß er sinnlos erscheint, teils weil er den Führern der Revolutionsgeneration so vertraut war, daß er keiner weiteren Erklärung bedurfte. Indem Hamilton Burr vorwarf, er sei Catilina, erhob er die äußerste Anschuldigung, denn Catilina war die verräterische und verkommene Gestalt, deren Ränke die Römische Republik beinahe vernichteten und deren zügelloser Lebenswandel eben durch seine Verworfenheit Cicero zu seiner eloquenten Rede über die Tugend animierte, die Generationen amerikanischer Schüler dann auswendig lernten. Niemanden in der politischen Führung der frühen amerikanischen Republik brauchte man daran zu erinnern, wer Catilina war. Er war der begabte, aber böswillige Vernichter des republikanischen Regierungssystems. Wenn auch insgeheim jedes Mitglied der Revolutionsgeneration mit dem Gedanken spielte, die moderne Inkarnation eines klassischen griechischen oder römischen Helden zu sein – Washington war Cato oder Cincinnatus, Adams war Solon oder Cicero –, wollte doch niemand Catilina sein.

War das die Rolle, die zu Burr paßte? Anders gefragt, waren Hamiltons Anschuldigungen gegen Burr wahr? Das ist eine faszinierende Frage, und angesichts von Burrs unvergleichlichem Geschick, seine Motive zu verheimlichen, seine Spuren zu verwischen und einen großen Teil seiner Privatkorrespondenz zu beseitigen, sind eindeutige Antworten realistischerweise nicht zu erwarten. Das Muster, das in Burrs politischem Verhalten immer wiederkehrte und das Hamilton ins Auge fiel, machte ihn gegenüber dem Catilina-Vorwurf jedoch außerordentlich verwundbar. Ob im verworrenen politischen Leben New Yorks oder in den beginnenden Parteikriegen zwischen Föderalisten und Republikanern auf nationaler Ebene, Burr verstand es absolut genial, sich zwischen konkurrierende Fraktionen zu postieren und sich zur Verfügung derjenigen Seite zu halten, die seiner Dienste am verzweifeltsten bedurfte.

Die Präsidentenwahl des Jahres 1800 ist für dieses Muster das politisch bedeutsamste und anschaulichste Beispiel: Burr ließ es geschehen, daß im Repräsentantenhaus bei der Wahl zwischen ihm und Jefferson 36 Wahlgänge stattfanden, ohne daß er auch nur ein einziges Mal seine grundsätzliche Anerkennung zu erkennen gegeben hätte, daß die Masse der Wähler ganz eindeutig die Absicht gehabt hatte, Jefferson zum Präsidenten zu bestimmen. Zu seiner Verteidigung hätte Burr darauf verweisen können, daß er sich niemals aktiv um Unterstützung durch die Föderalisten bemüht hatte. Er hatte sie aber auch nie zurückgewiesen. Sein rätselhaftes Schweigen hatte jedoch zweifellos nachteilige Folgen, denn es verlängerte das Intrigieren im Repräsentantenhaus und überzeugte, in einer etwas ironischen Wendung, Jefferson davon, daß man Burr niemals trauen konnte.[37]

Sein Talent, sich in den Zwischenräumen zwischen kriegführenden politischen Gruppierungen anzusiedeln, hätte man als Zeichen für seine Unabhängigkeit deuten können. Ebenso wie Washington weigerte sich Burr, so hätten seine Fürsprecher argumentieren können, seine politischen Überzeugungen einer bestimmten Partei zur Verfügung zu stellen. Doch während Washington die ideologischen Kriege der 1790er Jahre zu transzendieren versuchte, schien Burr geneigt, einen Tunnel unter den Lagern der streitenden Parteien zu graben und dann auf derjenigen Seite wieder aufzutauchen, die ihm den größeren Gewinn versprach. Wenn Washington der Inbegriff des tugendhaften Führers war, der persönliche Interessen dem öffentlichen Wohl unterordnete, dann war Burr eine Art Anti-Washington, der das öffentliche Interesse zugunsten seiner eigenen unergründlichen Ziele manipulierte.[38]

So erschien es Hamilton jedenfalls. Und als wollte Burr beweisen, daß sein fragwürdiges Verhalten in der Präsidentenkrise von 1801 keine einmalige Verirrung war, wiederholte er dieses Muster 1804, als es um die Wahl des Gouverneurs von New York ging. Obwohl er immer noch als Vizepräsident unter Jefferson amtierte, war ihm klar, daß die Republikaner ihn nicht wieder aufzustellen beabsichtigten, als Jefferson für seine zweite Amtszeit kandidierte. Und als ihn daher führende Föderalisten aus New York als potentiellen Kandidaten für die Gouverneurswahl ansprachen, ließ er eine Bereitschaft erkennen, seine Parteiloyalität zu wechseln und in seinem Heimatstaat als Föderalist zu kandidieren. Das war die Entscheidung, die Hamilton dazu veranlaßte, seine früheren Charakterisierungen Burrs als des prinzipienlosen amerikanischen Catilina zu wiederholen, die dann zu den Zeitungsberichten Anlaß gaben, in denen das anstößige Wort «verächtlich» enthalten war.

Doch das war nur die halbe Geschichte. Denn die Föderalistenführer in Neuengland waren an der Rekrutierung Burrs im Zusammenhang eines umfassenderen Plans interessiert, der auf nichts Geringeres als auf die Zerstückelung der amerikanischen Republik zielte. (Tatsächlich war es dies, was Henry Adams mit den Worten «der dramatischste Moment im frühen politischen Leben der Union» meinte.) Ihr Plan sah vor, daß im Gefolge der Wiederwahl Jeffersons Neuengland abfallen und zugleich New York übernommen werden sollte, welches sich dann der sezessionistischen Bewegung anschließen würde, um eine von den Föderalisten kontrollierte Konföderation der Nordstaaten zu bilden. Burr blieb sich selber treu und weigerte sich, hinsichtlich der Auslieferung New Yorks an die Sezessionisten irgendwelche Versprechungen zu machen, aber er erhob auch keine Einwände gegen die Verschwörung.[39]

Hamilton wußte von dem föderalistischen Komplott, bei dem es sich nicht um einen unausgegorenen, von Randfiguren ausgetüftelten Plan handelte, da an ihm ja neben mehreren föderalistischen Senatoren aus Neuengland auch der frühere

Außenminister Timothy Pickering beteiligt war. «Ich will hier nur eine einzige Empfindung äußern», warnte Hamilton seine föderalistischen Parteifreunde, «und das ist die, daß die Zerstückelung unseres Reiches ein klares Opfer sein wird..., ohne daß ihm als Ausgleich irgendein Gut gegenüberstünde.» Als er erfuhr, daß die führenden Föderalisten von Neuengland auf die Nachricht warteten, daß ihr alter Anführer dem sezessionistischen Plan zustimmte, machte Hamilton seinen Widerstand deutlich: «Richten Sie ihnen von MIR aus, auf MEINE Bitte, daß sie um Gottes willen mit diesen Gesprächen und Drohungen wegen einer Teilung der Union aufhören sollen. Sie muß zusammenhalten, solange sie sich zusammenhalten läßt.» In dem letzten Brief, den Hamilton schrieb und den er am Abend vor dem Duell verfaßte, ging es darum, die immer noch fortbestehenden föderalistischen Phantasien von einer eigenständigen Nordost-Konföderation zu unterdrücken, einen Traum, der nicht enden wollte, bis ihn die zum Scheitern verurteilten Bemühungen beim Konvent von Hartford im Jahre 1815 als Fiasko bloßstellten.[40]

Was Hamilton in Burr zu sehen schien, war also ein Mann, der in vieler Hinsicht ganz ähnlich war wie er selbst: ehrgeizig, energisch, mit einem instinktiven strategischen Gespür und dazu bereit, politische Risiken einzugehen. Hamilton verstand die Stärke des von Burr ausgeübten Einflusses, weil er in sich dieselben persönlichen Qualitäten pulsieren fühlte. Beiden Männern gemeinsam war auch ein ausgeprägtes Gefühl für den überaus unfertigen und immer noch fragilen Charakter der jüngst ins Leben gerufenen amerikanischen Republik. Der überzogene Ton der gegen Burr gerichteten Kommentare Hamiltons beruhte nicht so sehr auf intensiver persönlicher Abneigung *per se* als auf seiner starken Befürchtung, daß die prekäre Lage der jungen Nation sie für Burrs beträchtliche politische Talente so anfällig machte. Burr verkörperte die Kühnheit und die Energie Hamiltons, die in einer politischen Kultur, welche immer noch auf der Suche nach ihrer festen Form war, Amok liefen.

Der wahre Kern, der in Hamiltons Unterscheidung zwischen persönlicher und politischer Kritik an Burr enthalten ist, liegt hier. In gewissem Sinne war das eine zutreffende Formulierung der Einschätzung Hamiltons. Der Ruf, den Burr als notorischer Frauenheld genoß oder als Verschwender, dem es immer gelang, seinen Gläubigern einen Schritt voraus zu bleiben, machte Hamilton keine Sorgen. Was ihn ungeheuer beunruhigte, war die bedrohliche Entsprechung zwischen den politischen Talenten Burrs und den Gelegenheiten zum Stiften von Unheil, die sich in einer Nation, deren Gesetze und Institutionen sich erst langsam verfestigten, so offensichtlich boten.[41]

Das Problem bei der Unterscheidung Hamiltons war jedoch, daß die vermeintliche Schranke zwischen persönlicher und politischer Kritik oder zwischen privatem und öffentlichem Verhalten immer wieder durch reale Entscheidungen über den Haufen geworfen wurde. Persönlicher Charakter war erforderlich, um öffentlichen Versuchungen zu widerstehen. Im Falle Burrs betraf das beispielsweise die Entscheidung, Jefferson 1801 zu unterstützen oder zu verraten; oder 1804 mit Föderalisten, die sich für einen Abfall der Nordstaaten einsetzten, zu konspirieren; oder, einige Jahre später, den amerikanischen Südwesten von den Vereinigten Staaten abzutrennen. Bei jeder dieser Entscheidungen zählte der Charakter, weil die Versuchungen, welche die politischen Verhältnisse in dieser Entwicklungsphase der amerikanischen Republik bereithielten, das moralische Rückgrat der nationalen Führung wahrhaft auf den Prüfstand stellten.

Burrs einzigartiges Kennzeichen war, so sah es jedenfalls Hamilton, daß er bei jeder derartigen Prüfung durchfiel. Während in der Revolutionsgeneration niemand sonst an der Rolle des Catilina interessiert war, schien Burr bei jeder sich bietenden Gelegenheit für diesen Part zu proben. Um es etwas anders zu formulieren, wenn der Disput zwischen Burr und Hamilton nicht auf dem Duellplatz, sondern vor Gericht entschieden worden wäre und wenn man das juristische Prinzip akzeptierte, daß Wahrheit eine legitime Verteidigung gegen den Vorwurf der Verleumdung darstellte (ein Grundsatz, auf dem Hamilton faszinierenderweise in dem letzten Fall, den er je vertrat, beharrte), dann hätte Hamilton fast mit Sicherheit gewonnen.[42]

Für uns ist es schwierig, die Bedrohung, die Burr für Hamilton darstellte, in vollem Umfang zu ergründen, weil wir wissen, daß das amerikanische Experiment mit der republikanischen

Regierungsform Erfolg haben sollte. Wir wissen, daß eine so konzipierte und diesem Grundsatz verpflichtete Nation überdauern konnte und nicht nur überdauert hat, sondern gediehen und zur langlebigsten Republik der Weltgeschichte geworden ist. Ein derartiges Wissen war Hamilton und seinen Zeitgenossen nicht nur nicht zugänglich, die politische Landschaft, die sie rings um sich sahen, war ein gefährlich unsicherer Ort, an dem sich weder die Gesetze noch die Institutionen der Nation zu einem dauerhaften Inventar verfestigt hatten. Oder, wenn man es nicht architektonisch, sondern biologisch fassen möchte, der politische Körper mußte erst seine Immunitätskräfte gegen die politischen Krankheiten entwickeln, die alle neuen Nationen befallen. Was an Hamiltons kritischer Charakterisierung Burrs extravagant und übertrieben erscheint, war also nicht so sehr ein Symptom für Hamiltons Paranoia als vielmehr eine realistische Reaktion auf die tatsächliche Anfälligkeit des immer noch zarten Pflänzchens namens Vereinigte Staaten. So viele Dinge schienen auf dem Spiel zu stehen, weil sie in Wahrheit auf dem Spiel standen.[43]

Unsere Suche nach der vollen Bedeutung des Duells hat uns in die Vergangenheit geführt, an den rein persönlichen Eifersüchteleien vorbei, durch die nur zum Teil auflösbaren Rätsel der Dinge hindurch, die sich an jenem schicksalhaften Tag unterhalb der Ebene von Weehawken abspielten, und über die Geschichte des Duells als aussterbender Institution hinaus. Sie ist zu einem Ausflug in die äußerst problematische politische Welt der neugeborenen amerikanischen Republik geworden, an einen Ort, an dem reale und nicht nur vorgestellte Verschwörungen vorherrschten, an dem das Überdauern des politischen Gebildes namens Vereinigte Staaten immer noch sehr in der Schwebe hing. Wie es mehr oder weniger für jedes berühmte Ereignis gilt, das tief im historischen Boden einer besonders fruchtbaren Zeit und Lokalität verwurzelt ist, liegt die wirkliche Bedeutung des Duells jenseits der konkreten Parameter des Ereignisses selbst, jenseits jener schmalen Felsplatte oberhalb des Hudson. Sie reicht vielmehr weiter und umfaßt eine ganze, aber immer noch in Entfaltung begriffene Welt, die durch Burr bedroht wurde und für deren Verteidiger Hamilton sich hielt.

Oliver Wendell Holmes hat einmal bemerkt, daß ein großer Mann «einen strategischen Punkt im Feldzug der Geschichte repräsentiert und ein Teil seiner Größe darin besteht, daß er da ist». Sowohl Burr als auch Hamilton hielten sich für große Männer, die gerade an einem jener strategischen Punkte im Feldzug der Geschichte, in der amerikanischen Revolutionsepoche nämlich, erwachsen wurden. Im Sommer 1804 war die Geschichte weitgehend über sie hinweggegangen. Burr hatte Jefferson und die triumphierende republikanische Partei durch seine Illoyalität als Vizepräsident vor den Kopf gestoßen und bei seinem Versuch, föderalistischer Gouverneur von New York zu werden, haushoch verloren. Hamilton bekleidete seit neun Jahren kein nationales Amt mehr, und die Sache der Föderalisten, die er verfochten hatte, war auf dem besten Wege, in Vergessenheit zu geraten. Selbst in seinem Heimatstaat New York waren die Föderalisten, wie John Quincy Adams es formulierte, «eine Minderheit, und von dieser Minderheit war nur eine Minderheit Bewunderer und Parteigänger von Mr. Hamilton». Keiner der beiden Männer hatte eine nennenswerte politische Zukunft.[44]

Dadurch aber, daß sie sich dort unterhalb der Ebene von Weehawken zu ihrem Treffen einfanden, gelang es ihnen, eine dramatische letzte Aussage über die Eigenart ihrer Epoche zu machen. Auf die Ehre kam es an, weil es auf den Charakter ankam. Und auf den Charakter kam es an, weil das Schicksal des amerikanischen Experiments mit der republikanischen Regierungsform, wenn es ein Überleben geben sollte, immer noch von tugendhaften Führern abhing. Schließlich konnten sich die Vereinigten Staaten zu einer Nation von Gesetzen und etablierten Institutionen entwickeln, die in der Lage waren, korrupte und inkompetente Inhaber öffentlicher Ämter zu überleben. Doch so weit war es noch nicht. Die Nation brauchte immer noch ehrenhafte und tugendhafte Führer, wenn sie überdauern wollte. Sowohl Burr als auch Hamilton kamen zu dem Treffen, weil sie den Wunsch hatten, zu diesem Kreis gezählt zu werden.

Das Dinner 2

Die Darstellung des Geschehens, die Thomas Jefferson gibt, folgt einem Muster, das erkennen läßt, wie naturwüchsig und beinahe nonchalant sich geschichtliche Abläufe in einer idealen Jeffersonschen Welt abspielen. Eines Tages, Mitte Juni 1790, begegnete er zufällig Alexander Hamilton, als die beiden Mitglieder des Kabinetts von Präsident Washington – Jefferson war Außenminister und Hamilton Finanzminister – vor dem Präsidentenamt warteten. Anders als sonst war Hamilton nicht zuversichtlich und strahlend. Jefferson fand, er habe «finster, hager und unvergleichlich niedergeschlagen» ausgesehen. Selbst seine Kleidung habe einen «wunderlichen und vernachlässigten» Eindruck gemacht. Zumindest der Beschreibung Jeffersons zufolge war er ein geschlagener Mann.

Während sie vor Washingtons Residenz auf der Straße standen, vertraute Hamilton ihm an, sein gesamter Finanzplan zur Wiederherstellung des öffentlichen Kredits, den er im Januar eingebracht hatte, sei im Kongreß in eine Sackgasse geraten. Abgeordneten aus dem Süden unter der Führung von James Madison sei es gelungen, die Annahme einer entscheidenden Klausel des Hamiltonschen Vorschlags zu blockieren, nämlich die Übernahme der Schulden der Einzelstaaten durch die Bundesregierung, und das mache den gesamten Hamiltonschen Plan einer fiskalischen Reform zunichte. Hamilton war zugleich fatalistisch und melodramatisch. Würde sein Finanzplan zurückgewiesen, wie es nunmehr sicher zu sein schien, dann «konnte er [Hamilton] nicht von Nutzen sein und war entschlossen zurückzutreten». Und ohne seinen Plan und seine Führung – diese beiden Punkte schienen in seinen Überlegungen untrennbar miteinander verbunden zu sein – mußte die Regierung und mit ihr unweigerlich auch die Einheit der Nation zusammenbrechen.

Jefferson meinte, vielleicht könne er helfen. «Als ich über die Lage der Dinge nachdachte», erinnerte er sich, «glaubte ich, der erste Schritt zu einer gewissen Versöhnung der Auffassungen bestünde darin, Mr. Madison und Ob. Hamilton zu einer freundschaftlichen Erörterung des Themas zu veranlassen.» Zwar litt Jefferson noch an den Nachwehen einer Migräne, die über einen Monat angehalten hatte, und er war auch erst kürzlich in sein neues Haus in der Maiden Lane 57 in New York eingezogen; dennoch bot er an, als Gastgeber einer privaten Dinnerparty zu fungieren, bei der sich die Hauptakteure allein treffen konnten, um herauszufinden, ob sich die schwer zu beseitigenden politischen Hindernisse unter dem eher wohltätigen Einfluß von Wein und vornehmen Gesprächen vielleicht auflösten.

Die Darstellung, die Jefferson von diesem Abend gibt – aller Wahrscheinlichkeit nach war es Sonntag, der 20. Juni –, enthält einige irreführende und eigensüchtige Elemente, aber da dies in den historischen Quellen der einzige Bericht ist, der auf uns gekommen ist, und da Jeffersons zu Recht berühmter Umgang mit Worten eine bezaubernde Einfachheit besitzt, welche die elegante Atmosphäre der Dinnerparty selbst gut zum Ausdruck bringt, verdient es dieser Text, daß wir uns eingehender mit ihm beschäftigen:

> Sie kamen. Ich eröffnete ihnen das Thema, räumte ein, daß es mir meine Lage nicht gestattet habe, es hinreichend zu verstehen, ermutigte sie aber dazu, die Angelegenheit miteinander zu erörtern. Dies taten sie. Das führte dazu, daß Mr. Madison in einen Vorschlag einwilligte, daß die Frage [d.h. die Übernahme der Schulden der Einzelstaaten] auf dem Wege über eine Abänderung durch den Senat erneut auf die Tagesordnung des Repräsentantenhauses gesetzt werden sollte, daß er nicht dafür stimmen und auch seinen Widerstand nicht gänzlich aufgeben werde, daß er sich aber nicht energisch bemühen, sondern die Angelegenheit ihrem Schicksal überlassen werde. Irgend jemand, ich weiß nicht mehr wer, bemerkte, da dies ja für die Südstaaten eine bittere Pille darstellen werde, sollte man etwas unternehmen, um sie zu besänftigen; und die Verlegung des Regierungssitzes zum Patowmac sei eine gerechte Maßnahme, die bei ihnen wahrscheinlich Anklang finden werde, und es wäre passend, wenn sie auf die Schuldenübernahme folgte.

Mit anderen Worten, Jefferson vermittelte einen politischen Handel von eindeutig weitreichender Bedeutung: Madison erklärte sich bereit, die zentrale Klausel von Hamiltons fiskalischem Programm durchgehen zu lassen; und dafür willigte

Hamilton ein, seinen Einfluß geltend zu machen, um dafür zu sorgen, daß der ständige Sitz der nationalen Hauptstadt an den Potomac verlegt würde. Wenn diese Geschichte wahr ist, dann hat sie es verdient, auf gleicher Ebene wie der Missouri-Kompromiß und der Kompromiß von 1850 als eine der epochemachenden Schlichtungen im amerikanischen politischen Leben zu rangieren. Und ohne große Frage würde der «Kompromiß von 1790», wie wir ihn nennen könnten, als bedeutsamste Dinnerparty der amerikanischen Geschichte den ersten Platz einnehmen.[1]

Aber ist sie wahr? Das Urteil der Geschichte oder zumindest die herrschende Meinung der meisten Historiker lautet, daß die Geschichte *im wesentlichen* wahr ist. Hamilton und Madison haben sich tatsächlich Ende Juni 1790 bei Jefferson getroffen. Am 9. Juli verabschiedete das Repräsentantenhaus das Gesetz über den Regierungssitz, das den ständigen Sitz der Unionshauptstadt nach einem zehnjährigen Verbleiben in Philadelphia an den Potomac verlegte, wobei die Entscheidung über alle diese Punkte mit 32 zu 29 Stimmen fiel. Am 26. Juli verabschiedete das Repräsentantenhaus mit nahezu identischer Mehrheit – 34 zu 28 Stimmen – das Gesetz über die Übernahme, wobei Madison dagegen stimmte, aber, was im Einklang mit der von Jefferson gegebenen Darstellung des Handels steht, nicht in seiner früheren «energischen» Manier die Opposition anführte. Überdies waren mehrere politische Beobachter und Zeitungsredakteure der damaligen Zeit eindeutig davon überzeugt, daß es irgendeine geheime Abmachung gegeben habe, um das Umschwenken der Stimmen zu bewirken, das zur Durchbrechung des anhaltenden Patts in beiden Fragen erforderlich war. Ein verärgerter New Yorker Redakteur äußerte sich beispielsweise ganz unumwunden: «Den wahren Grund, weshalb der Kongreß aus dieser Stadt entfernt werden soll, wird das Volk in ganz wenigen Tagen erfahren. Zur bleibenden Schande der Mehrheit in beiden Häusern wird sich herausstellen, daß die Pennsylvania- und Patowmack-Interessen mit *einundzwanzigeinhalb Millionen Dollar* gekauft worden sind», und das war zufällig die Höhe der Schulden der Staaten, die übernommen werden sollten.[2]

Mehr noch, genau an dem Tage, an dem der Handel vereinbart wurde, schrieb Jefferson einen langen Brief an James

Monroe, seinen treuen virginischen Schüler, und bereitete ihn auf die Nachricht von genau der Art von Kompromiß vor, zu der es dann schließlich kam. Monroe war ebenso wie Madison und die meisten Virginier kompromißlos gegen die Übernahme. Jefferson versicherte ihm, auch er finde die Maßnahme abstoßend: «Doch im gegenwärtigen Fall sehe ich die Notwendigkeit, für diesmal nachzugeben... um der Einheit willen, und um uns vor allergrößtem Ungemach zu bewahren.» Er erläuterte sogar, was er mit derart beunruhigenden Worten meinte. Die Kongreßdebatte über den Finanzplan Hamiltons und über den Sitz der nationalen Hauptstadt hatte zu einer völligen legislativen Paralyse geführt. Wenn dies die erste Probe auf die Handhabbarkeit des neuen bundesstaatlichen Regierungssystems unter der Verfassung war, dann war die Regierung im Begriff, elend zu scheitern. Ohne eine Art Durchbruch würde das Experiment mit der republikanischen Regierungsform auf nationaler Ebene «platzen und verschwinden, und die Staaten würden sich voneinander lösen, um sich jeder seinen eigenen Angelegenheiten zu widmen». Sofern nicht eine Art politischer Handel geschlossen würde, käme es entweder zur friedlichen Auflösung der Vereinigten Staaten oder zu einem Bürgerkrieg. «Ohne so weit zu gehen, über Vereinbarungen zu sprechen», schrieb Jefferson – womit er andeutete, daß solche Abmachungen nur funktionieren konnten, wenn man nicht öffentlich über sie sprach –, ließ sich sagen, daß Verhandlungen im Gange waren, welche die Schuldenübernahme für Virginier vom Schlage Monroes annehmbarer machen würden: ein Tausch der Übernahme gegen den ständigen Sitz der Hauptstadt am Potomac. «Wenn dieser Kompromißplan nicht verwirklicht wird», warnte Jefferson, «dann befürchte ich einen unendlich viel schlechteren.» Als Monroe Jeffersons Brief erhalten hatte, antwortete er sogleich mit einer eigenen Warnung. Der politische Deal, den Jefferson beschrieb, würde in Virginia niemals durchgehen, denn dort betrachtete man die Übernahme als «tödliches Gift», während man den Standort am Potomac als vergleichsweise «nebensächlich» ansah.[3]

Zwei Jahre später kam Jefferson selbst zu dem Schluß, daß Monroe recht gehabt hatte. 1792 erklärte er Washington, der

Abschluß des Handels mit Hamilton an jenem Abend sei der größte politische Fehler seines Lebens gewesen. Tatsächlich datiert die Darstellung, die Jefferson von dem Handel beim Dinner gibt, aus dieser späteren Zeit, wahrscheinlich von 1792, als er seine Beteiligung zutiefst bedauerte. «Er war ungerecht», urteilte er mittlerweile, «und es wurde nur aus Furcht vor Uneinigkeit in ihn eingewilligt, in einer Zeit, in der unser Regierungssystem noch in den Kinderschuhen steckte.» Der ständig agile Hamilton hatte ihn dazu überredet, die Übernahme zu unterstützen, und diese war daraufhin zu einem Nährboden geworden, «auf dem die Phalanx der Spekulanten gezüchtet wurde», die in der Folge dann so heimtückisch konspiriert hatten, um, wie Jefferson es formulierte, «die politische Richtung des Regierungssystems der USA zu ändern». Ein letzter Grund dafür, die Glaubwürdigkeit der Jeffersonschen Version der Geschichte zu akzeptieren, ist also vielleicht, daß er nicht mit seinem politischen Einfluß prahlte, sondern sein tiefes Bedauern eingestand. Warum sollte man eine Geschichte erfinden, in der man als erklärter Dummkopf dasteht?[4]

Jeder Versuch, diese Frage zu beantworten, würde uns in die labyrinthischen Windungen der Jeffersonschen Gedanken führen, die für ihre Ungreifbarkeit berühmt sind. Es mag die Feststellung genügen, daß die Darstellung Jeffersons vom Handel beim Dinner einen wahren Kern enthält, auch wenn sie die Geschichte, die sich in diesem schicksalhaften Augenblick abspielte, ganz erheblich vereinfacht. Das soll heißen, daß zu gleicher Zeit mehrere Geheimtreffen stattfanden; und die politischen Wege waren sogar noch labyrinthischer als Jeffersons unvollständige Erinnerungen an die Ereignisse. Was das Wichtigste ist, das Gespräch im Hause Jeffersons war nur ein Teil eines kontinuierlich stattfindenden und umfassenderen Gesprächs, bei dem nichts Geringeres als das Überleben und die künftige Gestalt der amerikanischen Republik auf dem Spiel zu stehen schienen. Je länger man die Hauptakteure dieser Szene betrachtet und ihren Stimmen lauscht, desto stärker verändert sich die entscheidende Frage. Sie lautet nicht: Erzählte Jefferson die Wahrheit? Sie heißt vielmehr: Weshalb waren solche sonst vernünftigen Staatsmänner wie Jefferson, Madison und Hamilton alle davon überzeugt, daß das neu errichtete Regierungssystem der Vereinigten Staaten so gefährdet und problematisch sei? Weshalb war die Verabschiedung der Schuldenübernahme so bedrohlich? Warum war der Potomac so symbolisch? Ungeachtet der dazu in Widerspruch stehenden Jeffersonschen Version der Geschichte, was ging hier vor?

Wie zu erwarten, hing die Antwort, welche die einzelnen Teilnehmer auf eine derart weitreichende Frage gaben, in erheblichem Umfang von dem Boden ab, auf dem sie standen. Und das bedeutete wiederum, daß Hamilton, Jefferson und Madison mit unterschiedlichen Plänen, unterschiedlichen Erfahrungen und unterschiedlichen Geschichten, die sie erzählen wollten, zum Dinner kamen. Bei diesem gewaltigen Trio beginnt man sinnvollerweise am besten mit Madison.

Er nahm die zentrale Position ein, da er im Repräsentantenhaus die Debatte über die Schuldenübernahme wie auch über den Sitz der Hauptstadt geleitet hatte. Er stand auch in dem Ruf eines herausragenden Nationalisten und zugleich eines begünstigten Sohnes Virginias, und schon im zarten Alter von 39 Jahren war er als schlauester und politisch gewitztester Veteran der stürmischen Verfassungsschlachten der 1780er Jahre zu Berühmtheit gelangt. Ja, 1790 hatte Madison gerade eine Phase abgeschlossen, die sich als die kreativste seiner gesamten Karriere als amerikanischer Staatsmann erwies und die mehrere Historiker dann als den schöpferischsten Beitrag zur Politikwissenschaft in der amerikanischen Geschichte beschrieben haben.[5]

Beunruhigt über die politische Unordnung, die in den 1780er Jahren in den Regierungen der Einzelstaaten herrschte, und über die konstitutionelle Schwäche der Konföderationsartikel, hatte Madison dazu beigetragen, die Bewegung für den Verfassungskonvent zu mobilisieren. Seine Argumente für eine gestärkte nationale Regierung wurden zum Kernstück, um das herum alle Kompromisse und Revisionen des abschließenden Dokuments Gestalt annahmen, was dazu führte, daß man ihm den Ehrentitel «Vater der Verfassung» gab. Er hatte sich dann mit Hamilton zusammengetan (unter bescheidener Unterstützung durch John Jay) und *The Federalist Papers* geschrieben, ein Werk, das sofort als amerikanischer Klassiker Anerkennung fand, vor allem in seinem genialen Beharren darauf, daß sich eine republikanische Regierungsform als stabiler erweisen würde, wenn sie sich über eine große Landmasse und eine vielfältige Bevölkerung erstreckte. Im Ratifizierungskonvent von Virginia hatte er den anscheinend unschlagbaren Widerstand ausmanövriert, der von John Henry angeführt wurde, was John Marshall, seinen ebenfalls aus Virginia stammenden föderalistischen Parteifreund, zu der Bemerkung veranlaßte, Henry sei vielleicht in seiner Fähigkeit zu überreden der beste Redner aller Zeiten; Madison übertreffe ihn aber in seiner Fähigkeit zu überzeugen. Und zur Krönung hatte er dann die Grundrechteerklärung, die Bill of Rights, entworfen und durch den Ersten Kongreß begleitet. Kurz, 1790 stand Madison auf dem Höhepunkt seiner Macht, und nach George Washington und Benjamin Franklin (der in diesem Jahr starb) galt er allgemein als der einflußreichste politische Führer der neuen Nation.[6]

So sah er nicht aus. Mit einer Größe von einem Meter fünfundsechzig und noch nicht einmal 63 Kilogramm Gewicht hatte der «kleine Jemmy Madison» das zarte und erkennbar gebrechliche Aussehen eines Karrierebibliothekars oder Lehrers, der ständig am Rande eines schweren Leidens steht und den täglichen Anforderungen des gewöhnlichen Lebens nicht gewachsen ist. Als der junge Madison 1769 die mittelgroße Plantage seines Vaters in Montpelier in Virginia verließ, um nach Princeton auf die Universität zu gehen – wo er gleichzeitig mit Aaron Burr studierte –, hatte er Todesahnungen eingestanden, die ihm etwas morbide seinen frühen Tod vorhersagten. (Wie sich herausstellte, lebte er länger als alle führenden Vertreter der Revolutionsgeneration, und gegen Ende seines Lebens bemerkte er: «Nachdem ich so viele meiner Zeitgenossen überlebt habe, sollte ich nicht vergessen, daß ich nach Ansicht mancher mich vielleicht selbst überlebt habe.») Er sah nicht nur wie der Inbegriff der Bedeutungslosigkeit aus – winzig, farblos, kränklich –, er war auch von lähmender Schüchternheit, die Sorte von Partygast, die sich instinktiv in eine Ecke des Raumes verzieht.[7]

Der äußere Eindruck war im Falle Madisons nicht nur ausgesprochen trügerisch, er half sogar bei der Entfaltung seiner

Fähigkeiten. Unter den bombastischen Rednern der Virginia-Dynastie war er praktisch unsichtbar und stellte überhaupt keine Bedrohung dar, aber darum war er der anerkannte Meister des unaufdringlichen Arguments, das sich einfach immer wieder als entscheidend erwies. Er schien über kein persönliches Programm zu verfügen, weil er anscheinend keine Persönlichkeit hatte, aber wenn die Stimmen gezählt wurden, gewann seine Seite fast immer. Seine Schüchternheit in der Debatte war in verschiedener Hinsicht entwaffnend: Er war so offensichtlich freundlich und so sehr bemüht, anderen, insbesondere seinen Gegnern, Anerkennung zu zollen, daß es unmöglich war, seinen vollen Zorn gegen ihn zu entfesseln, ohne als kampfwütiger Narr dazustehen; er war so zurückhaltend, daß er den irritierenden Eindruck eines Menschen vermittelte, der über einen unendlichen Vorrat von zusätzlichen Informationen verfügt, die alle verborgen sind, weil einen der Sprecher nicht mit übermäßig auffälliger Bildung belasten möchte; wenn man es ihm gestattete, war er aber durchaus bereit, noch mehrere Stunden weiterzumachen; oder so lange, bis die andere Seite freiwillig die Waffen streckte. Seine physischen Mängel bedeuteten, daß einem Argument Madisons alles übliche emotionale Gehabe fehlte und daß es mit der Kraft reinen, unbelasteten Denkens einschlug. Oder wie es später ein Beobachter formulierte: «Nie habe ich *so viel Geist in so wenig Stoff gesehen.*» Sein Stil bestand tatsächlich darin, daß er keinen hatte.[8]

Üblicherweise sieht man Madison als Jeffersons loyalen Stellvertreter, als den Juniorpartner der «großen Zusammenarbeit», wie man sie genannt hat. Gewiß läßt sich für die spätere Zeit, in der Madison während der Parteikriege der 1790er Jahre als Jeffersons politischer Weichensteller und danach dann als sein Außenminister agierte, vieles zugunsten dieser Charakterisierung anführen. Die spätere Rollenverteilung sah so aus, daß Jefferson die schwungvolle Vision lieferte, während sich Madison um die verworrenen Details kümmerte. (Man sagte, wenn Gott im Detail war, dann war Madison bei seiner Ankunft schon da, um ihn zu begrüßen.) Selbst zu dieser Zeit verbargen jedoch Madisons gewohnheitsmäßige Schüchternheit und seine Bereitschaft, im Schatten Jeffersons zu bleiben, wahrscheinlich das Ausmaß seines unabhängigen Einflusses auf die Partnerschaft. Die gerechteste Einschätzung ist, daß die Zusammenarbeit so gut funktionierte, weil sich Fragen des Vorrangs für Madison nie stellten. Oder – so hat John Quincy Adams den nahtlosen Charakter der Partnerschaft beschrieben – es war «ein Phänomen, wie die unsichtbaren und geheimnisvollen Bewegungen des Magneten in der physischen Welt».[9]

Wenn man jedoch im Jahre 1790 von der «großen Zusammenarbeit» sprechen wollte, dann wäre die Vermutung die gewesen, daß man damit Madison und Hamilton meinte. Schließlich hatte, während Jefferson von 1784 bis 1789 als amerikanischer Gesandter in Paris amtierte, das Team Madison und Hamilton den Kampf für eine erheblich erweiterte nationale Regierung mit souveräner Macht über die Einzelstaaten angeführt. Ihre Zusammenarbeit als «Publius» in *The Federalist Papers* war ganz genauso nahtlos wie das nachfolgende Bündnis zwischen den beiden Virginiern. Als Hamilton im September 1789 seinen *Report on the Public Credit* zu entwerfen begann, war Madison einer der ersten, die er um Rat fragte. Genau um diese Zeit schrieb Jefferson aus Frankreich an Madison und äußerte erhebliche Zweifel an den Befugnissen, die der Bundesregierung in inneren Angelegenheiten zugestanden wurden, an Befugnissen, die Madison wirkungsvoller als jeder andere im Verfassungskonvent verfochten hatte.[10]

Jefferson hatte Madison auch seinen faszinierend utopischen Vorschlag mitgeteilt, wonach jede Generation souverän sei, so daß die für eine bestimmte Generation verabschiedeten Gesetze nach etwa 20 Jahren ihre Gültigkeit verlieren sollten. Madison hatte in seiner sanften, bescheidenen, aber logisch vernichtenden Manier geantwortet, ja, das sei ein faszinierender Gedanke, aber wenn man ihn ernst nehme, dann sei er ein Rezept für Anarchie und laufe direkt der gesamten Stoßrichtung seiner politischen Bemühungen zuwider, eine stabile Verfassungsvereinbarung herbeizuführen, die gegenwärtigen und künftigen Generationen von Amerikanern Vertrauen und bleibende Verehrung abnötigte. Da wir ja wissen, daß Madison bald darauf zu einem der begeistertsten und stärksten Jeffersоnianer aller Zeiten werden würde, ist die Feststellung um so lehrreicher, daß sie vor 1790 in verschiedene verfassungsrechtliche Lager geraten waren.[11]

In den sechs Monaten vor dem Dinner bei Jefferson kam es bei Madison zu einem Bekehrungsprozeß oder vielleicht zu einer Wiederbekehrung von der Religion des Nationalismus zum alten revolutionären Glauben Virginias. Es ist verlockend, diese Umkehr ausschließlich persönlich zu erklären: Jefferson kehrte aus Frankreich zurück, rief seinen alten Kollegen wieder zu den Fahnen der guten Sache, und gemeinsam marschierten sie vorwärts in die Geschichte. Nur war es nicht ganz so einfach. Von allen Angehörigen der Revolutionsgeneration verfügte Madison über das subtilste und intellektuell ausgereifteste Verständnis für die Entscheidungen, vor denen die neue amerikanische Republik stand. Keine grobschlächtige Erklärung der Entschlüsse, die er faßte, kann den vielfältigen Loyalitäten, die er empfand, oder der fast an Henry James erinnernden Weise, in der er sie überdachte und letztlich einer Lösung zuführte, gerecht werden.[12]

Wenn wir der Chronologie die anständige Achtung bezeugen, die sie verdient, dann ist klar, daß sich Madisons Denken zu wandeln begann, bevor Jefferson auf die Bühne zurückkehrte. Der Katalysator war Hamiltons *Report on the Public Credit*, der dem Kongreß im Januar 1790 zugeleitet wurde. (Jefferson traf erst im März in New York ein.) Die fiskalischen Ziele, die Hamilton verfolgte, deckten sich mit der nationalen Vision, die Madison auf dem Verfassungskonvent und in den *Federalist Papers* vertreten hatte. Die Gesamtschuld der Vereinigten Staaten hatte nach den Berechnungen Hamiltons die (zumindest für damalige Verhältnisse) beängstigende Höhe von 77,1 Millionen Dollar erreicht. Hiervon waren 11,7 Millionen Schulden bei ausländischen Regierungen; 40,4 Millionen waren Inlandsschulden, von denen der größte Teil aus der Zeit der Amerikanischen Revolution datierte; und 25 Millionen waren Schulden der Einzelstaaten, ebenfalls weitgehend ein Erbe des Krieges. Was Madison erst beunruhigte und dann erschreckte, war nicht das Ziel Hamiltons – die Wiedergewinnung des öffentlichen Kredits –, sondern die Art und Weise, in der er dieses Ziel erreichen wollte.[13]

Das erste Symptom der Beunruhigung trat auf, als Madison den Vorschlag Hamiltons für die Fundierung der Inlandsschuld studierte. Einerseits sah Hamiltons Empfehlung einfach aus: Alle Bürger, die staatliche Schuldverschreibungen besaßen, sollten zum Nennwert entschädigt werden – das heißt zum vollen Wert des ursprünglich von der Regierung versprochenen Betrages. Zahlreiche frühere Inhaber der Schuldverschreibungen, darunter vor allem Veteranen der Amerikanischen Revolution, die sie als Sold für ihren Dienst im Kriege erhalten hatten, hatten sie dann zu einem Bruchteil ihres ursprünglichen Wertes an Spekulanten verkauft. Mehr noch, die Bekanntgabe des Hamilton-Plans führte zu einem Kaufrausch, da nun Bankiers und Investoren, die von dem Fundierungsvorschlag wußten, in Erwartung eines ordentlichen Profits die Schuldverschreibungen aufkauften. Madison beobachtete den Kaufrausch und klagte, skrupellose Spekulanten durchkämmten immer noch «die im Landesinnern gelegenen und entfernten Teile der Union, um die Inhaber zu übervorteilen». Das Bild, das sich in seinem Geist zu verfestigen begann, war der Inbegriff der Ungerechtigkeit: Schlachterprobte Veteranen des Unabhängigkeitskrieges wurden von Leuten, denen es nur um Geld ging, um ihren gerechten Lohn betrogen. Benjamin Rush, der prominente Arzt aus Philadelphia und ständig feurige Revolutionär, drängte Madison, diesen Verrat am Geist von 1776 zu verhindern: «Niemals habe ich während des zurückliegenden Krieges Äußerungen größerer Wut gegen die Unterdrücker unseres Landes vernommen», schäumte Rush, «als ich sie Tag für Tag gegen die Männer höre, welche... auf Kosten des größten Teils der Tugend und des Eigentums, welche sie erworben haben, alle Wohltaten der Revolution einheimsen sollen».[14]

Hamilton war, als sich Madison gegen seinen Fundierungsplan aussprach, sowohl überrascht als auch verwirrt. Am 11. Februar hielt Madison im Repräsentantenhaus eine lange Rede, in der er den Hamilton-Vorschlag als Absage an die Amerikanische Revolution brandmarkte und seinen eigenen Zahlungsplan empfahl, den er als «unterschiedliche Behandlung» bezeichnete. Es war eine Madisonsche Leistung, wie sie im Buche stand: äußerst vernünftig, makellos logisch, entwaffnend maßvoll. Die ursprünglichen Inhaber der Schuldverschreibungen hatten die Gerechtigkeit auf ihrer Seite, bemerkte er, und der Gerechtigkeit mußte Genüge getan werden. Die gegenwärtigen Inhaber hatten die Bindungen von Verträgen auf ihrer Seite, und solche Bindungen mußten eingehalten werden. Die Optionen zeichneten sich dann mit rechtsanwaltsmäßiger Präzision ab: «Geschehen muß eines von drei Dingen – beide auszahlen, einen von beiden ganz unberücksichtigt lassen oder nach irgendeinem Billigkeitsgrundsatz einen Kompromiß zwischen ihnen herbeiführen.» (Im 20. Jahrhundert haben Kenner dieser Argumentationsweise in Entscheidungsgremien dies als das Goldilocks-Prinzip und später dann als Triangulation bezeichnet.) Madison trat natürlich für die dritte Option ein. Doch die Abgeordneten stimmten mit 36 zu 13 Stimmen gegen seinen Antrag. Das war seine erste große parlamentarische Niederlage nach einer langen Kette von Triumphen.[15]

Es ging nicht einfach darum, daß Madison nicht gerne verlor. (Anders als Jefferson konnte er in der Niederlage ehrlich großzügig sein.) Vielmehr war es so, daß sich vor seinem geistigen Auge ein unheimliches Bild verdichtete – patriotische Soldaten, die von einem Heer von Spekulanten geschröpft wurden, welche keine andere Loyalität kannten als die ihrer eigenen Gewinnspanne gegenüber. Oder vielleicht war es ein etwas anderes Bild, eines von der im Entstehen begriffenen nationalen Regierung, die er sich als erhabene Arena vorgestellt hatte, in der sich nur die fähigsten und intellektuell begabtesten Amtsträger versammeln würden, die schönsten Früchte, gepflückt in den buntscheckigeren Staatsregierungen, nunmehr ersetzt durch eine widerliche Ansammlung von Finanziers und Geldwechslern, die Art von gesellschaftlichen Parasiten, die Jesus symbolisch aus dem Tempel vertrieben hatte. Die Verheißung der Amerikanischen Revolution, zumindest so, wie Madison sie verstand, fiel in feindliche Hände.

Die Debatte über die Schuldenübernahme, die der Abstimmung über die Fundierung auf dem Fuße folgte, verstärkte nur das Gefühl des Verrats und machte die Dinge noch schlimmer. Wiederum wirkte der Vorschlag Hamiltons, oberflächlich betrachtet, verführerisch einfach. Die Bundesregierung sollte alle aufgelaufenen Schulden der Einzelstaaten, die zum größten

Teil auf den Krieg zurückgingen, auf sich nehmen – und das heißt übernehmen. Anstelle von dreizehn getrennten Hauptbüchern sollte es jetzt nur noch eines geben, was es der fiskalischen Politik der neuen Nation gestatten würde, mit einem kohärenten Gefühl für ihre finanziellen Verpflichtungen und die zu ihrer Erfüllung erforderlichen Einnahmen vorzugehen. Am 24. Februar erhob sich Madison von seinem Sitz im Repräsentantenhaus, um zu erklären, daß die Sache erheblich komplizierter sei, als sie auf den ersten Blick aussehen könnte, und daß dieser anscheinend vernünftige Vorschlag namens «Schuldenübernahme» ihm wie ein beunruhigend unheimlicher Gedanke vorkomme.

Liest man die Reden Madisons, die er im Frühjahr 1790 im Repräsentantenhaus gegen die Übernahme hielt, dann gewinnt man den Eindruck, daß seine Einwände im wesentlichen ökonomischer Natur waren. Die meisten Südstaaten, darunter auch Virginia, hatten ihre Schulden aus der Kriegszeit zum größten Teil beglichen. Der Übernahmevorschlag tat ihnen daher unrecht, indem er «sie dazu zwang, nachdem sie ihre Pflicht getan hatten, Beiträge für diejenigen Staaten zu leisten, die ihre Pflicht nicht in gleicher Weise erfüllt hatten». Ein untergeordnetes Thema gleichfalls ökonomischen Charakters, das aber größeren Argwohn implizierte, forderte im Vorfeld der Übernahme eine «Festsetzung», wie er sie bezeichnete. Madison drückte es so aus: «Ich halte es wirklich für gut und richtig, daß wir über die Mittel und Wege verfügen sollten, mit denen wir der Schuld höchstwahrscheinlich begegnen werden, bevor wir darangehen, sie zu übernehmen.» Mit anderen Worten, es bedurfte einer offiziellen Schätzung des konkreten Betrages, den jeder Staat «übernehmen» lassen würde und dann in Bundessteuern bezahlen müßte, *bevor* es zu der Abstimmung über die Übernahme käme. Seinen groben Schätzungen zufolge würde Virginia Schulden in Höhe von etwa 3 Millionen Dollar auf die Bundesregierung übertragen und dann mit etwa 5 Millionen Dollar in neuen Steuern belastet werden. Ebenso wie die Entscheidung, die ursprünglichen Inhaber der staatlichen Schuldverschreibungen nicht zu entschädigen, war das unfair.[16]

Liest man Madisons Briefe aus derselben Zeit, dann gewinnt man den starken Eindruck, daß das Problem weitaus tiefer reichte, als sich je durch ein Jonglieren mit Kontobüchern lösen ließ. Die ökonomische Ungerechtigkeit gegenüber Virginia und den meisten Südstaaten – South Carolina war die Ausnahme, da es nicht viel von seinen Schulden beglichen hatte – war schon schlimm genug. Doch die Übernahme war symptomatisch für böswillige Tendenzen, die weiter reichten als das, was sich in Dollars und Cents ausdrücken ließ. Es ging um Macht. Indem die Bundesregierung vorgab, den Staaten dadurch einen Gefallen zu tun, daß sie ihre Schulden übernahm, übernahm sie implizit, ja sogar versteckt die souveräne Autorität über die Wirtschaften aller Einzelstaaten. Wie es Madison gegenüber Jefferson in seinem so überaus typischen elliptischen Stil formulierte, würde die Übernahme «für Virginia eine besondere Härte» darstellen, darüber hinaus wäre sie aber «zu beanstanden, insofern sie ein bereits hinreichend großes Vertrauen auf die Tugend und die Zahl der gesetzgebenden Körperschaft des Bundes noch vergrößert». Kurz, Virginia wurde aufgefordert, sein Schicksal der kollektiven Weisheit und Tugend der Zentralregierung anzuvertrauen. Bei der Übernahme, wie Madison sie mittlerweile sah, ging es nicht in erster Linie um Geld. Es ging um Kontrolle, um Vertrauen, um Unabhängigkeit.[17]

Das waren alles wichtige Töne in einer revolutionären Melodie, welche die meisten Virginier auswendig kannten. Henry Lee beispielsweise setzte Madison davon in Kenntnis, daß ihn die Übernahmedebatte an jene ruhmreichen Tage von einst erinnerte, als sich das Provinzparlament von Virginia weigerte, das Recht des britischen Parlaments zur Besteuerung der Kolonien anzuerkennen. «Mir scheint», schrieb Lee, «daß wir Leute aus dem Süden schließlich Sklaven sein oder aber den gordischen Knoten auf der Stelle durchhauen müssen.» Die radikale Rhetorik der 1760er und 1770er Jahre, die durch ihre Verbindung zum erfolgreichen Unabhängigkeitskrieg nunmehr geheiligt war, brach aus Madisons Briefpartnern in Virginia hervor, wo man die Schuldenübernahme mit dem Steuermarkengesetz, den Kongreß des Bundes mit dem britischen Parlament, die sogenannte «feste überhebliche nördliche Mehrheit» mit Großbritannien gleichsetzte. «Wie sehen Sie es?» fragte Lee rhetorisch Madison: «Ist Ihre Liebe zur Verfassung so glühend ..., daß sie zum Untergang Ihres Heimatlandes führen sollte?» Mit «Heimatland» meinte Lee Virginia.[18]

Die gesamte Atmosphäre, welche die Übernahmedebatte umgab, hatte sich aufgeladen. Und auf Madison, dem man zu Recht nachsagte, er mache sich zum stillen Zentrum inmitten aller politischen Stürme, prasselten schrille Anklagen beider Seiten nieder. Kongreßabgeordnete der Nordstaaten unter der Führung von Fisher Ames aus Massachusetts warfen ihm vor, er bedrohe das Überleben der Republik, indem er das Kernstück des von Hamilton entworfenen fiskalischen Programms blockiere, ohne das sich ihrer Ansicht nach die Union auflösen würde. Südstaatler, hauptsächlich Virginier, erklärten ihm, die Übernahme beweise, wie prophetisch sich die antiföderalistischen Feinde der Verfassung jetzt ausnahmen und wie seine damaligen Versicherungen im Ratifizierungskonvent von Virginia und in den *Federalist Papers*, Versicherungen, wonach sich die Verfassung nicht als Verrat an der Amerikanischen Revolution, sondern als ihr Gipfelpunkt erweisen werde, jetzt als falsche Versprechungen dastanden.

Das Wort, welches das Wesen der politischen Mentalität der Virginier zusammenfaßte, hieß *Konsolidierung*, so etwa in «die gefürchtete Konsolidierung, die von den Freunden des neuen Regierungssystems, als es sich in der Beratung befand, bestritten wurde». Dieser Terminus vermittelte die unter den antiföderalistischen Kritikern der Verfassungsvereinbarung von 1788 so stark ausgeprägte politische Befürchtung, daß die Einzelstaaten von der neuen Bundesregierung geschluckt werden würden. Er knüpfte an die ideologische Furcht an, die eine so wirksame Waffe gegen die vom britischen Parlament und durch Verfügungen Georgs III. auferlegten Steuern dargestellt hatte, wonach, wenn es einer willkürlichen Macht erst einmal gestattet werde, sich an einem anderen Ort anzusiedeln, alle Freiheit verloren sei. Und auf einem urtümlichen Niveau vermittelte er die unbewußte Angst davor, von einem größeren Geschöpf verschlungen zu werden, das Entsetzen bei dem Gedanken, völlig verzehrt, bei lebendigem Leibe gefressen zu werden. Wenn es Madison je gelungen war, zu der Überzeugung zu gelangen, diese historisch begründeten Befürchtungen seien mit der Schaffung der neuen nationalen Regierung gebannt, dann bewies die Debatte über die Übernahme, daß sie immer noch sehr lebendig waren. Ja, wegen ihrer historischen und rhetorischen Assoziierung mit dem erfolgreichen Krieg gegen den britischen Imperialismus waren sie die stärksten Kräfte in der gesamten politischen Kultur.[19]

Was Madison wirklich über die heftigsten Ausdrucksformen virginischen Mißtrauens dachte, läßt sich schwer feststellen. Neben John Adams war Madison Amerikas scharfsinnigster Kenner der Rolle, welche die Leidenschaften als politische Kraft spielen. Doch anders als im Falle von Adams nahm bei Madison die Beherrschung seiner eigenen Leidenschaften die Form vollständiger Unterdrückung an. Seine Briefe, die er in die Heimat nach Virginia schrieb, neigten dazu, denen, welche die Übernahme als bedrohlich ansahen, recht zu geben, aber auch zu Geduld zu mahnen, sowohl durch ihren Ton als auch durch ihren Inhalt auf eine weniger apokalyptische Einstellung zu dringen. Das Steuerprogramm Hamiltons war gewiß ein drohender Schatten über dem neuen bundesstaatlichen Gebäude. Doch es war verfrüht und kontraproduktiv, von Sezession zu reden. Schließlich konnte man mit Washington als Präsident, Jefferson als Außenminister und Edmund Randolph als Justizminister – er hätte hinzufügen können: mit Madison als dominierender Gestalt im Kongreß – kaum sagen, die Interessen Virginias seien in der Hauptstadt nicht vertreten. Und was die drohenden Beleidungen von seiten ihrer Brüder aus dem Norden in der Regierung anging, so sollte man ihnen keine große Aufmerksamkeit schenken. «Wir werden es auf ihre prophetischen Drohungen ankommen lassen», notierte er zuversichtlich, «wenn wir weiterhin eine Mehrheit haben sollten.» Denn bei der Übernahme war es anders als bei der vorangegangenen Debatte über die Fundierung so, daß Madison die Stimmen hatte. Die Übernahme würde nie verabschiedet werden.[20]

Es versteht sich von selbst, daß Alexander Hamiltons Verständnis von den Fragen, die sein fiskalisches Programm aufwarf, und den Virginia-zuerst-Schwadronen, die südlich des Potomac zu dessen Bekämpfung mobil machten, von allen Madisonschen Zweideutigkeiten wohltuend frei war. Sobald

Hamilton auf ein größeres Hindernis stieß, das dem Fortgang einer Sache, an die er glaubte, im Wege stand, ging er instinktiv in die Offensive, ohne sich umzublicken und auf Nachzügler zu warten. Ob das Ziel eine britische Brustwehr in Yorktown war, die Bewunderung der juristischen und kommerziellen Elite in New York oder die Ratifizierung der Verfassung, Hamilton agierte immer nach demselben Muster: seine gewaltigen Energien in großen Ausbrüchen auffälliger Produktivität zu entfesseln; den Ereignissen in einem herausfordernden Weg-da-Stil, der das genaue Gegenteil von Madisons Vorliebe für Heimlichkeit war, seine Persönlichkeit aufzuzwingen; mit seiner beiläufigen Annahme, daß sowohl seine Gesamtsicht als auch seine Beherrschung der Details selbstverständlich überlegen seien, bescheidenere und vorsichtigere Kollegen zu irritieren; und sie sogar noch mehr zu irritieren, wenn ihm die Ereignisse im allgemeinen recht gaben.

Kritiker seines zupackenden Temperaments und seines schneidigen Hamilton-kommt-zu-Hilfe-Verhaltens würden nicht ohne Grund argumentieren, daß es sich dabei um exzessive Kompensierungen seiner niedrigen (ja illegitimen) Herkunft handelte. Einige Biographen haben von demselben Deutungsansatz ausgehend behauptet, seine tiefverwurzelten Unsicherheiten hätten ihn auf die Ebene von Weehawken und dann vor den tödlichen Blick Aaron Burrs getrieben. Doch wenn Unsicherheit die Hauptquelle der unglaublichen Energie Hamiltons war, dann würde man den Schluß ziehen müssen, daß die Vorsehung dafür gesorgt hatte, im richtigen Moment das vielleicht schöpferischste Handicap der amerikanischen Geschichte hervorzubringen.[21]

Ebenso wie Madison im Jahre 1790 stand Hamilton auf dem Gipfel seiner Macht. Die 40 000 Wörter seines *Report on Public Credit* schrieb er in einem Schub von drei Monaten und mit derselben Art von verzweifelter Eile, mit der er seine 51 Beiträge zu den *Federalist Papers* produziert hatte. Wissenschaftler auf der Suche nach den theoretischen Quellen, die für sein Denken möglicherweise prägend waren, haben ausnahmslos vielfältige Einflüsse entdeckt: Obenan auf der Liste stehen Adam Smith, Jacques Necker, Malachai Postlethwayt und David Hume, wobei Hume einen besonders starken Einfluß auf die Konturen seines Denkens bezüglich der Dynamik des Wirtschaftswachstums ausübte (ganz ähnlich wie Hume das Denken Madisons über die Dynamik der politischen Stabilität beeinflußte). Es ist auch gut belegt, daß Hamiltons intensiver Einsatz für eine zentralisierte Lösung der fiskalischen Probleme, vor denen die neue Regierung stand, wiederum wie bei Madison seinen enttäuschenden Erfahrungen mit der unzulänglichen und hoffnungslos gespaltenen Autorität der Konföderationsregierung in den 1780er Jahren entsprang. Schließlich hat die historische Bedeutung von Hamiltons *Report* die Aufmerksamkeit von Spezialisten in genügender Zahl geweckt, um der Beurteilung eine technische Dimension zu geben – eine Vertrautheit mit Amortisationsfonds, Tontinen, schwebenden Zinsraten und Liquidität ist für eine umfassende Würdigung seiner ökonomischen Leistung unentbehrlich geworden.[22]

Das ist alles schön und gut, aber für unsere Zwecke stellen diese in anderem Zusammenhang wertvollen Einsichten lediglich Teilaspekte dar, die fast dazu bestimmt sind, uns auf Abwege zu führen, während wir fröhlich ein Liedchen über die ungefähre Äquivalenz von Wäldern und Bäumen summen. Was Hamilton seiner eigenen Auffassung nach tat, war im wesentlichen einfach: Die Wirtschaft der Vereinigten Staaten war ein wirres Chaos aus Auslands- und Inlandsschulden, das er zu entwirren entschlossen war, um es dann auf eine feste fiskalische Basis zu stellen, indem er den öffentlichen Kredit wiederherstellte. All das sollte mit einer scharfsinnigen und klugen Würdigung des dynamischen Potentials der latenten kommerziellen Energien Amerikas erreicht werden, aber ohne auch nur den leisesten Gedanken daran zu verschwenden, wie wohl das sich so ergebende System auf diejenigen wirkte, die seine nationalistische Vision nicht teilten.

In der Frage der Fundierung der Inlandsschuld beispielsweise betrachtete Hamilton den Vorschlag Madisons, zwischen ursprünglichen und gegenwärtigen Inhabern staatlicher Schuldverschreibungen zu unterscheiden, als naiv und schädlich. Gewiß konnte es sein, daß den Kriegsveteranen eine gewisse Ungerechtigkeit widerfuhr. Aber wer war Madison, daß er ihn über das ehrwürdige Opfer belehrte, das amerikanische

Soldaten gebracht hatten, wo doch Madison nie einen scharfen Schuß abgegeben hatte und sich jetzt in eine rhetorische Ausgabe der blutbefleckten Uniform hüllte, die er nie getragen hatte? Aber was nun die Sache selbst anging, man hatte die ursprünglichen Inhaber nicht gezwungen zu verkaufen. Sie hatten es aus freien Stücken und aus einer unendlichen Vielzahl von Gründen getan. Eine Klärung der zahlreichen Transaktionen, Preise und Motive wäre ein administrativer Alptraum. Ja, jeder, der ein solches Vorgehen vorschlug, mußte in den Verdacht geraten, ihm sei an Lähmung gelegen. Bei Hamiltons Fundierungsplan ging es ja gerade darum, über solche zweideutigen Verwicklungen hinauszugelangen, die Art von klarer und erkennbarer Entschädigungspolitik herbeizuführen, die für Vertrauen sorgte, und die Schuld in denjenigen Händen zu konzentrieren, bei denen die Wahrscheinlichkeit am größten war, daß sie sie im Interesse der Produktivität und des Wachstums der Gemeinschaft gebrauchen würden.[23]

In der Frage der Übernahme der Schulden der Einzelstaaten kam Hamilton der Widerstand Madisons noch unlogischer und offensichtlich unheilvoll vor. War nicht Madison selbst in den 1780er Jahren bei mehreren Gelegenheiten für die Übernahme der einzelstaatlichen Schulden eingetreten? Waren sie nicht als «Publius» Arm in Arm angetreten, um die Notwendigkeit einer nationalen Regierung mit souveräner Macht über die Staaten zu rechtfertigen? Ja, war nicht Madison auf dem Verfassungskonvent der leidenschaftlichste Verfechter einer klaren Geltendmachung der Souveränität des Bundesstaates gewesen? Natürlich gab es bei der Berechnung der verschiedenen Schulden der Staaten massive Buchhaltungsprobleme; nicht das geringste der Probleme stellten nachlässige Aufzeichnungen in mehreren Südstaaten dar, wobei Virginia auf der Liste der administrativen Chaoten ganz obenan stand. Doch die endgültigen Zahlen waren ja nicht unbedingt in Stein gemeißelt. Wenn Virginia über diese Berechnungen verhandeln wollte, gut, dann war das eine Sache, die sich unter Freunden immer regeln ließ.

Freunde erhoben jedoch keine ominösen Vorwürfe, wonach der gesamte Übernahmevorschlag eine Verschwörung darstelle, um die Staaten in eine Art Teufelspakt zu locken, in dem sie das politische Pendant zu kindlicher Unschuld verloren, einer Unschuld, die sie in Wirklichkeit bereits, und das war auch weise gewesen, bei der Ratifizierung der Verfassung aufgegeben hatten. Die Übernahme war keine Verschwörung, mit der die politische Integrität der Staaten zerstört werden sollte; sie war ein Plan, mit dem ihre Schulden konsolidiert und die Wirtschaft zum Wohle aller nationalisiert werden sollte. Hamilton setzte einfach als selbstverständlich voraus, daß die durch die Verfassung geschaffene neue Regierung, wie er es in seinem *Report* formulierte, «mit Befugnissen ausgestattet war, auf die Mittel der Gemeinschaft zurückzugreifen»; und er als der für Finanzpolitik verantwortliche Amtsträger war einfach das auserwählte Instrument, um diese kollektive Bemühung in die Tat umzusetzen.[24]

Darin bestand das Problem, und nicht nur, weil Madison und seine virginischen Wähler solche Wörter wie *konsolidieren* und *nationalisieren* wie Alarmglocken in der Nacht hörten; oder, wie es einer von Hamiltons geneigtesten Biographen formuliert hat, weil der Finanzminister «größeres Geschick besaß, Finanzkrisen zu begegnen, als eine angeschlagene politische Position zu festigen». Die wirkliche Schwierigkeit war, daß der Plan Hamiltons sehr weitgehend eine Projektion seiner eigenen kühnen Persönlichkeit darstellte. Wenn man einmal von den konkreten Vorschriften absieht, mit denen die verschiedenen Schulden der Staaten und des Bundes berechnet und fundiert werden sollten, dann lassen sich nämlich der große Entwurf des Hamiltonschen *Report* und die zugrundeliegenden Annahmen, die sein visionäres Gefühl dafür beseelten, wohin die neue amerikanische Republik steuere, vielleicht am besten verstehen, wenn man darin ein Konzept sieht, bei dem Hamiltons charakteristisches Temperament und seine Geistesverfassung den schwankenden Verhältnissen einer Nation im Werden übergestülpt wurden.[25]

Erstens ist da die stillschweigende Annahme, die zwischen den Zeilen des gesamten *Report* erkennbar wird, daß eine autoritative neue Gegenwart die Bühne betreten und die Sache in die Hand genommen hat. Das Kommando-Ethos ging über Fragen der Persönlichkeit hinaus (wenngleich Hamilton gewiß für diese Rolle probte), und es ging sogar über Fragen der Verfassungsmäßigkeit hinaus (wenngleich der *Report* gewiß die unzweideutige Souveränität der Bundesregierung verkündete). Noch summarischer vertrat es die Auffassung, daß das enorme, aber schlummernde Potential der amerikanischen Wirtschaft zur Verwirklichung seiner vollen Möglichkeiten mehr erforderte als eine bloße Befreiung. Mit seiner Erkenntnis, daß die gewaltigen Ressourcen des nordamerikanischen Kontinents eine Fundgrube von Reichtümern darstellten, die, wenn sie einmal erschlossen waren, Aussichten auf unvergleichlichen Wohlstand und nationale Zukunft boten, stand Hamilton durchaus nicht allein da. Charakteristisch für ihn war jedoch das Gefühl, daß die Mobilisierung dieser Ressourcen ein dauerhaftes Management und eine strategische Inszenierung auf nationaler Ebene erforderte. Madison und in sogar noch größerem Ausmaß Jefferson dachten anscheinend, Wirtschaftspolitik bestehe darin, den Weg freizugeben, um den natürlichen Gesetzen der wirtschaftlichen Gesundung und des Wachstums ihren Lauf zu lassen. Dagegen war Hamilton der Meinung, daß die Bedingungen für wirtschaftliche Entwicklung geschaffen und dann auf Dauer überwacht werden müßten. Sein Modell war England mit seiner Nationalbank, seinem geregelten Handel und seinen starken Finanzministern. Aus der Perspektive südlich des Potomac waren das natürlich die Institutionen und Symbole, denen die Amerikanische Revolution angeblich für alle Zeiten eine Absage erteilt hatte.

Zweitens ist da die Hamiltonsche Zuversicht, daß die Konzentration politischer und ökonomischer Macht eine dynamische Kraft darstelle; sie war keine bedrohliche Zusammenballung störender Korruption, sondern eine synergistische Verschmelzung von Entwicklungsenergien. Hamilton hatte kein Ohr für die vertrauten Refrains im republikanischen Lied, in denen es um das inhärente Übel geballter Macht ging, eine Melodie, die der sich entwickelnde Chor von Dissidenten in Virginia unter dem neuen Etikett «Konsolidierung» erneut einspielte. Für Hamilton war Konsolidierung eine wundervolle Idee. Während der Bezugsrahmen Madisons instinktiv politisch war und die Zerstreuung der Macht idealisierte, die durch die vorgegebene Vielfalt diffuser Interessengruppen naturwüchsig kontrolliert wird, war Hamiltons Denkweise instinktiv ökonomisch. Er betrachtete die Konzentration von Kapital in den Händen weniger Auserwählter als notwendige Voraussetzung für Investitionen im Handel und für Wirtschaftswachstum. Einer der Gründe, weshalb es ihm nichts ausmachte, wenn die ursprünglichen Inhaber der staatlichen Schuldverschreibungen an Spekulanten verkauften, war der, daß es ihm lieber war, das Geld in einer geringeren Zahl von Händen zu sehen. War das Geld verteilt, dann war es nur Geld. War es konzentriert, dann war es Kapital. Und der Hauptgrund, weshalb er die durch die Übernahme der einzelstaatlichen Schulden hervorgerufene Vergrößerung der Bundesschuld begrüßte, war der, daß sie, wenn sie erst richtig fundiert war, die Kasse des staatlichen Kredits vergrößerte, der für Investitionen von seiten der reichen Wenigen, welche die Papiere in der Hand hatten, zur Verfügung stand. Zumindest in diesem beschränkten Sinne betrachtete Hamilton die nationale Schuld als einen «nationalen Segen», denn sie gestattete die Zusammenballung von Mitteln in den Händen einer kleinen Gruppe unternehmerischer Männer, die sie nicht einfach ausgeben, sondern investieren würden. Für Madison hingegen galt: «Eine öffentliche Schuld ist ein öffentlicher Fluch», und dieser ist «in einer repräsentativen Staatsform größer als in jeder anderen».[26]

Schließlich ist da Hamiltons Verehrung für die städtische Elite – die Kaufleute, Bankiers und Unternehmensführer – als die zentralen Gestalten in der sich entwickelnden amerikanischen Gesellschaft. Das war die Sorte von Männern, die ihn als jungen Mann aus einer bedeutungslosen Existenz in den Tropen gerettet und ihn dann, nachdem er seine Brillanz unter Beweis gestellt hatte, in den inneren Kreisen der New Yorker Gesellschaft willkommen geheißen hatten. Hamilton selbst war so etwas wie ein Held eines Romans von Horatio Alger, dem es mehr um Ruhm als um Vermögen ging, aber er verstand die Welt der Banken, der Investitionen und der Spekulation von innen heraus. Er schrieb keine idyllischen Empfehlungen für Kaufleute und Geldleute, die sich mit Jeffersons Hymnen auf die bukolische Herrlichkeit der freien Farmer Amerikas vergleichen ließen, aber sein gesamter Finanzplan war eine implizite Unterstützung für den Handel als Amerikas ökonomisches Lebensblut und die Händler als seine Hauptnutznießer und stillen Helden. Hamilton entwarf sein System nicht, wie es seine Kritiker häufig behaupteten, in erster Linie zur Bereicherung der kommerziellen Elite. Er entwarf es, um ihre Talente und Ressourcen in produktive Aktivitäten zu lenken, die dem öffentlichen Interesse dienten. Und seine Insiderkenntnisse über Zinsraten führten ihn auch nie in Versuchung, sich persönliche Vorteile zu verschaffen: «Aber Sie erinnern sich an die Geschichte von der Gattin Caesars, die über jeden Verdacht erhaben sein muß», schrieb er an Henry Lee. «Ich glaube, der Geist dieser Geschichte läßt sich auf jeden Mann anwenden, der mit der Verwaltung der Finanzen eines Landes befaßt ist.» Gleichwohl brachte er einigen Spekulanten, mit denen er befreundet war, übermäßiges Vertrauen entgegen; und William Duer, seinen Assistenten im Finanzministerium, entließ er erst, als Duers Vermengung von persönlichen und öffentlichen Mitteln kriminelle Ausmaße angenommen hatte. Duer war der Inbegriff des umtriebigen Spekulanten, dem er vertraute und der sich schließlich als nicht vertrauenswürdig erwies.[27]

Für Virginier wie Madison und Jefferson war Duer hingegen nicht die Ausnahme, sondern die Regel. Die virginische Oberschicht war psychologisch nicht dazu in der Lage, die Affinität Hamiltons zu Männern zu teilen, die davon lebten, Zinssätze zu manipulieren. Das höchste Maß des Reichtums waren für sie nicht verschwommene Formen von Kapital, sondern Land. Investmentbanker und Spekulanten leisteten aus ihrer Sicht keinen produktiven Beitrag für die Gesellschaft. Sie taten nichts anderes, als Papiere hin und her zu schieben und Zahlen abzustimmen. Im Kern ging es nicht um den Gegensatz zwischen Reichen und Armen oder zwischen den Wenigen und den Vielen, denn die Pflanzerklasse von Virginia war ebensosehr eine elitäre Minderheit wie die reichen Kaufleute von New York oder Boston. Es ging um agrarische oder kommerzielle Quellen von Reichtum.

Und es war auch nicht gerade hilfreich, daß ein beträchtlicher Teil der grundbesitzenden Klasse Virginias, darunter Jefferson, erhebliche Schulden bei britischen und schottischen Gläubigern hatte, die ihre Zinssätze schneller steigerten, als sich durch die Gewinnspannen von Tabak und Weizen ausgleichen ließ. Man kann sich des Verdachts nicht erwehren, daß die geplagte Aristokratie von Virginia in Hamilton und seiner geliebten kommerziellen Elite aus den Städten des Nordens die amerikanischen Ebenbilder britischer Bankiers sah, die sie zu Tode schröpften. Je mehr Gedanken man sich über die Mentalität der Pflanzer von Virginia macht – die Weigerung, ihre Konsum- und Ausgabegewohnheiten an die Realitäten ihrer ökonomischen Lage anzupassen, das weitverbreitete Muster der Verleugnung bis zum letzten Moment vor der Bankrotterklärung –, desto wahrscheinlicher sieht es aus, daß eine hartnäckige und sogar bewußte Unkenntnis der ökonomischen Grundsätze, die für das Verhältnis zwischen Kredit und Schuld galten, in ihrer Welt zu einem Ehrenabzeichen geworden war. Das war einfach nicht die Art von Sorgen, die ein besitzender Gentleman ernst nehmen sollte. In gewissem Sinne hielten sie sich einiges darauf zugute, daß sie nicht die blasseste Ahnung hatten, wovon Hamilton redete.[28]

Der dritte, der an diesem Handel beim Dinner beteiligt war, war Thomas Jefferson, der Gastgeber des Abends. Er benutzte keine typischen diplomatischen Floskeln, als er behauptete, sowohl Madison als auch Hamilton verstünden mehr von den Problemen, um die es gehe, als er. Schließlich war er erst vor sechs Monaten von seinem fünfjährigen dienstlichen Aufenthalt in Frankreich zurückgekehrt und hatte erst im März seinen Posten als Außenminister angetreten. Außerdem galt seine Aufmerksamkeit anderen Dingen: Kurz zuvor hatte seine älteste Tochter Martha geheiratet; in New York mußte er ein passendes Haus finden; er war damit beschäftigt, einen ausführlichen Bericht über Maße und Gewichte zu entwerfen; und er mußte Depeschen aus Paris über die im Gange befindliche Französische Revolution lesen. Während des Monats Mai hatte ihn auch das Einsetzen seiner chronischen Migräne weitgehend lahmgelegt. Tatsächlich fielen Jeffersons Kopfschmerzen mit einer richtigen Seuche zusammen, die anscheinend die Führung der virginischen Dynastie überkam. Madison lag mit Dysenterie im Bett, Edmund Randolph blieb in Virginia, um sich um seine Frau zu kümmern, die bei der Geburt eines totgeborenen Kindes fast gestorben wäre, und, was das allerbedrohlichste war, George Washington erkrankte an Grippe und entwickelte Lungenkomplikationen, welche die Ärzte für lebensgefährlich hielten. «Sie können sich die öffentliche Besorgnis aus diesem Anlaß nicht vorstellen», berichtete Jefferson an William Short, seinen früheren Sekretär in Paris, und er fügte hinzu, daß das Ableben Washingtons aller Wahrscheinlichkeit nach das abrupte Ende des gesamten nationalen Experiments bedeutet hätte.[29]

Jefferson, etwa einen Meter fünfundachtzig groß, überragte sowohl Madison als auch Hamilton, und mit 47 Jahren war er alt genug, um die Art von Respekt zu genießen, die man einem älteren Bruder entgegenbringt. Weder seine Statur noch sein Alter konnten jedoch seine lange Abwesenheit im Ausland während der bedeutenden Verfassungsreformen Ende der 1780er Jahre wettmachen. Madison hatte ihn über die im Verfassungskonvent geführten Debatten auf dem laufenden gehalten (auf dem ganzen Planeten gab es keine bessere Quelle als ihn), und Madison hatte auch die im Ratifizierungskonvent von Virginia kursierenden Gerüchte unterdrückt, wonach Jefferson die Verfassungsvereinbarung selbst allenfalls halbherzig unterstütze. Tatsächlich waren die Gerüchte wahr, wenngleich sich Jefferson in allen Verfassungsfragen dem überlegenen Urteil Madisons beugte, und so konnte er das Angebot, erster Außenminister der USA zu werden, ohne politische Bedenken annehmen. Es war auch hilfreich, daß die Außenpolitik dasjenige Gebiet war, auf dem die Nation seiner Ansicht nach mit einer einzigen Stimme sprechen sollte. Jenseits dieser grundsätzlichen Ebene waren seine Ansichten über die bundesstaatliche Macht unbekannt, teils deshalb, weil er an den großen Debatten der Jahre 1787–88 nicht beteiligt gewesen war, und teils deswegen, weil sein Geist nicht auf demselben Niveau von Konkretheit und juristischer Klarheit operierte wie derjenige Madisons. «Ich bin kein Föderalist», erklärte er 1789, «weil ich niemals das gesamte System meiner Anschauungen den Überzeugungen irgendeiner Partei von Männern ausgeliefert habe. ... Wenn ich nur mit einer Partei in den Himmel kommen könnte, dann würde ich überhaupt nicht dorthin gehen.» Die provisorische Hauptstadt in New York war nicht gerade der Himmel, aber im Frühjahr des Jahres 1790 hatte er sich bereit erklärt, dorthin zu gehen, und dabei seine Loyalitäten unerklärt gelassen und seine hehren politischen Grundsätze unbefleckt durch die Art von Nahkampf, die Madison und Hamilton zu einer Kunst vervollkommnet hatten.[30]

Er war zögernd gekommen. Das gehörte zu einem lebenslangen Muster von Zurückhaltung, das schon aus den Jahren vor der Revolution in Virginia datierte, als er erstmals aus dem Nebel der Blue Ridge Mountains aufgetaucht war, um das William-and-Mary-College zu besuchen, bei George Wythe Jura zu studieren und eine gewisse Anerkennung von seiten der Elite des virginischen Küstenlandes zu erringen. Er erwarb sich einen Ruf als jemand, der wirksame Schriftsätze gegen britische Übergriffe verfassen konnte, trat aber in Debatten mit Beiträgen überhaupt nicht in Erscheinung. Auf dem Kontinentalkongreß hatte ihn John Adams als unerschütterlichen Verfechter der Unabhängigkeit beschrieben, der selbst in Ausschüssen nie mehr als zwei oder drei Sätze äußerte. Sein bleibender Ruhm, ja seine Unsterblichkeit beruhte darauf, daß er im Juni 1776 die Unabhängigkeitserklärung verfaßt hatte, aber von dieser Rolle hatten 1790 nur wenige Amerikaner Kenntnis. Die Unabhängigkeitserklärung wurde immer noch nicht als Produkt eines einzigen Mannes, sondern als das des gesamten Kontinentalkongresses angesehen, und die symbolische Bedeutung, die sie im 19. Jahrhundert erhielt, mußte sie erst noch erringen.[31]

Seine Amtszeit als Kriegsgouverneur von Virginia hatte in einer Katastrophe geendet, als britische Truppen die Hauptstadt in Brand steckten, während Jefferson davongaloppierte und sich so offizielle Schande zuzog. Zwar wurde er später von jedem Vorwurf einer Verfehlung freigesprochen, aber er gelobte, nie wieder ein öffentliches Amt anzunehmen. Der Rummel der Politik paßte nicht zu seinem Temperament, das nur dann ausgeglichen war, wenn er sich auf seinem Berggipfel niedergelassen hatte und Umbauten für sein Haus in Monticello entwarf. Immer auf dem Sprung in den Ruhestand, hatte er den diplomatischen Posten in Paris nur akzeptiert, um den schmerzlichen Erinnerungen an den frühen Tod seiner Gattin, die im Kindbett gestorben war, zu entfliehen; er hatte seine

Pflichten ordentlich erfüllt und in Frankreich, wo er die Nachfolge Franklins antrat, als die gallische Verkörperung des archetypischen Amerikaners in Paris sogar einen gewissen Ruhm erworben. Die Einwendungen, die er erhob, als man ihm 1789 eine Position in der neuen Regierung anbot, waren zutiefst aufrichtig, aber Madison hatte wie üblich seine Rolle als Überzeuger gespielt, und, was noch mehr bedeutete, die einzige unentbehrliche Gestalt Amerikas hatte die Auffassung vertreten, Jefferson sei ebenfalls unentbehrlich. George Washington gab man keinen Korb.

Die Einladung zum Dinner, die er den beiden Kampfhähnen Madison und Hamilton gegenüber ausgesprochen hatte, entsprach in vollem Umfang seinem Charakter. Einfach formuliert, Jefferson konnte persönliche Konflikte nicht ausstehen. Einer der Gründe, weshalb er in Debatten so notorisch erfolglos war, war der, daß ihn die Auseinandersetzung als solche beleidigte. Die Stimmen, die er in seinem Innern hörte, waren alle harmonisch und angenehm, verläßliche Äußerungen der von der Vorsehung angeordneten universellen Gesetze, welche die Welt, wie er sie kannte, regierten, so daß eine Auseinandersetzung ihm wie dissonanter Lärm vorkam, der sich der natürlichen Ordnung der Dinge entgegenstellte. Madison, der ihn besser kannte als jeder andere lebende Mensch, war sich völlig darüber im klaren, daß es irgendwo in Jeffersons Geist eine unsichtbare Grenze gab, jenseits deren seine bestgehüteten persönlichen und politischen Ideale lagen. Überschritt man diese Grenze, dann löste man Explosionen und Ausbrüche von ungezügeltem Zorn aus, von der Art, wie sie sich in der Unabhängigkeitserklärung auf Georg III. entluden. (Solche Anlässe betrachtete Jefferson nicht als Auseinandersetzungen, sondern als heilige Kriege auf Leben und Tod.) Solange aber diese Grenze nicht erreicht war, war er unendlich höflich und entgegenkommend, und das Vorhandensein von Parteipolitik bereitete ihm echte Schmerzen. Das war im Juni 1790 ganz eindeutig seine Haltung.

Es gab auch praktische Gründe, weshalb er einen Kompromiß vermitteln wollte. Als ehemaliger Gesandter im Ausland, der jetzt als Außenminister amtierte, brauchte Jefferson keine Belehrungen darüber, welche internationale Tragweite der

Schuldnerstatus Amerikas hatte. Solange nicht die Auslandsschulden getilgt und der Kredit des Landes bei den niederländischen Bankiers in Amsterdam wiederhergestellt war, würden die Vereinigten Staaten in den Hauptstädten Europas einfach nicht ernst genommen werden. Jefferson hatte diese Lektion in seiner Pariser Zeit bitter lernen müssen. Daher war bei ihm das Gefühl, daß die fiskalischen Ziele des Hamiltonschen Plans absolut unverzichtbar waren, noch schärfer ausgeprägt als bei Madison. Ohne Kredit würde die neue Nation in den Augen des Auslands ein Gespött bleiben. Und daher war er, als dieselben erbosten Virginier, die sich wegen des fatalen Fluchs der Schuldenübernahme an Madison gewandt hatten, auch an ihn schrieben, noch weniger bereit, sie zu unterstützen, wenngleich er sich in charakteristischer Weise ausweichend äußerte. «Das scheint mir eine der Fragen zu sein, die große Unzuträglichkeiten mit sich bringen, ganz gleich wie man sie entscheidet», schrieb er an seinen frischgebackenen Schwiegersohn. Oder als Henry Lee ihn für den Fall, daß die Übernahme irgendwie verabschiedet werden sollte, mit apokalyptischen Warnungen überschüttete, riet er zu Geduld und zu größerem Vertrauen auf die Weisheit des Kongresses. «In der Zwischenzeit», bemerkte er ziemlich elliptisch, «wird sich vielleicht die Stimme der Nation vernehmen lassen.» Die Botschaft Jeffersons war zwar vage, aber die damit beabsichtigte Wirkung war die, seine virginischen Landsleute zu beruhigen. «Meine Pflichten hindern mich daran, mich in diese Fragen zu mischen», erklärte er George Mason nur eine Woche vor dem Dinner: «Ich erhebe nicht den Anspruch, für die Entscheidung über sie sehr kompetent zu sein. Im allgemeinen halte ich es für notwendig, in einem Regierungssystem wie dem unseren sowohl zu geben als auch zu nehmen.»[32]

Was den ständigen Sitz der Bundeshauptstadt angeht, war das Geben und das Nehmen, seit diese Frage im September 1789 im Kongreß eingebracht worden war, ausgesprochen heftig gewesen. Die Verfassung hatte vorgesehen, daß der Kongreß einen «Regierungssitz» bestimmen solle, der nicht mehr als 100 Quadratmeilen einnehmen und von den angrenzenden Staaten erworben werden sollte. Die Frage war wo. Von Anfang an war die Aussicht, daß die Kongreßabgeordneten zu einer leichten Einigung über diesen Punkt gelangen würden, bestenfalls problematisch. Ein Zeitungsredakteur hatte weise, wenn auch zynisch bemerkt, der übliche Brauch sei, «daß die Hauptstadt eines neuen Reiches nach der Laune oder der Willkür eines Despoten ausgewählt wird». Das war nun zwar ganz offensichtlich nicht die republikanische Verfahrensweise, aber vielleicht ließ sich eine Ausnahme rechtfertigen. George Washington hatte, wie der Redakteur bemerkte, «seinem Lande niemals einen schlechten Rat gegeben»; wäre es da nicht praktisch, wenn man «ihn auf eine Landkarte deuten und ‹hier› sagen» ließe?[33]

Die «Frage des Regierungssitzes», wie man sie dann nannte, war ein logistischer Alptraum. Alle regionalen Stimmblöcke – Neuengland, die Mittelatlantik-Staaten und der Süden – konnten plausible Gründe dafür anführen, daß sie den Vorrang beanspruchten. Und jeder der zwölf Staaten – Rhode Island tauchte erst im Juni 1790 im Kongreß auf – konnte sich Pläne vorstellen, denen zufolge entweder die Hauptstadt auf seinem Territorium zu liegen kam oder die Unterstützung für einen anderen Standort begleitende Vorteile versprach, die sich als Gegenleistung aushandeln ließen. Die sich überschneidenden Muster des Schacherns zwischen Regionen und Staaten wurden noch zusätzlich durch zwei politische Erwägungen kompliziert, die fast mit Sicherheit dafür sorgten, daß ein Konsens ausgeschlossen war: Erstens mußte das Gesetz sowohl im Senat als auch im Repräsentantenhaus verabschiedet werden, und so machte, sobald eine anscheinend siegreiche Option ihren Weg durch die eine Kammer des Kongresses fand, die Opposition in der anderen dagegen mobil; zweitens hatte man zu einem frühen Zeitpunkt beschlossen, zunächst einen vorübergehenden Standort zu wählen, der dann für zehn bis zwanzig Jahre als Hauptstadt dienen sollte, und danach einen ständigen Sitz, der die zusätzliche Zeit wahrscheinlich brauchen würde, um sich auf die Okkupation durch die Bundesorgane vorzubereiten. Diese Unterscheidung hatte verheerende Auswirkungen auf die Debatte im Kongreß, weil sie Zweifel aufkommen ließ, ob der Interimssitz, wenn er einmal gewählt war, jemals aufgegeben werden würde. Infolgedessen waren, als Jefferson im März in New York eintraf, 16 potentielle Standorte vorgeschlagen worden, von denen es allerdings keinem gelungen war, eine Mehrheit zu finden. Die führenden Kandidaten waren (in alphabetischer Reihenfolge): Annapolis, Baltimore, Carlisle, Frederick, Germantown, New York, Philadelphia, der Potomac, der Susquehanna und Trenton. Wegen der zentralen Lage sah es so aus, als werde man sich am ehesten für einen Ort in Pennsylvania entscheiden.[34]

«Die Sache mit dem Regierungssitz wird zu einem Irrgarten», berichtete Madison einem virginischen Landsmann in der Heimat, «für den die gedruckten Äußerungen keinen Anhaltspunkt bieten und der sich in einem Brief unmöglich erklären läßt.» Die politische Geschäftemacherei im Kongreß und außerhalb von ihm hatte so epidemische Ausmaße angenommen, daß Madison den inoffiziellen Titel «Großes Messer» erhielt, weil er bei den Verhandlungen die gordischen Knoten durchschnitt: «Wenn das Große Messer den Potowmack aufgäbe, ließe sich die Angelegenheit leicht regeln», schrieb ein Mann aus Pennsylvania an Jefferson. «Aber das ist, so werden Sie sagen, ebenso unvernünftig, wie es die Erwartung wäre, daß sich ein Pennsylvanier nach Belieben mit New York einverstanden erklärt. Es amüsiert mich daher, wenn ich die Argumente sehe, die unsere ernsten Politiker vorbringen, da ich doch weiß, daß die Sache durch lokale Interessen entschieden werden wird.» Zwar waren die Virginier nicht gewohnt, ihre Interessen als lediglich lokal aufzufassen, aber am Vorabend des Dinners bei Jefferson waren die Aussichten auf einen Potomac-Standort geschwunden, und Madisons eindrucksvolle Talente als politischer Unterhändler hatten eine ganz und gar defensive Haltung angenommen – es ging darum, den Widerstand gegen einen Sieg Pennsylvanias zu koordinieren.[35]

Die Argumente, die Madison für den Potomac ins Feld zu führen versucht hatte, waren zugleich schlau und von romantischen Illusionen über ihre Wirksamkeit getragen, die auch Jefferson, Washington und die meisten Angehörigen der virginischen Dynastie hegten. Was die schlaue Seite anging, war Madison genial, wenn es darum ging, das stärkste Argument für einen Sitz in Pennsylvania, nämlich das seiner geographischen Mittellage, zu bestreiten. (Den Pennsylvaniern mangelte es auch nicht an Schläue, und sie argumentierten, dem Susquehanna sei es bestimmt, zum Mittelpunkt der Vereinigten Staaten zu werden, weil der jenseits des Mississippi gelegene Westen niemals der Union beitreten würde, während das östliche Kanada dies fast mit Sicherheit tun werde.) Dagegen argumentierte Madison, die Mittellage lasse sich sowohl demographisch als auch geographisch messen, und deshalb sollte man vor der Entscheidung die Ergebnisse der Volkszählung von 1790 abwarten. Dann behauptete er, ein rein geographisches Maß auf einer Nord-Süd-Achse lasse erkennen, daß der exakte Mittelpunkt zwischen dem nördlichen Maine und dem südlichen Georgia nicht einfach der Potomac sei; es war Washingtons Gut in Mount Vernon, eine Offenbarung, die darauf berechnet war, schicksalhafte Untertöne anklingen zu lassen.[36]

Die romantischeren Argumente für den Potomac wurden während der ersten Rede, die Madison gegen die Lokalisierung am Susquehanna hielt, in die Debatte geworfen. Er schien im Widerspruch zum gesunden Menschenverstand und zu dem optischen Eindruck, den alle Karten vermittelten, die Auffassung zu vertreten, daß der Potomac in Wirklichkeit weiter westlich liege als der Susquehanna. Was er anscheinend meinte, war, daß der Oberlauf des Potomac in der Nähe der Grenze zwischen Maryland und Pennsylvania, wo der Conococheague-Bach in den Potomac mündete, fast ebensoweit westlich lag wie der Susquehanna und – hier kam die große virginische Illusion – den einzigen direkten Wasserweg in das Tal des Ohio und über dessen Flußsystem bis zum Mississippi selbst bot. Die Erwähnung des Conococheague-Baches rief bei ungläubigen Kongreßabgeordneten Wellen von Sarkasmus hervor: «Man wird Untersuchungen anstellen», bemerkte ein Abgeordneter aus Massachusetts, «wo im Namen des gesunden Menschenverstandes Connogochque liegt?» (Und, so hätte er hinzufügen können, wie man diesen Namen schreibt.) Außerhalb von Virginia war man sich anscheinend darüber einig, daß «nicht einmal einer von tausend Bewohnern der Vereinigten Staaten weiß, daß es auf der Welt einen solchen Ort gibt», und die wenigen, die ihn kannten, waren alle Indianer. Die Lokalität, der Madison als Sitz für die Bundeshauptstadt den

Vorzug gab, war ein «Wigwamplatz», der sich für Jagdgesellschaften und Eremiten eignete.[37]

Wenngleich Madison wahrscheinlich für seine vom Potomac getriebenen politischen Ziele die Wahrheit etwas strapazierte, war es doch eine Wahrheit, an die er und viele Virginier aufrichtig glaubten. Seit nahezu zehn Jahren hatten Jefferson und Washington darüber korrespondiert, Verbesserungen der Schiffahrt auf dem Potomac durchzuführen, wobei sie davon ausgingen, daß dieser Fluß eine direkte Verbindung zwischen dem riesigen amerikanischen Landesinneren und der Chesapeake Bay bot. Diese verfehlte Auffassung bezog ihre Inspiration aus derselben Kombination von hochfliegender Hoffnung und geographischer Ignoranz, die Jefferson dann später zu dem Glauben veranlaßte, daß die Expedition von Lewis und Clark einen Wasserweg quer über den amerikanischen Kontinent entdecken werde, wo es keinen gab. Die illusorischen Eigenschaften der Wasser des Potomac ließen sich bis zu John Smith zurückverfolgen, der 1608 als erster die Mündung des Flusses erkundete, dem die Algonkin-Indianer den Namen «Petomek» («Handelsplatz») gegeben hatten. Für Virginier der Revolutionsgeneration bezog der Mythos des Potomac seine Glaubwürdigkeit wahrscheinlich aus der Kolonialzeit, als das Nichtvorhandensein jeglicher Grenzen in Virginias Westprovinzen – theoretisch und juristisch erstreckte sich Virginia entweder bis zum Mississippi oder bis zum Pazifik – dazu führte, daß man im Old Dominion, wie Virginia genannt wurde, die Meinung pflegte, dieses Land sei Amerikas Tor zum Westen. Nachdem sich der Mythos einmal festgesetzt hatte, entwickelte er ein ziemlich lächerliches Eigenleben, wozu auch Veröffentlichungen wie das *Potomac Magazine* gehörten, in dem man den Potomac als die Themse, die Seine und der Rhein in einem beschrieb und den Zusammenfluß von Potomac und Anacostia für den vollkommensten Hafen der Welt hielt, in welchem «10 000 Schiffe von der Größe der Arche Noah» bequem anlegen konnten.[38]

Zu Madisons Unglück beschränkte sich die Potomac-Mythologie weitgehend auf Virginier. Fisher Ames aus Massachusetts sprach für diejenigen Kongreßabgeordneten, denen die Offenbarung versagt war, als er erklärte, der sonst so vernünftige

Madison sei offensichtlich einem biblischen Zauber erlegen und habe den Potomac «mit einem Euphrat, der durch das Paradies fließt», verwechselt. Gewiß stand es den Virginiern frei, ihre provinziellen Träume vom Potomac zu träumen, aber unterdessen sollte der Kongreß sich der ernsten Aufgabe zuwenden, eine Bundeshauptstadt auszuwählen, die nicht in Madisons Phantasie, sondern in dieser Welt lag. Im Juni 1790 hatte Madison die Hoffnung so ziemlich aufgegeben. «Falls ein Arrangement getroffen werden sollte, das unseren Wünschen entsprechen wird», gestand er, «wird es das Ergebnis eines Zusammentreffens von Ursachen darstellen, das ebenso zufällig wie günstig sein wird.» Und das ist natürlich der Punkt, an dem die zufällige Aussicht eines Handels ins Blickfeld geriet.[39]

Wir können nicht wissen, wie viele Geheimtreffen und politische Dinners im Spätfrühling und im Frühsommer 1790 in New York stattfanden. Allerdings wissen wir, daß das berühmte Dinner bei Jefferson nicht, wie er andeutete, der einzige derartige Anlaß war. Erstens traf sich Tench Coxe, Hamiltons erster Assistent im Finanzministerium, am 6. Juni mit Jefferson und Madison, vermutlich um über die Schulden Virginias und die Auswirkungen der Übernahme auf die Zahlungsbilanz des Staates gegenüber der Bundesregierung zu diskutieren; zweitens traf sich etwa um dieselbe Zeit Hamilton mit Mitgliedern der Delegation Pennsylvanias, um über einen Tausch ihrer Unterstützung für die Übernahme – die Hamiltons oberste Priorität darstellte – gegen den Sitz sowohl der vorübergehenden als auch der ständigen Hauptstadt in ihrem Staat zu verhandeln, ein Geschäft, das nie zustande kam, weil Hamilton nicht die Stimmen liefern konnte, die den Sieg Pennsylvanias in der Regierungssitz-Lotterie sichergestellt hätten; drittens, und das war am bedeutendsten, trafen sich am 15. Juni Delegierte aus Virginia und Pennsylvania und einigten sich auf ein politisches Bündnis, wonach Philadelphia die Interimshauptstadt werden sollte und der Standort am Potomac – ein großer Triumph für die Virginier – als ständiger Regierungssitz wieder zum Leben erweckt wurde, ein Kompromiß, den die Delegierten aus Pennsylvania wahrscheinlich in der

Überzeugung akzeptierten, wenn die Hauptstadt erst einmal von New York nach Philadelphia verlegt worden sei, werde sie nie wieder umziehen. Zweifellos gab es noch mehrere weitere Dinners, heimliche Treffen und Geheimsitzungen, die in den Annalen keinen Niederschlag gefunden haben. Diejenigen aber, von denen wir wissen, beweisen schlüssig, daß der Kompromiß, der an Jeffersons Dinnertafel erzielt wurde, in Wirklichkeit das letzte Kapitel in einem kontinuierlichen Verhandlungsablauf darstellte, zu dem es kam, weil man den Boden schon bereitet hatte.[40]

Im Detail verzerrt die Darstellung, die Jefferson vom Gespräch an der Dinnertafel gibt, die Wahrheit dadurch, daß sie die im Vorfeld erfolgten Verhandlungen bequem ausblendet und so der Geschichte einen romantischeren Anstrich gibt, indem sie den Eindruck erweckt, drei prominente Führer hätten ein scheinbar unlösbares nationales Problem dadurch lösen können, daß sie für die richtige Atmosphäre sorgten. Der Standort am Potomac als ständiger Sitz der Hauptstadt war tatsächlich bereits sichergestellt worden. Hamilton brauchte für diesen Punkt keine Stimmen mitzubringen, wenngleich es einige Belege dafür gibt, daß er sich bereit erklärte, zur Besiegelung des Potomac-Deals dadurch beizutragen, daß er seine Freunde in New York und Massachusetts dazu drängte, ihn nicht zu verderben. Madison mußte allerdings mindestens drei Stimmen für die Übernahme liefern – hier ist Jeffersons Zählung zutreffend –, und schließlich änderten vier Abgeordnete ihre Haltung, alles Kongreßabgeordnete aus Distrikten, die am Potomac lagen. Das Hauptthema des Abends war aller Wahrscheinlichkeit nach ein Übereinkommen über eine Neuberechnung der Schulden Virginias und des entsprechenden Anteils der vergrößerten Bundesschuld. Praktisch bekam Madison, was er immer verlangt hatte: Festsetzung vor Übernahme. Und Hamilton tat das, was er inoffiziell als seine Absicht die ganze Zeit zu verstehen gegeben hatte: Er manipulierte die Zahlen, um den Virginiern die Übernahme zu erleichtern.[41]

Diese letzte Dimension des Handels war nicht besonders attraktiv, und so ließ Jefferson sie in seiner Darstellung ganz fort. Doch er sandte sogleich Briefe an seine Freunde in Virginia und vertraute ihnen an, die neue Fassung des Übernahmegesetzes werde die gesamten Verbindlichkeiten des Staates reduzieren, so daß die übernommenen Schulden und die geschuldeten Bundessteuern am Ende auf recht wundersame Weise genau dieselbe Höhe (3,5 Millionen Dollar) erreichen würden. «Da [Virginia] genau das erhalten soll, was es zahlen soll», bemerkte er triumphierend, «wird es durch diese Maßnahme weder gewinnen noch verlieren.» Praktisch ändere sich durch die Übernahme gar nichts. Überdies sollte das gesamte Finanzpaket, wenn der Sitz am Potomac erst einmal einkalkuliert sei, bei den meisten Virginiern ein Lächeln auf das Gesicht zaubern. Denn die Nähe der neuen Hauptstadt werde, so prognostizierte Jefferson, «unsere Landwirtschaft und unseren Handel beleben, indem sie Jahr für Jahr eine zusätzliche Summe von einer halben Million Dollar durch unseren Staat fließen läßt.» Das war natürlich nur eine Schätzung Jeffersons, und die umfassendere Bedeutung des Standorts am Potomac reichte weiter als alle bloß ökonomischen Prognosen, aber seine erste Anmerkung zu diesem Handel hatte reale Bedeutung: Es war ein dreiseitiger Handel – Regierungssitz, revidierte Übernahme und Festsetzung –, und in jedem dieser Punkte gewann Virginia.[42]

Würde aber der Handel tatsächlich Bestand haben? Jefferson und Madison leisteten ihren größten Beitrag nicht während des Dinners selbst, sondern in den darauffolgenden Monaten, als sie dafür sorgten, daß die Antwort auf diese Frage entschieden positiv blieb. Der plötzliche Sieg des Standorts am Potomac hatte fast jeden überrascht, denn diese Alternative war im Frühjahr 1790 ganz ans Ende der Liste gerutscht und dann, ohne daß es eine Diskussion im Kongreß gegeben hatte, irgendwie wieder an die Spitze geschnellt. Infolgedessen herrschte ungeachtet der Verabschiedung des Regierungssitz-Gesetzes im Juli weithin Skepsis hinsichtlich einer Hauptstadt, die, wie es ein New Yorker Witzbold formulierte, dort lag, «Wo die Häuser und Küchen noch ganz ohne Wand, / Die Bäume nicht gefällt und die Straßen unbenannt». Besonders ungläubig zeigten sich die Zeitungen Philadelphias, in denen es hieß, es laufe «dem gesunden Menschenverstand zuwider anzunehmen, daß sie einen aus der felsigen Wildnis herausgehauenen Ort bekommen sollen, der für nur vier Monate im Jahr vom Kongreß genutzt wird und die gesamte übrige Zeit wilden Tieren als Wohnung dient». Im Kongreß war man sich völlig einig darüber, daß die Hauptstadt, wenn sie erst einmal ihren Sitz in Philadelphia hatte, niemals an einen verlassenen und ganz hypothetischen Ort umziehen werde: «Man wird das allgemein... als bloßes politisches Manöver ansehen», bemerkte ein Kongreßabgeordneter. «Seine Ernsthaftigkeit könnte man ebensogut dadurch unter Beweis stellen, daß man Mississippi, Detroit oder den Winnipiprocket-Teich auf die Liste setzte, wie durch die Entscheidung für Connogocheque.»[43]

Die Strategie, die Jefferson und Madison wählten, war auf elegante Weise wirksam und äußerst imperialistisch. Man merkt, daß während des gesamten Prozesses Madisons unvergleichliches politisches Gespür am Werk war, aber man erhält auch einen Vorgeschmack von Jeffersons trotzig-kühnem Verhalten, mit dem er 13 Jahre später den Erwerb von Louisiana durchpeitschte. Die entscheidende strategische Einsicht war: Nie wieder durfte es zugelassen werden, daß die Frage des Regierungssitzes im Kongreß behandelt wurde, wo sie mit Sicherheit der politischen Version eines Todes durch tausend Schnittwunden zum Opfer fallen würde. Über diesen Punkt äußerte sich Jefferson besonders deutlich: «Falls die gegenwärtige Gelegenheit, den Sitz der Bundeshauptstadt an den Patowmack zu verlegen, versäumt werden sollte, wäre sie niemals wiederzugewinnen, [und deshalb] wäre es gefährlich, sich auf irgendwelche Hilfen von seiten des Kongresses oder der Provinzparlamente von Virginia oder Maryland zu verlassen, und daher sollten Maßnahmen ergriffen werden, das Gesetz über den Regierungssitz zur Ausführung zu bringen, ohne auf diese Körperschaften zurückzugreifen.» Wie aber ließ sich das bewerkstelligen, da es doch so aussah, als bedürften die Mittel zum Erwerb des Geländes, die Auswahl des konkreten Bauplatzes, die Benennung eines Architekten sowie eine Vielzahl unvorhersehbarer, aber unvermeidlicher praktischer Details der Billigung durch den Gesetzgeber? Die Antwort erinnerte an den frühesten Ratschlag, den ein Zeitungsredakteur halb im Scherz gegeben hatte, als die Frage des Regierungssitzes erstmals auf der Tagesordnung der Nation aufgetaucht war: Überlaßt die Entscheidung George Washington. Im August 1790 schlug Jefferson vor, daß die gesamte Abfolge von Entscheidungen über Standort, Größe und Gestalt der Hauptstadt ins Ermessen der Exekutive gestellt werden, also «in jedem Punkt der Weisung des Präsidenten unterliegen» sollte.[44]

Während Kongreßabgeordnete weiterhin sarkastische Witze über den ungewissen Standort des hypothetischen Geländes am Potomac machten – warum sollte man die neue Hauptstadt nicht auf Räder setzen und sie von einem Ort zum anderen rollen? –, stapften Jefferson und Madison kreuz und quer durch die ländlichen Gegenden Marylands und Virginias und erkundeten das Terrain. Washington hörte sich ihren Bericht an, und im Januar 1791 traf er dann die Entscheidung; sie fiel auf das Gebiet von 100 Quadratmeilen, das sich von Georgetown nach Osten bis zur Mündung des Potomac erstreckte. Jefferson stellte fest, Washington habe, was seine Wahl anging, «ungewöhnlich schweigsam» gewirkt, wahrscheinlich deshalb, weil Mount Vernon an das Gelände angrenzte und außerdem Washington in diesem Gebiet beträchtliche Ländereien besaß. Möglicherweise war ihm auch nicht ganz wohl, weil er wußte, daß diese weit im Osten gelegene Option im Widerspruch zu dem Eindruck stand, den Madison in den früheren Debatten erweckt hatte – daß nämlich ein weiter westlich gelegener Standort in der Nähe der Grenze zu Pennsylvania den Vorzug genieße. (Die Pennsylvanier, die der Entscheidung für den Potomac unter der Voraussetzung zugestimmt hatten, daß der Standort in ihrer Nähe liegen werde, waren bestimmt enttäuscht. Vielleicht war die Benennung der Hauptstraße in der neuen Hauptstadt – Pennsylvania Avenue – Washingtons Ausgleichsgeste.) Auf jeden Fall war die Entscheidung getroffen. Und sie war endgültig. Und zumindest in der Öffentlichkeit war niemand in Amerika bereit, eine Entscheidung in Frage zu stellen, die Washington gefällt hatte, wenn sie derart im Schnellverfahren gefallen war.[45]

Washington überwachte in dem zehn Jahre währenden Prozeß des Entwerfens und Erbauens der Stadt, die seinen Namen tragen sollte, jeden einzelnen Schritt. Wie bei einer militärischen Operation gab es viele Truppen, aber nur einen Befehlshaber. Im Spätherbst 1790 schrieb Jefferson an Washington bezüglich der politischen Dringlichkeit, mit dem Bau so bald wie möglich zu beginnen: «Gemeinsam mit Mr. Madison habe ich mich bemüht, die Zweckdienlichkeit des Vorgehens zu betonen, daß sie darangehen, in der neuen Stadt zehn Jahre lang zehn gute Privathäuser jährlich zu bauen.... Sollten sie dies tun,... dann wird das eines der Mittel sein, um sicherzustellen, daß die Regierung dorthin umzieht.» Mit anderen Worten, wenn die Gebäude erst einmal standen, dann würden die Hoffnungen Philadelphias in sich zusammenfallen. In einer Rede, die er hielt, als das Gesetz über den Regierungssitz im Repräsentantenhaus verabschiedet wurde, hatte Madison festgestellt, daß viele Beobachter mit Sicherheit davon ausgingen, daß die Entscheidung für den Standort am Potomac widerrufen werden würde, so daß die Hauptstadt in Philadelphia bliebe: «Aber was können wir anderes tun, als ein Gesetz zu diesem Zweck zu verabschieden?» fragte er rhetorisch, denn «ein Widerruf ist eine Sache, gegen die keine Vorsorge getroffen werden kann». Dann kam er zu dem Schluß: «Doch ich schmeichle mir, daß dem öffentlichen Interesse und dem Wort, welches die Regierung gegeben hat, eine gewisse Achtung bezeigt werden wird.» Dadurch, daß sie die Umsetzung zu einer Handlung der Exekutive machten, für die in erster Linie Washington zuständig war, bewiesen Jefferson und Madison, daß sie, ohne Rücksicht auf das «gegebene Wort», keine Risiken eingehen wollten.[46]

Auf der anderen Seite des Handels beim Dinner waren sie jedoch bereits ein kalkuliertes Risiko eingegangen, indem sie sich auf die Wette einließen, daß günstigere finanzielle Bedingungen zuzüglich der Erbeutung der ständigen Hauptstadt die starke Abneigung Virginias gegen die Schuldenübernahme unterminieren würden. Mehrere Freunde, die südlich des Potomac saßen, hatten sie warnend darauf hingewiesen, daß die weitverbreitete Feindseligkeit gegenüber dem Finanzplan Hamiltons mit einem Kompromiß irgendwelcher Art unvereinbar sei. «Die Übernahme wird, so fürchte ich, auch in jeder modifizierten Form in diesem Staat als bittere Pille angesehen werden», lautete ein typischer Bericht, und «Argumente zur Einigung werden nur wenig fruchten». Die alte antiföderalistische Koalition, die Madison 1788 auf dem Ratifizierungskonvent von Virginia so wirksam bekämpft hatte, glaubte mit einigem

Recht, ihre Sache sei nie wirklich besiegt, sondern nur ausmanövriert worden. Unter der erneuten Führung von Patrick Henry und mit kundigem Beistand durch Henry Lee machte diese starke Gruppe im Herbst 1790 gegen die Übernahme mobil und brachte im Dezember eine Resolution durch beide Kammern des Parlaments von Virginia. Darin verband sich die alte revolutionäre Rhetorik, in der sogar einige vertraute Formulierungen Jeffersons verwendet wurden, mit der gesamten oppositionellen Energie der Whig-Tradition, und das alles wurde dann gegen die Übernahme als die neue Inkarnation der Beherrschung durch das Ausland ins Feld geführt. Ebenso wie die früheren Versuche des britischen Parlaments beschrieb man die Übernahme als Bedrohung für die Unabhängigkeit Virginias und als eine Maßnahme, die «im Laufe der menschlichen Ereignisse das eine oder das andere von zwei Übeln hervorbringen muß, den Fußfall der Landwirtschaft vor dem Handel oder einen Wandel in der gegenwärtigen Form des bundesstaatlichen Regierungssystems, der für die Existenz der amerikanischen Freiheit verhängnisvoll sein wird».[47]

Als Jefferson und Madison zur ersten Sitzung des Kongresses in der neuen, aber lediglich interimistischen Hauptstadt Philadelphia eintrafen, waren die Zeitungen voll von bissigen Kommentaren zum trotzigen Ton der Resolution aus Virginia:

> Die Resolution der Gesetzgebenden Versammlung von Virginia bezüglich der Übernahme der Schulden der Staaten ... stellt eine sehr merkwürdige Erscheinung in der Geschichte der Vereinigten Staaten dar. Die Mehrheit, die für diese Resolution gestimmt hat, ist anscheinend im September 1787 (unmittelbar vor dem Auftreten des Bundeskonvents) in Schlaf verfallen und erst vor einigen Wochen wieder erwacht; unterdessen wurde das bundesstaatliche System in allen Staaten angenommen und eingeführt. Ihre Entscheidung muß daher auf *Unwissen* darüber zurückgeführt werden, was sich während ihres langen Schlafes abgespielt hat. Die *Resolution* ist nur für jene Jahre der Anarchie berechnet, die der allgemeinen Ratifizierung des gegenwärtigen GLÜCKLICHEN NATIONALEN REGIERUNGSSYSTEMS vorangingen. Sie ist jetzt nichtig und lächerlich.[48]

Hamilton nahm auch die indirekte sezessionistische Drohung zur Kenntnis, die in der Äußerung Virginias lag. Das war, so warnte er, «das erste Symptom eines Geistes, der entweder getötet werden muß, oder er wird die Verfassung der Vereinigten Staaten töten». Damals im September 1787, als der Verfassungskonvent gerade seine Tätigkeit beendete, hatte Hamilton eine Vorhersage gemacht: Die neugeschaffene Bundesregierung werde entweder «über die Staatsregierungen ganz und gar triumphieren und sie zu völliger Unterordnung veranlassen», mutmaßte er, oder es würden «im Laufe von wenigen Jahren... die Streitigkeiten über die Machtgrenzen zwischen den Einzelregierungen und der allgemeinen Regierung... zu einer Auflösung der Union führen». Die Haltung Virginias zur Übernahme ließ seine Prophezeiung jetzt vorahnungsvoll erscheinen. Hamilton teilte sein ungutes Gefühl für die Situation mit John Jay, der zeitweilig als «Publius» sein Mitarbeiter an den *Federalist Papers* gewesen war. Doch er sagte nichts zu Madison, seinem ständigen Mitarbeiter, denn es war nicht mehr klar, wo Madison stand. War er Virginier oder Amerikaner? War für ihn der Augenblick, der die neue Nation wahrhaft begründete, 1776 oder 1787? Ebensosehr wie der Standort der Hauptstadt am Potomac waren diese dramatischen Fragen die bleibenden Vermächtnisse des Dinners bei Jefferson.[49]

Während der darauffolgenden 70 Jahre, bis zum Ausbruch des Bürgerkrieges im Jahre 1861, bestand der Kern politischer Weisheit in der sich entwickelnden amerikanischen Republik darin zu behaupten, solche Entscheidungen brauche man nicht zu treffen. Doch die Erkenntnis, daß dies die konkurrierenden Optionen waren – die umstrittenen Versionen, wenn man so will, von dem, was das tiefste Vermächtnis der Amerikanischen Revolution wirklich bedeutete –, wurde erstmals im Sommer 1790 sichtbar. Die Verfassung löste diese Fragen nicht; sie lieferte nur einen ordnungsgemäßen Rahmen, in dem die Auseinandersetzungen weitergehen konnten. Und es wäre historisch auch nicht korrekt, die Probleme, um die es ging, ausschließlich oder auch nur in erster Linie als Verfassungsfragen zu betrachten. Legalistische Debatten über das Verhältnis zwischen Bundes- und Staatssouveränität waren einfach die naheliegendsten Griffe, an denen man sich festhalten konnte, die sichersten und politisch angemessensten Verfahrensweisen, um über alternative nationale Visionen zu reden.

Der Kompromiß von 1790 ist deshalb am berühmtesten, weil er eine politische Krise abgewendet hat, die viele Staatsmänner der damaligen Zeit als Bedrohung für das Überleben der jungen Republik ansahen. Doch er deckte auch die unvereinbaren Erwartungen hinsichtlich der Zukunft Amerikas auf, die ebendiese Staatsmänner hegten. In gewissem Sinne ist das eine sehr alte Geschichte, die durch die gewaltsame Auflösung revolutionärer Regimes in aufstrebenden Nationen der Moderne noch vertrauter geworden ist: In der Solidarität gegen den imperialistischen Feind aneinandergekettet, zerbricht die Führung, wenn der gemeinsame Feind verschwindet und die andere Tagesordnung für die neue Nation sich mit ihren Unterschieden auseinandersetzen muß. Eine Revolution zu sichern hat sich als eine weitaus beängstigendere Aufgabe erwiesen, als eine zu gewinnen. Die Schlichtung, die in der Vereinbarung gipfelte, zu der man bei Jefferson am Dinnertisch gelangte, liefert eine Momentaufnahme der ausgeprägten Unterschiede, welche die Führung der Revolutionsgeneration spalteten: regionale gegen nationale Loyalität; agrarische gegen kommerzielle ökonomische Prioritäten; Diffusion gegen Konsolidierung als gesellschaftliche Ideale; eine machtlose gegen eine mächtige Bundesregierung. Der erzielte Kompromiß war nicht so sehr dazu angetan, diese Konflikte zu lösen, als sie daran zu hindern, zu einem Zeitpunkt, in dem die neu geschaffene Regierung so verwundbar war, zu explodieren; er gewann Zeit, in der die Debatte weitergehen konnte.[50]

Dank der Bemühungen Jeffersons und Madisons wurde in dieser laufenden Debatte dann mit entschieden südlichem Akzent gesprochen. In einer unbestimmten und allgemeinen Weise verstanden sie das und betrachteten die Errichtung des District of Columbia am Potomac als Aussage über den dauerhaften Einfluß Virginias auf die Bundesregierung. Wenngleich die Virginia-zuerst-Auffassung von den Vereinigten Staaten, die sie vertraten, etwas Arrogantes und Provinzielles an sich hatte, spiegelten sich in ihren Anmaßungen durchaus gewisse demographische und ökonomische Realitäten wider: Virginia beherbergte ein Fünftel der Gesamtbevölkerung der Nation, und es brachte ein Drittel ihrer Handelsgüter hervor. Mehr noch, «in Virginia ist immer alles schöner und besser», wie

John Adams es so hübsch formuliert hat, und das heißt, daß die Elite Virginias tatsächlich der Meinung war, sie habe den Unabhängigkeitskrieg nahezu im Alleingang angefangen und geführt. Das Old Dominion war gewohnt, sich in jedem Staatenbund als *primus inter pares* zu sehen. Die geographische Lage der neuen Hauptstadt kam diesen Ansprüchen entgegen, indem sie sie zur physischen Projektion Virginias machte. Es war nicht so wichtig, daß die Virginia-zuerst-Vision überwiegend eine Illusion war; sie war eine tiefempfundene Illusion, die durch die Lokalisierung der neuen Hauptstadt etwas gemildert wurde.[51]

Auch wenn es damals anscheinend nie Teil der bewußten Absicht Jeffersons oder Madisons war, hatten die isolierte Lage und der *De-novo*-Charakter der nationalen Hauptstadt noch tiefgreifendere politische Implikationen. Denn zu Anfang und noch mehrere Jahrzehnte danach blieb die Stadt ein riesiges und nahezu leeres Grundstück. Wenn in jenen frühen Jahren Besucher anhielten, um nach dem Weg zur amerikanischen Hauptstadt zu fragen, waren sie oft erstaunt, wenn sie erfuhren, daß sie direkt in der Mitte der Stadt standen. Jeder, der Befürchtungen hinsichtlich der übermächtigen Befugnisse der Bundesregierung hegte, muß ein deutliches Gefühl der Beruhigung darüber empfunden haben, daß der Sitz der Macht praktisch unsichtbar war. Oder wenn man wie Jefferson glaubte, daß Städte Wunden am Körper des Gemeinwesens seien und ländliche Werte die Hauptstütze der amerikanischen Tugend bildeten, dann muß Washington, D. C., als perfekte Hauptstadt für die neue Republik erschienen sein, da es tatsächlich überhaupt keine Stadt war. Wenn die Zusammenballung oder Konsolidierung politischer Macht an einen urtümlichen politischen Nerv rührte und entsetzliche Szenen mit Höflingen in London oder Paris heraufbeschwor, die sich gegen die Rechte der einfachen Bürger verschworen, dann bot die amerikanische Hauptstadt ebenfalls eine optische Therapie, da es dort Höfe, Korridore oder eine große Zahl öffentlicher Gebäude, welcher Art auch immer, überhaupt nicht gab. Sie symbolisierte den Sieg der Diffusion über die Konsolidierung.[52]

Und Hamiltons gefürchtete Geldleute konnten auch nicht unbedingt damit rechnen, dieses Milieu besonders anheimelnd zu finden. Die allgemeine Leere und die lähmende Sommerhitze waren nur geringfügige Abschreckungsfaktoren im Vergleich zu der elementareren Überlegung, daß alle Bankhäuser und kommerziellen Institutionen ihren Sitz anderswo, hauptsächlich in Philadelphia und New York, hatten. Durch die Wahl des Standorts am Potomac hatte der Kongreß implizit beschlossen, die politische Hauptstadt der Vereinigten Staaten von ihrer finanziellen Hauptstadt zu trennen. Alle großen europäischen Hauptstädte – Berlin, London, Paris, Rom, Wien – waren großstädtische Zentren, welche die politischen, ökonomischen und kulturellen Energien ihrer jeweiligen Bevölkerung an einem einzigen Ort bündelten. Die Vereinigten Staaten entschlossen sich beinahe unbeabsichtigt dazu, sie zu trennen. Die aufregende Synergie des institutionellen Lebens in einer nationalen Allzweck-Metropole wurde als weniger wichtig erachtet als die gefahrvollen verderblichen Einflüsse, die aus einem Zusammenwirken von Politikern und Finanziers wahrscheinlich erwachsen würden.[53]

Und so konnten zwar Hamilton und seine Anhänger den Anspruch erheben, daß es der Kompromiß den Kernelementen seines Finanzplanes gestattete, Billigung zu finden, was wiederum die Institutionalisierung fiskalischer Reformen mit zentralisierenden Implikationen erlaubte, deren Austreibung sich als sehr schwierig erweisen sollte, aber der ständige Sitz der Hauptstadt am Potomac institutionalisierte politische Werte, die dazu bestimmt waren, die Nation in eine grundsätzlich andere Richtung zu führen. Für Jefferson und Madison war das auch in einem persönlichen Sinne symbolisch. Denn der Kompromiß von 1790 signalisierte die Wiederaufnahme ihrer politischen Partnerschaft nach fünfjähriger Trennung. Nun war die «große Zusammenarbeit» wahrhaft ein Bündnis, das seinen Namen verdiente.

Viele ihrer engsten Freunde und Kollegen in Virginia hatten sie gedrängt, das Programm Hamiltons als schlagenden Beweis für eine ausländische Übernahme der nationalen Regierung anzusehen, der einen Rückzug aus der Union voll und ganz rechtfertigte. Jefferson und Madison behaupteten, sie teilten ihre Befürchtungen und ihre politischen Grundsätze, nicht aber ihre sezessionistischen Anwandlungen. Ihre Strategie war eine andere. Sie würden die Regierung nicht aufgeben, sondern übernehmen. Ebenso wie die neue Hauptstadt würde sie zu einer Erweiterung Virginias werden oder zumindest zur virginischen Vision davon, was die Amerikanische Revolution bedeutete und was daher die amerikanische Republik darstellen sollte. Jefferson würde diese Kampagne beaufsichtigen und inszenieren und ihre rhetorische Grundlage liefern, die sich einer privilegierten Verbindung zum Geist von 1776 erfreute. Madison würde tatsächlich die Truppen anführen und die erforderlichen politischen Kämpfe ausfechten. Das wäre zwar nicht leicht, und man würde die verbleibenden Jahre des Jahrzehnts brauchen, um es zu schaffen, aber so ungefähr geschah es wirklich.

Das Schweigen 3

Nur wenige Monate bevor Jefferson seine historische Dinnerparty veranstaltete, kam es im Kongreß zu einem Vorfall, den niemand erwartet hatte; ja die Mehrzahl der führenden Politiker betrachtete ihn als eine peinliche Störung. Am 11. Februar 1790 legten zwei Abordnungen von Quäkern, die eine aus New York und die andere aus Philadelphia, dem Repräsentantenhaus Petitionen vor, in denen die Bundesregierung aufgefordert wurde, dem Handel mit afrikanischen Sklaven sofort ein Ende zu bereiten. Das empfand man als unpassende Unterbrechung der wichtigen Debatte über die Fragen der Schuldenübernahme und des Regierungssitzes mit einem hetzerischen Vorschlag, den mehrere Abgeordnete aus dem Süden sogleich als schädliche Einmischung brandmarkten. Der Abgeordnete James Jackson aus Georgia platzte fast vor Wut bei dem Gedanken, daß eine derartige Petition von einem seriösen Beratungsorgan auch nur eines Blickes gewürdigt werden könnte. Die Quäker waren, so behauptete er, niederträchtige Unschuldslämmer, die unaufhörlich dazu neigten, ihre kostbare Reinheit wie Weihwasser auf die Sünden aller anderen zu sprengen. Sie waren auch äußerst zweifelhafte Patrioten, denn den jüngsten Krieg gegen die britische Tyrannei hatten sie ja aus Rücksicht auf ihr ach so kostbares Gewissen ausgesessen. Was für ein Ansehen konnten solche engagierten Pazifisten bei Veteranen der Revolution genießen, die, wie es Jackson formulierte, «ihr Leben und ihr Vermögen aufs Spiel gesetzt hatten, um der Gemeinschaft ihre Freiheit und ihr Eigentum zu sichern»?[1]

William Loughton Smith aus South Carolina erhob sich, um den Einwand Jacksons zu unterstützen. Der problematische Patriotismus der Quäker mit ihrer Bittschrift war, da stimmte Smith zu, verwerflich. Doch sein Kollege aus Georgia brauchte mit den Qualifikationen dieser armseligen Exzentriker keine Zeit zu verschwenden. Die erst kürzlich ratifizierte Verfassung der Vereinigten Staaten verbot dem Kongreß ausdrücklich, vor 1808 irgendein Gesetz zu verabschieden, das den Sklavenhandel abschaffte oder einschränkte. (Artikel 1, Abschnitt 9, Paragraph 1 lautete: «Die Einwanderung oder Einfuhr solcher Personen, deren Zulassung einer der derzeit bestehenden Staaten für zweckmäßig hält, darf vom Kongreß vor dem Jahr eintausend achthundert und acht nicht verboten werden.») Zufällig hatten ja auch mehrere gegenwärtige Mitglieder des Kongresses als Delegierte auf dem Verfassungskonvent fungiert, und sie konnten alle bezeugen, daß das Dokument ohne diese Klausel in Philadelphia niemals gebilligt oder von mehreren der Südstaaten ratifiziert worden wäre. Abgesehen von diesen immer noch frischen Erinnerungen war die Sprache der Verfassung unzweideutig: Die Bundesregierung konnte sich in den ersten 20 Jahren des Bestehens der Nation nicht in den Sklavenhandel einmischen. Die Quäker-Petenten baten daher um etwas, das bereits für unerreichbar erklärt worden war.[2]

Jackson war jedoch nicht bereit, sich durch Schutzvorschriften der Verfassung trösten zu lassen. Hinter dem gütigen Lächeln der zu Unrecht so benannten Gesellschaft der Freunde entdeckte er noch finsterere Motive. «Ich fürchte, wenn durch die Einmischung der allgemeinen Regierung der Sklavenhandel abgeschafft würde», bemerkte er, «dann würde das dem Volk gegenüber eine allgemeine Neigung zu völliger Freilassung bekunden.» Kurz, die Petition der Quäker, die auf die Beendigung des Sklavenhandels zielte, war in Wirklichkeit nur ein Deckmantel für einen radikaleren und grundlegenderen Plan, der darauf zielte, der Sklaverei selbst als Institution ein Ende zu bereiten.

James Madison erhob sich, um seine übliche Rolle als wachsame Stimme der kühlen Vernunft zu spielen. Sein Kollege aus Georgia reagierte allzu heftig. Ja, seine leidenschaftliche Rhetorik, mochte sie auch ohne Zweifel aufrichtig sein, war sowohl verfehlt als auch kontraproduktiv. Die Petition der Quäker sollte «als Selbstverständlichkeit» angehört und an einen Ausschuß überwiesen werden. Mit anderen Worten, wenn man die Sache routinemäßig und mit einem Minimum an Aufsehen behandelte, würde sie sich schnell verflüchtigen.

Wie Madison es formulierte, würde davon «außerhalb des Parlaments keine Notiz genommen werden». Dagegen lenkte Jacksons überreizter Widerstand ganz ähnlich wie Luftdetonationen bei einem Nachtkampf erst die Aufmerksamkeit auf die Probleme, welche die Quäker zur Sprache bringen wollten. Wenn sich Jackson nur zurückhalten wollte, dann würde die Petition versanden und «niemals zu einem Beschluß über die Frage hinsichtlich der Behinderung des Handels mit afrikanischen Sklaven aufgeblasen werden und auch nicht bei den Eigentümern die Besorgnis hervorrufen, daß die allgemeine Regierung im Begriff stehe, die Sklaverei in allen Staaten abzuschaffen». Denn wie Madison Jackson versicherte, verhielt es sich so, daß «derartige Dinge von keinem der Gentlemen im Kongreß erwogen werden».[3]

Doch am nächsten Tag, am 12. Februar, schienen sich Jacksons schreckliche Prophezeiungen zu bewahrheiten. Denn an diesem Tage traf eine weitere Petition im Repräsentantenhaus ein, diesmal von der Pennsylvania Abolition Society. Darin erging an die Kongreßabgeordneten die dringende Bitte, «im Rahmen der ihnen verliehenen Befugnisse ihnen tunlich erscheinende Maßnahmen zu ergreifen, um auf die Abschaffung der Sklaverei hinzuarbeiten und jeglichem Handel mit Sklaven entgegenzuwirken». Genau wie Jackson gewarnt hatte, wurde der Widerstand gegen den Sklavenhandel jetzt mit der völligen Beendigung der Sklaverei verknüpft. Mehr noch, diese neue Petition enthielt zwei zusätzliche Argumente, die geeignet waren, die Befürchtungen von Männern wie Jackson zu verschärfen: Erstens wurde darin behauptet, sowohl die Sklaverei als auch der Sklavenhandel seien unvereinbar mit den Werten, für welche die Amerikanische Revolution erkämpft worden sei, und sogar der Kongreß über seine politische Verpflichtung belehrt, «Mittel zu ersinnen, um diesen Widerspruch im Charakter des amerikanischen Volkes zu beseitigen». Zweitens wurde die Behauptung in Frage gestellt, daß die Verfassung jede gegen den Sklavenhandel gerichtete Gesetzgebung seitens der Bundesregierung für einen Zeitraum von 20 Jahren verbiete; vielmehr ermächtige, so hieß es, die Verfassungsklausel der «allgemeinen Wohlfahrt» den Kongreß, alle ihm «notwendig und angemessen» erscheinenden Schritte zu unternehmen, um das Stigma des Handels mit menschlichen Wesen zu beseitigen und «die Wiederherstellung der Freiheit für alle Neger zu unterstützen». Schließlich trug die Petition, um das Maß voll zu machen und ihre dramatische Wirkung zu erhöhen, die Unterschrift von Benjamin Franklin, dessen patriotische Qualifikationen und dessen internationales Ansehen über jeden Zweifel erhaben waren. Ja, wenn es ein amerikanisches Pantheon gäbe, dann hätte darin nur Washington einen sichereren Platz gehabt als Franklin.[4]

Franklins Unterstützung für die Petition der Pennsylvania Abolition Society sorgte wirksam dafür, daß die von Madison bevorzugte Strategie – gelassen diese Bitten entgegennehmen und sie dann der Kongreßversion des Vergessens anheimgeben – nicht funktionieren würde. Tatsächlich wurde die laufende Debatte über die Fragen der Übernahme und des Regierungssitzes für einen ganzen Tag zurückgestellt, und das Repräsentantenhaus als Ganzes konstituierte sich als Ausschuß, um eine unbelastete Erörterung der Petitionen zu ermöglichen. Im Laufe dieser Debatte, die vier bis sechs Stunden dauerte, wurden Dinge gesagt, die noch nie zuvor auf einem öffentlichen Forum auf nationaler Ebene geäußert worden waren.

Gewiß, die Delegierten des Verfassungskonvents hatten sich auf ausführliche Diskussionen über den Sklavenhandel eingelassen und über die Frage debattiert, wie man für die Zwecke von Repräsentation und Besteuerung die Sklaven rechnen wollte. Doch diese Auseinandersetzungen hatten sich alle hinter verschlossenen Türen und unter dem Siegel strengster Verschwiegenheit abgespielt. (Die inoffiziellen Aufzeichnungen Madisons über die fraglichen Diskussionen, die vollständigste Darstellung dieser Abläufe, wurden zu seinen Lebzeiten nicht veröffentlicht.) Und es traf auch zu, daß der Platz der Sklaverei in der neuen nationalen Ordnung 1788 auf mehreren Ratifizierungskonventen der Einzelstaaten zur Sprache gekommen war. Doch diese auf die Staaten bezogenen Überlegungen tendierten ganz natürlich dazu, sich auf lokale oder regionale Interpretationen der ziemlich kryptischen Behandlung des verbotenen Themas durch die Verfassung zu konzentrieren. (In der Schlußfassung des Dokuments hatte man keine konkrete Erwähnung der Begriffe «Sklaverei», «Sklaven» oder «Neger» zugelassen.) Wenn es politischen Führern, welche die Verfassungsvereinbarung von 1787–88 durchgesetzt hatten, erlaubt gewesen wäre zu sprechen, dann wäre ihre etwas verlegene Schlußfolgerung gewesen, daß die Sklaverei ein allzu wichtiges und umstrittenes Thema sei, als daß man darüber öffentlich reden dürfte.[5]

Das erklärt die erste Reaktion mehrerer Abgeordneter aus South Carolina, die dem Vorschlag widersprachen, die Petitionen sollten in den Hallen des Kongresses laut vorgelesen werden. Aedanus Burke beispielsweise erklärte warnend, die Petenten «bliesen die Trompete des Aufruhrs», und er forderte, die Galerien von allen Zuschauern und Zeitungsreportern zu säubern. Jackson hörte ebenfalls Trompeten blasen, aber für ihn waren das «Trompeten des Bürgerkrieges». Die Position aller Sprecher aus dem Tiefen Süden war anscheinend die, daß es die Verfassung dem Kongreß nicht nur verbiete, Gesetze über die Sklaverei oder den Sklavenhandel zu verabschieden; sie verbot jedermann im Kongreß, diese Themen öffentlich auch nur zu erwähnen. Wenn dies ihr Standpunkt war, dann bewiesen die Ereignisse schon bald, daß es sich dabei um eine Auseinandersetzung handelte, die sie verlieren mußten.[6]

Die Debatte begann, als Thomas Scott aus Pennsylvania, der für die Petenten sprach, einräumte, daß die Verfassung den Befugnissen des Kongresses, den Sklavenhandel zu beenden, Einschränkungen auferlege, aber erklärte, sie sage nicht das geringste über die Abschaffung der Sklaverei als solcher. Scott formulierte es so: «Wenn ich einer der Richter der Vereinigten Staaten wäre, dann weiß ich nicht, wie weit ich wohl gehen würde, wenn diese Menschen vor mich träten und ihre Freilassung forderten, aber ich bin sicher, daß ich so weit gehen würde, wie ich könnte.» Daraufhin bemerkte Jackson, ein Richter, der in Georgia eine derartige Meinung verträte, «würde sich nicht lange halten».[7]

Jackson ließ dann eine Predigt über den Willen Gottes vom Stapel, den er als offensichtlichen Befürworter der Sklaverei hinstellte, wobei er sich auf mehrere Passagen aus der Bibel sowie die Verkündigungen jedes christlichen Geistlichen in Georgia stützte. Außer den eindeutigen Präferenzen des Allmächtigen war da die nahezu einmütige Meinung jedes angesehenen Bürgers in seinem Staat, dessen Existenz von der Verfügbarkeit von Sklavenarbeit abhängig war und der die grundlegende Einsicht teilte, daß, wie Jackson es formulierte, «Reis ohne diese Leute nicht auf den Markt gebracht werden kann». William Loughton Smith zog es vor, die Interpretation des göttlichen Willens anderen zu überlassen, aber er pflichtete der Meinung seines Kollegen aus Georgia bei, daß die Sklaverei eine ökonomische Vorbedingung für den Wohlstand seiner Wähler darstelle, und bemerkte: «Derart ist der Zustand der Landwirtschaft in diesem Land; kein weißer Mann würde die Aufgaben erfüllen, die erforderlich sind, um die Sümpfe trokkenzulegen und das Land zu roden, so daß es ohne Sklaven entvölkert werden muß.»[8]

Smith führte die Debatte zugunsten des Tiefen Südens auch zu jenem anderen großen Text, welcher nicht die Bibel war, sondern die Verfassung. In der Darstellung, die Smith von der Geschichte gab, hatten die Schöpfer der Verfassung anerkannt, daß im Mittelpunkt des Konflikts zwischen den Delegationen der Einzelstaaten der Widerspruch zwischen denjenigen stand, die von Sklavenarbeit abhängig waren, und denen, die von einer solchen Abhängigkeit frei waren. Es war zu einer Abmachung zwischen den Regionen gekommen, wonach sich die Nordstaaten bereit erklärt hatten, nicht an die Eigentumsrechte der Südstaaten zu rühren. Außer den konkreten Bestimmungen der Verfassung, welche anerkannte, daß die Sklavenbevölkerung wenigstens ein gewisses Maß an Repräsentation im Kongreß verdiente und der Sklavenhandel zumindest für weitere 20 Jahre nach der Ratifizierung geschützt war, gab es auch eine stillschweigende, aber weithin geteilte Interpretation, daß die neu geschaffene Bundesregierung nichts tun konnte, um in die Existenz der Sklaverei im Süden einzugreifen. Alle Südstaaten hatten die Verfassung mit dieser Interpretation als grundlegender Vorbedingung ratifiziert: «Aus diesem Grunde stimmten sie der Verfassung zu», erklärte Smith. «Wäre dieser Teil nicht zugestanden worden, dann wären sie nicht in die Union gekommen.» Seiner offensichtlichen Sorge über diese Petitionen der Quäker lag seine Überzeugung zugrunde, daß die gegenwärtige Debatte eine Verletzung dieser Interpretation darstelle.[9]

Der Abgeordnete Abraham Baldwin aus Georgia pflichtete ihm bei und unterstützte Smiths Auffassung vom Bundesvertrag. «Wer von den Gentlemen bei der Abfassung dieser Verfassung zugegen gewesen war» – Baldwin selbst war einer dieser Gentlemen gewesen –, «käme nicht umhin, sich an die Schmerzen und Mühen zu erinnern, die das Thema in diesem Gremium hervorrief.» Die entscheidende Übereinkunft, die 1787 in Philadelphia erzielt worden war, bestand, so Baldwin, in dem Entschluß, die Sklaverei in den Südstaaten jeglichem Einfluß der Nordstaaten zu entziehen. «Wenn sich die Gentlemen die Fußspuren dieses Gremiums ansehen», bemerkte Baldwin, «dann werden sie das Höchstmaß an Sorgfalt bemerken, das auf sie verwendet wurde, damit sie sich nicht leicht verwischen lassen.» Jeder Versuch des gegenwärtigen Kongresses, in erneute Verhandlungen über diese Vereinbarung zwischen den Regionen einzutreten, würde zum Zerfall der nationalen Konföderation schon im Augenblick ihrer Geburt führen.[10]

Mehrere Abgeordnete aus dem Norden erhoben sich, um der Behauptung zu widersprechen, daß sowohl die Bibel als auch die Verfassung die Sklaverei guthießen. John Laurance aus New York fragte sich, wie ein Christ die Bergpredigt lesen und glauben könne, sie sei mit Sklaverei vereinbar. Was die Verfassung anging, räumte Laurance ein, daß gewisse Klauseln die Existenz der Sklaverei anerkannten und denjenigen Staaten, die noch mehr Afrikaner zu importieren wünschten, zeitweiligen Rechtsschutz gewährten. Doch die umfassendere Interpretation, wie Laurance sie sah, besagte, daß die Sklaverei in der amerikanischen Republik eine Anomalie sei, ein Zustand, der eben deshalb kurzfristig toleriert werden konnte, weil ein klarer Konsens bestand, daß er langfristig beendet werden würde. Diesen Ansichten schloß sich Scott aus Pennsylvania an und behauptete, der bestimmende Text sei nicht die Verfassung, sondern die Unabhängigkeitserklärung, in der es ganz eindeutig hieß, es sei «nicht möglich, daß ein Mensch Eigentum an der Person eines anderen haben sollte».[11]

Elbridge Gerry aus Massachusetts versuchte, seinen Kollegen aus dem Süden versöhnliche Worte zukommen zu lassen, wenngleich er sie in einem deutlich nördlichen Akzent äußerte. Seine weitschweifigen Ausführungen beschrieben die Zwangslage der Sklavenbesitzer als wahrhaft tragisch und nicht von ihnen heraufbeschworen. Sie waren «durch die ersten Siedler zum Sklavenhandel verleitet worden». Doch anstatt ihre unglückliche Lage aufrechtzuerhalten, sollte die Hauptaufgabe derjenigen Staaten im Norden, denen ein solches Schicksal erspart geblieben war, darin bestehen, sie daraus zu befreien. Das war sowohl eine politische Verpflichtung als auch eine «Sache der Humanität» gegenüber den Sklaven ebenso wie gegenüber denen, die sie besaßen. Die Petitionen der Quäker waren daher nicht verräterisch oder unzulässig. Sie waren «so ehrenwert, wie etwas nur sein kann, das auf den Tisch dieses Hauses gelangt». Gerry präsentierte dann seine persönliche Schätzung der Einnahmen, die erforderlich wären, um die Sklavenbesitzer für den Erwerb ihrer Sklaven nach aktuellen Marktpreisen zu entschädigen, und er nannte eine Zahl von zehn Millionen Dollar. Wie er zu diesem Betrag gelangt war, blieb unklar – er lag viel niedriger als jede realistische Schätzung –, aber seine Auffassung von der Quelle der Einnahmen war klar: Die Wähler würden eine Steuer, die zur Deckung dieser Kosten hinreichte, nicht akzeptieren, und deshalb würde es die einzig plausible Verfahrensweise sein, zu diesem Zweck einen nationalen Fonds zu gründen, der aus den Profiten vom Verkauf der Ländereien im Westen gespeist würde. Was den Sklavenhandel anging, so war es, je eher dieses verabscheuungswürdige Geschäft beendet würde, desto besser für jedermann.[12]

Zwar waren die Kampflinien zwischen den Regionen in der Debatte eindeutig gezogen, aber die Position der Delegation Virginias war zweideutig. Beispielsweise schien der Abgeordnete John Page eine der eindringlichsten Befürwortungen der Petitionen zu liefern. Er warnte seine Kollegen aus dem Tiefen Süden, ihr Widerstand gegen die bloße Erwähnung einer Beendigung der Sklaverei und des Slavenhandels sei verfehlt. Wirklich bedrohlich war das Schweigen. Doch dann erläuterte Page seine Gedanken, die folgendermaßen verliefen: Berichte über diese Debatte würden schließlich ihren Weg in die Sklavenunterkünfte des Südens finden, und wenn die Sklaven erfuhren, daß der Kongreß Möglichkeiten zur Linderung ihrer Lage oder zur Beendigung ihres Elends nicht einmal erörtern wollte, dann hätten sie keine Hoffnung. Die Konsequenz wären Sklavenaufstände, denn «wenn irgend etwas [einen Sklaven] zur Rebellion veranlassen könnte, dann müßte es ein Schlag wie dieser sein».[13]

Die Denkweise Madisons war entschieden weniger exzentrisch, wenn auch immer noch problematisch. Wie es dem Hauptakteur auf dem Verfassungskonvent zukam, betonte Madison die verschiedenen juristischen Verpflichtungen, die der Vertrag von 1787 eingeführt hatte. Seiner Ansicht nach äußerte sich die Verfassung zwar glasklar dahingehend, daß der Kongreß den Sklavenhandel vor 1808 nicht einschränken oder beenden konnte, sie hinderte die Mitglieder des Repräsentantenhauses aber nicht daran, über diese Problematik zu reden. Sie konnten über alles reden, was sie wollten, einschließlich der schrittweisen Abschaffung der Sklaverei als solcher, wenngleich er der Auffassung war, es sei unwahrscheinlich, daß der Kongreß irgendeinen dramatischen Schritt unternehmen werde, «der in die Richtung der Freilassung der Sklaven geht». Er konnte sich jedoch dafür entscheiden, «gewisse Vorkehrungen hinsichtlich der Einführung [von Sklaven] in den neuen Staaten zu treffen, die aus dem Westterritorium gebildet werden sollen», eine Sache, die er «durchaus für erwägenswert» hielt. Zu der besonders wichtigen Frage der stillschweigenden Abmachung über die Zukunft der Sklaverei selbst, ob man davon ausging, daß sie auf dem Wege zur Abschaffung sei, oder aber davon, daß sie dort, wo sie bereits existierte, für immer geschützt war, äußerte Madison sich nicht.[14]

Angesichts der scharfen regionalen Gegensätze in der Debatte fiel das Ergebnis der Abstimmung, mit dem die Petitionen an einen Ausschuß überwiesen wurden, mit 43 zu 11 Stimmen überraschend einseitig aus; sieben der Neinstimmen kamen aus South Carolina und Georgia. Aus diesen beiden Staaten war auch niemand bereit, sich an dem Ausschuß zu beteiligen, dem aufgegeben wurde, vor dem Ende der Sitzungsperiode dem Plenum über seine Erkenntnisse zu berichten. So endete zumindest vorläufig der ausführlichste öffentliche Meinungsaustausch über das hartnäckigste Problem, mit dem die neue amerikanische Republik konfrontiert war.[15]

Die heutige Sicht gestattet uns, der Debatte des Jahres 1790 mit Kenntnissen zu lauschen, die keiner der Beteiligten besaß. Denn wir wissen nur zu gut, was sie allenfalls undeutlich spüren konnten – daß nämlich die Sklaverei zum zentralen und bestimmenden Problem der nun folgenden 70 Jahre in der Geschichte Amerikas werden sollte; daß die Unfähigkeit, in den Jahrzehnten nach der Revolution entschieden gegen die Sklaverei vorzugehen, dazu führte, daß die Größe der versklavten Bevölkerung exponentiell anwuchs, und es den juristischen und politischen Institutionen des sich entwickelnden US-Regierungssystems erlaubte, sich in Kompromisse mit dem Fortbestehen der Sklaverei zu verwickeln; und daß schließlich mehr als 600000 Amerikaner im blutigsten Krieg der Nation für die Lösung dieser Krise sterben würden, ein Trauma, das gesellschaftliche Schockwellen auslöste, die noch mindestens ein weiteres Jahrhundert lang nachwirkten.

Doch was für uns vertraute Geschichte ist, war für sie noch unbekannte Zukunft. Und wenngleich die Diskussion von 1790 zeigt, daß sie zutiefst an der Frage interessiert waren, was die Zukunft bringen werde, waren ihre Argumente in der Vergangenheit verankert, die sie am besten kannten, und das heißt in der kürzlich gemachten Erfahrung des erfolgreichen revolutionären Kampfes gegen Großbritannien und der noch neueren Schaffung einer Bundesregierung, welche die dreizehn Staaten zu einer kohärenteren Nation zusammenfaßte. Der Kern der Meinungsverschiedenheit in der Debatte von 1790 betraf unterschiedliche Versionen der «ursprünglichen Absichten» Amerikas, wie man sie dann genannt hat, konkreter die Frage, was die Revolution für die Institution der Sklaverei bedeutete. Die Antwort, die jemand hierauf gab, hing, wie sich herausstellte, weitgehend davon ab, welcher Gründungsmoment, 1776 oder 1787, am bedeutsamsten zu sein schien. Und sie hing fast völlig von dem geographischen und demographischen Standort des Menschen ab, der die Frage stellte.

Zumindest auf der rhetorischen Ebene brachten die egalitären Grundsätze, welche die amerikanischen Revolutionäre ihrem Unabhängigkeitskrieg gegen Großbritannien zugrunde gelegt hatten, die Sklaverei auf Dauer in die Defensive und verliehen in jeder Auseinandersetzung der sklavereifeindlichen

Partei einen Vorteil, der damals entscheidend zu sein schien. Jeffersons erster Entwurf der Unabhängigkeitserklärung hatte Formulierungen enthalten, welche den Sklavenhandel als die perverse Verschwörung eines bösen englischen Monarchen beschrieben, die dazu bestimmt war, unschuldige Siedler zu verseuchen. In der endgültigen Fassung wurde diese Passage vom Kontinentalkongreß zwar gestrichen, doch gleichwohl fing sie das nahezu schwärmerische Gefühl ein, daß die Amerikanische Revolution ein sowohl siegreicher als auch verwandelnder Moment in der Weltgeschichte sei, in dem alle Gesetze und menschlichen Beziehungen, die auf Zwang beruhten, für immer hinweggefegt werden würden. Und so utopisch und exzessiv der Abschnitt der Unabhängigkeitserklärung über die Menschenrechte («Folgende Wahrheiten halten wir für selbstverständlich») später erscheinen mochten, unter dem aktuellen Eindruck der revolutionären Situation verlieh er einer weitverbreiteten Überzeugung lyrischen Ausdruck, daß eine allgemeine Befreiung der Sklaven sowohl unmittelbar bevorstehe als auch unvermeidlich sei, als natürliche Konsequenz und passender Schlußstein einer ruhmreichen Befreiung von mittelalterlichen Sitten, die sich historisch mit ebender britischen Regierung verbanden, welche die Amerikaner ablehnten. Wenn auch die Bibel eine etwas widersprüchliche Quelle darstellte, wenn es um die Frage der Sklaverei ging, die Unabhängigkeitserklärung, die säkulare Version der amerikanischen Heiligen Schrift, war ein unzweideutiger Traktat für die Freilassung.[16]

Langfristig setzten sich, wie wir wissen, die liberalen Werte der Unabhängigkeitserklärung tatsächlich durch. Doch wir müssen auch erkennen, daß es kurzfristig, während des Unabhängigkeitskrieges und unmittelbar danach, einen vorherrschenden Konsens gab, daß die Sklaverei bereits auf dem Wege zur Abschaffung sei. Im Jahre 1776 beispielsweise, als der Kontinentalkongreß beschloß, die Nichteinfuhr-Vereinbarung von 1774 aufzuheben, entschied er sich dafür, das Verbot, das sich gegen die Einfuhr afrikanischer Sklaven richtete, beizubehalten, ein klarer Ausdruck des Widerstandes gegen die Wiederaufnahme des Sklavenhandels. Der Arbeitskräftebedarf, der durch den sechsjährigen Krieg entstanden war, führte zu mehreren Freilassungsplänen, wonach für die Dauer des Konflikts Sklaven befreit und ihre Besitzer im Tausch gegen Eintritt in die Armee entschädigt werden sollten. Zwar war dies in Wirklichkeit ein Notvorschlag, der durch die militärische Krise diktiert war und den die Klasse der Pflanzer in South Carolina und Georgia letztlich zurückwies, aber schon allein die Tatsache, daß er gemacht wurde, erschien prophetisch. Gegen Ende des Krieges drängte Lafayette, diese Inkarnation französisch-amerikanischer Zusammenarbeit, der immer darauf bedacht war, mit dabeizusein, wenn die Geschichte marschierte, Washington dazu, generell die Freilassung aller Sklaven in Virginia zu verfügen und sie in den westlichen Gebieten des Staates als Pächter anzusiedeln.[17]

Doch das waren lediglich inspirierende Episoden, die das, was sie verhießen, nie ganz erfüllten. Die greifbarsten und dauerhaftesten gegen die Sklaverei gerichteten Auswirkungen hatte die revolutionäre Mentalität während des Krieges und unmittelbar danach in den Nordstaaten. Vermont (1777) und New Hampshire (1779) erklärten in ihren Staatsverfassungen die Sklaverei für illegal. Massachusetts erklärte sie in einer Entscheidung seines Obersten Gerichtshofes (1783) für verfassungswidrig. Pennsylvania (1780) und Rhode Island (1784) verabschiedeten Gesetze, die ihr auf ihrem Territorium mit sofortiger Wirkung ein Ende bereiteten. Connecticut (1784) folgte mit einem schrittweisen Freilassungsplan nach. New York und New Jersey, die Staaten, in denen die größten Sklavenpopulationen nördlich der Chesapeake-Region lebten, zeigten sich aus ebendiesem Grunde widerstrebender. Doch obgleich dort in den 1780er Jahren mehrere Pläne einer schrittweisen Freilassung scheiterten, standen die Verfechter der Sklaverei in den Nordstaaten ganz eindeutig auf verlorenem Posten; hier war die Sklavenbefreiung mehr eine Frage des Wann als des Ob.[18]

Und das war noch nicht alles. 1782 verabschiedete das Parlament von Virginia ein Gesetz, das es Sklavenbesitzern gestattete, ihren Sklaven nach eigenem Belieben die Freiheit zu geben. Bis zum Ende des Jahrzehnts gab es in diesem Staat mehr als 12 000 Freigelassene. Zur gleichen Zeit schrieb Thomas Jefferson seine *Notes on the State of Virginia*, das einzige

Buch, das er je veröffentlichte, und darin skizzierte er einen Plan, dem zufolge alle nach 1800 geborenen Sklaven schließlich frei werden sollten. 1784 brachte Jefferson auch im Kongreß des Bundes einen Gesetzesentwurf ein, der das Verbot der Sklaverei in allen westlichen Territorien vorsah; dieser verfehlte die zur Verabschiedung erforderliche Mehrheit um eine Stimme. Man brauchte kein hoffnungsloser Visionär zu sein, um ein geistiges Bild der Amerikanischen Revolution heraufzubeschwören, auf dem sie als dramatische Explosion das eigentliche Fundament vernichtet hatte, auf dem die Sklaverei beruhte, und dann mit unwiderstehlicher Kraft ihre emanzipatorischen Energien ausstrahlte: Der Sklavenhandel wurde ganz allgemein als kriminelle Aktivität angesehen; in den Nordstaaten war die Sklaverei tot oder lag im Sterben; die Ausdehnung der Institution auf den Westen sah ungewiß aus; Virginia erschien als der Brückenkopf für einen gegen die Sklaverei gerichteten Impuls, dem es bestimmt war, durch den Süden zu fegen; die Zeit erschien reif, um die republikanische Rhetorik Amerikas mit einer neuen nachrevolutionären Wirklichkeit zu versöhnen.[19]

Diese erbauliche Vision war, wie sich herausstellte, überwiegend eine Illusion. Ja, gerade die Vermessenheit der revolutionären Rhetorik diente dazu, die ganz handgreifliche Realität zu verschleiern, daß die Sklaverei, so regelwidrig sie auch aus rein ideologischer Sicht sein mochte, immer noch tief in der Struktur der amerikanischen Gesellschaft selbst verwurzelt war, auf vielfältigen Ebenen oder Schichten, die für Wunschdenken und revolutionäre Erwartungen undurchdringlich blieben.

Die leidenschaftliche Überzeugung, daß die Revolution einer mächtigen Welle glich, der es bestimmt war, die Sklaverei aus der amerikanischen Landschaft zu verbannen, führte in Wirklichkeit zu einem verfehlten Optimismus und förderte ein unangebrachtes Gefühl der Unvermeidlichkeit, das menschliches Handeln oder Tätigwerden überflüssig machte. (Weshalb sollte man sich um konkrete Pläne kümmern, wenn die Geschichte schon bald mit allen Antworten daherkäme?) Überdies war einer der Gründe, weshalb sich die Revolution, betrachtete man sie als Unabhängigkeitsbewegung, als so erfolgreich erwies, daß ihre naheliegenden und kurzfristigen Ziele in erster Linie politischer Natur waren: Es ging um das Absetzen der königlichen Gouverneure und das Umschreiben der Staatsverfassungen, die tatsächlich schon viele der republikanischen Züge enthielten, welche die Revolution jetzt sanktionierte. Die Beseitigung der Sklaverei war jedoch etwas anderes als die Absetzung britischer Beamter oder die Revision von Verfassungen. In isolierten Gebieten New Yorks und New Jerseys und noch weitreichender in der gesamten Region südlich des Potomac war die Sklaverei in einer Weise im Gefüge der amerikanischen Gesellschaft verankert, die sich Appellen an Logik oder Moral entzog. Sie genoß auch den Schutz eines der stärksten Vermächtnisse der Revolution, des Rechts, über das eigene Eigentum ohne willkürliche Einmischung durch andere zu verfügen, insbesondere wenn die anderen irgendwo in der Ferne saßen oder sich auf die Autorität einer fernen Regierung beriefen. Gewiß gab es radikale Implikationen, die in den «Grundsätzen von 1776» angelegt waren und die privilegierte Berufungen auf Eigentumsrechte in Frage zu stellen vermochten, aber das Geheimnis ihres Erfolges lag in ihrer Latenz – das heißt in der schrittweisen und heimlichen Weise, in der sie im Laufe des 19. Jahrhunderts ihre egalitären Implikationen offenbarten. Wenn das Krebswachstum der Sklaverei aufgehalten und das gefährliche Geschwür beseitigt werden sollte, dann erforderte das eine sofortige Operation. Die radikalen Implikationen des revolutionären Erbes waren überhaupt keine Hilfe, solange sie lediglich Implikationen blieben.[20]

Erheblich deutlicher wurden das Ausmaß und die offensichtliche Unlösbarkeit des Problems in den Debatten, in denen es um die Abfassung und Ratifizierung der Verfassung ging. Zwar bewahrte die Schlußfassung des Dokuments über das Thema Sklaverei auffälliges Stillschweigen, aber das Thema selbst beherrschte die Diskussionen hinter verschlossenen Türen. Kein geringerer Gewährsmann als Madison war der Ansicht, die Sklaverei sei die Hauptursache für die elementarste Spaltung im Verfassungskonvent: «Die Staaten waren in unterschiedliche Interessen nicht nach ihrem Größenunterschied geteilt», bemerkte Madison, «sondern vor allem danach, ob sie Sklaven hatten oder nicht. ... [Der Gegensatz] bestand nicht zwischen den großen und den kleinen Staaten: Er bestand zwischen denen des Nordens und denen des Südens.»[21]

Die Delegierten aus Neuengland und den meisten Mittelatlantik-Staaten griffen unmittelbar auf die inspirierende Rhetorik des revolutionären Erbes zurück, um den Standpunkt zu vertreten, die Sklaverei sei ihrem Wesen nach unvereinbar mit den republikanischen Werten, auf denen die Amerikanische Revolution beruht hatte. Sie wollten eine sofortige Beendigung des Sklavenhandels, eine ausdrückliche Erklärung, welche die Ausweitung der Sklaverei auf die westlichen Territorien als Vorbedingung für die Aufnahme in die Union verbot, sowie die Einführung eines nationalen Plans zur schrittweisen Freilassung analog den Plänen der Einzelstaaten, die im Norden bereits ergriffen worden waren. Die eindringlichste Äußerung der Position des Nordens zum Sklavenhandel kam, eine gewisse Ironie, von Luther Martin aus Maryland, der ihn als «widerwärtiges Geschäft mit der Sünde» brandmarkte, das sich «mit den Prinzipien der Revolution nicht vertrug und den amerikanischen Charakter entehrte». Die vollständigste Äußerung der Position des Nordens zur Aufhebung der Sklaverei selbst kam von Gouverneur Morris, einem New Yorker, der aber als Delegierter Pennsylvanias fungierte; er beschrieb die Sklaverei als «einen Fluch», der die wirtschaftliche Entwicklung des Südens in Wirklichkeit verlangsamte, und als «den auffälligsten Zug im aristokratischen Gesicht der vorgeschlagenen Verfassung». Morris schlug sogar eine nationale Steuer vor, mit der die Sklavenbesitzer entschädigt werden sollten, und er behauptete, ihm sei erheblich lieber «eine Steuer, um für alle Neger in den Vereinigten Staaten zu bezahlen, als die Nachwelt mit einer solchen Verfassung zu belasten». In den Reden von Martin und Morris läßt sich die deutlichste Artikulation der Position erkennen, die später die Führung der abolitionistischen Bewegung einnahm: daß die Sklaverei ein Problem sei, über das man nicht verhandeln könne; daß dies der passende und günstige Moment sei, um ihre endgültige Abschaffung in die Wege zu leiten; und daß jeder Kompromiß im Hinblick auf dieses langfristige Ziel einen «Bund mit dem Tode» darstelle.[22]

Die Position des Südens ließe sich zutreffender als die des «Tiefen Südens» bezeichnen, denn sie schloß Virginia nicht mit ein. Ihre Hauptverfechter waren South Carolina und Georgia, und die Hauptlast der Vertretung dieser Argumentation im Verfassungskonvent fiel fast gänzlich der Delegation aus South Carolina zu. Am unumwundensten eingeräumt wurde die Grundannahme dieser Position von Charles Cotesworth Pinckney aus South Carolina – daß nämlich «South Carolina und Georgia ohne Sklaven nicht auskommen können». Was die Vertreter des Tiefen Südens wollten, war unbegrenzter Zugang zu afrikanischen Importen, um ihre Plantagen mit Arbeitskräften auszustatten. Sie wollten auch ebenso uneingeschränkten Zugang zu Ländereien im Westen, was bedeutete, daß es in den Territorien von seiten des Bundes keine Einschränkungen hinsichtlich der Sklaverei geben sollte. Schließlich wollten sie eine ausdrückliche Klausel in der Verfassung, die jede Bundesgesetzgebung verbot, welche die Eigentumsrechte der Sklavenhalter einschränkte – praktisch eine verfassungsmäßige Zusicherung, daß es der Sklaverei so, wie sie im Tiefen Süden existierte, gestattet sein würde, sich ungehindert zu entwickeln. Die klarste Formulierung ihrer Interessen kam von Pierce Butler und John Rutledge aus South Carolina. Butler erklärte, «die Sicherheit, welche die Südstaaten wollen, ist die, daß ihnen ihre Neger nicht weggenommen werden». Rutledge fügte hinzu, daß «die Bewohner dieser Staaten niemals solche Narren sein werden, daß sie ein so wichtiges Interesse aufgeben werden». Die unausgesprochene, aber unverkennbar deutliche Botschaft, die ihrer Position zugrunde lag und die später zur Trumpfkarte wurde, welche die nächste Generation der Vertreter South Carolinas 1832 in der Nullifikationskrise und danach dann trotziger die Sezessionisten im Jahre 1861 ausspielten, war die Drohung, die Union zu verlassen, wenn die Bundesregierung je den Versuch unternehmen sollte, eine Politik der Sklavenbefreiung auf nationaler Ebene zu verwirklichen.[23]

Keine der beiden Seiten bekam 1787 in Philadelphia das, was sie wollte. Die Verfassung enthielt keine Klausel, welche die neu geschaffene Bundesregierung auf eine Politik der schrittweisen Freilassung verpflichtete oder in irgendeinem klaren Sinne die endgültige Abschaffung der Sklaverei in die Wege leitete. Andererseits enthielt die Verfassung keine Vorschriften, welche die Sklaverei südlich des Potomac oder irgendwo sonst ausdrücklich als dauerhafte und geschützte Institution sanktionierten. Was das Dokument auszeichnete, wenn es um die Sklaverei ging, waren seine ausweichenden Formulierungen. Es war weder ein «Kontrakt mit der Sklavenbefreiung» noch ein «Bund mit dem Tode», sondern eine vorsichtige Übung in Zweideutigkeit. In den Umschreibungen, die erforderlich waren, um dem Sklavenhandel ein zeitliches Ende zu setzen oder für Zwecke der Repräsentation im Parlament einen Sklaven als drei Fünftel einer Person zu zählen, und das alles, ohne je das verbotene Wort zu benutzen, kommt das absichtlich ausweichende Ethos der Verfassung zum Ausdruck. Der eigentliche Grund für diese bewußte Inszenierung einer Nichtfestlegung war offenkundig: Jede klare Lösung der Sklavenfrage in der einen oder anderen Richtung machte die Ratifizierung der Verfassung praktisch unmöglich.

Zwei konkrete Kompromisse veranschaulichen die Tendenz, politische Abmachungen über die Sklaverei zu schließen, welche die tiefgreifende moralische Spaltung im Konvent verschleierten und zugleich die Kompromißlösung in Worte faßten, die es jeder der beiden Seiten gestattete, sich als Sieger zu betrachten. Der erste geheimnisvolle Handel betraf die Ausweitung der Sklaverei auf den Westen, und er spielte sich übrigens auf dem Konföderationskongreß ab, der ebenfalls in Philadelphia tagte. Einer der letzten und folgenreichsten Akte des Kongresses war die Verabschiedung der Northwest Ordinance im Juli 1787. Artikel sechs dieser Verordnung verbot die Sklaverei im Territorium nördlich des Ohio, eine Entscheidung, die sich ohne weiteres als erster Schritt zu einer allgemeineren Ausschließung der Sklaverei in allen neu hinzukommenden Staaten (der Vorschlag Jeffersons von 1784) interpretieren ließ. Andererseits ließ sich die Verordnung auch als stillschweigende Billigung der Sklaverei in der südwestlichen Region deuten (eine Lesart, die schließlich zum Tragen kam). Auf jeden Fall war die Verabschiedung der Northwest Ordinance ein freudiges Ereignis für die Delegierten auf dem Verfassungskonvent, teils, weil sie ein potentiell strittiges Problem von ihrer Tagesordnung entfernte, und teils, weil die Lösung, die sie bot, sowohl eine nördliche als auch eine südliche Lesart zuließ.[24]

Der zweite Handel läßt sich mit einiger Berechtigung als der wichtigste Kompromiß beschreiben, der auf dem Verfassungskonvent erzielt wurde, sogar in noch höherem Maße als der «Große Kompromiß» zwischen großen und kleinen Staaten über die Vertretung im Senat und im Repräsentantenhaus. Man könnte ihn zutreffender als den «Regionalkompromiß» beschreiben. Keine geringere Autorität als Madison betrachtete ihn als das folgenreichste aller Geheimabkommen, die in Philadelphia geschlossen wurden: «Es war», erklärte Madison, «zwischen diesen Teilen der Union zu einer Vereinbarung über die beiden Gegenstände *Schiffahrt* und *Sklaverei* gekommen.» Der Handel führte zu einem Stimmentausch, wonach sich Neuengland bereit erklärte, einer Verlängerung des Sklavenhandels um 20 Jahre zuzustimmen, und als Gegenleistung die Unterstützung des Tiefen Südens dafür erhielt, daß die Handelsgesetze des Bundes zum Gegenstand einfacher Mehrheitsentscheidungen im Kongreß gemacht wurden und keiner Zweidrittelmehrheit bedurften. Wie bei der Northwest Ordinance konnten sich beide Seiten als Sieger betrachten; und wer wirklich der Sieger war, würde sich erst im Laufe der Zeit herausstellen. (John C. Calhoun kam dann später zu dem Ergebnis, wenn der Tiefe Süden dieses Geschäft als eine Wette auf die Zukunft angesehen habe, dann sei das eine Fehlkalkulation gewesen.)[25]

Die Debatten in den Ratifizierungskonventen der jeweiligen Staaten ließen nur die unversöhnlichen Meinungsunterschiede zutage treten, welche die Verfassung so geschickt zu einem Paket geschnürt hatte. In Massachusetts und Pennsylvania beispielsweise erhoben Gegner der Verfassung Einwände gegen die stillschweigende Hinnahme des Fortbestehens der Sklaverei, wie sie sich in der Drei-Fünftel-Klausel und der Verlängerung des Sklavenhandels um 20 Jahre zeigte. Befürworter versicherten ihnen jedoch, daß diese partiellen und beschränkten Zugeständnisse nur die letzten Seufzer einer sterbenden Institution darstellten. James Wilson aus Pennsylvania prophezeite, daß die Sklavenbefreiung unausweichlich sei, «und wiewohl diese Zeit ferner liegt, als ich mir wünschen könnte, wird sie doch für die gesamte Nation dieselbe Art von schrittweisem Wandel hervorbringen, wie er in Pennsylvania verfolgt wurde». Hinsichtlich der Westterritorien war sich Wilson sicher, daß der Kongreß «in keinem der neuen Staaten je Sklaven zulassen würde». Luther Martin hingegen sprach sich deshalb gegen die Verfassung aus, weil die der Sklaverei zugestandenen Schutzvorschriften «uns für jeden *wahren Freund* der Freiheit auf der Welt verächtlich machen». Martin war vielleicht der erste öffentliche Verfechter der «Bund-mit-dem-Tod»-Interpretation der Verfassung sowie der erste ehemalige Delegierte, der den Regionalkompromiß als korrupten Handel brandmarkte. Doch in einer knappen Abstimmung verwarfen seine Kollegen aus Maryland seine Interpretation des Dokuments als übertrieben pessimistisch.[26]

Währenddessen erschienen unten in South Carolina die der Sklaverei zugestandenen Sicherheiten, die Martin aus Maryland so beunruhigten, vielen Delegierten als unzureichend. Charles Cotesworth Pinckney trug dazu bei, daß die Ratifizierung das Rennen machte, indem er seinen eigenen Kommentar zur wahren Bedeutung des Vertrages abgab:

> Wir haben eine Sicherheit, daß die allgemeine Regierung sie niemals freilassen kann, denn es wird keine derartige Befugnis eingeräumt, und es wird allseits zugestanden, daß die allgemeine Regierung über keine anderen Vollmachten als diejenigen verfügt, die ihr ausdrücklich von der Verfassung übertragen worden sind, und daß sich die Einzelstaaten alle Rechte, die nicht genannt sind, vorbehalten haben.... Kurz, in Anbetracht sämtlicher Umstände haben wir die besten Bedingungen für die Sicherheit dieser Art von Eigentum erzielt, die zu erzielen in unserer Macht stand. Wir hätten etwas Besseres erreicht, wenn wir gekonnt hätten; aber alles in allem halte ich die Bedingungen nicht für schlecht.[27]

Zur ausführlichsten und intellektuell interessantesten Diskussion kam es in Virginia. Als bevölkerungsreichster Staat, der sowohl über die größte Sklavenbevölkerung (292 000) als auch über die größte Zahl freier Schwarzer (12 000) verfügte, hatte Virginia ein demographisches Profil, das entschieden südlich aussah. Nur South Carolina hatte einen höheren Anteil von Schwarzen (60 Prozent im Vergleich zu 40 Prozent in Virginia). Doch die rhetorische Haltung Virginias klang entschieden nördlich; oder vielleicht zutreffender, die politische Führung des Old Dominion genoß ihre Rolle als bedeutendste Fürsprecherin der «Grundsätze von 1776», welche die Sklaverei auf Dauer ins Zwielicht rückten und Virginia in eine Frontstellung gegen den Tiefen Süden zu bringen schienen. Jefferson hatte, daran muß man sich erinnern, die Abschaffung der Sklaverei in sämtlichen Westterritorien vorgeschlagen. Madison räumte, wenngleich er schließlich die Drei-Fünftel-Klausel unterstützte, sein Unbehagen über diese Doktrin ein, und er gestand: «Sie mag in einigen Punkten ein wenig gezwungen erscheinen.» Und was das Bedeutendste war, die Virginier waren kompromißlos gegen die Fortsetzung des Sklavenhandels eingestellt. Sowohl Madison als auch sein Kollege George Mason brandmarkten den Regionalkompromiß auf dem Verfassungskonvent, durch den der Handel verlängert wurde; und Mason stimmte schließlich zum Teil aus ebendiesem Grund gegen die Ratifizierung. Zumindest an der Oberfläche sah Virginia wie der einzige Südstaat aus, in dem das ideologische Gift der Amerikanischen Revolution immer noch hinreichend stark war, um das Erbe der Sklaverei aufzulösen.[28]

Bei näherem Hinsehen stellte es sich jedoch heraus, daß Virginia eher dem diffuseren und fragwürdigeren Bild entsprach, das die Nation als Ganze am besten beschreibt und das die Verfassung widerspiegeln sollte. Denn im Widerspruch zu ihrem scheinbaren Engagement für die Beseitigung der Sklaverei und zu ihrem gewohnten Platz in der Avantgarde der revolutionären Prinzipien waren die Virginier ganz überwältigend dagegen, von der Kontrolle über ihre eigene Sklavenbevölkerung auch nur ein Jota auf eine Bundesbehörde zu übertragen. Ob sie mit einem Paradox oder mit einer Lüge lebten, ist eine interessante Frage. Unbestreitbar klar ist, daß die Führung von Virginia sich in einer eigentümlichen Lage befand: Sie räumte ein, daß die Sklaverei ein Übel sei, und beharrte dann darauf, daß es nichts gebe, was die Bundesregierung dagegen unternehmen könne. Masons vehementer Widerstand gegen den Sklavenhandel stand Seite an Seite neben seiner Forderung nach einer Verfassungsgarantie zum Schutze dessen, was er als «das Eigentum dieser Art, das wir bereits haben», beschrieb.

Die wahre Position Virginias war weniger von Prinzipien geleitet, als es den Anschein hatte. Die Plantagen des Staates waren bereits mit Sklaven versorgt, und so war ein Widerstand gegen den Sklavenhandel ökonomisch ebenso plausibel wie der Widerstand gegen die Sklavenbefreiung. Mason glaubte, die Verfassung enthalte genau die falschen Vorschriften: «Sie haben getan, was sie nicht hätten tun sollen» – das heißt, das Leben des Sklavenhandels verlängert –, «und sie haben ungetan gelassen, was sie hätten tun sollen» – das heißt, ausdrücklich eine Einmischung des Bundes in «unsere heimischen Interessen», wie er sie nannte, verboten. Edmund Randolph machte auf dem Ratifizierungskonvent von Virginia hinreichend klar, an was für «heimische Interessen» Mason genau dachte. Randolph war in seiner umständlichen Weise zu der Entscheidung gelangt, die Ratifizierung zu unterstützen, und so mußte er den Befürchtungen Masons bezüglich der Sklaverei begegnen. «Ich könnte Ihnen erzählen», informierte er seine virginischen Kollegen, «*daß die Südstaaten und selbst South Carolina* der Ansicht waren, daß *dieses Eigentum sicher sei*» und daß mit Ausnahme von Mason «kein Mitglied der Delegation von Virginia *den geringsten Verdacht der Abschaffung der Sklaverei* hatte». Kurz, Virginia redete nördlich und dachte südlich.[29]

Wenn man also bezüglich der Situation, die 1790 in dem Augenblick herrschte, in dem die Kongreßdebatte über die Petitionen der Quäker stattfand, Verallgemeinerungen anstellen wollte, dann war das einzige, was in bezug auf die Sklaverei anscheinend klar war, daß überhaupt nichts klar war. Tatsächlich hatte die erste Diskussion im Februar die konkurrierenden und unvereinbaren Annahmen über das Schicksal der Sklaverei in der amerikanischen Republik zutreffend widergespiegelt, wobei die eine Seite auf den angeblich 1776 ausgestellten Schuldschein pochte, der ihre Beendigung versprach, während die andere Seite das 1787 erzielte Gentlemen's Agreement in den Mittelpunkt stellte, das ihre Zulassung vorsah, und eine mittlere Gruppe, die von den Virginiern dominiert wurde, sich auf keine der beiden Seiten festlegen wollte und zu Mäßigung riet, damit die Meinungsverschiedenheit nicht zu einem Bruch zwischen den Regionen führe. Beide Seiten konnten mit einigem Recht ein Kernelement des revolutionären Erbes für sich reklamieren. Und alle an der Debatte Beteiligten glaubten anscheinend, daß die Geschichte ebenso wie die Zukunft auf ihrer Seite stehe.

Wie ein Blitz in der Nacht hatte der erste Gedankenaustausch in den Hallen des Kongresses im Februar 1790 diese Meinungsunterschiede erstmals vor einem landesweiten Publikum zutage treten lassen. Am 8. März war der Ausschuß bereit, seinen Bericht vorzulegen, und dadurch war sichergestellt, daß die Kontroverse sich nicht entfernen oder auf einem parlamentarischen Friedhof begraben lassen würde. Abgeordnete aus dem Tiefen Süden standen auf, um ihre Empörung darüber zum Ausdruck zu bringen, daß das verbotene Thema erneut öffentlichen Blicken preisgegeben wurde. William Loughton Smith wies auf die Vertreter der sklavereifeindlichen Position, welche die Galerien besetzt hatten «wie böse Geister, die über unseren Häuptern schweben». James Jackson warf den Quäkern auf der Galerie sogar drohende Blicke zu, bezeichnete sie als regelrechte Irre und ließ dann eine Tirade vom Stapel, die so emotional und unzusammenhängend war, daß es den Reportern im Publikum schwerfiel, seine Worte aufzuzeichnen. Der Kern war anscheinend, daß jede Entscheidung, den Bericht des Ausschusses entgegenzunehmen, gleichbedeutend mit der Auflösung der Union sei.[30]

Diesen drohenden Schimpfkanonaden gelang es, die Dinge zu verzögern, aber dem Tiefen Süden fehlten die Stimmen. Am 16. März war der Ausschuß bereit, dem Repräsentantenhaus seinen Bericht zu erstatten. Zuerst Jackson und dann Smith waren ebenfalls mit ihrer Antwort zur Stelle, die sich als die vollständigste öffentliche Darlegung der sklavereifreundlichen Position erwies, die bis dahin in den Vereinigten Staaten vorgelegt worden war. Tatsächlich brach praktisch jedes Argument, das Verteidiger der Sklaverei aus dem Süden in den darauffolgenden 70 Jahren der nationalen Kontroverse, bis hin zum Vorabend des Bürgerkrieges, ins Feld führen sollten, während der nächsten zwei Tage hervor.[31]

Jackson ergriff als erster das Wort und redete etwa zwei Stunden lang. Er konnte nicht glauben, daß ein würdiges Gremium nüchterner Abgeordneter es zuließ, daß diese «zitternden

Quäker» mit ihrem pochenden Gewissen die Tagesordnung der Nation kontrollierten. Einer der Petenten, ein berüchtigter Weltverbesserer von fragwürdigem Geisteszustand namens Warner Mifflin, hatte sogar eingeräumt, seine sklavereifeindliche Vision habe er empfangen, nachdem ihn bei einem Gewitter ein Blitz getroffen hatte. Der Kongreß war gewählt, um das Staatsschiff durch rauhe und unerforschte Gewässer zu steuern, nicht um eine Mannschaft verwirrter Träumer an Bord zu nehmen, die darauf aus war, ins gelobte Land zu segeln, der es aber, ohne daß sie es wollte, bestimmt war, das Schiff auf seiner Jungfernfahrt zu versenken.

Was Verheißungen angeht, so war bei der Gründung der Nation im Jahre 1787 ein «heiliger Pakt» geschlossen worden, «ein Pakt, der uns zusammenbrachte, um wechselseitig auf einen Teil unserer Interessen zu verzichten, damit wir den Rest bewahrten». Dann beschrieb Jackson den Regionalkompromiß auf dem Verfassungskonvent, wodurch «die Südstaaten eben aus diesem Grundsatz in das Schiffahrtsgesetz der Ost- und Weststaaten, wie man es nennen könnte, einwilligten», ein Zugeständnis, das als Gegenleistung für die Beibehaltung des Sklavenhandels für die Dauer von 20 Jahren bewilligt wurde. Die Quäker-Petenten forderten jetzt vom Kongreß, diesen Pakt zu brechen und damit der Voraussetzung zuwiderzuhandeln, unter der die Staaten des Tiefen Südens der Union beigetreten waren.

Überdies gab es eine noch elementarere Übereinkunft, die implizit in Philadelphia kodifiziert worden war, aber in Wirklichkeit viele Jahre früher lag als der Verfassungskonvent. Sie war in der realistischen Anerkennung verwurzelt, daß man die Sklaverei in der Kolonialzeit dem Charakter der Südstaaten aufgepfropft hatte und sie südlich des Potomac zu einem dauerhaften Teil der amerikanischen Gesellschaft geworden war. «Wäre sie ein Verbrechen, wie es einige behaupten, was ich aber bestreite», so erklärte Jackson, «dann ist die britische Nation dafür verantwortlich und nicht die gegenwärtigen Bewohner, die jetzt über die besagte Art von Eigentum verfügen.» Die Attitüden von Nordstaatlern in dieser Sache waren nach Ansicht Jacksons unerträglich, denn ihre triefenden Argumente verwandelten einen geographischen Zufall und ein

Produkt der historischen Verhältnisse in eine willentlich begangene Sünde. Die unbestreitbare Wahrheit war die, daß die Sklaverei «eine der Gewohnheiten war, die lange vor der Verfassung eingerichtet wurden und die sich jetzt nicht abstellen ließen». Als die dreizehn Kolonien gegen Großbritannien rebellierten, «hat niemand diese Frage aufgeworfen». Und als die Nation 1787 zu einem einheitlicheren Ganzen zusammengefügt wurde, «hatte die Union sie mit all ihren schlechten Gewohnheiten aufgenommen». Die stillschweigende, aber durchgängig anerkannte Regionalvereinbarung, die der Regionalkompromiß von Philadelphia lediglich unterstrich, besagte, daß die Sklaverei, wenngleich sie im Rahmen der republikanischen Ideologie anomal war, eine selbstverständliche Realität darstellte, der man es gestattet hatte, mit den selbstverständlichen Wahrheiten Jeffersons zu koexistieren. «Der Brauch, die Gewohnheit der Sklaverei ist etabliert», bemerkte Jackson, und alle verantwortlichen amerikanischen Staatsmänner waren sich darin einig, daß man «die Südstaaten, was dieses Thema angeht, sich selbst überlassen muß». Sklavereifeindliche Idealisten mochten es vorziehen, in einer besseren Welt zu leben, die wie alle derartigen Orte zu gut war, um wahr zu sein. Die amerikanische Nation im Jahre 1790 war jedoch eine reale Welt, mit Vermächtnissen wie der Sklaverei belastet und daher zu wahr, um gut zu sein. Anders als es Apologeten aus dem Süden zwei oder drei Generationen später taten, ging Jackson nicht so weit zu behaupten, die Sklaverei sei ein «positives Gut». Doch in kompromißlosen Formulierungen beharrte er darauf, daß sie ein «notwendiges Übel» darstelle.

Jackson hatte mehrere Bücher neben sich liegen, und er begann, seinen Kollegen daraus vorzulesen, um zu beweisen, daß seine Ansichten von den geachtetsten Autoritäten geteilt wurden. Die geachtetste Autorität von allen, der christliche Gott der Bibel, sanktionierte die Sklaverei in mehreren Passagen aus dem Alten Testament. Zusätzlich bewiesen die verläßlichsten und neuesten Untersuchungen über afrikanische Stammeskultur, daß die Sklaverei unter den Afrikanern selbst seit langem Brauch war, und so machten versklavte Afrikaner in Amerika lediglich eine Erfahrung, die sie sonst, wahrscheinlich in härterer Form, in ihrem Mutterland erleben würden.

Dann verwies Jackson seine Kollegen auf die Ansichten von «Mr. Jefferson, unserem Außenminister», und er begann, aus Jeffersons Buch *Notes on the State of Virginia* Ausführungen über die praktische Frage vorzulesen: «Was soll man mit den Sklaven machen, wenn sie freigelassen sind?» Entweder müssen sie dort eingegliedert werden, wo sie sich aufhalten, oder sie müssen irgendwo anders angesiedelt werden. Die Ansicht Jeffersons zu dieser Frage war so wohlbekannt, daß Jackson behauptete, er könne Jeffersons Buch aus dem Gedächtnis zitieren: Die beiden Rassen können nicht gleichberechtigt zusammenleben, denn es gibt «tiefverwurzelte Vorurteile auf seiten der Weißen – zehntausend Erinnerungen der Schwarzen an die Verletzungen, die sie erfahren haben – neue Provokationen – die realen Unterschiede, welche die Natur geschaffen hat, und zahlreiche andere Umstände, die uns in Parteien spalten und Erschütterungen hervorrufen, welche niemals enden würden, es sei denn durch die Auslöschung der einen oder der anderen Rasse». Vielleicht gab es im Norden einige wenige Weiße, die Mr. Jeffersons Ansichten nicht zustimmten. Vielleicht billigten die Quäker-Petenten die Vermischung der Rassen und freuten sich darauf, «ihre Töchter Söhnen von Negern zu geben und die Töchter von Negern [als Gattinnen] für ihre Söhne zu empfangen». Doch ungeachtet der relativ geringen Größe der schwarzen Population im Norden legte das Muster der rassischen Trennung dort nahe, daß die meisten Weißen im Norden die Überzeugung Jeffersons teilten, wonach eine «Eingliederung» unwahrscheinlich war. Im Süden, wo die Schwarzen so viel zahlreicher waren, war sie undenkbar.

Diejenigen, welche sich für die Sklavenbefreiung aussprachen, mußten sich also mit dem unlösbaren Dilemma auseinandersetzen, das sich schon allein durch die Größe einer afrikanischen Bevölkerung ergab, die, wenn sie einmal freigelassen war, an einen anderen Ort verbracht werden mußte. Abgesehen von der naheliegenden Frage nach den Kosten, die sich als astronomisch hoch erweisen würden, wohin konnte man die freigelassenen Schwarzen schicken? Diejenigen, die für eine afrikanische Lösung eintraten, konnten davon profitieren, die kürzlich unternommenen Bemühungen der Engländer um die Gründung einer schwarzen Kolonie in Sierra Leone zu studieren, wo die meisten der freigelassenen Schwarzen starben oder von den ortsansässigen afrikanischen Stämmen versklavt wurden. Wer sich für einen Standort im amerikanischen Westen aussprach, mußte das auch noch einmal überdenken: «Wie ein nicht aufzuhaltender Sturzbach bedecken die Völker Amerikas rasch die Erde, sie weiten ihre Siedlungen auf alle Teile dieses gewaltigen Kontinents aus, und es gibt keinen und sei es auch noch so entlegenen Fleck, der nicht in kurzer Frist besiedelt sein würde.» Überdies waren weite Landstriche im Westen bereits den Indianern versprochen worden, deren Reaktion auf eine Bevölkerung von schwarzen Nachbarn sich aller Wahrscheinlichkeit nach als außerordentlich unfreundlich erweisen würde. Wenn jemand für dieses Problem eine verantwortungsvolle Lösung hatte, dann war Jackson, so behauptete er, dafür offen. Doch solange sich keine derartige Lösung abzeichnete, mußte alles Gerede über Sklavenbefreiung aufhören.[32]

Niemand aus einem der Staaten, die nicht zum Tiefen Süden gehörten, erhob sich, um Jackson zu antworten. Am darauffolgenden Tag, am 17. März, hatte William Loughton Smith über zwei Stunden lang ohne Unterbrechung das Wort, und er wiederholte die meisten von Jackson vorgebrachten Argumente. Während Jackson zu einem lebhafteren und emphatischeren Stil neigte, der an einen presbyterianischen Wanderprediger auf einer Erweckungsversammlung erinnerte, bevorzugte Smith die gemesseneren Töne des Aristokraten aus South Carolina, der von ciceronischen Förmlichkeiten durchdrungen war. Doch ungeachtet der stilistischen Unterschiede waren die Argumente identisch: Die Verfassung äußerte sich absolut eindeutig dahingehend, daß der Sklavenhandel vor 1808 nicht beendet werden konnte; es gab einen Regionalpakt, der die Existenz der Sklaverei südlich des Potomac, dort, wo sie bereits verwurzelt war, anerkannte; jeder Versuch, in Neuverhandlungen über diesen Pakt einzutreten, würde die Auflösung der Union bedeuten; die demographischen und rassischen Realitäten machten jeden Freilassungsplan unmöglich, ganz besonders für weiße Südstaatler, die inmitten einer zahlreichen schwarzen Bevölkerung lebten. Smith zitierte ebenfalls aus Jeffersons *Notes on the State of Virginia* und stellte dann seine eigenen Berechnungen über die rassischen Implikationen einer großen Bevölkerung freier Schwarzer in Amerika an: «Wenn es nicht zu Heiraten zwischen Schwarzen und Weißen käme, dann würden die Schwarzen bis ans Ende aller Tage schwarz bleiben; denn es wurde nicht behauptet, daß man sie durch Befreiung bleichen würde; wenn es Heiraten mit den Weißen gäbe, dann würde die weiße Rasse ausgelöscht, und das amerikanische Volk würde ganz der Mulattenrasse angehören. Daher war, in welchem Licht man das Thema auch betrachtete, der Wahnsinn der Sklavenbefreiung offenkundig.»[33]

Die vollständige Argumentation zugunsten der Sklaverei lag jetzt offen zutage. Blickte man von diesem dramatischen Augenblick aus in die Zukunft, dann wurden die Reden Jacksons und Smiths zu prophetischen Vorschauen auf künftige Attraktionen für die Verteidigung der Sklaverei durch den Süden im 19. Jahrhundert, eine Verteidigung, die auf den Schlachtfeldern des Bürgerkrieges schließlich besiegt werden sollte. Blickte man in die Vergangenheit, dann war noch nie zuvor etwas ganz so Trotziges oder Systematisches präsentiert worden. Gewiß stellten die verfassungsbezogenen Argumente eine Konsolidierung von Argumenten dar, die 1787 in Philadelphia und danach dann auf mehreren Ratifizierungskonventen der Einzelstaaten vorgebracht worden waren. Doch die unverfrorene Behauptung, die Sklaverei müsse bedingungslos als dauerhaftes Element der nationalen Konföderation akzeptiert werden, war, wenngleich nicht gänzlich neu, so doch eine interpretierende Klarstellung, die noch nie vor einem nationalen Forum gemacht worden war. Und das rassische Argument, das als Konsequenz der Sklavenbefreiung das Gespenst einer rassisch gemischten amerikanischen Gesellschaft in die Debatte warf, verlieh ihr eine neue Dimension, indem es versuchte, die regionale Meinungsverschiedenheit zwischen Nord und Süd in ein nationales Bündnis der Weißen gegen die Schwarzen zu verwandeln.[34]

Das Neuartige an den Argumenten, die jetzt aus den Abgeordneten des Tiefen Südens hervorbrachen, muß man auch im Kontext verstehen. Die Details waren neu, aber die Einstellungen, auf denen sie beruhten, waren vertraut. Kein verantwortlicher Staatsmann in der Revolutionsära hatte je eine zweirassige amerikanische Gesellschaft in Erwägung gezogen oder gar befürwortet. Im Jahre 1776 beispielsweise, als der Kontinentalkongreß John Adams, Benjamin Franklin und Thomas Jefferson den Auftrag erteilt hatte, für die Vereinigten Staaten ein Siegel zu entwerfen, erarbeiteten sie ein nationales Emblem, auf dem Amerikaner englischer, schottischer, irischer, französischer, deutscher und niederländischer Herkunft dargestellt waren. Afrikaner oder Indianer gab es auf dem Bild nicht. Die neue Argumentation zugunsten der Sklaverei griff also auf Annahmen über den weißen, angelsächsischen Charakter der sich entwickelnden amerikanischen Nation zurück, die latent waren, aber schon seit langem bestanden. Vor 1790 war kein explizites Artikulieren dieser Annahmen auf einem nationalen Forum nötig gewesen, weil kein Frontalangriff auf die Sklaverei erfolgt war, der eine direkte oder systematische Antwort erforderlich gemacht hätte.

Die Auffassung derjenigen Historiker, die behaupten, eine ausgeprägte Rassenideologie sei erstmals zu diesem Zeitpunkt ins Leben getreten, und die sie als neuartige «Konstruktion» oder «Erfindung» bezeichnen, mit der die Debatte über die Sklaverei in eine wirksamer vorurteilsvolle Richtung gedrängt werden sollte, hat in dem Sinne einiges oder vielleicht etwas für sich, daß die Infragestellung der Sklaverei die rassischen (und rassistischen) Annahmen erstmals an die Oberfläche der Debatte trieb. Doch in den Herzen und Gedanken der Revolutionsgeneration hatten sie die ganze Zeit gelauert. Letztlich war das Vermächtnis der Amerikanischen Revolution bezüglich der Sklaverei kein stillschweigender Pakt zu ihrer Beendigung und auch kein Gentlemen's Agreement zwischen den beiden Regionen zu ihrer Duldung, sondern vielmehr eine kalkulierte Selbstverständlichkeit, daß man darüber überhaupt nicht sprach. Die Sklaverei war das Familiengeheimnis, das nicht erwähnt werden durfte, oder der sprichwörtliche Elefant mitten im Zimmer. Das wirklich Neue an der sklavereifreundlichen Argumentation waren nicht eigentlich die zum Ausdruck gebrachten Ideen oder Einstellungen, sondern die Tatsache, daß sie überhaupt geäußert wurden.[35]

Es gab noch ein weiteres neues Element, das 1790 im Begriff stand, in die Debatte einzugehen, wenngleich es auch dabei eher darum ging, etwas sichtbar und bewußt zu machen, das zuvor in einer Dämmerzone unklarer und unausgesprochener Anerkennung geschwebt hatte. Vielleicht die am wenigsten umstrittene Entscheidung des Ersten Kongresses war die Verabschiedung der Gesetze, mit denen die Volkszählung von 1790 genehmigt wurde, ein ganz wesentlicher Punkt, weil genaue Bevölkerungszahlen erforderlich waren, um die Größe der Delegationen der einzelnen Staaten im Repräsentantenhaus festzulegen. Die folgenden Informationen wurden ganz buchstäblich zu der Zeit gesammelt, in der die Auseinandersetzung über die Petitionen der Quäker tobte:

Volkszählung der Vereinigten Staaten von 1790*

Staat	Freie Weiße	Sonstige Freie	Sklaven	Gesamt
Vermont	85 268	255	16	85 539
New Hampshire	141 097	630	158	141 885
Maine	96 002	538	(keine)	96 540
Massachusetts	373 324	5 463	(keine)	378 787
Rhode Island	64 470	3 407	948	68 825
Connecticut	232 674	2 808	2 764	237 946
New York	314 142	4 654	21 324	340 120
New Jersey	169 954	2 762	11 423	184 139
Pennsylvania	424 099	6 537	3 737	434 373
Delaware	46 310	3 899	8 887	59 094
Maryland	208 649	8 043	103 036	319 728
Virginia	442 117	12 866	292 627	747 610
Kentucky	61 133	114	12 430	73 677
North Carolina	288 204	4 975	100 572	393 751
South Carolina	140 178	1 801	107 094	249 073
Georgia	52 886	398	29 264	82 548
Gesamt	3 140 205	59 150	694 280	3 893 635

* Daten aus: U. S. Bureau of Census, *First Census of the United States*, Baltimore 1978, S. 6–8.

Zunächst einmal bestätigten diese Zahlen mit erhöhter Präzision die selbstverständliche Realität, daß es sich bei der Sklaverei um ein regionales Phänomen handelte, das im Norden ausstarb und im Süden in Blüte stand. Die Ausnahmen waren New York und New Jersey, die nicht zufällig die einzigen nördlichen Staaten blieben, welche sich der Verabschiedung von Gesetzen über eine schrittweise Freilassung widersetzten. Im allgemeinen gab es also eine direkte und nahezu vollkommene Korrelation zwischen Demographie und Ideologie – das heißt zwischen dem Verhältnis von Schwarzen zu Weißen in der Bevölkerung und dem Zögern, die Abschaffung der Sklaverei in Erwägung zu ziehen. Als die Verfechter der Sklaverei aus dem Tiefen Süden ihr rassisches Argument enthüllten – wie wird sich das Verhältnis zwischen den Rassen nach der Freilassung entwickeln? –, ermöglichte es einem die Volkszählung von 1790, die Reaktion mit einiger Präzision vorherzusagen. Überall dort, wo der Anteil der schwarzen Bevölkerung einen gewissen Schwellenwert erreichte, blieb die Sklaverei das bevorzugte Mittel, um die Trennung der Rassen sicherzustellen.

Die einzige potentielle Ausnahme von dieser Regel war der Obere Süden, der die Staaten Maryland, Virginia und North Carolina umfaßte. Dort waren die Sklavenpopulationen groß, in Virginia sogar sehr groß, aber Gleiches galt auch für die Populationen von freien Schwarzen («Sonstige Freie»). Aus einer rein demographischen Perspektive war Virginia für das Gespenst rassischer Befürchtungen hinsichtlich der Zeit nach einer Freilassung fast ebenso anfällig wie South Carolina, aber die wachsende Zahl freier Schwarzer spiegelte zutreffend das Vorhandensein zahlreicher Pläne für die schrittweise Freilassung wider, die es in der Klasse der Pflanzer gab, und ebenso die Bereitschaft zumindest einiger weniger Sklavenbesitzer, nach der unbestreitbaren Logik der Amerikanischen Revolution zu handeln. Schon allein die Größe der Gesamtbevölkerung Virginias, verstärkt durch die beängstigende Relation der Rassen zueinander und dann noch weiter durch die politischen Fähigkeiten seiner Führung auf nationaler Ebene wirkte sich dahingehend aus, daß dies der Schlüsselstaat wurde. Wenn irgendein nationaler Plan zur Beendigung der Sklaverei Erfolg haben sollte, dann mußte Virginia an der Spitze stehen.

Schließlich lieferte die Volkszählung von 1790 unwiderlegliche Beweise dafür, daß diejenigen Sklavereigegner, welche glaubten, die Zukunft stehe auf ihrer Seite, sich etwas vormachten. Denn die Gesamtbevölkerung der Sklaven näherte sich jetzt dem Wert 700000, ein Anstieg gegenüber einer Zahl von etwa 500000 im Jahr der Unabhängigkeitserklärung. Ungeachtet der vorübergehenden Beendigung des Sklavenhandels während des Krieges und ungeachtet des stetigen Fortschreitens der Abschaffung der Sklaverei im Norden wuchs die Sklavenbevölkerung im Süden exponentiell in demselben atemberaubenden Tempo wie die amerikanische Bevölkerung insgesamt, was bedeutete, daß sie sich alle 20 bis 25 Jahre verdoppelte. Angesichts der politischen Realitäten, welche die Parameter jedes umfassenden Freilassungsprogramms definierten – nämlich Entschädigung für Eigentümer, Umsiedlung freigelassener Sklaven und Umsetzung über eine hinreichend lange Zeitspanne hinweg, um ökonomische und soziale Anpassungen möglich zu machen –, wurde jeder Freilassungsplan finanziell und politisch um so undurchführbarer, je stärker die versklavte Bevölkerung wuchs. (Eine der Interpretationen des Arguments, das der Tiefe Süden 1790 vorbrachte, besagte, daß zumindest aus dortiger Sicht die Zahlen bereits zu diesem Zeitpunkt eine derartige Entscheidung unmöglich machten.) Die Volkszählung von 1790 ließ erkennen, daß sich die Chancen nicht verbesserten, sondern verschlechterten. Denn nicht nur wurden die Zahlen gänzlich unhandlich, sondern je weiter man sich vom Jahre 1776 entfernte, desto matter brannten die revolutionären Feuer und desto weniger zwingend erschien die Logik der revolutionären Ideologie. Das, was ein Historiker «die Vergänglichkeit der revolutionären Zeit» genannt hat, bedeutete, daß der politische Wille zum Handeln ebenfalls in einem Wettlauf gegen die Uhr stand. Praktisch konvergierten die nachlassende revolutionäre Ideologie und die wachsende rassische Demographie, um die politischen Optionen zu versperren. Mit allen Vorteilen der heutigen Sicht läßt sich überzeugend argumentieren, daß die Quäker-Petenten ein entschlossenes Vorgehen gegen die Sklaverei im letzten möglichen Augenblick forderten, in dem eine schrittweise Freilassung eine sinnvolle Aussicht auf Erfolg hatte (sofern es überhaupt einen derartigen Augenblick gab).[36]

Die größte Stärke der Argumente, die in der Kongreßdebatte am 16. und 17. März von der Delegation des Tiefen Südens für die Sklaverei angeführt wurden, bestand in ihrer erbarmungslosen Konzentration auf die unpraktischen Dimensionen aller Pläne zur Abschaffung der Sklaverei. Tatsächlich ließen ihre Argumente die beiden Hauptschwächen der gegen die Sklaverei argumentierenden Seite zutage treten: Erstens waren diese leidenschaftlichen Ideologen, welche glaubten, die Sklaverei werde nach der Revolution eines natürlichen Todes sterben, naive Utopisten, denen die hartnäckigen Realitäten, welche sich in der Volkszählung von 1790 spiegelten, Unrecht gaben; zweitens waren die in den Staaten des Nordens verwirklichten Pläne zur schrittweisen Freilassung untaugliche Modelle für die Nation als Ganze, weil die Nordstaaten nur etwa 10 Prozent der gesamten Sklavenbevölkerung beherbergten; für alle Staaten des Südens, angefangen mit Maryland, waren die Kosten für die Entschädigung und die logistischen Schwierigkeiten, die sich in Zusammenhang mit der Umsiedlung der freigelassenen Sklaven ergaben, schlicht unüberwindlich; die Zahlen funktionierten ganz einfach nicht.

Wie korrekt waren diese Schlußfolgerungen? Aus einer streng historischen Perspektive können wir die Antwort auf diese Frage niemals wissen. Da kein Vertreter des Nordens oder des Oberen Südens aufstand, um der Delegation aus dem Tiefen Süden zu antworten, und da kein nationaler Plan für eine schrittweise Freilassung je dem Kongreß zu ernsthafter Beratung vorgelegt wurde, bleibt uns nur ein großes Schweigen, welches selbst zum wichtigsten historischen Beweisstück wird, das einer Interpretation bedarf. Und die beiden überlappenden Interpretationen, die sich dann mit unwiderstehlicher Logik anbieten, sind völlig klar: Erstens ließen sich die Argumente des Tiefen Südens nicht beantworten, weil in der fatalistischen Diagnose genügend Wahrheit lag, um andere Mitglieder des Repräsentantenhauses davon zu überzeugen, daß das Problem der Sklaverei unlösbar sei; und zweitens wurde der letzte etwa noch vorhandene Rest von Möglichkeit, konzertierte Maßnahmen gegen die Sklaverei zu ergreifen, durch die sezessionistische Drohung South Carolinas und Georgias niedergeknüppelt, denn es konnte für das Sklavereiproblem keine nationale Lösung geben, wenn keine Nation da war, die eine Lösung praktizieren konnte. Vielleicht war es so, daß South Carolina und Georgia, wie einige Historiker behauptet haben, blufften. Doch an der eklatantesten historischen Tatsache kommt man nicht vorbei: Niemand trat auf, der sie zwang, Farbe zu bekennen.

Auch wenn wir es uns anders wünschen möchten, die Geschichte dessen, was hätte geschehen können, ist gewöhnlich überhaupt nicht wirklich Geschichte, da sie das chaotische Gewirr vergangener Erfahrung mit der hellsichtigen Gewißheit unserer gegenwärtigen Präferenzen vermischt. Dies vorweg bemerkt, läßt sich feststellen, daß zwar im Jahre 1790 dem Kongreß kein offizieller Vorschlag für ein schrittweises Freilassungsprogramm vorgelegt wurde, daß aber alle Elemente für ein derartiges Programm in den Debatten vorhanden waren. Überdies entwarf im März 1790, während die Kongreßdebatte tobte, ein prominenter Virginier namens Fernando Fairfax einen «Plan zur Befreiung der Neger in den Vereinigten Staaten», der dann im darauffolgenden Dezember in Philadelphia veröffentlicht wurde. Der von Fairfax ausgearbeitete Plan erfüllte die skizzenhaften Umrisse, die Jefferson in *Notes on the State of Virginia* geliefert hatte, mit Leben. Ein anderer Virginier, St. George Tucker, entwickelte sechs Jahre später eine noch vollständigere Version desselben Planes. Kurz, die historischen Quellen selbst und nicht nur unsere allwissenden Phantasievorstellungen liefern die erforderlichen Belege, aus denen wir die Reaktion auf die für die Sklaverei vorgebrachten Argumente rekonstruieren können. Wenn wir das tun, dann betreiben wir nicht einfach Wunschdenken, versuchen nicht, die Geschichte in attraktiverer Richtung umzuschreiben, sondern wir unternehmen den Versuch, die historische Durchführbarkeit einer nationalen Befreiungspolitik im Jahre 1790 einzuschätzen. Welche Chance bestand, falls es überhaupt eine gab, in diesem entscheidenden Augenblick, die Abschaffung der Sklaverei in die Wege zu leiten?[37]

Alle Pläne zur schrittweisen Freilassung setzten voraus, daß die Sklaverei ein moralisches und ökonomisches Problem sei, das eine politische Lösung erfordere. Alle nahmen ebenfalls an, daß die Lösung Geschwindigkeit und Langsamkeit miteinander verbinden müsse, was bedeutete, daß der Plan schnell in die Praxis umgesetzt werden mußte, bevor die aufblühende Sklavenbevölkerung ihn irrelevant machte, aber schrittweise durchgeführt werden mußte, so daß sich die Kosten leichter dämpfen ließen. Jeder, der für schrittweise Freilassung eintrat, ging auch noch von zwei weiteren Voraussetzungen aus: erstens davon, daß die Eigentümer der Sklaven entschädigt werden würden, wobei die Mittel aus einer nationalen Steuer kommen sollten sowie aus Einnahmen, die durch den Verkauf von Land im Westen erzielt werden würden; und zweitens davon, daß der größte Teil der freigelassenen Sklaven an einen anderen Ort transportiert werden würde, wobei der Fairfax-Plan eine amerikanische Kolonie in Afrika nach dem britischen Vorbild Sierra Leones favorisierte, während andere einen Standort in einer nicht näher bezeichneten Region des amerikanischen Westens vorschlugen – etwas, das man als «Homelands»-Lösung bezeichnen könnte –, während wieder andere ein Ziel in der Karibik bevorzugten.

Wie wir sahen, waren die veranschlagten Kosten der Entschädigung ein starkes Argument gegen die schrittweise Freilassung, und dieses Argument ist seither in den meisten wissenschaftlichen Abhandlungen über dieses Thema wiederholt worden. Je nach dem erwarteten Preis pro freigelassenem Sklaven – zwischen 100 und 200 Dollar – variieren die Schätzungen. Die höhere Zahl führt zu Gesamtkosten in Höhe von etwa 140 Millionen Dollar, wenn man 1790 die gesamte Sklavenbevölkerung freilassen wollte. Da der Bundeshaushalt dieses Jahres nicht einmal den Betrag von 7 Millionen Dollar erreichte, scheinen die Kritiker recht zu haben, wenn sie zu dem Ergebnis kommen, daß die Kosten nicht nur beängstigend waren, sondern einfach so hoch, daß sie das Unternehmen undurchführbar machten. Je mehr man also über solche Zahlen nachdachte, desto klarer wurde einem, daß weiteres Nachdenken vergeblich war. Es gibt einige Hinweise darauf, daß sich damals in Jeffersons Kopf Überlegungen genau dieser Art abspielten und dazu führten, daß er sich aus einem Verfechter der Sklavenbefreiung in einen schweigenden und fatalistischen Zauderer verwandelte.[38]

Der Fehler einer derartigen Argumentationsweise wäre jedoch jedem Buchhalter oder Investmentbanker, der nur über einen Funken der Weisheit eines Hamilton verfügt hätte, ins Auge gefallen. Denn der Hauptvorzug eines schrittweisen Ansatzes bestand darin, die Kosten für die Entschädigung auf mehrere Jahrzehnte zu verteilen, so daß die vollständige Rechnung niemals auf einmal oder auch nur bei einer einzigen Generation eintraf. Nach dem von St. George Tucker vorgeschlagenen Plan beispielsweise sollten sich Käufe und Zahlungen während des folgenden Jahrhunderts fortsetzen, was zwar den Eintritt der vollständigen Freilassung verzögert, aber die Auswirkungen der laufenden Kosten bedeutend reduziert hätte, indem es sie bis in die ferne Zukunft verteilte. Die entscheidende Frage im Jahre 1790 waren nicht die Gesamtkosten, sondern, bei einer amortisierten Schuld, die Anfangskosten dafür, einen zu diesem Zweck eingerichteten nationalen Fonds (den man oft als Tilgungs- oder Amortisationsfonds bezeichnete) mit Kapital auszustatten. Die von den Einzelstaaten und der Bundesregierung ererbte Gesamtschuld betrug im Jahre 1790 77,1 Millionen Dollar. Eine vernünftige Schätzung der zusätzlichen Kosten für die Kapitalisierung eines schrittweisen Freilassungsprogramms hätte zu Werten geführt, welche die nationale Schuld auf etwa 125 Millionen Dollar ansteigen ließen. Diese Zahlen waren zwar beängstigend, aber fiskalisch nicht untragbar. Und sie wurden akzeptabler, wenn man sie in ein Gesamtpaket von Schulden verschnürte, die durch einen Unabhängigkeitskrieg hervorgerufen worden waren.[39]

Das andere große Hindernis, das auf den ersten Blick ebenso beunruhigend aussah wie das Entschädigungsproblem und bei genauerem Nachdenken sogar noch beunruhigender, war die Umsiedlung der freigelassenen Sklaven. Von Historikern ist die Durchführbarkeit dieses Aspekts nicht so intensiv erforscht worden wie das Entschädigungsproblem, sie haben es vorgezogen, sich auf die rassischen Vorurteile zu konzentrieren, die seine Einbeziehung erforderlich machten, da sie anscheinend fürchteten, schon allein ihre Analyse des Problems könne als eine Billigung der rassistischen und segregationistischen Einstellungen ausgelegt werden, die damals vorherrschend waren. Zwei unangenehme, aber unleugbare historische Fakten müssen ins Auge gefaßt werden: Erstens hatte kein Freilassungsplan ohne dieses Element die geringste Aussicht auf Erfolg; und zweitens gab es zum damaligen Zeitpunkt nirgends auf der Welt ein Modell einer echt zweirassigen Gesellschaft, und eine derartige Gesellschaft hatte es in der urkundlich bezeugten Geschichte auch nicht gegeben.[40]

Die Programme für eine schrittweise Freilassung, die in den Nordstaaten verwirklicht wurden, brauchten sich dieser Frage niemals ehrlich zu stellen, weil die schwarze Bevölkerung dort relativ klein blieb. Südlich des Potomac sah die Sache ganz anders aus, denn dort wohnten fast 90 Prozent der schwarzen Gesamtbevölkerung. Jeder nationale Plan für schrittweise Freilassung mußte diese rassische Demographie verändern, indem er zumindest einen erheblichen Teil dieser Population anderswohin transportierte. Aber wohin? Das spätere Scheitern der American Colonization Society und die Verbindung logistischer und ökonomischer Schwierigkeiten in der Kolonie Liberia ließen die Undurchführbarkeit jeder massenhaften Rückwanderung nach Afrika deutlich werden. Die brauchbarere Option war eine Verbringung in die unbesiedelten Gebiete des amerikanischen Westens, im Sinne des vierzig Jahre später eingeführten Umzugsprogramms für Indianer. Im Jahre 1790 lag jedoch ungeachtet der kühnen Träume von einem Kontinentalreich der Louisiana-Kauf noch in der Zukunft, und die riesige Region jenseits des Mississippi stand immer noch unter spanischer Hoheit. Zwar war die Schaffung mehrerer schwarzer «Homelands» oder Distrikte östlich des Mississippi nicht jenseits aller Erwägungen – eine Handvoll von Sklavereigegnern erwähnte sie in privaten Briefen –, aber sie war damals ebenso schwer vorstellbar, wie sie heute schwer zu goutieren ist.[41]

Mehr als die Frage der Entschädigung kam also das Umsiedlungsproblem einer Unlösbarkeit gefährlich nahe. Und um das Maß voll zu machen und der Institution der Sklaverei noch eine weitere Panzerschicht zu verleihen, konnte jeder umfassende Plan einer schrittweisen Freilassung nur auf nationaler Ebene unter der Ägide einer Bundesregierung in Gang gesetzt werden, die bevollmächtigt war, für die langfristigen Interessen der Nation als Ganzer zu handeln. Ganz ähnlich wie der Finanzplan Hamiltons beschwor jede wirksame Freilassungsinitiative Befürchtungen hinsichtlich der vielgefürchteten «Konsolidierung» herauf, welche die Virginier mehr als alle anderen als so bedrohlich ansahen. (Ja, zumindest für einen

Teil der Virginier bestand die tiefste Furcht und die größte Bedrohung darin, daß die Macht des Bundes genau in dieser Weise eingesetzt werden würde.) Alle verfassungsrechtlichen Argumente gegen die übermäßige Ausübung von Regierungsbefugnissen auf Bundesebene rasteten dann ein, um jede Bemühung um die Gestaltung einer öffentlichen Politik problematischer zu machen.

Jeder Versuch, im Jahre 1790 etwas Entscheidendes gegen die Sklaverei zu unternehmen, stand angesichts all dieser Erwägungen vor großen, vielleicht unüberwindlichen Hindernissen. Die Aussichten auf Erfolg waren allenfalls gering. Doch freilich waren die Aussichten auf einen Sieg gegen die stärkste Armee und Marine der Welt im Jahre 1776 auch minimal gewesen und ebenso die Wahrscheinlichkeit, daß dreizehn eigenständige und souveräne Staaten 1787 ein einheitliches republikanisches Staatswesen schaffen würden. Große Führer waren in jedem der vorangegangenen Fälle aufgetreten, um das Unwahrscheinliche in das Unausweichliche zu verwandeln. Die Beendigung der Sklaverei war eine Herausforderung in demselben gigantischen Maßstab wie diese früheren Leistungen. Ob selbst heroische Führungsqualitäten eine Chance hatten, war ungewiß, weil – und hier lag die grausamste Ironie – das Bemühen, die Revolution wahrhaft vollständig zu machen, dem Fortbestehen einer geeinten Nation diametral entgegengesetzt zu sein schien.

Ein Mensch trat auf, um der Herausforderung zu begegnen, zweifellos das älteste, wahrscheinlich das weiseste Mitglied der Revolutionsgeneration. (In Wirklichkeit gehörte er eigentlich der vorangehenden Generation an, war also der Großvater unter den Vätern.) Benjamin Franklin war im März 1790 sehr alt und sehr krank. Auf der amerikanischen Bühne gehörte er schon seit so langer Zeit zum festen Inventar, und er hatte so viele Zeitgenossen überlebt – einmal hatte er Anekdoten mit dem Hexenjäger Cotton Mather ausgetauscht, und er war ein Zeitgenosse des Bußpredigers Jonathan Edwards –, daß Berichten von seinem bevorstehenden Hinscheiden die Glaubwürdigkeit fehlte. Es schien, als sollte sein letzter Akt ewig weitergehen; er war ein amerikanischer Unsterblicher.

Wäre es einem Photographen aus dem 20. Jahrhundert gelungen, sich eine Zeitmaschine zu organisieren und in die Vergangenheit zu reisen, um die historischen Szenen der Revolutionszeit aufzunehmen, dann wäre Franklin fast auf jedem Bild dabeigewesen: in Philadelphia während des Kontinentalkongresses und bei der Unterzeichnung der Unabhängigkeitserklärung; in Paris zur Aushandlung des Bündnisvertrages mit Frankreich und dann beinahe auf eigene Faust (Beistand für John Adams) beim Abschluß des Friedensvertrages mit Großbritannien; erneut in Philadelphia zum Verfassungskonvent und zur Unterzeichnung der Verfassung. Selbst ohne die Segnungen der Photographie war das Bild Franklins – mit seinem gedankenverlorenen Lächeln, seinen bebrillten, aber zwinkernden Augen, seinem kahlen Kopf, umrahmt von grauem Haar, das ihm bis auf die Schultern reichte – berühmter und der Welt vertrauter als das Gesicht jedes anderen Amerikaners der damaligen Zeit.

Was Voltaire für Frankreich war, war Franklin für Amerika, das Symbol des triumphalen Eintritts der Menschheit in die Moderne. (Als die beiden großen Philosophenkönige sich vor den versammelten Massen von Paris umarmten, rief diese Szene eine Sensation hervor, so als seien die Götter auf der Erde gelandet und hätten den Anbruch der Aufklärung verkündet.) Als größter amerikanischer Naturwissenschaftler, geschicktester Diplomat, vollendetster Prosastilist und schärfster Geist trotzte Franklin allen diesen Kategorien, indem er sie mit solcher Würde und gelassenen Anmut ausfüllte. Mehr als ein Jahrhundert vor Horatio Alger hatte er diese Rolle erfunden und sie Poor Richard genannt: der ursprüngliche, autodidaktische, hausgemachte Amerikaner mit einem unheimlichen Talent dafür, gerade dort aufzutauchen, wo die Geschichte hinsteuerte, und eine volkstümliche Pose einzunehmen, welche diesen Augenblick für immer dramatisierte: Er hielt den Drachen, während der Blitz einschlug; er schlenderte neben Jefferson her und spendete geistreiche Trostworte, als der Kontinentalkongreß einige von Jeffersons liebsten Passagen gestrichen hatte; er trug eine Kappe aus Waschbärfell, als er in Paris porträtiert wurde; er machte die Bemerkung, als die Delegierten die Verfassung unterzeichneten: ja, die Sonne, die in den Stuhl im vorderen Teil des Raumes geschnitzt war, schien jetzt wirklich aufzugehen.[42]

Franklin erschien nicht nur ewig, allgegenwärtig, vielseitig und endlos zitierbar, von allen prominenten Staatsmännern der Revolutionsära hatte er auch noch das exzellenteste Gefühl für Timing. Seine starke Gegenwart im entscheidenden Moment des Jahres 1776 hatte die meisten Beobachter vergessen lassen, daß Franklin in Wahrheit spät zur patriotischen Sache gestoßen war, daß er der Mann war, der den größten Teil der 1760er Jahre in London verbracht hatte, wo er versuchte, ausgerechnet eine königliche Charta für Pennsylvania zu erhalten. 1765 hatte er übrigens dem Steuermarkengesetz seine Unterstützung gegeben und sich noch 1771 um eine Position in der englischen Regierung bemüht. Doch gerade im letzten Moment war er zurück über den Atlantik und auf die amerikanische Seite der imperialen Debatte gehüpft, ein Konvertit der guten Sache, der infolge seines internationalen Ansehens schnell in die höchsten Ränge der politischen Führung katapultiert wurde. Nach Frankreich entsandt, um einen Bündnisvertrag auszuhandeln, traf er gerade in dem Augenblick in Paris ein, als das französische Ministerium bereit war, einen derartigen Gedanken zu erwägen. Er blieb lange genug an Ort und Stelle, um die amerikanische Delegation durch den Friedensvertrag mit England zu lotsen, dann gab er 1784 seine Verpflichtungen als Gesandter an Jefferson ab, gerade als alle diplomatischen Initiativen zugunsten Amerikas in Europa ins Stocken gerieten und sich als vergeblich erwiesen. (Als man ihn fragte, ob er der Ersatz für Franklin sei, hatte Jefferson angeblich geantwortet, er sei sein Nachfolger, aber ersetzen könne ihn niemand.) Als siegreicher Held traf er wieder in Philadelphia ein und hatte noch genügend Zeit, um sich als Delegierter für den Verfassungskonvent auswählen zu lassen.[43]

Diese Gabe des exzellenten Timings blieb ihm bis ganz zum Schluß treu. Im April 1787 erklärte sich Franklin bereit, als neuer Präsident der wieder zum Leben erweckten Pennsylvania Abolition Society zu fungieren und die Bekämpfung der Sklaverei zum letzten Projekt seines Lebens zu machen. Fast 60 Jahre zuvor, im Jahre 1729, hatte er als junger Drucker in

Philadelphia begonnen, Traktate der Quäker gegen die Sklaverei und den Sklavenhandel zu veröffentlichen. Während der mittleren Jahre des Jahrhunderts und bis in die Revolutionsära hinein hatte er Anthony Benezet und anderen Quäker-Abolitionisten seine Unterstützung zukommen lassen, und gelegentlich hatte er sich gegen die Behauptung ausgesprochen, daß Schwarze von Natur aus minderwertig oder daß rassische Kategorien unwandelbar seien. Gleichwohl hatte Franklin, auch wenn seine Qualifikationen als Sklavereigegner klar waren, zeitweilig selbst einige Haushaltssklaven besessen, und er hatte nie die Sklaverei zu einem erstrangigen Angriffsziel gemacht oder ihr das volle Gewicht seines enormen Prestiges entgegengesetzt.

Von 1787 an änderte sich das. Auf dem Verfassungskonvent beabsichtigte er einen Vorschlag vorzulegen, der die Einführung einer Grundsatzerklärung forderte, in der sowohl der Sklavenhandel als auch die Sklaverei verdammt wurden und so eine unzweideutige Klarstellung stattfand, daß das Gründungsdokument der neuen amerikanischen Nation die Regierung auf schließliche Freilassung verpflichtete. Doch mehrere Delegierte aus den Nordstaaten, darunter zumindest ein Amtsträger der Pennsylvania Abolition Society, überredeten ihn dazu, seinen Vorschlag zurückzuziehen, weil er den heiklen Regionalkompromiß und daher die Verfassung selbst in Gefahr brachte. Die Petition, die dem Ersten Kongreß mit seiner Unterschrift vorgelegt wurde, war also im wesentlichen derselbe Vorschlag, den er beim Konvent hatte einbringen wollen. Da die Verfassung nun ratifiziert und die neue Bundesregierung sicher etabliert war, wiederholte Franklin sein Plädoyer dafür, die Sklaverei für unvereinbar mit den revolutionären Prinzipien zu erklären, auf denen die Nation beruhte. Der Mann mit dem makellosen Timing entschied sich dafür, die Anomalie der Sklaverei zum Gegenstand des letzten Ratschlags zu machen, den er seinem Lande erteilen würde.[44]

Ungeachtet seines sich rasch verschlechternden Gesundheitszustandes veranlaßten ihn Zeitungsberichte über die sklavereifreundlichen Reden im Repräsentantenhaus dazu, sich noch ein letztes Mal in gedruckter Form zu äußern. Unter dem Pseudonym «Historicus» veröffentlichte er eine Parodie auf die Rede, die James Jackson aus Georgia gehalten hatte. Das war eine Leistung Franklins, wie sie im Buche stand, und sie erinnerte an seine versonnenen, aber verheerenden Empfehlungen, die er 1770 der britischen Regierung gegeben hatte, bei denen es um das sicherste Mittel gegangen war, wie sie entscheidende Maßnahmen ergreifen sollte, mit denen sich das British Empire garantiert vernichten ließ. Diesmal behauptete er, ihm sei die unheimliche Ähnlichkeit zwischen Jacksons Rede zur Verteidigung der Sklaverei und einer ein Jahrhundert zuvor gehaltenen Rede aufgefallen, die ein algerischer Pirat namens Sidi Mehemet Ibrahim gehalten hatte.

Gewiß waren die Ähnlichkeiten unbeabsichtigt, behauptete er, denn Jackson war offensichtlich ein tugendhafter Mann und daher nicht zu einem Plagiat fähig. Doch die Argumente und schon allein die Sprache waren identisch, außer daß Jackson das Christentum benutzte, um die Versklavung der Afrikaner zu rechtfertigen, während der Afrikaner den Islam benutzte, um die Versklavung von Christen zu rechtfertigen. «Die Lehre, wonach das Plündern und Versklaven der Christen ungerecht ist, ist bestenfalls *problematisch*», hatte der Algerier angeblich geschrieben, und als man ihm eine Bittschrift präsentierte, er möge aufhören, Europäer zu fangen, hatte er dem Divan von Algier gegenüber behauptet, «daß es im Interesse des Staates liege, mit dieser Praxis fortzufahren; darum mag die Bittschrift verworfen werden». All dieselben praktischen Einwände gegen die Beendigung der Sklaverei wurden ebenfalls erhoben: «Wer aber soll ihre Herren für den Verlust entschädigen? Wird der Staat das tun? Ist unsere Schatzkammer ausreichend...? Und wenn wir unsere Sklaven freilassen, was soll dann mit ihnen geschehen...? Unsere Leute werden sich nicht beflecken, indem sie Ehen mit ihnen eingehen.» Franklin ließ dann den Algerier argumentieren, den versklavten Christen gehe es «besser bei uns, als wenn sie in Europa blieben, wo sie sich nur in Religionskriegen gegenseitig die Kehle durchschneiden würden». Franklins pointierte Parodien wurden in mehreren Zeitungen von Boston bis Philadelphia nachgedruckt, allerdings nirgends südlich des Potomac. Das war sein letzter öffentlicher Akt. Drei Wochen später, am 17. April, ging der Gründer-Großvater schließlich zu seinem Schöpfer.[45]

Vor seinem Ableben machte sich jedoch das große Gewicht von Franklins unzweideutiger Unterstützung in der Kongreßdebatte bemerkbar und ermutigte mehrere Abgeordnete aus den Nordstaaten dazu, mit neugefundenem Mut den sklavereifreundlichen Argumenten des Tiefen Südens zu antworten. Franklins Ruf diente als Katalysator in einem Wortwechsel, als Smith aus South Carolina seine Ansichten zu diskreditieren versuchte, indem er bemerkte: «Selbst große Männer haben ihre senilen Momente.» Das veranlaßte Entgegnungen von seiten der Delegation Pennsylvanias: «Anstatt zu zeigen, daß er überaltert sei», machten die sklavereifeindlichen Ansichten Franklins deutlich, daß «die Qualitäten seiner Seele wie auch die seines Geistes noch in Blüte stehen»; nur Franklin war anscheinend noch fähig, «die Sprache Amerikas zu sprechen und uns zu unseren ersten Grundsätzen zurückzurufen»; Kritiker Franklins offenbarten, so wurde behauptet, nur die Absurdität der sklavereifreundlichen Position und ließen klar zutage treten, daß «ein Verfechter der Sklaverei in seiner vollsten Uneingeschränktheit, bei diesem Stand der Welt, und auch noch in den Hallen des amerikanischen Kongresses, *ein Phänomen in der Politik* darstellt. ... So etwas ist einfach unglaublich, ja unfaßbar.» William Scott aus Pennsylvania, der sich ebenfalls für Franklin ereiferte, führte einen Frontalangriff gegen die verfassungsrechtliche Position des Tiefen Südens: «Ich halte es für unbefriedigend, wenn man mir erklärt, es habe im nationalen Konvent eine Übereinkunft zwischen den Mitgliedern aus dem Norden und denen aus dem Süden gegeben»; die Verfassung war ein geschriebenes Dokument und nicht eine Reihe ungeschriebener Abmachungen; wo sagte sie überhaupt etwas über Sklaverei? Wer waren diese Leute aus South Carolina, daß sie uns darüber belehren wollten, was der Kongreß tun könne und was nicht? «Ich glaube», schloß Scott, «wenn der Kongreß zu irgendeinem Zeitpunkt der Ansicht sein sollte, daß ein Zustand der Sklaverei eine Qualität ist, die in Amerika unzulässig ist, dann wäre es ihm nicht verwehrt, ... diese schädliche Qualität zu verbieten.» Er sprach noch fast eine Stunde lang. Das erwies sich als der Höhepunkt der gegen die Sklaverei unternommenen Bemühungen im Repräsentantenhaus.[46]

Im Rückblick läßt sich sagen, daß Franklins letzte Führungsgeste dazu diente, seinen historischen Ruf als ein Mann zu festigen, der ein Gefühl für die Zukunft besaß. Doch unter dem Eindruck der aktuellen Situation kursierte in den oberen Rängen der Regierung eine andere, ganz glaubwürdige Definition. John Adams beispielsweise war zwar ein ausgesprochener Feind der Sklaverei, der es im Hinblick auf seine revolutionären Qualifikationen mit jedem aufnehmen konnte, aber von seinem Sitz als Vorsitzender des Senats wirkte er mit, als sich dieses Gremium weigerte, eine Anhörung der Quäker-Petitionen zuzulassen. Alexander Hamilton, der ein Gründungsmitglied der New York Manumission Society und ein unerschrockener Gegner der Sklaverei war, bedauerte ebenfalls die gesamte Debatte im Repräsentantenhaus, da sie das blockierte, was für ihn höchste Priorität hatte, nämlich die Billigung seines Finanzplans. Und George Washington, der oberste Gründervater, der ein persönliches Gelübde abgelegt hatte, nie wieder einen Sklaven zu kaufen, und der bekanntgegeben hatte, es sei sein innigster Wunsch, «einen Plan ergriffen zu sehen, mit dessen Hilfe die Sklaverei in diesem Lande in langsamen, sicheren und unmerklichen Schritten abgeschafft werden mag», war ebenfalls der Meinung, die aktuelle Debatte im Repräsentantenhaus sei ein peinliches und gefährliches Ärgernis, dem ein Ende bereitet werden müsse. Jefferson stimmte diesem Urteil wahrscheinlich zu, wenngleich er sich in seiner Korrespondenz in charakteristischer Weise über dieses Thema ausschweigt. Die gemeinsame Auffassung von Führung, die diese hervorragende Konstellation zusammenhielt, bestand in einer klaren Wahrnehmung der politischen Bedrohung, die jede direkte Erörterung der Sklaverei in der immer noch fragilen amerikanischen Republik darstellte. Und der Mann, der auftrat, um diese Version von Führung in die Praxis umzusetzen, war James Madison.[47]

Wenn Franklins große Gabe in einem unheimlichen Talent bestand, über politischen Lagern zu schweben und auf einer Höhe zu agieren, die es ihm gestattete, die wesentlichen Muster zu überblicken und dann sehr ironisch und geistreich das Verhalten derer zu kommentieren, die da auf dem Boden herumkrochen, dann war Madisons Spezialität genau das Gegenteil. Er lebte in den Details und bewirkte seine Zauberei im Kontext des Augenblicks, und er mobilisierte die Kräfte auf dem Boden gewandter und mit größerem taktischen Geschick als jeder andere. Miteinander hätten er und Franklin ein nahezu unschlagbares Team abgegeben. Doch 1790 standen sie auf verschiedenen Seiten.

Madisons Position zum Thema Sklaverei erfaßte den Kern des «virginischen Ja, aber», wie man es nennen könnte. Einerseits fand er die eklatant sklavereifreundlichen Argumente «beschämend unanständig» und beschrieb seine Kollegen aus South Carolina und Georgia als «maßlos ohnegleichen und ohne allen Anstand». Wie die meisten seiner virginischen Landsleute wollte er zu erkennen geben, daß er ein frühes Ende des Sklavenhandels bevorzugte und die Institution der Sklaverei als «tiefverwurzelten Mißbrauch» ansah. Er behauptete, die eklatant sklavereifreundliche Rhetorik der Delegierten aus dem Tiefen Süden sei ihm wirklich peinlich und er fühle sich auf dem hohen moralischen Boden seiner Freunde aus dem Norden viel wohler.[48]

Doch mitten durch sein Denken zog sich eine Verwerfungslinie, da war eine Art rätselhafter Region, in welche die Ideen in der einen Ausrichtung eingingen, sie dann aber in der anderen Ausrichtung wieder verließen. Als ihn beispielsweise Benjamin Rush, der Arzt und Abolitionist aus Philadelphia, dazu drängte, die Petitionen der Quäker im Repräsentantenhaus zu unterstützen, antwortete Madison: «Obgleich ich die Stärke vieler Ihrer Bemerkungen empfinde, kann ich mir nicht den Gedanken zu eigen machen, zu welchem sie führen.» Wurde er gedrängt, die Diskrepanz zwischen seiner hypothetischen Antisklaverei-Position und seiner tatsächlichen Hingabe an eine selbstverordnete Lähmung zu erklären, dann neigte er dazu, mehrere unterschiedliche Antworten zu geben. Manchmal war es ein Problem seiner virginischen Wähler: «Diejenigen, denen ich meine öffentliche Stellung verdanke», erklärte er, «sind, wie ich weiß, an dieser Art Eigentum außerordentlich interessiert und sehen die Sache in diesem Licht.» Manchmal war es eine Frage des Zeitpunkts: Er war mit dem progressiven Teil der virginischen Pflanzerklasse einer Meinung, daß «die Sklaverei ein moralisches und politisches Übel ist und daß sich jeder, der in den einzelnen Staaten einen allgemeinen, rationalen und liberalen Plan zur schrittweisen Freilassung der Sklaven vorlegt, um sein Land verdient machen wird – doch ich glaube, es war zu diesem Zeitpunkt sehr unangebracht, die Sache in den Kongreß zu bringen».[49]

Jede Bemühung, den Kern der Position Madisons zum Thema Sklaverei zu lokalisieren, verfehlt daher den entscheidenden Punkt, der darin besteht, daß es keinen Kern gab, vielleicht mit Ausnahme der Überzeugung, daß das gesamte Thema tabu sei. Ebenso wie Jefferson und die übrigen Mitglieder der virginischen Dynastie betrachtete er jede explizite Verteidigung der Sklaverei nach Art South Carolinas und Georgias als moralische Peinlichkeit. Andererseits war für ihn jede Bemühung, der Sklaverei ein Ende zu bereiten, verfrüht, politisch undurchführbar und kontraproduktiv. Infolgedessen entwickelte er eine Art und Weise, über dieses Problem zu reden und zu schreiben, die man als «aufgeklärte Verschleierung» beschreiben könnte. Betrachten wir beispielsweise die folgende Äußerung Madisons, die auf dem Höhepunkt der Debatte im Repräsentantenhaus geschrieben wurde: «Erhöbe dieser Irrsinn nicht Vorwürfe gegen die öffentlichen Räte, sollte er bei den Freunden der Menschlichkeit und Freiheit kein Bedauern hervorrufen. Nichts könnte stärker das Fortschreiten dieser Überlegungen und Ansichten beschleunigen, welche heimlich die Institution untergraben, die dieser verfehlte Eifer gegen das entfernteste Nahen von Gefahr sicherzustellen sucht.» Die gewundene Syntax, die zahlreichen Negationen, die unbestimmten Bedingungen und meisterhaften Umschreibungen dieser Aussage entziehen sich dem Verständnis. Was als eine Brandmarkung derjenigen beginnt, welche die Sklaverei verteidigen, macht irgendwie unterwegs kehrt und endet schließlich in unruhiger Verwirrung darüber, daß über die Angelegenheit überhaupt geredet wird. Was wie ein gegen die Sklaverei gerichtetes Argument klingen soll, verwandelt sich unter der Hand in eine verbale Nebelbank, die sich wie eine Wolke auf das gesamte Thema herabsenkt.[50]

Mitten in dieser absichtlichen Konfusion schien *eine* Madisonsche Überzeugung mit einer Klarheit durch, wie sie für ihn eher charakteristisch war – daß nämlich die Sklaverei ein explosives Thema darstellte, das von der politischen Tagesordnung der neuen Nation entfernt werden mußte. Es war tabu, weil es die inhärenten Widersprüche der virginischen Position zutage treten ließ, die der Position des Tiefen Südens viel näher stand, als Madison sogar sich selbst einzugestehen wünschte. Und es war tabu, weil es mehr als jede andere Kontroverse über das politische Potential verfügte, die Union zu zerstören. Franklin wollte die Sklaverei auf die nationale Tagesordnung setzen, bevor es zu spät war, in Übereinstimmung mit den Grundsätzen der Revolution etwas Entscheidendes zu unternehmen. Madison wollte die Sklaverei von der nationalen Tagesordnung verbannen, weil er glaubte, daß entschlossenes Handeln zur Vernichtung entweder der virginischen Pflanzerklasse oder der Nation selbst führen würde. (Im Denken vieler Virginier war beides gleichbedeutend.) «Die wahre Klugheit der Mitglieder aus dem Süden», erklärte er einem virginischen Landsmann, «bestand darin, die Angelegenheit mit so wenig Lärm wie möglich ablaufen zu lassen.» Die törichten Abgeordneten aus dem Tiefen Süden hatten diese Strategie durchkreuzt. Nun entschloß sich Madison, die Gelegenheit zu ergreifen, die sich durch ihre Sezessionsdrohungen bot, um im Kongreß aktenkundig zu machen, daß er jedes verfassungsmäßige Recht der Bundesregierung zur Beendigung der Sklaverei verwerfe. Das war die South-Carolina-Lösung, die im Virginia-Stil durchgesetzt wurde.[51]

Wesentlich für diesen Stil war indirektes Vorgehen. Darin war Madison Meister; so geschickt operierte er hinter den Kulissen und in Gesprächen, über die es keine Aufzeichnungen gibt, daß seine bedeutendsten politischen Leistungen einschließlich seines Beitrags zur endgültigen Form der Verfassung und seines dauerhaften Einflusses auf das Denken und Verhalten Thomas Jeffersons für immer verborgen bleiben, sichtbar nur in der Weise, in der man dic Bewegung von Eisenfeilspänen in einem Magnetfeld erkennt. Der Einfluß Madisons machte sich in der Debatte des Repräsentantenhauses am 23. März, als über den Ausschußbericht abgestimmt wurde, bemerkbar.

Etwas hatte sich geändert. Mehrere Abgeordnete aus dem Norden, die sich zuvor auf die Seite der Quäker-Petenten geschlagen hatten, äußerten jetzt ihr Bedauern darüber, daß die Sache außer Kontrolle geraten sei. Fisher Ames aus Massachusetts stellte sich laut die Frage, weshalb sich das Repräsentantenhaus in eine Debatte über «abstrakte Grundsätze» habe ziehen lassen, und er forderte jetzt, der Ausschußbericht solle zurückgestellt werden. Jackson erhob sich, um Ames und seinen Kollegen aus den Nordstaaten dafür zu danken, daß sie zur Einsicht gelangt waren und wieder den alten versöhnlichen Geist angenommen hatten, der es den Interessen des Nordens und des Südens einst gestattet hatte zu kooperieren. Einer der Quäker-Petenten auf der Galerie, John Pemberton, notierte in seinem Tagebuch, offensichtlich sei eine Art Geschäft zwischen den Regionen geschlossen worden: «Es war eine Sache, bei der die eine Hand die andere wusch.» (Pemberton mutmaßte, es sei ein geheimer Deal eingefädelt worden, wonach sich Massachusetts in der Sklavereifrage auf die Seite des Tiefen Südens schlagen und als Gegenleistung dafür aus dem Süden Unterstützung in der Frage der Schuldenübernahme erhalten würde. Wenn dies so war, dann war Jeffersons Dinnerparty im darauffolgenden Juni der Gipfelpunkt eines noch komplizierteren Verhandlungsablaufs zwischen den Regionen, als zuvor erkannt.) Doch alle Behauptungen über das, was hinter den Kulissen vor sich gegangen war, sind hypothetisch. Madison hinterließ selten Fußabdrücke.[52]

Das Ziel, das der Tiefe Süden nunmehr mit Unterstützung aus Massachusetts und Virginia verfolgte, war es, den Ausschußbericht zurückstellen zu lassen, wobei er wieder damit drohte, eine weitere Erörterung werde die Gefahr einer Uneinigkeit heraufbeschwören, was nach den Worten von William Loughton Smith so war, als «lichte man einen Anker gegen den Wind». Madison wollte jedoch mehr als lediglich ein Ende der Debatte. Er wünschte einen Präzedenzfall zu schaffen, der eine Klarstellung der verfassungsmäßigen Unklarheiten hinsichtlich der Befugnisse des Kongresses bezüglich der Sklaverei brachte. Deshalb begrüßte er das positive Votum (29 zu 25 Stimmen), den Ausschußbericht anzunehmen (Einzelheiten über ihn folgen gleich), weil er beschlossen hatte, den Anlaß zu benutzen, um einen verfassungsmäßigen Präzedenzfall zu schaffen. Im 20. Jahrhundert hätte das, was Madison zu erreichen trachtete, eine Entscheidung des Obersten Gerichtshofes erfordert. Doch 1790 war der Oberste Gerichtshof ein jämmerlich schwacher dritter Zweig der Bundesregierung, und das Prinzip der richterlichen Überprüfung mußte erst noch eingeführt werden. Madison wollte die Abstimmung über den Ausschußbericht dazu benutzen, um so etwas wie eine Meilenstein-Entscheidung zu schaffen, die jedes nationale Freilassungsprogramm verbot.[53]

Es lief genau so, wie er es sich wünschte. Der Ausschußbericht bestand aus sieben Resolutionen, die sich mit der folgenden herausragenden Frage befaßten: Welches sind «die dem Kongreß im Rahmen der gegenwärtigen Verfassung zustehenden Befugnisse bezüglich der Abschaffung der Sklaverei»? Die erste Resolution war dazu bestimmt, den Tiefen Süden durch die Bekräftigung der Feststellung zu besänftigen, daß die Verfassung bis zum Jahre 1808 jede Bundesgesetzgebung, die den Sklavenhandel einschränkte oder beendete, verbot. Die vierte war eine Geste gegenüber den Interessen des Nordens und ermächtigte den Kongreß, eine Steuer auf Sklavenimporte zu erheben, die dazu bestimmt war, diese Praxis zu behindern, ohne sie zu verbieten. Die siebte war ein Kopfnicken in Richtung Quäker-Petenten, und darin hieß es: «In allen Fällen, auf die sich die Autorität des Kongresses erstreckt, wird er sie in Verfolgung der humanen Ziele der Verfasser der Denkschrift ausüben, soweit sie sich nach den Grundsätzen von Gerechtigkeit, Menschlichkeit und politischer Klugheit fördern lassen.» Doch was bedeutete dieses bewußt vage gehaltene Versprechen? Konkret, wie weit erstreckte sich die Autorität des Kongresses? Die implizite Antwort wurde in der zweiten Resolution gegeben. Sie lautete: «Daß der Kongreß, nach einer angemessenen Auslegung der Verfassung, in gleicher Weise daran gehindert ist, in die Freilassung von Sklaven einzugreifen, die sich in irgendeinem der besagten Staaten bereits befinden oder die möglicherweise in dem erwähnten Zeitraum dorthin eingeführt oder dort geboren werden.»[54]

Das war die entscheidende Klausel. In Übereinstimmung mit dem Kompromißcharakter des Ausschußberichtes gab sie dem Tiefen Süden den Rechtsschutz, den er verlangt hatte, indem sie jegliche Befugnis des Kongresses bestritt, eine Gesetzgebung über schrittweise Freilassung zu verabschieden. Doch sie versah dieses Moratorium auch mit einer zeitlichen Grenze. Das Verbot würde nur «in dem erwähnten Zeitraum» – das heißt bis 1808 – gelten. Praktisch verlängerte der Ausschußbericht den Stichtag für die Behandlung der Freilassung, so daß er mit dem Stichtag für die Beendigung des Sklavenhandels zusammenfiel. Der Tiefe Süden würde seinen Willen bekommen, aber nur für begrenzte Zeit. Nach 1808 besaß der Kongreß die Befugnis zu tun, was er wünschte; dann würden alle verfassungsmäßigen Beschränkungen aufhören.

In diesem entscheidenden Augenblick tat die Madisonsche Zauberei ihre Wirkung. Das Repräsentantenhaus konstituierte sich als Ganzes als Ausschuß, um die Formulierungen des Berichts zu überarbeiten. In parlamentarischen Manövern dieser Art hatte Madison nicht seinesgleichen. Die Delegation Virginias hatte bereits ihren Marschbefehl erhalten, hinter einer geänderten Fassung des Berichts mobil zu machen. Und mehrere Delegationen aus dem Norden, vor allem diejenigen aus Massachusetts und New York, waren ganz eindeutig bearbeitet worden, die Abänderungen zu unterstützen, wenngleich niemand je erfahren wird, welche Versprechungen ihnen gemacht wurden. Zum Schluß reduzierte man die sieben Resolutionen auf drei. Die Steuer auf den Sklavenhandel wurde völlig fallengelassen und ebenso auch die siebte Resolution mit ihrer vagen Solidaritätserklärung für die gutgemeinten Ziele der Quäker-Petenten. Diese letztgenannte Geste war infolge der neuen Formulierung der zweiten Resolution irrelevant geworden. Sie lautete jetzt: «Der Kongreß hat keine Autorität, in die Freilassung von Sklaven oder in ihre Behandlung in irgendeinem der Staaten einzugreifen; es bleibt allein Sache der Einzelstaaten, darüber irgendwelche Regelungen zu treffen, welche die Menschlichkeit und eine wahre Klugheit möglicherweise erfordern.» In der Diskussion über diese Formulierung lieferte Madison den klarsten Kommentar zu ihrer neuen Bedeutung, indem er erklärte, anstatt für das Tätigwerden des Kongresses gegen die Sklaverei ein Moratorium von 18 Jahren festzusetzen, mache es die Abänderung zu jedem beliebigen Zeitpunkt verfassungswidrig, «den Versuch zu ihrer Freilassung zu unternehmen». Der vom Repräsentantenhaus verabschiedete

Abschlußbericht belegte praktisch jede Debatte über die Sklaverei, so wie sie im Süden existierte, für immer mit einem Verbot. Was als eine Initiative begonnen hatte, die Abschaffung der Sklaverei in die Wege zu leiten, war in eine Entscheidung verwandelt worden, alle Freilassungspläne des Bundes abzuschaffen. Mit 29 zu 25 Stimmen stimmte das Repräsentantenhaus zu, dieses Urteil in die Kongreßakten zu übernehmen. Ein erleichterter George Washington schrieb an einen Freund in seiner virginischen Heimat: «Die Sache mit den Sklaven ist endlich schlafen gelegt worden und wird kaum mehr aufwachen.»[55]

Wie üblich hatte Washington recht. Der Kongreß hatte die schrittweise Freilassung von seiner Tagesordnung gestrichen; seine Entscheidung vom Frühjahr 1790 wurde zu einem Präzedenzfall mit der Kraft von Gewohnheitsrecht. Im November 1792 beispielsweise, als unter der Ägide von Fisher Ames eine weitere Petition von Quäkern eingebracht wurde, verwies William Loughton Smith seinen Kollegen auf die frühere Debatte von 1790. Damals hatte das Repräsentantenhaus beschlossen, sich nie wieder durch das «bloße hochtrabende und zusammenhanglose Geschwätz eines zudringlichen Fanatikers» aufhetzen zu lassen, und es hatte erklärt, «daß das Thema nie wieder berührt werden würde». Die Petition wurde zurückgezogen. Mehr als 40 Jahre später, 1833, führte Daniel Webster denselben Präzedenzfall an: «Meine Meinung über die Befugnisse des Kongresses zum Thema Sklaven und Sklaverei ist, daß der Kongreß keine Autorität besitzt, in die Freilassung von Sklaven einzugreifen. Das wurde 1790 vom Repräsentantenhaus so beschlossen, ... und ich weiß von keiner anderen Meinung, die seither geäußert worden wäre.»[56]

Ganz gleich, welche Chancen bestanden hatten, das eine eklatante Stück unvollendeter Arbeit in der Revolutionsära zu vollenden, nun waren sie geschwunden. Wie bereits bemerkt, waren vielleicht die Chancen, falls es tatsächlich je welche gegeben hatte, schon im Jahre 1790 vorüber, so daß die Debatte und der Beschluß im Repräsentantenhaus lediglich das besiegelten, was die unheilvolle Kombination aus rassischer Demographie, angelsächsischem Dünkel und verbissenen Wirtschaftsinteressen bereits unmöglich gemacht hatte. Mehr als

200 Jahre nach diesem Ereignis ist es immer noch nicht möglich, schlüssig zu beweisen, daß Madisons Auffassung von den politischen Prioritäten falsch war oder daß die Verfolgung von Franklins Prioritäten nicht die amerikanische Republik im Augenblick ihrer Geburt zerstückelt hätte. Vielleicht war es unvermeidlich, ja vorzuziehen, daß die Sklaverei als nationales Problem vom Kongreß an die Kirchen überwiesen wurde, wo sie als eine Sünde in Augenschein genommen werden konnte, die eine nationale Reinigung erforderte, und nicht als ein gesellschaftliches Dilemma, das eine politische Lösung erforderte. Das ist jedenfalls das, was geschah.

Man kann nur darüber spekulieren, welche Gedanken und Gefühle das Gewissen von James Madison durchzogen, nachdem der flüchtige Moment vorüber war. Madison verstand besser als die meisten, was bei der Debatte über die Sklaverei auf dem Spiel stand. Er wußte, was die Amerikanische Revolution versprochen hatte, daß die Sklaverei dieses Versprechen brach und daß Franklin zu seinem Schöpfer gegangen war, nachdem er alle Beteiligten daran erinnert hatte, daß Schweigen Verrat am revolutionären Erbe bedeutete. Während des Gedächtnisgottesdienstes zu Ehren Franklins am 22. April erhob sich Madison, um den letzten Tribut des Repräsentantenhauses darzubringen:

> Nachdem das Repräsentantenhaus vom Ableben BENJAMIN FRANKLINS unterrichtet worden ist, eines Bürgers, dessen angeborene Begabung ebensosehr eine Zierde der menschlichen Natur war, wie seine verschiedenen Anwendungen dieser Begabung für die Wissenschaft, für die Freiheit und für sein Land kostbar gewesen sind, beschließt es, als Zeichen der Verehrung, die seinem Andenken gebührt, daß die Mitglieder einen Monat lang den üblichen Trauerflor tragen.[57]

Die Symbolik der Szene war ergreifend, da sie ja das Hinscheiden des prototypischen Amerikaners und der Sache der schrittweisen Freilassung veranschaulichte. Ob sie es wußten oder nicht, der Trauerflor, den die Mitglieder des Repräsentantenhauses zu tragen bereit waren, legte auch Zeugnis von dem tragischen und vielleicht nicht zu bewältigenden Problem ab, das selbst die Revolutionsgeneration mit all ihren außerordentlichen Talenten nicht lösen, dem sie noch nicht einmal ins Auge sehen konnte.

Der Abschied 4

Einer selbstverständlichen Wahrheit am nächsten kam in der ersten Hälfte der 1790er Jahre George Washington. Ihn, der schon zu seiner Zeit zur Legende geworden war, beschrieben die Amerikaner seit 1776 – das heißt, auch schon bevor es überhaupt ein Land gab – als «Vater des Landes». Als er das Präsidentenamt übernahm – kein anderer Kandidat ließ sich auch nur denken –, war die Mythologie, die den Ruf Washingtons umrankte, wie Efeu über eine Statue gewachsen, sie hatte den Mann tatsächlich in eine Aura der Allmacht gehüllt und die Unterscheidung zwischen seinen menschlichen Qualitäten und seinen heroischen Leistungen unmöglich gemacht.[1]

Einige der unglaublichsten Geschichten waren auch wirklich wahr. Während der vom Unglück verfolgten Expedition General Edward Braddocks gegen die Franzosen vor Pittsburgh im Jahre 1755 hatte sich der junge Washington mit Daniel Boone zusammengetan, um die Überlebenden zu sammeln, obwohl ihm zwei Pferde unter dem Leib weggeschossen wurden, zahlreiche Kugeln seinen Rock durchlöcherten und seine Hosen streiften. In Yorktown hatte er 1781 darauf bestanden, während eines Artillerieangriffs eine volle Viertelstunde auf einer Brustwehr zu stehen, während rings um ihn Kugeln und Granatsplitter sausten, und er hatte sich Adjutanten widersetzt, die ihn herunterzuziehen versuchten, ehe er einen richtigen Überblick über das Schlachtfeld gewonnen hatte. Wenn Washington von Schicksal sprach, hörten die Menschen zu.[2]

Wenn es in der neuen amerikanischen Republik einen Olymp gab, dann waren all die kleineren Götter weiter unten am Abhang versammelt. Der einzige ernsthafte Konkurrent um den Vorrang war Benjamin Franklin, aber dieser erkannte selbst unmittelbar vor seinem Tode im Jahre 1790 Washingtons Vorrangstellung an. Mit einer typisch Franklinschen Geste vermachte er Washington seinen Spazierstock aus Holzapfelbaumholz, der dem General vermutlich seinen Spaziergang in

Richtung Unsterblichkeit erleichtern sollte. «Wäre dies ein Szepter», bemerkte Franklin, «dann hätte er es verdient und würde ihm zur Zierde gereichen.»[3]

Im Amerika der 1790er Jahre sah man Washingtons Bild überall: auf Gemälden, Stichen, Medaillons; auf Münzen, Tafelsilber, Tellern und Haushaltsutensilien. Und seine Bekanntheit schien für die Ewigkeit gemacht zu sein. Seine beherrschende Gegenwart war das zentrale Element in jedem bedeutenden Ereignis der Revolutionsära gewesen: die Stütze der Kontinentalarmee in acht langen Jahren verzweifelter Kämpfe, von 1775 bis 1783; der Vorsitzende des Verfassungskonvents im Jahre 1787; der erste und einzige Präsident der jungen Bundesregierung seit 1789. Er war die handgreifliche Realität, die den revolutionären Schwärmereien Fleisch und Blut verlieh, Amerikas einziger unentbehrlicher Akteur. Washington war das Gravitationszentrum, das die Amerikanische Revolution daran hinderte, auf beliebigen Bahnen davonzufliegen, die stabile Mitte, um die sich die revolutionären Energien bildeten. Wie es ein beliebter Trinkspruch der damaligen Zeit formulierte, war er «der Mann, der alle Herzen vereint». Er war der amerikanische Zeus, Moses und Cincinnatus in einer Person.[4]

Dann, ganz plötzlich, am 19. September 1796, erschien auf den Innenseiten des *American Daily Advertiser*, der größten Zeitung Philadelphias, ein Artikel, der an «das VOLK der Vereinigten Staaten» gerichtet war. Der demonstrativen Schlichtheit der Ankündigung entsprach ihre kalkulierte Einfachheit. Sie begann mit den Worten: «Freunde und Mitbürger: Die Zeit für die Neuwahl eines Bürgers, der die vollziehende Gewalt der Vereinigten Staaten ausüben soll, ist nicht mehr fern.... Darum erscheint es mir angemessen, insbesondere da es vielleicht zu einer deutlicheren Äußerung der öffentlichen Meinung führen wird, daß ich Sie jetzt von dem Entschluß in Kenntnis setze, den ich gefaßt habe: daß ich es ablehne, zum Kreise derer gezählt zu werden, unter denen die Wahl zu treffen ist.» Sie endete, wiederum in einer Geste demonstrativer Zurückhaltung, mit der schmucklosen Unterschrift: «G. Washington, Vereinigte Staaten».[5]

In den darauffolgenden Wochen druckte jede größere Zeitung des Landes den Artikel nach, wenngleich nur eine einzige, der *Courier of New Hampshire*, ihm den Titel gab, der ihm dann für alle Zeiten erhalten bleiben sollte – «Washingtons Abschiedsansprache». Die Zeitgenossen begannen fast sofort damit, den Inhalt des Textes zu diskutieren, und bald kam es zu einer lebhaften (und letztlich törichten) Auseinandersetzung über die Frage, wer die Erklärung wirklich geschrieben habe – Washington oder Hamilton. Langfristiger erlangte die Abschiedsansprache einen transzendentalen Status, sie rangierte neben der Unabhängigkeitserklärung und der Ansprache von Gettysburg als zukunftweisende Formulierung der bleibenden Grundsätze Amerikas. Ihr olympischer Ton machte sie zu einem dauerhaften Prüfstein bei jenen politischen Anlässen, die Platitüdenweisheit erfordern. Und gegen Ende des 19. Jahrhunderts machte der Kongreß ihre Verlesung zu einem obligatorischen Ritual zur Feier von Washingtons Geburtstag. Mittlerweile haben mehrere Generationen von Historikern, angeführt von Fachleuten für amerikanische Diplomatie, die Interpretation der Abschiedsansprache zu einem eigenständigen Forschungszweig gemacht und um ihre Implikationen für eine isolationistische Außenpolitik und eine Zweiparteien-Variante amerikanischer Staatskunst einen regelrechten Berg von Kommentaren aufgetürmt.[6]

Doch in der damaligen Situation hatte keine dieser nachfolgenden Affektiertheiten oder Interpretationen nennenswerte Bedeutung, sofern sie überhaupt eine hatte. Das, worauf es ankam, was jedenfalls den meisten Lesern als das einzige erschien, worauf es wirklich ankam, war die Tatsache, daß sich George Washington zur Ruhe setzte. Die verfassungsrechtliche Bedeutung dieser Entscheidung wurde natürlich sofort wahrgenommen, da dies ja die freiwillige Aufgabe des Präsidentenamtes durch Washington nach zwei Amtszeiten signalisierte und damit den Präzedenzfall schuf, der bis 1940 Bestand hatte, als Franklin Delano Roosevelt die Regel durchbrach. (Sie wurde 1951 mit der Verabschiedung des Zweiundzwanzigsten Verfassungszusatzes erneut bestätigt.) Doch selbst dieser wegweisende Präzedenzfall, der eine so entscheidende Rolle dabei spielte, das republikanische Prinzip des turnusmäßigen Wechsels im Amt einzuführen, verblaßte im Vergleich zu einer noch elementareren politischen und psychologischen Einsicht.

Zwanzig Jahre lang, während der gesamten Dauer des Revolutionskrieges und des Experiments mit der republikanischen Staatsform, hatte Washington am Ruder des Staatsschiffs gestanden. Nun segelte er davon in den Sonnenuntergang. Der Präzedenzfall, den er schuf, mag im Rückblick erhebend erscheinen, aber zum damaligen Zeitpunkt war die krasse und schmerzliche Realität die, daß es für die Vereinigten Staaten ohne Washington selbst keinen Präzedenzfall gab. Wie mehrere Kommentatoren bemerkt haben, war die Abschiedsansprache insofern eine Merkwürdigkeit, als sie nicht wirklich eine Ansprache war; sie wurde nie als Rede gehalten. Im Grunde genommen sollte man sie den Abschiedsbrief nennen, denn in ihrer Form und ihrem Ton war sie ein offener Brief an das amerikanische Volk, dem darin mitgeteilt wurde, daß es jetzt auf sich gestellt war.[7]

Insider hatten seit etwa sechs Monaten den Verdacht gehabt, daß dieser Schritt bevorstehe. Im Februar 1796 hatte sich Washington erstmals wegen des Entwurfs einer Art Abschiedserklärung an Alexander Hamilton gewandt. Kurz danach hatte das Klatschnetz innerhalb der Regierung die Witterung aufgenommen. Ende des Monats schrieb James Madison an James Monroe in Paris: «Es ist ziemlich sicher, daß der Präsident über seine gegenwärtige Amtszeit hinaus nicht weiter amtieren wird.» Am Vorabend der Abschiedsansprache prophezeite Fisher Ames, der Führer der Föderalisten aus Massachusetts, die sich abzeichnende Ankündigung Washingtons werde «ein Signal» darstellen, «so wie man einen Hut fallen läßt, um die Wettläufe zwischen den Parteien beginnen zu lassen», aber in Wirklichkeit waren sie inoffiziell schon während des gesamten vorangegangenen Frühjahrs und Sommers im Gange gewesen. Im Mai beispielsweise hatte Madison – wie sich herausstellte, korrekt – die Mutmaßung geäußert, in der ersten strittigen Präsidentenwahl der amerikanischen Geschichte werde Jefferson wahrscheinlich das Objekt auf der einen Seite sein und Adams anscheinend auf der anderen. Im Hochsommer verständigte Washington Freunde von seinem ernsthaften Wunsch, nach Beendigung seiner Amtszeit die Regierung zu verlassen, «und danach kann keine Erwägung unter dem Himmel, die ich vorherzusehen vermag, mich wieder aus den Bahnen des Privatlebens herausziehen». Tatsächlich hatte er während seiner gesamten zweiten Amtszeit Andeutungen fallenlassen und von sich gesagt, er stehe «jenseits des kritischen Alters von 63 Jahren» und sei zu alt für die Unbilden der Aufgabe, und dabei wiederholte er seinen vertrauten Refrain von der willkommenen Tröstung der herrlichen Einsamkeit unter «Weinstock und Feigenbaum» bei sich zu Hause in Mount Vernon.[8]

Aber meinte er es ernst? Klagen über die Widrigkeiten des öffentlichen Lebens, gefolgt vom Lobpreis der bukolischen Herrlichkeit des Rückzugs in ländliche Einsamkeit, waren zu einer vertrauten, ja formelhaften Attitüde in der Führungsklasse der Revolutionsgeneration, insbesondere in der Virginia-Dynastie, geworden. Jeder kannte die klassischen Modelle der neuzeitlichen Abgeschiedenheit, wie sie Cincinnatus repräsentierte und Cicero und Vergil sie beschrieben hatten. Erklärungen über den grundsätzlichen Rückzug aus dem Rummel der Politik in die natürlichen Rhythmen der eigenen Felder oder Farmen waren zu rhetorischen Ritualen geworden. Während in Washingtons Ruhestandshymne «Weinstock und Feigenbaum» vorkamen, vergötterte Jefferson «meine Familie, meine Farm und meine Bücher». Dieses Motiv hatte derartige Verbreitung erlangt, daß John Adams, selbst ein Cicero in spe, behauptete, die Virginier hätten das ganze ciceronische Syndrom abgenutzt: «Groß wird man anscheinend dadurch, daß man sich zur Ruhe setzt», schrieb er 1796 an Abigail. «Es ist erstaunlich, wie politische Pflanzen im Schatten gedeihen.» Washington hatte schon vor seiner Amtseinführung als Präsident damit gedroht, sich zurückzuziehen, und diese Drohung hatte er 1792 vor seiner Wiederwahl wiederholt. Auch wenn er sich bei allen diesen Anlässen völlig aufrichtig geäußert hatte, war seine Vorliebe für einen tugendhaften Rückzug immer von einer öffentlicheren Version der Tugend übertrumpft worden, die ihrerseits durch das einstimmige Urteil seiner politischen Berater verstärkt wurde, er und er allein sei unentbehrlich. Weshalb sollte man 1796 einen anderen Ausgang erwarten?[9]

Die kurze Antwort: das Alter. Während des größten Teils seines Lebens war Washingtons Körperkraft einer seiner unschätzbarsten Aktivposten gewesen. Fast 1 Meter 93 groß und etwa 90 Kilo schwer, war er einen ganzen Kopf größer als seine männlichen Zeitgenossen. (John Adams behauptete, der Grund, weshalb Washington durchgängig ausgewählt wurde, um jedes nationale Unternehmen anzuführen, war, daß er immer der größte Mann im Raum war.) Eine distanzierte Schilderung seiner körperlichen Züge hätte den Eindruck erweckt, er sei ein häßlicher, ungestalter Flegel: pockennarbiges Gesicht, verfaulte Zähne, übergroße Augenhöhlen, massige Nase, schwer in den Hüften, Hände und Füße von gargantuesken Ausmaßen. Doch irgendwie vermittelte das ganze Paket, wenn es zusammengesetzt und in Bewegung versetzt wurde, reine Majestät. Wie es einer seiner Biographen formuliert hat, nahm sein Körper nicht einfach nur Raum ein; er schien den Raum ringsum zu organisieren. Er beherrschte ein Zimmer nicht nur durch seine Größe, sondern mit einer fast elektrischen Gegenwart. «Er hat soviel martialische Würde in seiner Haltung», bemerkte Benjamin Rush, «daß es in Europa keinen König gibt, der an seiner Seite nicht wie ein Kammerherr aussehen würde.»[10]

Nicht nur schienen Kugeln und Granatsplitter in der Schlacht einen Bogen um seinen Körper zu machen, nicht nur warf er einmal einen Stein über die 65 Meter hohe Natural Bridge im Shenandoah-Tal, nicht nur galt er allgemein als der beste Reiter in Virginia, einer, der bei den meisten Fuchsjagden die Meute anführte, er besaß auch während des größten Teils seines Lebens eine körperliche Konstitution, die gegen Krankheit oder Verletzung gefeit zu sein schien. Andere Soldaten bekamen, wenn sie in Flüssen voller Eisschollen geschwommen waren, Erfrierungen. Andere Staatsmänner blieben auf der Strecke, weil ihnen das Durchhaltevermögen fehlte, um mit den erbarmungslosen politischen Zwängen fertig zu werden. Washington litt an keiner dieser Beschwerden. Adams sagte, daß Washington «die Gabe der Schweigsamkeit» besitze, womit er meinte, er habe einen Instinkt für das beredte Schweigen. Derselbe Grundsatz galt an der körperlichen Front. Seine Krankenakte war von beredter Leere.[11]

Die unvermeidlichen schwachen Punkte in seiner gußeisernen Konstitution begannen sich mit zunehmendem Alter zu zeigen. 1787 wurde er kurz vor dem Verfassungskonvent krank und verpaßte fast diesen großen Augenblick. Dann, 1790, bald nachdem er das Präsidentenamt angetreten hatte, erkrankte er an einer Grippe, die damals in New York grassierte, und starb fast an Lungenkomplikationen. Jeffersons Aussagen über Washington waren, wie wir sehen werden, für ihre Widersprüchlichkeit und Unzuverlässigkeit bekannt, aber er datierte Washingtons körperlichen Verfall auf diesen Augenblick: «Die feste Haltung seines Geistes, für die er bemerkenswert gewesen war, begann nachzulassen; eine Lustlosigkeit bei der Arbeit, ein Bedürfnis nach Ruhe hatte sich bei ihm eingenistet, und es gab eine Bereitschaft, andere für sich handeln oder sogar denken zu lassen.» 1794, als er die Umgebung der neuen nationalen Hauptstadt erkundete, die seinen Namen tragen sollte, zog er sich beim Reiten eine schlimme Zerrung im Rücken zu. Nachdem er all die Jahre Parforcejagd betrieben hatte und einen historischen Ruf als Amerikas erster Mann im Sattel genoß, war er nie wieder fähig, mit derselben Sicherheit auf einem Pferd zu sitzen. In seinem siebten Lebensjahrzehnt erschlaffte und verfiel das Muskelpolster um seinen Rumpf, seine aufrechte Haltung begann nach vorn zu kippen, so als lehne er sich ständig gegen den Wind, und am Ende jedes langen Tages erlahmte seine Energie. Feindliche Leitartikler sprachen kryptisch von herannahender Senilität. Selbst sein Vizepräsident John Adams räumte ein, daß Washington bei manchen öffentlichen Zeremonien benommen und völlig marionettenhaft wirkte, wie ein Schauspieler, der seinen Part abliest, oder ein alternder Sportler, der nur markiert.[12]

Vielleicht hätte das Alter allein hingereicht, um Washington letztmalig auf die Straße von Philadelphia nach Mount Vernon zu schicken. Gewiß, wenn es irgend jemand verdient hatte, auszuspannen und die ihm verbleibenden Jahre unter «Weinstock und Feigenbaum» zu verbringen, dann war es Washington. Vielleicht spürte er auf jene unheimlich instinktive Weise, in der er immer den Unterschied zwischen dem Wesentlichen und dem Nebensächlichen begriff, buchstäblich in den Knochen, daß eine weitere Amtszeit als Präsident seinen Tod im Amt bedeutet hätte. Dadurch, daß er sich jetzt zur Ruhe setzte, entging er diesem Schicksal, das einen Präzedenzfall geschaffen hätte, der nach monarchischer Langlebigkeit schmeckte, indem er es der Biologie gestattete, das Ende seiner Amtszeit zu bestimmen. Wenn wir nur den Präzedenzfall für die Beschränkung auf zwei Amtszeiten im Blick haben, dann wird dadurch das elementarere Prinzip verdunkelt, das Washington mit seinem freiwilligen Rückzug einführte – daß nämlich das Amt routinemäßig den Amtsinhaber überleben würde, daß die amerikanische Präsidentschaft etwas grundlegend anderes war als eine europäische Monarchie, daß Präsidenten, so unentbehrlich sie sein mochten, grundsätzlich austauschbar waren.

Doch fortschreitendes Alter und bloße körperliche Mattigkeit waren nur ein Teil der Antwort. Am knappsten läßt es sich vielleicht so formulieren, daß Washington nicht nur deshalb aus dem Amt schied, weil er ein Raunen vom Tod vernahm, sondern auch deshalb, weil er verletzt war. Was keine britische Kugel im Revolutionskrieg vermocht hatte, war der Oppositionspresse in den politischen Kämpfen während seiner zweiten Amtszeit gelungen. Im Gefolge seiner Abschiedsansprache beispielsweise erschien in Benjamin Franklin Baches *Aurora* ein offener Brief, in dem der alte Aufwiegler Tom Paine Washingtons Abgang pries, ja sogar für seinen baldigen Tod betete und dann prophezeite, es werde «der Welt schwerfallen zu entscheiden, ob Sie ein Renegat sind oder ein Hochstapler, ob Sie gute Grundsätze aufgegeben oder nie welche besessen haben».[13]

Manche der Artikel waren höchst lächerlich, so der ebenfalls in der *Aurora* erhobene Vorwurf, in kürzlich beschafften britischen Dokumenten aus den Kriegsjahren werde enthüllt, daß Washington insgeheim ein Verräter sei, der tatsächlich beabsichtigt habe, die amerikanische Sache zu verkaufen, bis ihm Benedict Arnold zuvorgekommen sei. Seine Kritiker waren, das sollte ebenfalls festgehalten werden, gegenüber den unzähligen Scharen seiner Anhänger eindeutig in der Minderheit. Die Repliken auf den offenen Brief Paines beispielsweise erschienen umgehend, und darin wurde Paine als «jener bekannte Säufer und Ungläubige» charakterisiert, dessen Bemühungen, Washingtons Ruf zu besudeln, «den vergeblichen Bemühungen eines Reptils ähnelten, sein Gift in den Atlantik zu jagen oder seinen schmutzigen Speichel gegen die Sonne zu schleudern». Tatsächlich erholte sich Paines bereits angeschlagener Ruf von dieser Episode nie wieder. Es mit Washington aufzunehmen war in der Revolutionsära das schnellste Verfahren, um politischen Selbstmord zu begehen.[14]

Gleichwohl waren die Attacken eine ständige Begleiterscheinung seiner zweiten Amtszeit gewesen, und trotz seiner gewohnheitsmäßig undurchdringlichen Fassade war Washington durch sie tief verletzt: «Doch diese Angriffe, so ungerecht und unangenehm sie sind, werden keine Änderung in meinem Verhalten herbeiführen; und sie werden auch keine andere Wirkung in meinem Geist hervorrufen», behauptete er. Zwar war Washington anders als Adams oder Jefferson kein großer Bücherleser, wohl aber las er eifrig Zeitungen. (In Mount Vernon hatte er zehn Zeitungen abonniert.) Seine Pose des völligen Ignorierens war nichts als – eine Pose. «Es mag daher die Bosheit ihre Pfeile schleudern», erklärte er, «aber keine Macht der Welt kann mir den Trost rauben zu wissen, daß ich mich... keiner absichtlichen Fehler schuldig gemacht habe, so zahlreich sie aus anderen Gründen gewesen sein mögen.» Mit diesem nach außen hin unnahbaren, aber offenkundig defensiven Ton schien er auf seine indirekte Weise einzuräumen, daß seine Kritiker einen Nerv getroffen hatten.[15]

Der Hauptvorwurf, der gegen Washington erhoben wurde, war der, daß er sich zu einem Quasi-König gemacht habe: «Wir haben ihm die Vollmachten und Vorrechte eines Königs gegeben», behauptete ein New Yorker Leitartikel. «Er gibt Empfänge wie ein König, erhält zu seinem Geburtstag Glückwünsche wie ein König, beschäftigt seine alten Feinde wie ein König, schließt sich ein wie ein König, schließt andere ein wie ein König, nimmt den Rat seiner Berater an oder folgt seinen eigenen Urteilen wie ein König.» Manche dieser Vorwürfe waren offensichtlich falsch. Das Körnchen Wahrheit, das in ihnen lag, betraf jedoch Washingtons ganz auffällige Verkörperung von Autorität. Er trug keine Bedenken, in Philadelphia in einer reichverzierten Kutsche herumzufahren, die von sechs cremefarbenen Pferden gezogen wurde; oder, wenn er selbst ritt, auf einem weißen Hengst mit einem Leopardentuch und goldbesetztem Sattel zu sitzen; oder bei öffentlichen Feierlichkeiten, die Krönungen ähnelten, Kronen aus Lorbeer anzunehmen. Es war auch nicht gerade hilfreich, daß sich Bürger der Stadt New York, als sie nach einem Ersatz für das gestürzte Standbild Georgs III. suchten, für eine hölzerne Nachbildung Washingtons entschieden, was einige Kritiker dazu animierte, ihn als Georg IV. zu bezeichnen.[16]

In gewissem Sinne war das ein Sprachproblem. Da es nie ein republikanisches Regierungsoberhaupt gegeben hatte, stand kein anderes abrufbares Vokabular zur Verfügung, mit dem sich ein solches Geschöpf hätte charakterisieren lassen, als die sprachlichen Traditionen, die sich im Umkreis europäischer Höfe und Könige gebildet hatten. Washington war von Natur aus ein steifer und förmlicher Mann, der die Zurückhaltung kultivierte und über Distanzierungsmechanismen verfügte wie kein zweiter. Das trug gewiß zu seinem Gefühl für Majestät bei, aber wenn man einen kleinen Schritt weiter ging, dann verwandelte sich der majestätische Mann in Seine Majestät.

Jenseits von Fragen der Erscheinung oder der Sprache oder des persönlichen Stils war das allgemeinere Problem in der politischen Kultur des nachrevolutionären Amerika selbst verankert. Die Erfordernisse der Amerikanischen Revolution waren nämlich zweischneidig. Für die Sicherung der Revolution und die Stabilisierung ihres Erbes auf nationaler Ebene war ein dominierender Führer erforderlich, der die Energien der nationalen Regierung in einem einzigen «singulären Charakter» bündelte. Washington hatte sich dieser Sache verschrieben, und dabei war er zum Nutznießer ihrer politischen Notwendigkeiten geworden und spielte praktisch die Rolle eines «republikanischen Königs», der die nationale Autorität stärker und sichtbarer verkörperte, als es jedes kollektive Gremium wie etwa der Kongreß vermochte.[17]

Tief im Innern des revolutionären Erbes lagen jedoch ein wütender Haß auf die Monarchie und ein unausrottbarer Argwohn gegen jede konsolidierte Version politischer Autorität. Ein Hauptdogma der Amerikanischen Revolution – ihm hatte Jefferson in der Unabhängigkeitserklärung lyrischen Ausdruck verliehen – besagte, daß nicht nur Georg III., sondern alle Könige von Natur aus böse seien. Schon allein der Gedanke an einen republikanischen König war eine Absage an den Geist von 1776 und ein Widerspruch in sich. Die Präsidentschaft Washingtons hatte sich in diesem Widerspruch verfangen. Er agierte das große Paradox der frühen amerikanischen Republik aus: Was für das Überleben der jungen Nation politisch unerläßlich war, stand in ideologischem Widerspruch zu dem, wofür sie zu stehen behauptete. Er erfüllte seine Verpflichtungen als «singulärer Charakter» so gut, daß er der republikanischen Tradition selbst zu trotzen schien. Es war ihm gelungen, die nationale Autorität so erfolgreich zu verkörpern, daß jeder Angriff auf die politischen Positionen der Regierung wie ein Angriff auf ihn aussah.

Das ist der Kontext, den man braucht, um die Motive zu begreifen, die Washington 1796 zum Rückzug aus dem Amt veranlaßten. Mit seinem freiwilligen Verzicht verkündete er, daß seine tiefsten Loyalitäten ebenso wie die seiner Kritiker ganz und gar der Republik galten. Er antwortete ihnen nicht mit Worten, sondern mit einer einzigen, entscheidenden Tat, auf die es keine Antwort gab. Und das ist auch der richtige Ausgangspunkt für das Verständnis der Worte, die er als sein letztes Lebewohl hinterließ, der Abschiedsansprache. Washington gab seine Grundsatzerklärung als Amerikas erster und letzter gütiger Monarch ab. Ganz gleich, welche Bedeutung die Abschiedsansprache im Laufe der nachfolgenden zwei Jahrhunderte ihrer Interpretationsgeschichte angenommen hat, Washington intendierte sie als Ratschlag an seine Landsleute im Hinblick darauf, wie sie nicht allein ohne ihn, sondern ohne einen König nationale Einheit und Entschlossenheit bewahren sollten.

Es ist ebenso leicht, die Hauptthemen der Abschiedsansprache kurz zusammenzufassen, wie es schwierig ist, sie in vollem Umfang zu würdigen. Nachdem Washington seine unwiderrufliche Absicht zum Rückzug erklärt hatte, widmete er sich in mehreren Absätzen der Notwendigkeit nationaler Einheit. Er brandmarkte übertriebene Parteilichkeit, ganz besonders, wenn sie die Gestalt von politischen Parteien mit einem festgefügten ideologischen Programm annahm oder von regionalen Interessengruppen, die nicht an die Vorteile der Kooperation dachten.

Die übrigen Teile der Abschiedsansprache befaßten sich dann mit Außenpolitik, sie forderten strikte amerikanische Neutralität und diplomatische Unabhängigkeit von den verwickelten Angelegenheiten Europas. Den Ausdruck «verstrickende Bündnisse» (Entangling Alliances), der ihm so häufig zugeschrieben wird, hat er nicht gebraucht – ihn prägte in Wirklichkeit Jefferson in seiner Ersten Antrittsrede (1801) –, aber die Botschaft der diplomatischen Unabhängigkeit von Europa, die Washington verkündete, ging Jeffersons in die gleiche Richtung zielenden Worten voraus. Alles in allem lassen sich seine sich überschneidenden Themen leicht zusammenfassen: Einheit im Innern und Unabhängigkeit nach außen. So einfach war das.

Die entwaffnende Einfachheit der Aussage, verbunden mit ihrem quasi orakelhaften Charakter, hat die Abschiedsansprache zu einem dauerhaften Kandidaten für historische Kommentare gemacht. Während des 19. und des größten Teils des 20. Jahrhunderts richtete sich die Aufmerksamkeit überwiegend auf den außenpolitischen Teil, den Verfechter des amerikanischen Isolationismus als klassische Formulierung ihrer Position anführten, während andere entweder die Auffassung vertraten, strikte Isolation habe nie in Washingtons Absicht gelegen, oder aber behaupteten, Amerikas Aufstieg zur Weltmacht habe die Weisheit Washingtons gegenstandslos gemacht. In neuerer Zeit hat man den ersten Teil der Abschiedsansprache wiederentdeckt, wobei ihr Plädoyer für eine Politik der Einigkeit als Warnung vor Ein-Punkt-Parteien oder vor der Aufsplitterung Amerikas in Wählerschaften dient, die rassisch, ethnisch oder nach ihrem Geschlecht definiert sind. Als der Klassiker, zu dem sie geworden ist, hat die Abschiedsansprache die Fähigkeit bewiesen, in verschiedenen Epochen unterschiedliche Gestalt anzunehmen, unter verschiedener Beleuchtung sozusagen die Farbe zu wechseln.[18]

Wenngleich Washingtons Augen nie die Farbe wechselten und ganz stark auf die Zukunft gerichtet waren, verfügte er über keine Möglichkeit, die vielfältigen Bedeutungen zu kennen (oder gar zu beeinflussen), die künftige Generationen in seinen Worten entdecken würden. Der Anfang aller wahren Weisheit bezüglich der Abschiedsansprache ist, daß Washingtons zentrale Einsichten fest in den Lektionen verankert waren, die er als Amerikas erster militärischer und ziviler Führer in der Revolutionsära gelernt hatte. Sofern man nicht glaubt, Ideen glichen Zugvögeln, die unverändert von einem Jahrhundert ins nächste fliegen können, kann man die wirkliche Bedeutung seiner Botschaft nur begreifen, indem man den Kontext rekonstruiert, aus dem sie hervorgegangen ist. Washington erhob nicht den Anspruch, neuartige Regeln zu offerieren, die auf seiner eigenständigen Lektüre philosophischer Abhandlungen oder Bücher beruhten; ganz im Gegenteil erinnerte er seine Landsleute an die ehrwürdigen Grundsätze, die er aus persönlicher Erfahrung gewonnen hatte, Grundsätze, die so offenkundig und so elementar waren, daß sie Gefahr liefen, von seinen Zeitgenossen übersehen zu werden; Grundsätze, die so tief in der Amerikanischen Revolution verankert waren, daß sie für eine fernere Nachwelt praktisch unsichtbar sind.

Erstens ist die Erkenntnis entscheidend, daß Washingtons außerordentlicher Ruhm weniger auf seiner klugen Ausübung der Macht beruhte als auf dem dramatischen Gespür, mit dem er sie wieder abgab. Tatsächlich war er ein regelrechter Virtuose der Abgänge. Fast jeder betrachtete seinen Rückzug von 1796 als eine Wiederholung seines Rücktritts als Befehlshaber der Kontinentalarmee im Jahre 1783. Damals, als er mit einem aufsässigen und unbezahlten Überbleibsel der siegreichen Armee konfrontiert war, das in Newburgh, New York, in Quartier lag, war er plötzlich auf einer Versammlung von Offizieren erschienen, die sich mit dem Gedanken an Rebellion trugen: Bei der finsteren Verschwörung ging es darum, zum Kongreß zu marschieren und sich dann einen Landstrich im Westen anzueignen, alles vermutlich mit Washington als ihrem Führer.[19]

Er wies ihr Angebot, zum amerikanischen Cäsar zu werden, rundheraus zurück und brandmarkte das gesamte Unternehmen als Verrat an der Sache, für die sie gekämpft hatten. Dann zog er in einer melodramatischen Geste, die sogleich berühmt wurde, eine Brille aus der Tasche: «Gentlemen, Sie werden mir gestatten, daß ich die Brille aufsetze», bemerkte er rhetorisch, «denn im Dienste meines Landes bin ich nicht nur ergraut, sondern nahezu erblindet.» Kein Geringerer als Georg III. soll, als er erfuhr, daß Washington den Mantel des Kaisers zurückzuweisen gedachte, angeblich bemerkt haben: «Wenn er das tut, wird er der größte Mann der Welt sein.» Washington hielt Wort: Am 22. Dezember 1783 gab er seinen Auftrag an den Kongreß zurück, der damals in Annapolis tagte: «Da ich nun das Werk vollbracht habe, mit dem man mich beauftragt hatte», erklärte er, «ziehe ich mich jetzt vom großen Schauplatz des Handelns zurück.» Hierdurch wurde er zum überragenden Beispiel des Führers, dem man Macht anvertrauen konnte, weil er in solchem Maße bereit war, sie aufzugeben.[20]

Zweitens klangen, wenn Washington im Jahre 1796 von der Notwendigkeit nationaler Einheit sprach, in seiner Botschaft alle noch frischen Erinnerungen an sein Verhalten während des Revolutionskrieges an. Zwar verlor er in Wirklichkeit mehr Schlachten, als er gewann, und verbrachte die ersten beiden Jahre des Krieges damit, kostspielige taktische Fehler zu machen, die fast dazu führten, daß die Amerikanische Revolution gleich zu Anfang verlorenging, aber 1778 war er zu einem elementaren Verständnis seiner militärischen Strategie gelangt; daß nämlich Geländegewinne – das, was er als «Postenkrieg» bezeichnete – praktisch bedeutungslos waren. Der strategische Schlüssel war die Kontinentalarmee. Wenn sie als einsatzbereite Kampftruppe intakt blieb, dann blieb die Amerikanische Revolution am Leben. Die britische Armee konnte Boston, New York und Philadelphia besetzen, und sie tat es auch. Die britische Marine konnte amerikanische Seehäfen straflos blockieren und bombardieren, und sie tat es auch. Der Kontinentalkongreß konnte wie ein Taubenschwarm von einem Ort zum anderen getrieben werden, und so geschah es ihm. Doch solange Washington die Kontinentalarmee zusammenhielt, konnten die Briten den Krieg nicht gewinnen, und das wiederum bedeutete, daß sie ihn schließlich verlieren würden.[21]

Wie alle elementaren Einsichten Washingtons erscheint diese hier nur im Rückblick ganz offenkundig. Eine Vielzahl wirklich brillanter Militärführer, die es ebenfalls mit einer überlegenen feindlichen Truppe zu tun hatten – man denkt an Hannibal, Robert E. Lee und Napoleon –, wurde schließlich besiegt, weil sie meinten, Sieg heiße, Schlachten zu gewinnen. Washington erkannte, daß Sieg bedeutete, die nationale Entschlossenheit, wie sie sich in der Kontinentalarmee verkörperte, zu bewahren. Raum und Zeit standen auf seiner Seite, sofern er die Armee geeint halten konnte, bis der britische Wille zusammenbrach. Und genau dies geschah.

Drittens reichte, wenn Washington über die Unabhängigkeit von fremden Nationen sprach, sein Verständnis davon, was sich mit amerikanischer Unabhängigkeit verband, weit tiefer als der patriotische Firnis, an den dieser Ausdruck gewöhnlich denken läßt. Noch einmal: Die Kriegsjahre prägten und verfestigten seine Überzeugungen in diesem Punkt, wenngleich sich die Grundannahmen, auf denen sie beruhten, schon lange herausgebildet hatten, bevor er den Oberbefehl über die Kontinentalarmee übernahm. Einfach formuliert, Washington hatte eine Auffassung von persönlicher wie nationaler Unabhängigkeit entwickelt, die gegen sentimentale Anhänglichkeiten oder flüchtige ideologische Begeisterungen völlig immun war. Er war ein eiserner Realist, der instinktiv allen visionären Plänen mißtraute, die auf verführerischen Idealen beruhten, welche träumerisch in den Köpfen der Menschen schwebten, ohne in den prosaischeren, aber greifbaren Realitäten verankert zu sein, die unweigerlich den Unterschied zwischen Sieg und Niederlage ausmachten. In seinem psychologischen Kern wurzelte Washingtons unausrottbarer Realismus in seinem Engagement für Kontrolle: für Kontrolle über sich selbst und über alle und jegliche Ereignisse, die über die Macht verfügten, sein Schicksal zu bestimmen. In ihrem intellektuellen Kern bedeutete diese Einstellung, daß er der Gegenpol Jeffersons war, für den Ideale die höchste Realität darstellten und dessen Inspirationsfähigkeiten auf seiner Zuversicht beruhten, daß die Welt schließlich so weit kommen werde, sich an die Bilder, die er im Kopf hatte, anzupassen. Washington hingegen betrachtete alle derartigen Bilder als gefährliche Träume.

1778 beispielsweise, zu einem Zeitpunkt, als patriotische Propagandisten am laufenden Band Huldigungen für die überlegene Tugend der amerikanischen Sache produzierten, vertraute Washington einem Freund an, daß Tugend, auch wenn sie sowohl eine wunderbare als auch eine notwendige Sache darstellte, kaum hinreichte, um den Krieg zu gewinnen: «Männer können spekulieren, wie sie wollen», schrieb er, «sie können Beispiele aus der alten Geschichte heranziehen, von großen Leistungen, die durch ihren Einfluß vollbracht worden sind; doch wer darauf baut, als hinreichende Basis, um einen langen und blutigen Krieg zu führen, der wird sich schließlich enttäuscht sehen. ... Eine Zeitlang mag sie für sich allein genügen, um Männer zum Handeln zu treiben; vieles zu ertragen, Schwierigkeiten in Kauf zu nehmen; doch sie wird nicht überdauern, wenn ihr nicht das Interesse beisteht.»[22]

Ein weiteres Beispiel: 1780 wurde Major John André bei dem Versuch gefangengenommen, im Bunde mit Benedict Arnold als britischer Spion zu agieren, um in West Point am Hudson ein großes strategisches Debakel hervorzurufen. Nach allen Berichten war André ein musterhafter britischer Offizier mit untadeligen Manieren, der das Unglück hatte, bei der Erfüllung seiner Pflicht in Gefangenschaft zu geraten. Mehrere Mitglieder von Washingtons Stab, darunter Hamilton, plädierten dafür, das Leben Andrés wegen seines außerordentlichen Charakters zu schonen. Washington verwarf die Bitten als sentimental und wies darauf hin, daß es, falls André mit seiner Mission Erfolg gehabt hätte, durchaus den Wendepunkt des Krieges hätte bedeuten können. Der Stab unterstützte dann Andrés ritterliche Bitte, ihn nicht als Spion zu hängen, sondern als Offizier zu erschießen. Auch dieses Ansinnen wies Washington zurück und erklärte, ungeachtet seiner persönlichen Vorzüge sei André nicht mehr und nicht weniger als ein Spion. Er wurde am nächsten Tage gehängt.[23]

Ein letztes Beispiel: Kurz nach dem Kriegseintritt Frankreichs im Jahre 1778 begannen mehrere Mitglieder des Kontinentalkongresses, für eine französische Invasion in Kanada zu werben, wobei sie argumentierten, die Wahrscheinlichkeit eines französischen Erfolges sei größer, weil Kanada hauptsächlich von Franzosen bewohnt war. Washington lehnte diesen Plan aus mehreren Gründen ab, aber seine tiefsten Gründe vertraute er Henry Laurens, dem Präsidenten des Kontinentalkongresses, an. Er fürchtete «die Verbringung einer großen Menge französischer Truppen nach Kanada und die Inbesitznahme der Hauptstadt dieser Provinz durch sie, die durch alle Bande des Blutes, der Gewohnheiten und Sitten, der Religion und der ehemaligen staatlichen Verbindungen mit ihnen verknüpft ist». Gewiß waren die Franzosen Amerikas von der Vorsehung geschickte Verbündete, aber wenn sie sich erst in Kanada festgesetzt hätten, wäre es töricht zu erwarten, daß sie sich zurückzögen: «Ich fürchte, das wäre eine allzu große Versuchung, als daß eine Macht, die durch die allgemeinen Maximen nationaler Politik getrieben wird, ihr widerstehen könnte.» Er gab dann dem Kongreß seinen Rat in einer seiner klarsten Aussagen über die Motive, welche Nationen beherrschen: «Männer neigen sehr dazu, in Extreme zu verfallen», erklärte er, «der Haß auf England mag manche zu einem übermäßigen Vertrauen auf Frankreich veranlassen. ... Ich bin durchaus geneigt, die vorteilhaftesten Empfindungen gegenüber unserem neuen Verbündeten zu hegen und sie in vernünftigem Umfang bei anderen zu fördern; aber es ist eine Maxime, die auf der allgemeinen Erfahrung der Menschheit beruht, daß man keiner Nation weiter trauen darf, als sie durch ihr Interesse gebunden ist; und kein kluger Staatsmann oder Politiker wird es wagen, von ihr abzugehen.» So etwas wie ein dauerhaftes internationales Bündnis gab es nicht, nur dauerhafte nationale Interessen.[24]

Die klarste Aussage, die Washington je über das nationale Interesse Amerikas gemacht hat, war in seinem Rundbrief von 1783 enthalten, dem letzten der Briefe, die er als Oberbefehlshaber jährlich an die Regierungen der Einzelstaaten schrieb. Er entwarf eine panoramische und völlig kontinentale Vision eines amerikanischen Reiches, und diese Vision kleidete er in Worte, die sich zumindest für einen Augenblick über die gewöhnlich prosaischen Grenzen seines gedämpften Stils erhoben: «Als die einzigen Herren und Eigentümer einer riesigen kontinentalen Landmasse, die sämtliche verschiedenen Bodenarten und Klimazonen der Welt umfaßt und in der alle Notwendigkeiten und Annehmlichkeiten des Lebens reichlich vorhanden sind, befinden sich die Bürger Amerikas in der beneidenswertesten Lage; sie haben nunmehr durch die kürzlich erfolgte vorteilhafte Friedensregelung die Bestätigung erhalten, daß sie absolute Freiheit und Unabhängigkeit besitzen; von jetzt an sind sie als Akteure auf einer höchst bemerkenswerten Bühne zu betrachten, welche die Vorsehung eigens für die Darbietung menschlicher Größe und menschlichen Glücks bestimmt zu haben scheint.»[25]

Der atemberaubende Schwung dieser Vision ist bemerkenswert. Seine Jahre als junger Mann hatte Washington damit verbracht, gemeinsam mit den Briten zu kämpfen, um die Franzosen aus Nordamerika zu vertreiben. Mit dem Sieg der Amerikanischen Revolution waren die Engländer vertrieben worden. Der gesamte Kontinent war nun ein riesiges amerikanisches Gut, auf dem sich die Menschen ohne Einschränkung durch ausländischen Widerstand ausbreiten konnten. (Die Indianer würden vermutlich assimiliert oder erobert werden; und die Spanier westlich des Mississippi würden, da Spanien ja Spanien ist, lediglich als Verwalter dienen, bis sie von der amerikanischen Bevölkerung überrollt wurden.) Unter den führenden Vertretern der Revolutionsgeneration war Washington wenn auch nicht einzigartig, so doch zumindest ungewöhnlich insofern, als er nie nach Europa gereist war oder gar dort gelebt hatte. (Seinen einzigen Ausflug ins Ausland hatte er als junger Mann nach Barbados unternommen.) Sein Blickwinkel für die neue amerikanische Nation war entschieden westlich. Die Hauptaufgabe, vor der die nächsten Generationen standen, bestand darin, die Kontrolle über den nordamerikanischen Kontinent zu festigen. Alles, was die Erfüllung dieser zentralen Mission beeinträchtigte oder von ihr ablenkte, mußte um jeden Preis vermieden werden.

In demselben Rundbrief entwarf er die Verpflichtungen und Chancen, die seine nationale Vision beinhaltete, und das tat er wiederum in einigen der poetischsten Formulierungen, die er je gebraucht hat: «Das Fundament unseres Reiches wurde nicht im finstern Zeitalter der Unwissenheit und des Argwohns gelegt, sondern in einer Epoche, in der die Rechte der Menschheit besser verstanden und klarer bestimmt wurden als in jeder vorangegangenen Periode.» Er erwähnte dann den Schatz menschlichen Wissens, der sich in den vorangegangenen zwei Jahrhunderten angesammelt hatte – er sollte den Namen Aufklärung erhalten – und der eine Art intellektuellen oder philosophischen Äquivalents zu den nahezu grenzenlosen

Naturschätzen darstellte, die im Westen darauf warteten, erschlossen zu werden. Das zufällige Zusammentreffen dieser beiden großen Reservoire philosophischen und natürlichen Reichtums war es, welches das nationale Interesse Amerikas definierte und es zu etwas so Besonderem machte. «In dieser glückverheißenden Periode», schrieb er, «sind die Vereinigten Staaten als Nation entstanden, und wenn ihre Bürger nicht völlig frei und glücklich sein sollten, dann wird die Schuld daran allein bei ihnen liegen.»[26]

Der moderne britische Philosoph Isaiah Berlin hat einmal die unterschiedlichen Perspektiven, mit denen politische Führer an die Handhabung der Weltangelegenheiten herangehen, als den Unterschied zwischen Igel und Fuchs beschrieben: Der Igel weiß eine große Sache und der Fuchs viele kleine Sachen. Washington war ein archetypischer Igel. Und die eine große Sache, die er wußte, war die, daß die Zukunft Amerikas als Nation im Westen lag, in der Entwicklung eines amerikanischen Kontinentalreichs im Laufe des kommenden Jahrhunderts. Wenn er so viel Zeit und Energie darauf verwendete, den Bau von Kanälen zu planen, und die irrige Überzeugung seiner virginischen Landsleute teilte, daß der Potomac eine direkte Verbindung zum Flußsystem des Landesinneren darstelle, dann geschah das unter anderem deshalb, weil er instinktiv wußte, daß die Energie des amerikanischen Volkes in diese Richtung fließen mußte. Europa mochte alle kulturellen Hauptstädte und gegenwärtigen Weltmächte beherbergen, aber aus der Sicht der nationalen Interessen Amerikas war es nichts weiter als eine Nebensache und eine Ablenkung. Die Zukunft lag in den Wäldern, die er als junger Mann durchstreift hatte. All das verstand er intuitiv, als er sich 1783 zum erstenmal zur Ruhe setzte.[27]

Großartige Visionen, selbst diejenigen, die sich als so weitblikkend erweisen wie diejenigen Washingtons, müssen dennoch mit den abscheulichen Einzelheiten fertig werden, welche die Geschichte kurzfristig auftischt, bevor es der Geschichte langfristig gelingt, die Vision zu bestätigen. Im Falle Washingtons war die nächstliegende Konsequenz seiner Auffassung vom nationalen Interesse Amerikas die Vermeidung eines größeren

Krieges in der Reifungsphase der nationalen Entwicklung. Nun waren jedoch England und Frankreich zufällig in einen jahrhundertealten Kampf um die Herrschaft in Europa und die internationale Vorherrschaft verwickelt, in einen Kampf, in dem sowohl der French and Indian War in Nordamerika als auch die Amerikanische Revolution nichts als Randerscheinungen darstellten und der dann erst 1815 mit der Niederlage Napoleons bei Waterloo zu Ende gehen sollte. Washingtons Verständnis von der richtigen amerikanischen Reaktion auf diesen globalen Konflikt war glasklar: «Ich glaube zuversichtlich, daß wir ein allzu berechtigtes Gefühl für unser Eigeninteresse haben werden, als daß wir irgendeine Ursache hervorrufen würden, die uns in ihn verwickeln kann», schrieb er 1794, «und ich habe den dringenden Wunsch, daß wir nicht durch das Verhalten anderer Nationen in ihn hineingezwungen werden mögen. Wenn es uns gestattet wird, ohne Unterbrechung die großen Vorzüge zu verbessern, welche die Natur und die Umstände für uns in greifbare Nähe gerückt haben, dann werden nicht viele Jahre vergehen, bis wir wohl nicht nur zu den achtenswertesten, sondern zu den glücklichsten Menschen der Erde zählen.»[28]

Den Kernpunkt seiner Außenpolitik als Präsident bildete, das folgte daraus ganz selbstverständlich, die Neutralitätserklärung (1793), in der er Amerika zum unparteiischen Zeugen im aktuellen europäischen Konflikt erklärte. Ebendiesen Punkt betonte er während seiner Amtszeit als Präsident immer wieder, und er lieferte sogar eine Schätzung der Zeitspanne, die Amerikas selbstgewählte Zurückhaltung von globaler Politik wahrscheinlich andauern würde: «Jeder wahre Freund dieses Landes muß sehen und empfinden, daß es seine Politik ist, uns nicht an irgendeine Nation zu heften; sondern sich von ihren Streitigkeiten und politischen Auseinandersetzungen fernzuhalten; und wenn sie sich gegenseitig bedrängen, von dem neutralen Verhalten Gebrauch zu machen, zu dem wir uns entschieden haben. Zwanzig Jahre Frieden mit einem solchen Zuwachs an Bevölkerung und Hilfsquellen, wie wir sie zu erwarten berechtigt sind, und dazu unsere Lage fernab der streitenden Parteien werden uns aller Wahrscheinlichkeit nach in den Stand setzen, in einer gerechten Sache jeder Macht der

Erde die Stirn zu bieten.» In gewissem Sinne war das eine neue Anwendung der strategischen Lektion, die er als Befehlshaber der Kontinentalarmee gelernt hatte – nämlich die Auseinandersetzung mit einer überlegenen Streitmacht zu meiden, bis der Ablauf der Zeit den Sieg möglich machte, eine «Strategie des aufgeklärten Hinhaltens», wie wir sie nennen könnten. Im Rückblick und mit allen Vorteilen der heutigen Sicht kann man sagen, daß Washingtons strategische Einsichten ganz genauso prophetisch waren wie seine strategischen Einsichten als Oberkommandierender während der Amerikanischen Revolution, bis hin zu seiner zeitlichen Schätzung «zwanzig Jahre», mit der er so ziemlich den Ausbruch des Krieges von 1812 vorhersagte.[29]

Da die zukunftsträchtige Einsicht Washingtons auch das Kernstück der außenpolitischen Weisheit darstellte, die er in der Abschiedsansprache offerierte, und da jeder bedeutende amerikanische Staatsmann der damaligen Zeit ebenfalls als selbstverständliche Maxime den Grundsatz der Neutralität vertrat, würde man meinen, daß die Bedeutung der Abschiedsansprache unbestreitbar und ihre Botschaft unstrittig sei. Doch zum damaligen Zeitpunkt wurde die Botschaft durchaus nicht in dieser Weise gehört; teils deshalb, weil es in der Revolutionsgeneration eine tiefe Spaltung gab, die Washington zu überbrücken suchte und die die Frage betraf, wie eine amerikanische Neutralitätspolitik genau aussehen sollte; und zum Teil deshalb, weil es eine alternative Vision des nationalen Interesses gab, die in den höheren Rängen der politischen Führung kursierte, eine andere Ansicht darüber, wohin die Geschichte steuerte, die ebenfalls starke Ansprüche auf das Erbe der Amerikanischen Revolution erheben konnte. All das war in Washingtons zweiter Amtszeit im Zuge der Debatte über den Jay-Vertrag zum Ausbruch gekommen und hatte zur größten Krise der Präsidentschaft Washingtons, zur heftigsten Kritik an seinen monarchischen Neigungen geführt und den unmittelbaren Kontext für jedes Wort geschaffen, das er in der Abschiedsansprache niederschrieb.[30]

Der Jay-Vertrag war ein Meilenstein in der Herausbildung der amerikanischen Außenpolitik. Im Jahre 1794 hatte Washington den Obersten Bundesrichter John Jay nach London geschickt, um über eine realistische Abmachung zu verhandeln, die zu einem Zeitpunkt, in dem die Vereinigten Staaten schlecht dafür gerüstet waren, eine militärische Auseinandersetzung zu bestehen, einen Krieg mit England vermied. 1795 kehrte Jay mit einem Vertrag zurück, der das Faktum der englischen Vorherrschaft zur See und im Handel akzeptierte und indirekt eine englandfreundliche Version der amerikanischen Neutralität unterstützte. Er erkannte das Recht Englands an, an Zöllen für amerikanische Exporte festzuhalten, gewährte aber zugleich englischen Importen in den Vereinigten Staaten den Meistbegünstigungsstatus; stillschweigend akzeptierte er auch das Pressen amerikanischer Seeleute durch die Engländer. Er verpflichtete auch die Vereinigten Staaten dazu, englische Gläubiger für offene Schulden aus vorrevolutionärer Zeit, die zumeist auf das Konto virginischer Pflanzer gingen, zu entschädigen. Als Gegenleistung für diese Zugeständnisse erklärten sich die Engländer bereit, Ansprüche amerikanischer Kaufleute wegen beschlagnahmter Ladungen einem Schiedsverfahren zu unterwerfen und an dem im Vertrag von Paris (1783) gegebenen Versprechen festzuhalten, ihre Truppen von ihren Posten in den westlichen Grenzgebieten abzuziehen. Praktisch war der Jay-Vertrag eine Absage an das französisch-amerikanische Bündnis von 1778, das eine so bedeutende Rolle dabei gespielt hatte, französische Militärhilfe zu erhalten, um die Amerikanische Revolution zu gewinnen.[31]

Zwar waren die konkreten Bedingungen des Vertrages entschieden einseitig zu Englands Gunsten gestaltet, aber nach übereinstimmender Ansicht der meisten Historiker, die sich mit diesem Thema beschäftigt haben, war der Jay-Vertrag für die Vereinigten Staaten ein kluger Handel. Er setzte praktisch auf England und nicht auf Frankreich als künftige europäische Hegemonialmacht, was sich als prophetisch erwies. Er erkannte die massive Abhängigkeit der amerikanischen Wirtschaft vom Handel mit England an. In gewissem Sinne war dieser Vertrag eine verfrühte Vorahnung der Monroe-Doktrin (1823), denn er knüpfte die Sicherheit und die wirtschaftliche Entwicklung Amerikas an die britische Flotte, die während des gesamten 19. Jahrhunderts einen Schutzschild von unschätzbarem Wert bot. Und vor allem verschob er den Krieg mit England so lange, bis Amerika ökonomisch und politisch besser gerüstet war, einen Krieg zu bestehen.

Die langfristigen Vorteile, die der Jay-Vertrag bot, waren jedoch in der aktuellen Situation für die meisten Amerikaner völlig unsichtbar. Da Washington spürte, daß der Pakt unpopulär war, versuchte er, dessen Bedingungen geheimzuhalten, bis der Senat abgestimmt hatte. Doch im Sommer 1795 sikkerten einige Informationen durch und verbreiteten sich dann, wie es Madison formulierte, «wie eine elektrische Geschwindigkeit in jeden Teil der Union». Jay behauptete später, die gesamte Ostküste sei Abend für Abend von Protestierern erleuchtet worden, die ihn in effigie verbrannten. In New York wurde Hamilton von einem Stein am Kopf getroffen, als er versuchte, vor einer Menschenmenge den Vertrag zu verteidigen. John Adams erinnerte sich daran, das Haus Washingtons in Philadelphia sei «von einer unzähligen Menschenmenge umgeben [gewesen], die Tag für Tag in heller Aufregung war, Krieg gegen England verlangte, Washington verfluchte und auf die französischen Patrioten und die tugendhaften Republikaner Hochrufe ausbrachte». Jede Konzession an die Wirtschafts- und Militärmacht der Briten, und sei sie strategisch auch noch so klug, erschien geradezu als Verrat an der in der Revolution errungenen Unabhängigkeit. Washington prophezeite, nach einigen Monaten des Nachdenkens werde sich, «wenn die Leidenschaft der nüchternen Vernunft Platz gemacht hat, das Blatt möglicherweise wenden», aber in der Zwischenzeit lasse sich «diese Regierung in ihrem Verhältnis zu Frankreich und England mit einem Schiff zwischen den Felsen der Scylla und Charybdis vergleichen».[32]

Erschwerend kam noch hinzu, daß die Debatte über den Vertrag eine Verfassungskrise auslöste. Den einzigartigen Status, den Washington genoß, veranschaulichte vielleicht am nachdrücklichsten die Entscheidung des Verfassungskonvents, die Protokolle seiner geheimen Erörterungen zur sicheren Verwahrung bei ihm zu deponieren. Daher hatte er ausschließlichen Zugang zu den offiziellen Aufzeichnungen des Konvents, und er benutzte ihn dazu, den Standpunkt zu vertreten, daß es die klare Absicht der Verfassungsväter gewesen sei, die Befugnis zum Abschluß von Verträgen dem Zweig der Exekutive zu übertragen, vorbehaltlich der Beratung und der Zustimmung von zwei Dritteln des Senats. Madison hingegen hatte seine eigenen ausführlichen «Anmerkungen zu den Debatten auf dem Verfassungskonvent» aufbewahrt und nahm sie mit, um sie Jefferson mitzuteilen, der in Monticello im Ruhestand lebte.

Eine sorgfältige Lektüre der Madisonschen «Anmerkungen zu den Debatten» ließ zwar erkennen, daß Washington recht hatte, und sie zeigte sogar, daß Madison selbst auf dem Konvent einer der entschiedensten Gegner von Eingriffen in die außenpolitischen Befugnisse der Exekutive gewesen war, aber Jefferson gelang es, zu dem Schluß zu kommen, daß das Repräsentantenhaus bei der Zustimmung zu allen Verträgen ein gleichberechtigter Partner habe sein sollen, und er ging so weit zu behaupten, dieses Gremium sei der souveräne Zweig der Regierung, der über die Macht verfüge, gegen jeden beliebigen Vertrag sein Veto einzulegen und so «die gesamte Vertragsschließungsbefugnis» der Exekutive zunichte zu machen. «Ich glaube zuversichtlich, daß der volksnahe Zweig unserer Legislative ihn mißbilligen wird», schrieb Jefferson aus Monticello, «und uns so von diesem infamen Akt befreit, der wirklich nicht mehr ist als ein Bündnisvertrag zwischen England und den Anglomännern dieses Landes gegen die gesetzgebenden Körperschaften und das Volk der Vereinigten Staaten».[33]

Die eigentliche Debatte im Repräsentantenhaus ging im Herbst und Winter 1795 unter Madisons vorsichtigerer Führung und seiner engeren Interpretation der Verfassung vonstatten. (Die Position Jeffersons hätte die unseligen und handlungsunfähigen Verhältnisse wiederhergestellt, die er selbst während seiner Amtszeit als Gesandter in Frankreich beklagt hatte, als die amerikanische Außenpolitik unter den Konföderationsartikeln im wesentlichen eine Geisel der Pattsituationen im Kongreß und der spalterischen Kräfte der Innenpolitik war.) Madison argumentierte statt dessen, die Erfüllung des Jay-Vertrages erfordere die Billigung durch das Repräsentantenhaus hinsichtlich aller Klauseln, die von der Bewilligung von Mitteln abhängig waren. Das erzielte das gewünschte Ergebnis und blockierte den Vertrag, vermied aber einen Frontalangriff auf die Exekutive.[34]

Madison fungierte während der Debatte, die im Winter und im Frühjahr 1796 tobte, als Fraktionsführer der Opposition im Repräsentantenhaus. Anfangs genoß er eine überwältigende Mehrheit und betrachtete seine Position als unangreifbar. Doch als die Wochen ins Land gingen, erfuhr er aus erster Hand das Grundprinzip der amerikanischen Politik in den 1790er Jahren: Jeder, der frontal gegen Washington anging, mußte mit einer Niederlage rechnen. Im März begann die Mehrheit dahinzuschmelzen. John Adams bemerkte verwirrt: «Mr. Madison sieht zu Tode erschrocken aus. Bleich, eingefallen, hager.» Als im April die entscheidende Abstimmung kam, schrieb Madison seine Niederlage «den Bemühungen und dem Einfluß der Aristokratie, des Anglizismus und des Merkantilismus» zu, geführt von «den Banken, den britischen Kaufleuten und den Versicherungsgesellschaften». Jefferson war objektiver. Die Verabschiedung des Jay-Vertrages war, so schloß er, auf das gigantische Prestige Washingtons zurückzuführen, «des einen Mannes, der sie alle in seinem Einfluß auf das Volk aufwiegt». Einige Wochen zuvor hatte Jeffersons Enttäuschung ihren Höhepunkt erreicht, als er in einem Brief an Madison ein berühmtes Zitat aus Washingtons Lieblingsschauspiel *Cato* von Joseph Addison zitierte und es auf Washington selbst anwendete: «Ein Fluch auf seine Tugenden, sie haben sein Land zugrunde gerichtet.»[35]

Was konnte die extreme Reaktion Jeffersons wohl bedeuten? Aus unserer modernen Perspektive war schließlich die Art, wie Washington die Exekutive während der Debatte über den Jay-Vertrag führte, genau das, was wir von einem starken Präsidenten erwarten würden, dessen Autorität über die Gestaltung der Außenpolitik als selbstverständlich vorausgesetzt wird. Wir wissen auch, daß der Kurs, den er zu steuern versuchte – ein Mittelweg zwischen England und Frankreich, der ein Lavieren erforderlich machte, um die amerikanische Neutralität zu wahren und Krieg zu vermeiden –, sich als die richtige Politik erwies. Doch in diesem Falle macht uns die heutige Sicht nicht so sehr hellsichtig als vielmehr blind für die Geister und Gespenster, die in den 1790er Jahren über der politischen Landschaft schwebten. In dem, was wir als bewundernswert starke Führung der Exekutive beschreiben könnten, sahen Jefferson und seine republikanischen Anhänger die willkürlichen Manöver eines Monarchen. Und was im Rückblick wie eine kluge und weitsichtige Vision des nationalen Interesses aussieht, erschien Jefferson als Verrat an der Amerikanischen Revolution.

Denn Jefferson hatte ebenfalls eine nationale Vision und eine feste Überzeugung von dem Ziel, auf das die amerikanische Geschichte zusteuerte, oder zumindest davon, wohin sie steuern sollte. Die Zukunft, die er im Gefühl hatte, sagte ihm, daß der wahre Geist von 1776, am beredtesten ausgedrückt in den Formulierungen, die er für die Unabhängigkeitserklärung gefunden hatte, einen radikalen Bruch mit der Vergangenheit und mit allen früheren Versionen politischer Autorität beinhaltete. Ebenso wie Voltaire sehnte sich Jefferson nach dem Tag, an dem der letzte König mit den Gedärmen des letzten Priesters erdrosselt werden würde. Die politische Landschaft, die er vor seinem geistigen Auge sah, war von den Leichen von Despoten und korrupten Höflingen übersät – ein Horizont, der von allen Institutionen gereinigt war, die amerikanische Bürger daran zu hindern vermochten, so nach ihrem Glück zu streben, wie sie es für richtig hielten. Thomas Paines *The Rights of Man* (1791) erfaßte das Wesen seiner Vision vollständiger als jedes andere Buch der damaligen Zeit, schilderte es doch einen radikalen Wandel der Gesellschaft, wenn die letzten Spuren des Feudalismus beseitigt wären, und die Herausbildung einer utopischen Welt, in der die unentbehrliche Disziplin der Regierung in der Bürgerschaft verinnerlicht war. Am Ende war die einzig legitime Form der Herrschaft die Selbstbeherrschung.[36]

Kurz nach seiner Rückkehr in die Vereinigten Staaten im Jahre 1790 begann Jefferson die schlimme Ahnung zu hegen, daß die Amerikanische Revolution, wie er sie verstand, von fremden Kräften erobert worden sei. Wie wir sahen, war der oberste Bösewicht und die entscheidende konterrevolutionäre Gestalt im Jeffersonschen Drama Alexander Hamilton, und das beunruhigendste Element der politischen Landschaft war Hamiltons Finanzplan mit seiner Anmaßung einer konsolidierten Bundesregierung, die viele der Befugnisse über die Einzelstaaten besaß, welche das britische Parlament über die Kolonien ausgeübt hatte. Unter Hamiltons diabolischer Führung schienen die Vereinigten Staaten genau die politischen und ökonomischen Institutionen zu kopieren – zum sichtbarsten Symbol für die anwachsende Korruption wurde die Nationalbank –, welche die Revolution hatte vernichten sollen. Jefferson entwickelte eine voll ausgebildete Verschwörungstheorie, in der sich Bankiers, Spekulanten, Bundesbeamte und eine kleine, aber mächtige Schar heimlicher Tories, die der agrarischen Mehrheit auf Dauer entfremdet waren («sie leben alle in Städten», schrieb er), den Sinn der Revolution angeeignet hatten und nun darangingen, sie hinter den verschlossenen Toren von Investitionshäusern und in den fernen Korridoren der föderalistischen Regierung in New York und Philadelphia zu erwürgen.[37]

Wo sich Washington nun in dieses Horrorgemälde einfügte, läßt sich schwer feststellen. Schließlich wußte er vermutlich einiges vom Sinn und Zweck der Revolution, da er mehr als jeder andere dafür getan hatte, ihren Erfolg sicherzustellen. (Jeffersons Kritiker waren schnell mit der Feststellung bei der Hand, daß der Mann, der sich nach Monticello zurückgezogen hatte, während des gesamten Krieges nicht einen einzigen scharfen Schuß abgegeben hatte.) Anfangs weigerte sich Jefferson einfach, Washington irgendeine Schuld an der föderalistischen Verschwörung zuzuschreiben, und gab irgendwie zu verstehen, die Person ganz im Zentrum der Regierung habe überhaupt keine Ahnung von den Ränken, die ihn umwirbelten. Auf irgendeiner unausgesprochenen Verständnisebene erkannte Jefferson an, daß Washington der amerikanische Unantastbare war und daß jede Bemühung, ihn in die Anklage einzubeziehen, seine ganze Argumentation gegen die Föderalisten sogleich auf Dauer in die Defensive gebracht hätte.

1794 verschob sich Jeffersons Haltung gegenüber Washington merklich. Der Auslöser für diese Veränderung war die Whiskey Rebellion, ein Volksaufstand in vier Kreisen im westlichen Pennsylvania, mit dem gegen eine Verbrauchssteuer auf Whiskey protestiert wurde. Washington betrachtete die Erhebung als direkte Bedrohung für die Autorität der Bundesregierung und rief die Miliz, eine massive 13 000 Mann starke Armee, um die Empörung zu ersticken. Jefferson betrachtete die ganze Angelegenheit als eine beschämende Wiederholung des Fiaskos der Shays's Rebellion fast zehn Jahre zuvor, bei der eine seines Erachtens gesunde und im wesentlichen harmlose Äußerung von Unzufriedenheit durch amerikanische Farmer eine exzessive und unnötige militärische Reaktion ausgelöst hatte. Während sein erster Instinkt dahin ging, Hamilton die Schuld für das ganze betrübliche Malheur zu geben, ließ sich die Rede, mit der Washington die Aktion rechtfertigte, nicht so leicht abtun.[38]

Jefferson verurteilte die Rede Washingtons als «Fetzen aus Äsopschen Fabeln und Kindermärchen». In Jeffersons neuer Version der föderalistischen Verschwörung war Washington ein unwissender und etwas mitleiderregender Komplize, wie ein überalterter «Kapitän in seiner Kajüte», der fest schlief, während «ein Schurke von Steuermann [vermutlich Hamilton] [die Passagiere] in einen feindlichen Hafen befördert hat». Gewiß war Washington der große alte Mann der Amerikanischen Revolution, aber seine Größe verblaßte jetzt neben seinem Alter, und das gab den Hamiltonianern «die Weihe eines Namens, der allzu viel Gutes getan hat, als daß er nicht auch hinreichte, um Böses zu decken». Washington hatte die Regierung einfach nicht unter Kontrolle und verlieh unabsichtlich den Verrätereien, die überall rings um ihn ausgeheckt wurden, Glaubwürdigkeit. Washington war einfach senil.[39]

Diese Erklärung war zwar nicht gerade wahr, aber sie hatte den nachweislichen Vorteil, daß sie es der Jeffersonschen Vision einer föderalistischen Verschwörung gestattete, sich in einem plausiblen Muster zu verfestigen, das sich rings um Washington bildete, ohne ihn direkt zu berühren. Jefferson war auch darauf bedacht, keine seiner kritischen Äußerungen über Washington in der Öffentlichkeit zu machen. Doch in seiner Privatkorrespondenz mit vertrauenswürdigen Republikanern entwickelte er das Bild eines alten Soldaten, der seinen Zenit überschritten hat, der Reden abliest, die er nicht geschrieben hat und nicht verstehen kann, der in gefährlicher Nähe der Inkompetenz dahinwelkt, eine leere Hülle seiner einstigen Größe. Der berühmteste Brief in dieser Manier – berühmt, weil er gegen Jeffersons Willen schließlich den Weg in die Zeitungen fand – wurde durch die Verabschiedung des Jay-Vertrages veranlaßt. «Es würde Sie mit Fieber schlagen», schrieb er an seinen italienischen Freund Phillip Mazzei, «wollte ich Ihnen die Renegaten nennen, die zu diesen Ketzereien übergelaufen sind, Männer, die wie Samson im Felde gekämpft und wie Salomo im Rate geurteilt hatten, denen aber die Dirne England das Haupt geschoren hat.» Da es nur einen einzigen Menschen gab, der überhaupt den Mantel von Amerikas Samson und Salomon verdienen konnte, gelang es Jefferson mit seinem üblichen Sinn für Diskretion, sein Argument vorzubringen, ohne den Namen zu nennen. Doch jeder wußte Bescheid.[40]

Ein letztes und überragendes Stück der Jeffersonschen Vision transzendierte die beunruhigenden Einzelheiten der Innenpolitik ganz und gar. So wie Jefferson sie sah, war die Amerikanische Revolution nur der erste Schuß in einem globalen Kampf gegen die Tyrannei gewesen, der über die Welt hinwegfegen mußte. «Diese Kugel der Freiheit», prophezeite er, «ist, das glaube ich ganz inbrünstig, jetzt so gut in Bewegung, daß sie um den ganzen Globus rollen wird.» Während Washington die nationalen Interessen als eigenständiges Produkt politischer und ökonomischer Umstände ansah, welche die politischen Zielsetzungen jedes Nationalstaates in einem bestimmten Moment der Geschichte prägten, schwebte Jefferson ein viel umfassenderes Muster eines ideologischen Konflikts vor, in dem alle Nationen entweder für oder gegen die Grundsätze standen, die Amerika 1776 der Welt verkündet hatte. Dieselbe moralistische Dichotomie, die Jefferson innerhalb der Vereinigten Staaten zwischen unterscheidbaren Helden und Bösewichten sah, projizierte er auch auf die internationale Arena. Für Jefferson spielten sich alle konkreten Entscheidungen über die amerikanische Außenpolitik im Kontext dieses übergreifenden, ja beinahe kosmischen Musters ab.[41]

Daraus folgt, daß Jefferson zwar mit echter Überzeugung über amerikanische Neutralität reden konnte und über die Notwendigkeit, von europäischen Verstrickungen frei zu bleiben, wodurch er ganz ähnlich klang wie Washington, daß aber seine Auffassung von amerikanischer Neutralität eine ganz andere war. Er sah den Zusammenprall zwischen England und Frankreich, bei dem es um die Vorherrschaft in Europa ging, nicht als fernen Kampf, der von Amerikas langfristigen nationalen Interessen weit entfernt lag. Vielmehr betrachtete er die Französische Revolution als die europäische Fortsetzung des Geistes von 1776. Er räumte ein, daß die willkürliche Gewalt und der schwankende Kurs der Französischen Revolution beklagenswerte Entwicklungen waren, aber er beharrte darauf, daß sie lediglich ein vorübergehendes Kapitel in der größeren Geschichte der triumphierenden weltweiten Revolution seien. «Ich bin davon überzeugt, daß [die Franzosen] vollständig triumphieren werden», schrieb er 1794, «und daß es der nachfolgenden Schande der einmarschierenden Tyrannen bestimmt ist, im Laufe der Ereignisse den Zorn der Völker Europas gegen diejenigen zu entfachen, die es gewagt haben, sie in solche Bosheit zu verwickeln, und endlich Könige, Adlige und Priester auf das Schafott zu bringen, welches sie so lange mit Blut überschwemmt haben.» In einem Augenblick revolutionärer Euphorie tat er alle Kritiker an den Massenhinrichtungen in Frankreich als blind für die historischen Probleme ab, um die es ging: «Die Freiheit der ganzen Erde hing von dem Ausgang dieser Auseinandersetzung ab», bemerkte er 1793, «und wurde je ein solcher Preis mit so wenig Blut gewonnen? Meine eigenen Gefühle sind durch einige der Märtyrer dieser Sache tief verletzt worden, aber ehe sie hätte scheitern sollen, hätte ich lieber die halbe Erde verwüstet gesehen. Blieben in jedem Lande nur ein Adam und eine Eva übrig, und sie wären frei, so wäre es besser, als es jetzt ist.»[42]

Wenn Frankreich der revolutionäre Held in diesem Drama war, dann war England der konterrevolutionäre Bösewicht. Die hochmoralische Sprache, mit der er in der Unabhängigkeitserklärung Georg III. und die britische Regierung geißelte, war zumindest für Jefferson nicht nur Propaganda. In ihr spiegelte sich seine echte Überzeugung wider, daß England eine ihrem Wesen nach korrupte Gesellschaft sei, die Bastion monarchischer Macht, aristokratischer Privilegien und höfischer Intrigen. Da Washington acht Jahre seines Lebens damit verbracht hatte, im Kampf gegen Großbritannien amerikanische Soldaten in den Tod zu schicken, könnte man erwarten, daß er noch feindseligere Gefühle gegen seinen früheren Gegner hegte. Doch das tat er nicht. Die Anglophobie Jeffersons war teils deshalb giftiger, weil sie theoretischer war, eine moralische Schlußfolgerung, die sich zwanglos aus den moralistischen Kategorien ergab, welche er im Kopf mit sich herumtrug. (Wenn er einen politischen Gegner stigmatisieren wollte, dann war die schlimmste Bezeichnung, die er ihm geben konnte, «Anglomann».) Für Jefferson repräsentierte Frankreich die strahlendsten Aussichten der Zukunft; England stand für «die tote Hand der Vergangenheit». Im Zentrum seiner Opposition gegen den Jay-Vertrag stand also seine absolute Gewißheit, daß diese Vereinbarung das Gewicht der Vereinigten Staaten in die falsche Waagschale der Geschichte warf. «Die Anglomänner haben schließlich ihren Vertrag durchbekommen», bemerkte er 1796 von seinem Berggipfel herab, «und einstweilen über die Sache des Republikanismus triumphiert.» Doch ihr Sieg, so schmerzlich er mitanzusehen war, hatte auch ihre Verwundbarkeit offenbart. Denn es war nun ganz offenkundig, «daß nichts sie stützen kann als der Koloß der Verdienste des Präsidenten beim Volk, und daß in dem Augenblick, in dem er sich zurückzieht, sein Nachfolger, wenn er ein Monokrat ist, vom republikanischen Gefühl überwunden werden wird. ... In der Zwischenzeit, Geduld.»[43]

Nur wenige Wochen, bevor er diese Worte schrieb, hatte Jefferson das Bedürfnis empfunden, Washington zu versichern, im Widerspruch zu dem Klatsch, der in den Korridoren und Seitenstraßen Philadelphias kursierte, sei er nicht für die verschiedenen Gerüchte verantwortlich, in denen der Präsident als quasi-seniles Aushängeschild für die föderalistische Verschwörung gegen die überwältigende Mehrheit des amerikanischen Volkes geschildert wurde. Aus den historischen Quellen geht zwar völlig eindeutig hervor, daß Jefferson *tatsächlich* die Verleumdungskampagne inszenierte, die ihre Hauptoperationsbasis in Virginia und ihr Hauptquartier in Monticello hatte. Doch Jefferson war ein Mann, der einen Test mit einem Lügendetektor hätte bestehen und so seine Integrität erweisen können, da er ja glaubte, die überragende Bedeutung seiner höheren Sache mache konventionelle Unterscheidungen zwischen Wahrheit und Unwahrheit überflüssig.

Die Antwort Washingtons war dazu bestimmt, Jefferson wissen zu lassen, daß seine Unschuldsbeteuerungen selbst wie die defensiven Kommentare eines Schuldigen klangen und daß Washington über die Frage, wer hinter seinem Rücken was flüsterte, erheblich mehr wußte, als Jefferson ahnte. «Hätte ich zuvor irgendwelchen Argwohn gehegt», schrieb Washington, «so hätten die Versicherungen, die Sie mir vom Gegenteil gegeben haben, ihn beseitigt; die Wahrheit ist aber, daß ich keinen hegte.» (Zu deutsch: Ihre Beteuerungen bestätigen meinen Verdacht.) Dann zog Washington den Vorhang, der seine Seele bedeckte, gerade so weit beiseite, daß er Jefferson einen Einblick in das gab, was er wirklich empfand: «Da Sie selbst das Thema angeschnitten haben, wäre es nicht ehrlich, offen oder freundlich, wenn ich verhehlte, daß man mir Ihr Verhalten in einer Weise dargestellt hat, die der Meinung abträglich ist, welche Sie meines Erachtens von mir hatten.» (Zu deutsch: Ich durchschaue Ihre Absichten.) «Daß Sie Ihren speziellen Freunden und Bekannten mich, ebenso wie sie es auch getan haben, als einen Menschen beschrieben haben, der unter einem gefährlichen Einfluß steht.» (Zu deutsch: Meine Quellen sind unangreifbar.) «Meine Antwort hat immer gelautet, daß ich in dem Verhalten von Mr. Jefferson nie etwas entdeckt habe, was in meinen Gedanken einen Argwohn hinsichtlich seiner Unaufrichtigkeit hätte hervorrufen können.» (Zu deutsch: Ich habe anderen nicht das angetan, was sie mir angetan haben.)

Washington schloß mit einer leidenschaftlichen Verteidigung seiner Unterstützung für den Jay-Vertrag: «Ich setzte meine äußersten Anstrengungen ein, um unseren eigenen Nationalcharakter zu schaffen, der, soweit es unsere Verpflichtungen und die Gerechtigkeit gestatten würden, von jeder Nation der Erde unabhängig wäre.» Doch irgendwie war er «angeklagt worden, er sei der Feind der einen Nation [Frankreich] und unterliege dem Einfluß einer anderen [England]; und um das zu beweisen, sollte jeder Akt meiner Verwaltung entstellt und die hinterhältigsten Verdrehungen von ihnen gemacht werden (indem man nur die eine Seite eines Themas gibt, und auch sie in so übertriebener und unanständiger Form, wie man sie kaum auf einen Nero, einen notorischen Delinquenten, anwenden würde; oder auch nur auf einen gemeinen Taschendieb.) Doch genug hiervon; ich bin in der Äußerung meiner

Empfindungen schon weiter gegangen, als ich beabsichtigte.» (Zu deutsch: Selbst dieser kurze Einblick in meine Seele ist mehr, als Sie verdienen, mein ehemaliger Freund.)

Während des nächsten Jahres versuchte Jefferson, zumindest den Anschein einer Freundschaft mit Washington aufrechtzuerhalten, indem er ihm Briefe im Ton des virginischen Gentlemans schrieb, wobei er tagespolitische und außenpolitische Fragen völlig ausklammerte und sich statt dessen auf sein Fruchtwechselsystem in Monticello, die Wechselfälle des Wetters, seine Wicken- und Weizenernte sowie – eine recht starke Metapher – auf das beste Verfahren zum Verteilen von Dung konzentrierte. Washington antwortete in gleichem Ton – das heißt so lange, bis die Zeitungen Jeffersons alten Brief an Phillip Mazzei (den über Amerikas degenerierten Samson und Salomo) abdruckten. Danach ging nie mehr eine Botschaft von Mount Vernon nach Monticello.[44]

Jenseits der rein persönlichen Dimensionen ihrer Entfremdung, jenseits des Gefühls Washingtons, er sei verraten worden, und Jeffersons kunstvollen Menuetts mit der Doppelzüngigkeit liefert diese Episode einen unschätzbaren Hinweis auf die allgemeineren und unpersönlicheren politischen Anliegen, die Washington im Sinn hatte, als er sich niedersetzte, um die Abschiedsansprache zu verfassen. Sie reichten weit über den Verlust der Freundschaft Jeffersons hinaus, so wichtig er war, weil Jeffersons Verhalten symptomatisch für mehr als einen Vertrauensbruch war; darin spiegelte sich zutreffend eine grundlegende Spaltung innerhalb der Revolutionsgeneration wider, welche die Bedeutung der Revolution und die unterschiedlichen Auffassungen von Amerikas bleibendem Nationalinteresse, die aus dieser Uneinigkeit zwangsläufig hervorgingen, betraf. Die Wörter, die damals benutzt wurden, oder die Wörter, welche Historiker später verwendeten, um das Wesen des Streits zum Ausdruck zu bringen, sind bloße Etiketten: Föderalisten gegen Republikaner; englandfreundliche gegen frankreichfreundliche Versionen der amerikanischen Neutralität. Zugrunde lag der Debatte, die in voll ausgebildeter Form bei der Auseinandersetzung über den Jay-Vertrag zutage trat, eine klassische Konfrontation zwischen denjenigen, die den Wunsch hatten, die revolutionären Energien Amerikas den höheren Zielen der Nationwerdung dienstbar zu machen, und denen, die gerade diesen Prozeß als Verrat an der Revolution selbst deuteten.

Aus der Perspektive Washingtons schuf die durch die Verfassung gegründete Republik eine Herrschaft der Gesetze, denen Gehorsam geleistet werden mußte, sobald die ordnungsgemäß gewählten Abgeordneten zu einer Entscheidung gelangt waren. Das war der Grund, weshalb er so entschiedene Maßnahmen ergriffen hatte, um die Whiskey Rebellion niederzuschlagen, und weshalb er die Einhaltung des Jay-Vertrages verlangte, nachdem seine Bedingungen vom Kongreß gebilligt waren. Aus der Perspektive Jeffersons hingegen waren alle Gesetze und Verträge, die den befreienden Impulsen der Revolution Zügel anlegten, illegitim. Das war der Grund, weshalb er die Unterdrückung der Whiskey Rebellion als verwerflich ansah. Protestierten nicht diese Farmer aus Pennsylvania gegen Steuern, denen sie nicht zustimmten? Und was den Jay-Vertrag anging, welcher Mensch, der bei Sinnen war, würde die Anerkennung eines neokolonialen Status innerhalb des verhaßten British Empire gutheißen? Solchen ungerechten Gesetzen und Verträgen nicht zu gehorchen, sondern sie zu übertreten war die Pflicht jedes Bürgers. War dies nicht das höhere Recht, dem Amerikaner folgen sollten, wiederum Arm in Arm mit ihren vertrauten französischen Brüdern? In dieser Formulierung stellte ein politisches Verhalten, das strenggenommen verräterisch und hochverräterisch war, in Wirklichkeit den einzigen Kurs dar, der die Billigung durch Amerikas geheiligteste revolutionäre Grundsätze genoß.

Vielleicht das extremste Beispiel dieser republikanischen Mentalität in Aktion war James Monroe, ein eifriger Protégé Jeffersons, der gerade als Gesandter in Frankreich amtierte. Als Denker oder politischer Stratege hatte Monroe zwar nicht das Format Jeffersons, aber diese Mängel machte er dadurch mehr als wett, daß er sich die Kernartikel des republikanischen Glaubensbekenntnisses mit nahezu völliger Hingabe zu eigen machte. Er versicherte seinen französischen Gastgebern, der Jay-Vertrag werde niemals vom Kongreß gebilligt werden, die überwältigende Mehrheit der amerikanischen Bevölkerung sei daran interessiert, Frankreich im Krieg gegen England beizustehen, die US-Regierung sei bereit, Frankreich einen Kredit von 5 Millionen Dollar zu geben, um seine Militärausgaben zu subventionieren, und – als sich keine dieser verwegenen Vorhersagen bewahrheitete – die französische Regierung solle geduldig, aber standhaft alle Botschaften des amerikanischen Präsidenten unbeachtet lassen, da er offensichtlich für die aristokratischen Anglomänner sprach und bald durch das Volk aus dem Amt katapultiert werden würde. In der Zwischenzeit sollten die Franzosen sich keinen Zwang antun und auf hoher See gegen amerikanische Schiffe Vergeltung üben. Als sie im Frühjahr 1796 damit begannen und die erste Prise, die aufgebracht wurde, ein Schiff war, das den Namen *Mount Vernon* trug, hielt Monroe das für eine von der Vorsehung gesandte Version poetischer Gerechtigkeit. Und außerdem hoffte er, daß es Benjamin Franklin Bache für richtig halten werde, in der *Aurora*, unter einem Pseudonym natürlich, einige seiner vertraulichen Kommuniqués aus Paris zu veröffentlichen, in denen er gegen die empörendsten Klauseln des Jay-Vertrages protestierte. All das von Amerikas offiziellem Gesandten bei der französischen Regierung.[45]

Ein nicht ganz so extremes, aber unendlich konfuseres Beispiel derselben Mentalität war im August 1795 in Washingtons Kabinett genau in dem Augenblick aufgetaucht, in dem er den Entschluß faßte, den Jay-Vertrag an den Senat zu überweisen. Jeffersons Nachfolger als Außenminister war Edmund Randolph, ebenso wie Monroe ein zweitrangiges Mitglied der Virginia-Dynastie, der sich für diese Aufgabe in erster Linie durch seine unerschrockene Loyalität gegenüber Washington empfahl, dessen wichtigste politische Angewohnheit es aber war, unaufhörlich vor jeder Entscheidung zurückzuschrecken, bei der klare eigene Überzeugungen gefordert waren. Der arme Randolph, ein sonst durchaus anständiger Mann, der ganz eindeutig überfordert war, hatte Joseph Fauchet, den scheidenden französischen Gesandten in den Vereinigten Staaten, zu einem Gespräch empfangen, und dieser hatte die Höhepunkte des Gedankenaustauschs in einer Depesche aufgezeichnet, die dann auf See von einem britischen Kreuzer abgefangen wurde. Die Briten waren nur zu gern bereit, diese Depesche an die amerikanische Regierung weiterzuleiten.

Einen Tag nachdem Washington den Text dem versammelten Kabinett laut vorgelesen hatte, reichte Randolph seinen Rücktritt ein.[46]

Das, was in der Fauchet-Depesche behauptet wurde, deckt sich nicht mit dem, was wir auf Grund späterer Forschungen wissen. Fauchet zufolge forderte Randolph eine Bestechungssumme als Teil eines geheimnisvollen Plans zur Unterstützung der Whiskey Rebellion. Wenngleich Randolph in dieser Angelegenheit fast mit Sicherheit unschuldig war, ließen der ganze Tenor und der Ton der Darstellung Fauchets erkennen, daß Randolph ihm seine persönliche Gegnerschaft gegen die gesamte Innen- und Außenpolitik der Washington-Administration anvertraut und über den Aufstieg einer «Klasse von Finanziers» geklagt hatte, die es auf die Wiederherstellung der Monarchie abgesehen hatte, daß er den Ausverkauf des amerikanischen Handels an «die Kühnheit Englands» beklagte und Randolph selbst als einzige Stimme «der patriotischen Partei» in der Regierung hinstellte und als die letzte Hoffnung, einen betrüblich geblendeten und völlig verwirrten Präsidenten Washington zur Besinnung zu bringen. Randolphs unglückliche Äußerungen waren nicht wirklich hochverräterisch, wie er sein ganzes verbleibendes Leben lang vergeblich und in seinem nebligen Stil zu erklären versuchte. In Wirklichkeit hatte er es sich einfach erlaubt, sich bei denselben Reden ertappen zu lassen, die Jefferson an seine Freunde übermittelte und die Monroe in Paris jedem, der sie hören wollte, lauthals andiente. Der Gedanke, daß eine diabolische Verschwörung von Geldleuten und Monarchisten direkt vor Washingtons Augen die Kontrolle über die Bundesregierung übernommen hatte, war unter den Mitgliedern der politischen Elite Virginias so weit verbreitet, daß sie jegliche Maßstäbe dafür verloren hatten, wie verschwörerisch ihre eigenen Worte in den Ohren derjenigen klangen, denen die höhere Einsicht fehlte.[47]

Als sich daher Washington hinsetzte, um seine Abschiedsansprache zu entwerfen, zeichneten sich auf dem nahegelegenen politischen Terrain drei wesentliche Dinge ab, die seine Aufmerksamkeit beschäftigten: Erstens mußte er beweisen, daß er trotz seiner Vorbereitung auf den Ruhestand die Dinge noch sehr fest in der Hand hatte, daß die Gerüchte von schleichender Senilität und routinemäßiger Unfähigkeit nachweislich falsch waren; zweitens wollte er einen mittleren Kurs skizzieren und dies in einem maßvollen Ton tun, und das sollte seine heftigsten Kritiker an den Rand der aktuellen Debatte drängen, wo ihre schrillen Anklagen, ihre emotionsgeladene Sprache und ihre pochende moralische Gewißheit in der Finsternis schmachten konnten, die sie verdienten; drittens wollte der allergrößte Meister von Abgängen seinen endgültigen Abschied von der öffentlichen Bühne zum Anlaß nehmen, um auseinanderzusetzen, was die Amerikanische Revolution aus seiner Sicht bedeutete. Vor allem bedeutete sie, als geeintes Volk zusammenzustehen, ganz ähnlich wie die Kontinentalarmee früher einst zusammengestanden hatte, so daß diejenigen, welche die Außenpolitik in ein Zwietracht säendes Instrument der Innenpolitik verwandelten, und das alles im Namen der revolutionären Prinzipien Amerikas, selbst unbeabsichtigt genau die Sache untergruben, für die sie einzutreten behaupteten. Ein letztes Mal trat er vor in die Schlacht, pflanzte seine Standarte genau in der Mitte des Feldes auf, forderte die Truppen auf, sich um ihn zu scharen, anstatt sich in romantischen Kavallerieangriffen an der Peripherie zu verzetteln, und versicherte ihnen durch sein Beispiel, wenn es ihnen nur gelänge, die von ihm definierte Position zu halten, dann würden sie erneut die Oberhand behalten.

Die Art und Weise, in der die Abschiedsansprache tatsächlich abgefaßt wurde, diente, wie sich herausstellte, als nahezu perfekte Illustration für ihre zentrale Botschaft – die Notwendigkeit, beschränkte Interessen der größeren Sache unterzuordnen. Mehrere Generationen von Wissenschaftlern haben viel Tinte vergossen, um herauszufinden, wer den größten Teil der Worte schrieb, die schließlich ihren Weg in den Druck und von da dann in die Geschichtsbücher fanden. Wie eine falsche Witterung hat die Frage nach der Autorschaft Historiker auf der Suche nach dem richtigen und wahren Autor auf gewundene Beweispfade getrieben. Währenddessen sitzt das Objekt der Jagd mitten auf dem Beweispfad, so offensichtlich, daß es ignoriert wird. Die Schaffung der Abschiedsansprache war nämlich ein von seinem Wesen her gemeinschaftlicher Prozeß.

Einige der Worte stammten von Madison; die meisten Worte kamen von Hamilton; alle Ideen gehörten Washington. Der Entwurf und die Überarbeitung der Abschiedsansprache wurden tatsächlich zu einer Metapher für die Art von kollektiver Bemühung, zu der Washington das amerikanische Volk als Ganzes drängte.[48]

Begonnen hatte die Geschichte vier Jahre zuvor, im Mai 1792, als Washington sich an Madison wandte und ihn um Hilfe bei der Abfassung einer Verabschiedungsansprache bat. Washington, der damals voll davon überzeugt gewesen war, daß er nach einer einzigen Amtszeit abtreten werde, hatte sich Madison ausgesucht, weil Hamilton und Jefferson, seine beiden vertrautesten Kabinettsmitglieder, allzu eng mit den Parteistreitigkeiten verbunden waren, die er verdammen wollte. Madison machte sich auf der Basis dreier Gespräche mit Washington ausführliche Notizen und entwarf dann ein Dokument, das die für viele entscheidende Passagen des Präsidenten eigene Sprache verwendete: «in der Regierung wurde ein Parteigeist zu einer neuen Quelle von Schwierigkeiten»; «wir sind alle Kinder desselben Landes»; die «wesentlichen Interessen [der Nation] sind dieselben, ... ihre Unterschiede, die sich aus dem Klima und aus dem Boden ergeben, werden ganz natürlich eine wechselseitige Beziehung von Teilen herstellen» und als Formulierung für «eine herzliche und dauerhafte Union» dienen. Es war Madison, der als erster den Vorschlag machte, die Abschiedsansprache nicht als Rede vor dem Kongreß zu halten, sondern sie «als direkte Ansprache an das Volk, welches Ihre einzige Klientel darstellt», in den Zeitungen drucken zu lassen. Nachdem sich Washington den einstimmigen Rat all seiner Kabinettsmitglieder angehört und sich zögernd bereit erklärt hatte, eine zweite Amtszeit zu absolvieren, steckte er Madisons Entwurf für eine andere Gelegenheit weg.[49]

Diese Gelegenheit kam genau vier Jahre später. Am 15. Mai 1796 schickte Washington den «ersten Entwurf» einer Rückzugsansprache, in der er seinen Rückzug aus dem öffentlichen Leben bekanntgeben würde, an Hamilton – diesmal konnte ihn kein noch so großes Maß von Überredung in seinem Entschluß wankend machen. Der erste Abschnitt dieses Dokuments gab den Entwurf Madisons von 1792 wieder, was höchst ironisch war, weil Madison zum Hauptführer der republikanischen Opposition gegen Washingtons politische Ziele im Kongreß geworden war und daher ein ziemlich dramatisches Beispiel für den Parteigeist darstellte, vor dem seine früheren Worte gewarnt hatten. (Die Föderalisten bezeichneten Madison als «den General» der Opposition, und Jefferson, seinen Mentor, der sich nach Monticello zurückgezogen hatte, nannten sie «den Generalissimo».) Washington benutzte den früheren Entwurf Madisons aus zwei Gründen: Erstens brachte er in klarer und starker Sprache einen für ihn immer noch wichtigen Punkt zum Ausdruck, bei dem es um die Unterordnung regionaler und ideologischer Differenzen unter höhere nationale Ziele ging, was um so stärker wirkte, weil der Text von jemandem entworfen worden war, der diese Lektion anscheinend vergessen hatte; und zweitens stellte die Einbeziehung dieses Textstücks öffentlich klar, daß er sich schon vor vier Jahren hatte zurückziehen wollen, so daß seine gegenwärtige Entscheidung in Wirklichkeit der Höhepunkt einer schon seit längerem bestehenden Neigung war.[50]

Dieser letztgenannte Punkt war für Washington außerordentlich wichtig. Seine bösartigsten Kritiker behaupteten ständig, seine Unterstützung für den unpopulären Jay-Vertrag mache ihn 1796 unwählbar, und deshalb sei sein Entschluß zum Rückzug kein wirklich freiwilliger Akt, sondern eine erzwungene Anerkennung der politischen Realitäten. Hamilton versuchte ihn zu beruhigen und ihm zu versichern, seine Empfindlichkeiten in diesem Punkt seien übertrieben, und wenn er sich dazu entschlösse, für eine dritte Amtszeit zu kandidieren, dann würde er mühelos gewinnen. (Und Hamilton hatte mit Sicherheit recht.) Doch Washington wollte auch nicht den Schatten eines Zweifels daran übriglassen, daß seine Entscheidung zum Verzicht auf das Amt ganz und gar freiwillig war. Das war eine Sache des persönlichen Stolzes und ebenso auch ein wichtiger politischer Präzedenzfall. Dadurch, daß er den Madison-Entwurf von 1792 einbezog, stellte er heraus, daß er schon seine zweite Amtszeit unter Zögern absolviert hatte, und erhöhte so die Glaubwürdigkeit seiner freiwilligen Ablehnung einer dritten. «Es mag», so formulierte es Washington, «dazu beitragen, einige der Pfeile, wenn es sie schon nicht ablenkt, stumpf werden zu lassen... darunter – Überzeugung von gesunkener Popularität und keine Hoffnung mehr auf Wiederwahl, die man mit Geschick und Eifer auf mich abschießen wird.»[51]

Der zweite Abschnitt dieses ersten Entwurfes, den Washington an Hamilton schickte, konzentrierte sich auf außenpolitische Fragen, die seine zweite Amtszeit beherrscht hatten. Ihm war völlig klar, daß Hamilton den Jay-Vertrag unterstützt hatte. (Er hatte Hamilton sogar empfohlen, Jay um Rat zu fragen, bevor er an die Niederschrift ging.) Doch Hamilton sollte wissen, daß keines von seinen oder Jays englandfreundlichen Vorurteilen in seinen Entwurf des Dokuments eingehen sollte; es sollte die amerikanische Neutralität betonen und «die wahren und dauerhaften Interessen des Landes fördern». Im Vordergrund mußten nicht Hamiltons, sondern Washingtons Ansichten stehen. Hamilton würde den Text entwerfen, aber der Autor mußte Washington sein. «Ich bin immer darum bemüht, die Meinungen derer, denen ich vertraue, miteinander zu vergleichen», erklärte Washington, «und diese wiederum (ohne daß ich an sie gebunden wäre) mit meinen eigenen, so daß ich ihnen alles Gute entnehmen kann, was ich vermag.» Hamilton brauchte keine ausführlichen Instruktionen zum Verfahren. Es war derselbe Prozeß, den Washington als Oberbefehlshaber der Kontinentalarmee mit seinem Stab entwickelt und dann als Präsident mit seinem Kabinett durchgeführt hatte. Hamilton hatte in beiden Zusammenhängen dieselbe Rolle gespielt. Alle wichtigen Entscheidungen waren kollektive Unternehmungen, bei denen Berater gewöhnlich in schriftlicher Form wie Speichen eines Rades Beiträge leisteten. Doch zum Schluß wurde die endgültige Entscheidung einschließlich der abschließenden Wortwahl im Zentrum getroffen, und das war immer Washington.[52]

Hamilton war auch klar, daß von ihm verlangt wurde, nicht nur für die Gegenwart, sondern auch für die Nachwelt zu schreiben. «Es ist mein Ziel gewesen, diesem Schritt einen bedeutenden und dauerhaften Nutzen zu verleihen», vertraute er Washington an, «und jeden berechtigten Anlaß zu gegenwärtigem Anstoß zu vermeiden sowie solche Erwägungen und Gedanken zu ergreifen, die sich gut machen, im Laufe der Zeit zunehmende Billigung finden und zu künftigem Ruhm gereichen werden.» Volle zwei Monate verwendete er darauf, den Entwurf Washingtons zu überarbeiten, und dabei erweiterte er Madisons frühere Darstellung der Notwendigkeit, sich über Unterschiede der Parteien zu erheben und sich hinter die gewählten Vertreter der nationalen Regierung zu scharen.[53]

Am 30. Juli sandte er die Früchte seiner Bemühungen an Washington, und der fand den Entwurf Hamiltons «außerordentlich richtig und genau so, wie er eingeschärft werden sollte». Sein einziger Vorbehalt bezog sich auf die Länge: «Alle Spalten einer großen Zeitung würden den gegenwärtigen Entwurf, so meine ich, kaum fassen», merkte Washington an und fügte zum Schluß hinzu: «Ich mag mich irren.» (Das tat er.) Hamilton war sich nicht so sicher, daß er die bestmögliche Leistung vollbracht hatte, und begann sofort mit der Arbeit an einem ganz neuen Entwurf, den er Washington zwei Wochen später unterbreitete. Washington gefiel jedoch der erste Entwurf besser.[54]

Während des darauffolgenden Monats gingen überarbeitete Fassungen des Entwurfs mehrfach hin und her, und dabei drängte Washington Hamilton zu Klarstellungen, er strich gewisse Passagen und fügte andere hinzu: «Ich werde alles ausstreichen, was in dem Papier als unwichtig bezeichnet ist», schrieb er am 25. August, «und wenn Sie einige mit Bleistift geschriebene Randbemerkungen sehen, so bitte ich Sie, diese Gedanken reiflich zu erwägen.» Wenn es Hamilton für angebracht hielt, zusätzlich eigene Abänderungen vorzunehmen, dann sollten sie «so deutlich abgehoben, ausradiert oder am Rande bezeichnet sein, daß es zu keinem Fehler kommt». Washington wollte nicht, daß in letzter Minute ohne seine Billigung Veränderungen eingeschmuggelt wurden. Selbst als im September die letzte Fassung für den Druck fertig war, nahm er mit eigener Hand in 174 von 1086 Zeilen Veränderungen vor und überprüfte die Zeichensetzung des ganzen Textes – eine letzte Durchsicht, so bemerkte der Drucker aus unmittelbarer Anschauung, «bei der er sehr sorgfältig war». So erscheint der Schluß angemessen, daß das, was wir als «Washingtons Abschiedsansprache» bezeichnen, nicht zu Unrecht so heißt.[55]

Welchen Beitrag leistete Hamilton? Vor allem sorgte er dafür, daß sich die Entfaltung der Ideen Washingtons in einem rhetorischen Rahmen vollzog, der durchgängig einen majestätischen und würdigen Ton bewahrte, und hielt bei der Entfaltung der Washingtonschen Argumentation, die ihrerseits die Selbstsicherheit verkörperte, welche für sein wichtigstes Thema von der Nation selbst von so zentraler Bedeutung war, eine handgreifliche Überzeugungskraft und ein Gefühl für Proportionen fest. Hamilton besaß beinahe das absolute Gehör für Washingtons Sprache, da er seine öffentliche Karriere damit begonnen hatte, während des Krieges als Stabsoffizier Briefe und Denkschriften zu entwerfen, die dann Washingtons Unterschrift trugen. Er hatte daher reichlich Übung darin, seine Neigungen und seinen Stil den höheren Zielen Washingtons unterzuordnen. In der Abschiedsansprache ist das Resultat beinahe nahtlos. In Verbindung mit dem gemeinschaftlichen Charakter des Abfassungsprozesses wird es praktisch unmöglich festzustellen, wo die eine Stimme endet und eine andere beginnt.

Doch Hamilton war auch selbst ein derart virtuoser Darsteller, der in der Revolutionsgeneration hinsichtlich seiner Fähigkeit, ganz kurzfristig kraftvolle Prosa zu liefern, nicht seinesgleichen hatte, daß es in der Abschiedsansprache Augenblicke gibt, in denen seine charakteristische Stimme durchbricht. Beispielsweise war Washington zwar mit Hamilton einer Meinung darüber, was die Verfassungsvereinbarung von 1787–88 bedeutete, aber nur Hamilton hätte das in die folgenden Worte kleiden können:

> Diese Regierung, das Ergebnis Ihrer eigenen unbeeinflußten und uneingeschüchterten Wahl, angenommen nach umfassender Prüfung und reiflicher Überlegung, völlig frei in ihren Grundsätzen, in der Verteilung ihrer Befugnisse, welche Sicherheit mit Kraft vereint und in sich eine Maßregel zu ihrer eigenen Verbesserung enthält, hat berechtigten Anspruch auf Ihr Vertrauen und Ihre Unterstützung. ... Gerade der Gedanke, daß das Volk die Macht und das Recht besitzt, eine Regierung einzusetzen, setzt die Pflicht jedes Einzelnen voraus, der eingesetzten Regierung zu gehorchen.[56]

Oder zu der Frage der nationalen Interessen Amerikas und der von ihnen diktierten Außenpolitik: Hier ist die Idee wiederum reiner Washington, aber ausgedrückt ist sie in einer Sprache, die in Hamiltonschen Tönen daherkommt:

Im Hinblick auf fremde Nationen lautet für uns die große Verhaltensregel, daß wir, wenn wir unsere Handelsbeziehungen zu ihnen ausweiten, mit ihnen so wenig wie möglich politische Verbindungen haben. ... Europa hat eine Reihe ursprünglicher Interessen, die zu uns keinen oder nur einen sehr entfernten Bezug haben. Daher muß es sich häufig in Streitigkeiten verwickeln, deren Ursachen unseren Interessen wesentlich fremd sind. ... Unsere wahre Klugheit besteht darin, dauerhaften Bündnissen mit irgendeinem Teil der ausländischen Welt aus dem Wege zu gehen. ... Es ist töricht, wenn eine Nation von einer anderen uneigennützige Vergünstigungen erwartet. ... Es kann keinen größeren Fehler geben, als tatsächliche Vergünstigungen von Nation zu Nation zu erwarten oder mit ihnen zu rechnen. Das ist ein Wahn, den die Erfahrung heilen muß und den ein berechtigter Stolz aufgeben sollte.[57]

Als Hamilton den Entwurf dieser Passage in einer schon weit fortgeschrittenen Fassung John Jay zeigte und ihn um seinen Kommentar bat, äußerte Jay Bewunderung für den Stil, war aber über die Argumentation nicht ganz glücklich. «Mir scheint», schrieb er an Washington, «daß es vielleicht nicht ganz klug ist zu sagen, daß wir niemals Vergünstigungen von einer Nation erwarten können, denn diese Behauptung scheint zu implizieren, daß Nationen immer nur von eigennützigen Motiven getrieben sind oder sein sollten.» Die Anregung Jays kam zu spät – die Abschiedsansprache war bereits beim Drucker –, aber sie hätte auch nichts geändert. Washington meinte genau das, was Hamilton gesagt hatte. Jays Ansichten über künftige englische Wohltaten waren ebenso wie Jeffersons Auffassungen von französicher Solidarität mit Amerika nur verführerische Anwandlungen von Sentimentalität, jugendliche Illusionen in der realen Welt der internationalen Beziehungen.[58]

Abgesehen von der hieb- und stichfesten Überzeugungskraft und den glücklichen Wendungen, bestand Hamiltons Hauptbeitrag darin, daß er Washington vor seinen eigenen persönlichen Empfindungen bewahrte. In seinen Entwurf vom Mai hatte Washington ziemlich zu Anfang folgenden Abschnitt eingefügt:

Ich habe das Amt, mit dem Sie mich geehrt haben, nicht angestrebt, ... [und ich besitze nun] die grauen Haare eines Mannes, welcher, sieht man vom Zeitraum zwischen dem Ende des Revolutionskrieges und dem Aufbau der neuen Regierung ab – entweder in ziviler oder in militärischer Funktion fünfundvierzig Jahre verbracht hat – Die ganze Blüte seines Lebens – im Dienste seines Landes; [mag es ihm] gestattet sein, still ins Grab zu sinken – und daß seine Fehler, so zahlreich sie auch sein mögen; wenn sie nicht verbrecherisch sind, dem Grab des Vergessens anbefohlen werden, so wie er selbst bald in das Haus des Ruhestandes gesandt werden wird.[59]

Hamilton strich die Verweise auf «graue Haare», «Blüte seines Lebens» und «Fehler, so zahlreich sie auch sein mögen»; ebenso änderte er den gekränkten Ton der Passage, indem er sie nicht an den Anfang, sondern ans Ende der Abschiedsansprache stellte, wo sie nicht so sehr wie ein etwas mitleiderregender *cri de cœur*, sondern eher wie ein würdevolles persönliches Zeugnis wirkte. Washington erkannte die Verbesserung an und beglückwünschte Hamilton dazu, daß er ihn «mit weniger Egoismus» wiedergegeben habe, womit er meinte, die Fassung Hamiltons verdecke die Wunden oder hindere den Präsidenten jedenfalls daran, sie allzu offen zu zeigen.[60]

Hamiltons ausgezeichnetes Gespür für die Denkart Washingtons ließ ihn nur einmal im Stich, wenngleich dieser Mangel und daher das, was in Wirklichkeit das fehlende Stück der Abschiedsansprache darstellt, einen umfassenderen Einblick in die nationale Vision gestattet, die Washington zu entwerfen versuchte. Während der Ausarbeitung des Textes im Sommer 1796 drängte Washington Hamilton immer wieder, einen besonderen Abschnitt über die Schaffung einer nationalen Universität in der Hauptstadt, die jetzt am Potomac errichtet wurde, einzufügen. Hamilton widerstand der Empfehlung und argumentierte ganz nachvollziehbar, ein derart konkreter Vorschlag sei unangemessen für eine Ansprache, die sich auf einer höheren Ebene bewegen sollte. Das war, so behauptete er, die Art von Vorschlag, die besser in die Abschiedsbotschaft an den Kongreß im Herbst paßte. Washington aber beharrte weiter darauf, daß er diesen Gedanken als hervorgehobenes Element in der Abschiedsansprache haben wollte: «Doch um offen zu sein», erklärte er, «ich bezweifle stark, ob eine Empfehlung dieser Maßnahme gegenüber der Legislative jetzt eine bessere Wirkung zeitigen wird als früher – Sie mag sogar mein Gefühl ihrer Wichtigkeit verzerren, und das ist für mich ein hinreichendes Motiv, um die Sache in der einen oder anderen

Form in den letzten Auftritten meines politischen Abschieds der Öffentlichkeit vorzulegen, ... um die Menschen zum Nachdenken über die Wichtigkeit dieser Maßnahme zu veranlassen.»[61]

Hamilton gab schließlich nach, wenn auch nur widerwillig. Im letzten Augenblick fügte er ziemlich ungeschickt ungefähr in der Mitte der Abschiedsansprache einen kurzen Absatz aus zwei Sätzen ein, in dem «Einrichtungen für die allgemeine Verbreitung von Wissen» gefordert wurden und ganz harmlos darauf gedrungen wurde, daß «die öffentliche Meinung aufgeklärt» werden sollte. Washington war mit dem Ergebnis nicht zufrieden, entschloß sich aber, die Sache auf sich beruhen zu lassen. Dabei ließ er Hamilton jedoch wissen, es sei etwas verlorengegangen, seine Hoffnungen auf eine nationale Universität stünden in einem größeren Zusammenhang: «In der allgemeinen Jugendzeit des Lebens, in der man Freundschaften schließt und Gewohnheiten annimmt, die einem erhalten bleiben», erklärte er, «würden die Jugend oder die jungen Männer aus verschiedenen Teilen der Vereinigten Staaten versammelt werden, und sie würden allmählich herausfinden, daß es keinen berechtigten Grund für jene Eifersüchte und Vorurteile gibt, die der eine Teil der Union gegen einen anderen Teil in sich aufgenommen hat. ... Was sonst als der Verkehr von Menschen aus verschiedenen Teilen der Vereinigten Staaten während des Krieges hat diese Eindrücke abgeschwächt? Ein Jahrhundert im gewöhnlichen Austausch hätte nicht vollbracht, was die sieben Jahre der Waffenbrüderschaft vermocht haben.»[62]

Das war eine typisch Washingtonsche Einsicht – verankert in seiner Erfahrung während der Kriegsjahre; einfach und wesentlich zugleich; Entwicklungen in die Zukunft projizierend auf der Basis von Mustern, die noch im Begriff waren, feste Form anzunehmen, und die erst heute, im Rückblick, so selbstverständlich erscheinen. Ebenso wie seine fixe Idee über die Potomac-Kanäle trug seine Kampagne für eine nationale Universität in der Hauptstadt niemals Früchte. Doch die beiden gescheiterten Projekte waren auch visionäre Projektionen, die sich mit umfassenderen Erwartungen verknüpften. Im Falle der nationalen Universität war es die Einsicht, daß die

Vereinigten Staaten noch sehr stark eine Nation im Werden waren, weil ihre Bevölkerung noch ein Volk im Werden war. Zeit, ja sogar eine beträchtliche Zeitspanne, würde erforderlich sein, um das Zusammenwachsen dieser großen, weitverstreuten und vielfältigen Bevölkerung zu ermöglichen. Doch Institutionen, die dazu gedacht waren, die nationalen Ziele zu bündeln, wiederum wie die Kontinentalarmee während des Krieges, konnten die Zeit abkürzen und Amerika über diese verwundbare und problematische Phase seiner Entwicklung hinweghelfen, in der eine Zersplitterung und vielleicht ein Bürgerkrieg immer noch eine deutlich sich abzeichnende Möglichkeit darstellten.

In der gesamten Abschiedsansprache hatte Washington die Amerikaner dazu ermahnt, sich als kollektive Einheit mit einem gemeinsamen Schicksal zu sehen. Für unsere Ohren klingt das so selbstverständlich, weil wir die künftige Stätte bewohnen, die Washington im Blick hatte. Doch seine Ermahnungen zu nationaler Einheit waren weniger Beschreibungen als Vorwegnahmen, weniger Erinnerungen an unsere Existenzweise als Vorhersagen dessen, wozu wir werden würden. Ja, der Akt des Ermahnens war dazu bestimmt, die Aussicht zu verbessern, indem er so darüber redete, als handle es sich um ein feststehendes Ergebnis, auch wenn Washington ganz gewiß wußte, daß es das nicht war. Am Ende war die Abschiedsansprache in erster Linie eine große Prophezeiung, begleitet von Ratschlägen, wie man es bewerkstelligen sollte, daß sie sich bewahrheitete.

Zumindest implizit war sie auch eine Rechtfertigung für die starke exekutive Führung, die Washington in den 1790er Jahren geboten hatte und die seine Kritiker als Monarchie gebrandmarkt hatten. Ohne einen republikanischen König zu Beginn, so sagte er, hätte die neue Quasi-Nation namens Vereinigte Staaten nie Gelegenheit gehabt, ihre langfristige Bestimmung zu verwirklichen; sie wäre kurzfristig verblichen. In gewissem Sinne verteidigte Washington seine Präsidentschaft als unentbehrliche Ausnahme von vollentwickelten republikanischen Prinzipien. Wenn man dann weiter war, wenn die gemeinsame Erfahrung der Eroberung des Kontinents und der pure Zeitablauf das amerikanische Volk zu einem kohärenteren Ganzen zusammengebunden hatten, dann konnten sich die voluntaristischeren Gewohnheiten im Kern der republikanischen Mentalität in vollem Umfang äußern. Einstweilen mußte jedoch die Mitte halten. Das bedeutete eine kraftvolle Bundesregierung, die über hinreichende Befugnisse verfügte, um die Bürger zu zwingen, Steuern zu zahlen und die Gesetze zu befolgen. Veteranen der Kontinentalarmee wie Hamilton und John Marshall verstanden diesen entscheidenden Punkt vollständig. Faszinierenderweise hatten Jefferson und Madison, die beiden Hauptmatadore der republikanischen Opposition, nie in der Armee gedient. Sie verstanden ihn offenbar nicht.

Wie konnte es dieser im Werden begriffenen Nation gelingen, ihren Weg durch die erste Phase der Nach-Washington-Zeit ihrer Entwicklung zu finden? In der Abschiedsansprache offerierte Washington seine allgemeine Antwort: Sehen Sie sich als eine einzige Nation; ordnen Sie ihre regionalen und politischen Differenzen Ihrer gemeinsamen Identität als Amerikaner unter; betrachten Sie die Bundesregierung, die Ihr kollektives Interesse vertritt, als Bundesgenossen und nicht als Feind (als «wir», wenn man so will, und nicht als «sie»). In seiner achten und letzten Botschaft an den Kongreß, die er im darauffolgenden Dezember verkündete, lieferte Washington eine konkretere Direktive. Seine republikanischen Kritiker hatten den Jay-Vertrag als Pakt mit dem Teufel bezeichnet, der mit Sicherheit zu einer innenpolitischen und diplomatischen Katastrophe führen werde. Als Washington jedoch zum letzten Mal den Horizont absuchte, sah er heiteres Wetter aufziehen: Es wurden jetzt Verträge mit den feindlichen indianischen Stämmen in den südlichen und westlichen Grenzgebieten ausgehandelt; die Briten zogen in Übereinstimmung mit dem Jay-Vertrag ihre Truppen von Stellungen im Westen zurück; vor allem dank der Wiederaufnahme des Handels mit Großbritannien war die amerikanische Wirtschaft recht ordentlich in Schwung, und die Einnahmen aus dem gewachsenen Handel reduzierten die Staatsschuld schneller als erwartet. Der einzige dunkle Punkt am politischen Horizont war Frankreich, dessen Kreuzer amerikanische Schiffe in der Karibik abfingen. Washington riet zu Geduld mit diesem «unerklärten Krieg» mit der französischen Republik, wie man ihn dann bald nannte, und er prophezeite (wie sich herausstellte, richtig), daß «ein Geist der Gerechtigkeit, der Offenheit und Freundschaft ... schließlich den Erfolg sichern» werde. Zuversicht ist, so schien er sagen zu wollen, eine Prophezeiung, die sich selbst erfüllt, und dies galt um so mehr, wenn die Zuversicht gerechtfertigt war.[63]

Noch konkreter vertrat Washington die Auffassung, daß sein Abgang von der nationalen Bühne die Erweiterung und nicht die Verringerung der Befugnisse der Bundesregierung erfordern werde, um einen Ausgleich für seine Abwesenheit zu schaffen. Er empfahl dem Kongreß, eine ganze neue Welle von Bundesinitiativen in Angriff zu nehmen: ein neues Programm mit Anreizen für inländische Manufakturen; ein ähnliches Programm zur Subventionierung von Verbesserungen in der Landwirtschaft; die Schaffung einer nationalen Universität (sein altes Steckenpferd) und einer nationalen Militärakademie; eine vergrößerte Marine, um die amerikanische Schiffahrt im Mittelmeer und in der Karibik zu schützen; verstärkte Entschädigungen für Bundesbeamte, um sicherzustellen, daß öffentlicher Dienst nicht von privatem Reichtum abhängig war. Das war das umfangreichste präsidentiale Programm für erweiterte Bundesbefugnisse, bis John Quincy Adams in seiner Antrittsrede von 1825 eine ähnliche Vision vorlegte. Es war die Tradition, welche die Whig-Partei Henry Clays und die Republikanische Partei Abraham Lincolns im 19. Jahrhundert aufrechterhielten und welche die Demokratische Partei von Andrew Jackson verwarf. Im unmittelbareren Kontext des Jahres 1796 schien Washington sagen zu wollen, daß der Abgang von Amerikas einzigem republikanischen König die Schaffung von konzentrierenden Kräften erforderlich machte, die auf Bundesebene institutionalisiert wurden, um die bündelnden Funktionen, die er persönlich ausgeübt hatte, aufrechtzuerhalten.[64]

Wer waren schließlich diese amerikanischen Menschen, die da zusammengebunden wurden? Wenn Washington den Wunsch hatte, daß man die nationale Regierung als «wir» und nicht als «sie» ansah, wie definierte er dann das «wir»? Er richtete seine Bemerkungen in der Abschiedsansprache an seine «Freunde und Mitbürger». Wenngleich er ohne Zweifel der Ansicht war, daß diese Beschreibung ein weites und umfassendes Netz auswarf, das Bewohner aller Regionen oder Landesteile der Vereinigten Staaten erfaßte, schloß sie doch nicht alle Bewohner ein. Der Kern des Publikums, das er vor seinem geistigen Auge sah, bestand aus den erwachsenen weißen Männern, die über genügend Eigentum verfügten, um sich als Wähler zu qualifizieren. Strenggenommen waren solche Männer die einzigen Bürger. Er erklärte Hamilton, seine Abschiedsansprache ziele insbesondere auf «die freien Bauern des Landes», und das bedeutete auf einfache Farmer, die kleine Landstücke bebauten und in Haushalten lebten. Das brachte Frauen und Kinder mit ins Bild, zwar nicht als vollwertige Bürger, aber als Teil des amerikanischen Volkes, deren politische Identität in die Familie eingeordnet war und durch die männlichen Haushaltungsvorstände vermittelt wurde. Sie waren sekundäre Bürger, aber zweifellos Amerikaner. Landlose Bewohner der ländlichen Gegenden und verarmte Stadtbewohner lagen außerhalb des Bildes, auch wenn sie – oder eher ihre Nachkommen – sich im Laufe der Zeit in die Reihen der amerikanischen Bürger emporarbeiten konnten. Wenn auch nur potentiell und mit Blick auf die Zukunft, waren sie einbezogen.[65]

Die größte unerwähnte und vermutlich ausgeschlossene Gruppe war die schwarze Bevölkerung, von der etwa 90 Prozent versklavt waren. Über die Sklaverei sagte Washington in seiner Abschiedsansprache nicht das geringste, er bewahrte das Stillschweigen, das sich der Kongreß in der Frühphase seiner Präsidentschaft als offizielle Position zu eigen gemacht hatte. Schweigen kann natürlich Bände sprechen, und im Falle Washingtons war die unausgesprochene Botschaft die, daß zu diesem äußerst kontroversen Thema ein Moratorium erklärt worden war, verfügte es doch mehr als jede andere Problematik über das Potential, die fragile Union, die er als sein Lebenswerk und als sein bedeutendstes politisches Vermächtnis ansah, zu zerstören. Da die Abschiedsansprache in erster Linie den Zweck hatte, dieses Vermächtnis zu bekräftigen und die Förderung seiner nationalen Vision zu unterstützen, war das letzte, was Washington erwähnen wollte, das eine Thema, das die handgreiflichste Bedrohung für das gesamte Unternehmen darstellte. Ebenso wie Madison im Jahre 1790 wollte er die

Sklaverei von der politischen Tagesordnung Amerikas verbannen. Anders als bei Madison und anders als bei den meisten seiner virginischen Landsleute gibt es bei ihm jedoch Grund zu der Annahme, daß er der Ansicht war, das Moratorium, das für die Erörterung der Sklaverei als politischen Problems galt, solle 1808, wenn die Verfassung die Beendigung des Sklavenhandels zuließ, auslaufen.

Sein Schweigen zur Frage der Sklaverei war ein strategischer Zug, da er ja davon überzeugt war, daß die Sklaverei ein Krebsgeschwür am amerikanischen Gemeinwesen sei, das zur Zeit nicht entfernt werden könne, ohne den Patienten zu töten. Die faszinierende Frage lautet, ob sich Washington eine amerikanische Zukunft nach der Sklaverei vorstellen konnte, welche die afroamerikanische Bevölkerung als künftigen Teil der amerikanischen Bürgerschaft einschloß. Für fast alle führenden Mitglieder der Virginia-Dynastie war die Antwort eindeutig, und sie fiel negativ aus. Selbst diejenigen, die wie Jefferson und Madison das schließliche Ende der Sklaverei erwarteten, gingen auch davon aus, daß alle freigelassenen Schwarzen anderswohin transportiert werden müßten. Washington billigte diese Schlußfolgerung nie. Und er machte sich auch nie die rassischen Argumente für schwarze Minderwertigkeit zu eigen, die Jefferson in seinen *Notes on the State of Virginia* vorgebracht hatte. Er neigte dazu, den Zustand der schwarzen Bevölkerung eher als Produkt der Erziehung denn als Produkt der Natur zu betrachten – das heißt, er sah die Sklaverei als den Schuldigen, der die Entwicklung von Sorgfalt und Verantwortlichkeit verhinderte, die nach der Freilassung schrittweise und naturwüchsig gedeihen würde.[66]

Im Jahre 1796 hatte Washington damit begonnen, sein Testament aufzusetzen, in dem er schließlich detaillierte Vorkehrungen traf, um sicherzustellen, daß alle seine Sklaven nach dem Tod seiner Ehefrau freigelassen werden würden. Noch detailliertere Bestimmungen sollten außerdem garantieren, daß Mount Vernon in Teilen verkauft werden würde, wobei ein Teil des Erlöses dazu verwendet werden sollte, seine freigelassenen Sklaven und deren Kinder auch künftig noch mehrere Jahrzehnte lang zu unterstützen. Sein Handeln in diesem Punkt sprach wie gewöhnlich lauter als seine Worte, denn es deutete auf eine Verpflichtung über das Grab hinaus, seinen ehemaligen Sklaven beim Übergang in die Freiheit in den Grenzen der Vereinigten Staaten zu helfen. Ob er sich eine Vision von Schwarzen und Weißen ausmalen konnte, die zu einem nicht näher bestimmten künftigen Zeitpunkt in Harmonie zusammenlebten, bleibt unklar. Doch in der politischen Elite Virginias war er wirklich ein seltener Fall dadurch, daß er diese Frage offenließ.

Die Einbeziehung der Indianer konnte Washington sich vorstellen, und er hat sie sich vorgestellt. Ende August 1796, in der Zeit, in der er die letzten Abänderungen an seiner Abschiedsansprache vornahm, schrieb er seine «Ansprache an die Nation der Cherokees». Aus streng juristischer Sicht war jeder der verschiedenen Indianerstämme östlich des Mississippi bereits eine Nation oder eine indigene Quasi-Nation innerhalb der expandierenden Grenzen der Vereinigten Staaten. Darin lagen natürlich das Hauptproblem und der Stoff für eine anscheinend unausweichliche Tragödie. Denn nach Washingtons Einschätzung würde sich der nach Westen ziehende Strom der amerikanischen Bevölkerung als erbarmungslos und unaufhaltsam erweisen: «Ich habe auch viel über diesen Gegenstand nachgedacht», erklärte Washington den Cherokees, «und den dringenden Wunsch gehegt, daß die verschiedenen indianischen Stämme ebenso wie ihre Nachbarn, die Weißen, all die guten Dinge in Fülle genießen möchten, welche das Leben angenehm und glücklich machen. Ich habe darüber nachgedacht, wie dies verwirklicht werden könnte; und habe nur einen einzigen Weg gefunden, der sie zu dieser wünschenswerten Lösung führen würde. Von diesem Weg wünsche ich, daß alle indianischen Nationen ihn gehen.»[67]

Der «einzige Weg», den Washington benannte, forderte von den Indianern die Anerkennung, daß ein Widerstand gegen die Expansion der weißen Bevölkerung selbstmörderisch sei. Die einzig realistische Lösung machte es erforderlich, daß sich die Indianer in das Unvermeidliche fügten, ihre Jäger- und Sammler-Ökonomien aufgaben, für deren effizientes Funktionieren riesige Landstriche erforderlich waren, sich der Landwirtschaft als bevorzugter Lebensform zuwendeten und sich im Laufe von mehreren Generationen schrittweise von der größeren amerikanischen Nation assimilieren ließen. Washington räumte ein, daß er viel verlangte, daß «dieser Weg ein wenig schwer zu betreten sein mag», weil dies bedeutete, daß sie ihren verständlichen Drang zum Widerstand unterdrückten und viele ihrer charakteristischsten und kostbarsten Stammeswerte opferten. Während er sich auf seinen eigenen Rückzug vorbereitete, ermunterte er die indianischen Stämme tatsächlich dazu, sich aus ihrer Lebensweise als Indianer zurückzuziehen: «Was ich Ihnen empfohlen habe», schrieb er etwas wehmütig, «bin ich selbst im Begriff zu tun. Nach Ablauf einiger Monde werde ich die große Stadt verlassen und mich auf meine Farm zurückziehen. Dort werde ich mich mit den Mitteln befassen, meine Rinder, Schafe und anderen Nutztiere zu vermehren.» Wenn die Indianer seinem Beispiel folgen wollten, dann könnte sich die friedliche Koexistenz von Indianern und Weißen naturwüchsig ergeben, und ihr allmähliches Aufgehen in einem einzigen amerikanischen Volk würde sich im Laufe des kommenden Jahrhunderts abspielen. Ganz gleich, welche moralischen Mängel und kulturellen Überheblichkeiten ein heutiges amerikanisches Publikum in Washingtons Ratschlägen finden könnte, zwei hervorstechende Punkte sind klar: Erstens standen sie in Übereinstimmung mit seinem erbarmungslosen Realismus hinsichtlich der begrenzten Entscheidungsmöglichkeiten, welche die Geschichte bot; und zweitens bezog er die Indianer mit in die Völkermischung ein, die man als Amerikaner bezeichnet.[68]

Die Reaktionen auf die Abschiedsansprache verliefen in den gewohnten Gleisen. Die überwältigende Mehrzahl der öffentlichen Reaktionen war tränenreich und überschwenglich, man bedauerte den Abgang des Mannes, der während des vergangenen Vierteljahrhunderts das politische Herzstück Amerikas gewesen war, akzeptierte aber seine Botschaft, wie es ein Kabinettsmitglied formulierte, «als Kopie des allgemeinen Ausdrucks des Volkes der Vereinigten Staaten». Währenddessen verurteilte die republikanische Presse seine Warnungen vor politischen Spaltungen im Innern und diplomatischen Verwicklungen im Ausland als «die Abneigungen eines kranken Geistes». In der *Aurora* druckte Benjamin Franklin Bache noch einmal den alten Vorwurf ab, Washington sei ein Verräter gewesen, der während des Krieges mit der englischen Regierung konspiriert habe. «Dieser Mann hat in gewisser Weise eine Berühmtheit», bemerkte Washington über Bache, «denn seine Verleumdungen werden nur von seiner Schamlosigkeit übertroffen, und beide haben nicht ihresgleichen.» Einer seiner letzten Akte als Präsident bestand darin, im Außenministerium seine Entgegnungen auf Baches Anschuldigungen zu Protokoll zu geben, über die Historiker längst herausgefunden haben, daß sie auf gefälschten englischen Dokumenten beruhten. Im März 1797 schied er unter den lauten Hochrufen seiner riesigen Armee von Anhängern und dem Geheul jener viel kleineren Meute von Kritikern aus dem Amt.[69]

Als er auf dem Wege nach Mount Vernon durch Alexandria kam, machte er dort Station, um eine Rede zu halten, in der er noch einmal seine Treue zu den Grundsätzen bekräftigte, die er in der Abschiedsansprache niedergelegt hatte. «In den Wechselfällen der Ereignisse mögen Wolken über unseren politischen Angelegenheiten schweben und werden dies zweifellos auch oft tun», verkündete er, «aber ein dauerhaftes Festhalten an diesen Grundsätzen wird solche zeitweiligen Verdunklungen nicht nur vertreiben, sondern unsere Aussichten desto glänzender machen.» Bis ganz zum Schluß blieb er höchst zuversichtlich, daß er recht hatte, wenngleich die «zeitweiligen Verdunklungen», die von der republikanischen Presse losgelassen wurden – Frankreich war Amerikas internationaler Bündnispartner und die nationale Regierung sein innerer Feind –, zu Anfällen von privater Verzweiflung und periodischem Aufflammen des berühmten Washingtonschen Temperaments führte. (Selbst als er unter «Weinstock und Feigenbaum» im Ruhestand lebte, hatte er weiterhin zehn Zeitungen abonniert.) Mehr als jeder andere große Führer der amerikanischen Geschichte vor ihm oder nach ihm war er gewohnt, sich durchzusetzen, und ebenso war er gewohnt, daß die Geschichte ihm recht gab. Doch seine letzten zweieinhalb Jahre in Mount Vernon waren von der ständigen Befürchtung überschattet, daß seine abschließenden Ratschläge an das Land ignoriert und sein Vermächtnis und damit sein eigener Platz in der Geschichte preisgegeben werden würden.[70]

Ein Teil seines Problems war eine Frage des Standorts. Mount Vernon lag natürlich auf dem Gebiet von Virginia, und Virginia war zur Heimat der republikanischen Opposition geworden, die sich dafür einsetzte, die Außenpolitik und das gesamte Gebäude der nationalen Souveränität, für welche Washington stand, umzustürzen. Praktisch wurde Mount Vernon zu einer Enklave auf feindlichem Territorium, umringt von Nachbarn, die sich einer Virginia-zuerst-Version der amerikanischen Republik verschrieben hatten. Washington, vormals der oberste Virginier, war in ihren Augen zur anderen Seite übergelaufen. Einst die Allzweck-Lösung, war Washington jetzt das immer noch mächtige Problem, eine Art trojanisches Pferd, das mitten in der virginischen Festung stand. Die Tatsache, daß er einen so großen Teil seiner verbleibenden Zeit und Energie darauf verwendete, den Bau der neuen Hauptstadt am Potomac zu überwachen – von vornherein stand fest, daß sie nach ihm benannt werden sollte –, bestätigte nur ihre schlimmsten Befürchtungen. Denn diese Stadt stand ebenso wie der Name, den sie tragen sollte, als Symbol für die Verschwörung, die in den Augen Jeffersons und seiner Gefolgsleute alles bedrohte, wofür Virginia stand. Washington wiederum lieferte seinen virginischen Kritikern Munition, indem er seinen Stiefenkel dazu drängte, in Harvard zu studieren, um den provinziellen Versionen der Gelehrsamkeit zu entfliehen, die im Old Dominion gegenwärtig vorherrschend waren. In zunehmendem Maße sah er seinen Heimatstaat anscheinend ähnlich wie die Indianerstämme in seinem Brief an die Cherokees. Die Bestimmung der amerikanischen Nation wies in die eine Richtung, und wenn sich die Stammeshäuptlinge Virginias dazu entschlossen, sich dieser Richtung zu widersetzen, bitte sehr; aber sie stellten sich auf die falsche Seite der Geschichte.[71]

Das Ende kam am 14. Dezember 1799. Am Vortag, als deutlich wurde, daß die Kombination aus Lungenentzündung und den Mitteln, die seine Ärzte anwendeten, um ihn zur Ader zu lassen und mit Zugpflastern zu traktieren, nur zu einem einzigen Ergebnis führen konnte, befahl Washington den Ärzten, ihr barbarisches Tun einzustellen und ihn in Frieden sterben zu lassen. «Ich gehe einfach», ließ er die um sein Bett Versammelten wissen. «Gebt mir ein anständiges Begräbnis, und laßt meinen Leichnam nicht eher als drei Tage nach meinem Tod in die Gruft bringen. ... Habt ihr mich verstanden?» Zwar gab er sich keinen Illusionen über seine Unsterblichkeit hin, aber anscheinend befürchtete er, lebendig begraben zu werden, vielleicht in dem Glauben, genau dies sei in Wirklichkeit mit Jesus geschehen. Seine letzten Worte waren: «Es ist gut.» Das letzte, was er – selbstgenügsam wie immer – tat, war, sich im Augenblick seines Ablebens den Puls zu fühlen.[72]

Die Zusammenarbeit 5

Dank des olympischen Status, den Washington genoß, war es der jungen amerikanischen Republik gelungen, vor 1796 eine strittige Präsidentenwahl zu vermeiden. Die Frage, wie denn ein solcher Vorgang ablaufen sollte, ohne das Land zu zerreißen, war noch sehr stark ein Gegenstand von Spekulation und Improvisation. Zwar hatten sich im Zuge der Debatte über den Jay-Vertrag erste Ansätze der routinierten Mechanismen politischer Parteien zu verfestigen begonnen, aber es gab noch nichts, was der organisierten Kampagnenstruktur moderner politischer Parteien auch nur von fern ähnlich gesehen hätte. Das Verfahren, nach dem die Wahlmänner für jenen seltsamen Einfall namens Wahlmännerkolleg gewählt wurden, variierte von Staat zu Staat. Und schon allein der Gedanke, daß ein Kandidat öffentlich um Stimmen bitten sollte, lief der grundsätzlichen Annahme zuwider, daß ein derartiges Verhalten selbst ein Eingeständnis darstellte, daß jemand eines nationalen Amtes unwürdig war.

Zwar hatte sich in Washingtons zweiter Amtszeit ein klarer politischer Unterschied zwischen Föderalisten und Republikanern herausgebildet, und in der populären Presse schossen leidenschaftliche Leitartikelschreiber als Parteigänger beider Seiten aus allen Rohren, aber Parteietiketten und problemorientierte Wahlkampfplattformen waren weniger wichtig als die revolutionären Qualifikationen eines voraussichtlichen Kandidaten. Die Erinnerungen an den Geist von 1776 waren 20 Jahre danach noch frisch, und als Hauptqualifikation für das Präsidentenamt war weiterhin die historische Rolle ausschlaggebend, die jemand bei der Erringung der amerikanischen Unabhängigkeit in der Zeit von 1776 bis 1789 gespielt hatte. Wählbar waren nur diejenigen Führer, die auf nationaler Ebene hervorgetreten waren, um die große Sache zu fördern, als deren Erfolg noch gefährdet und problematisch war.

Eine vollständige Liste potentieller Kandidaten hätte 20 bis 30 Namen umfaßt, wobei Samuel Adams, Alexander Hamilton, Patrick Henry und James Madison lebhafte Unterstützung genossen. Über die vier Namen, die obenan auf der Liste standen, wären sich jedoch fast alle einig gewesen: George Washington, Benjamin Franklin, John Adams und Thomas Jefferson. Washington hatte 1796 seine Pflicht natürlich erfüllt. Franklin war tot und begraben. Damit blieben Adams und Jefferson als die naheliegenden Optionen übrig. Und im Frühjahr 1796 stand fest, daß die Entscheidung zwischen ihnen fallen würde.

Sie waren ein nicht sehr gut zusammenpassendes Paar, aber jeder schien der Ansicht zu sein, daß die Geschichte sie zu einem Paar gemacht habe. Die Mißverhältnisse sprangen allen ins Auge: Adams, der kleine, untersetzte, übertrieben aufrichtige Neuengländer; Jefferson, der große, schlanke, elegant-ausweichende Virginier; Adams, der überaus jähzornige, ständig kämpferische, wie ein Wasserfall redende Politiker, dessen bevorzugte Gesprächsform ein Streit war; Jefferson, das immer kühle und gefaßte Rätsel, der Mann, der Debatten und Auseinandersetzungen als Verletzungen der natürlichen Harmonien ansah, die er in seinem Kopf hörte. Die Liste ließe sich fortsetzen – der Yankee und der Ritter, der Redner und der Schriftsteller, die Bulldogge und der Windhund. Sie waren das seltsame Paar der Amerikanischen Revolution.[1]

Und es war die Revolution, die sie zusammengeführt hatte. Seite an Seite hatten sie im Kontinentalkongreß gearbeitet, zunächst als entschiedene Gegner einer Versöhnung mit England, dann als Mitglieder des Ausschusses, der die Unabhängigkeitserklärung ausarbeiten sollte. 1784 kamen sie in Paris wieder zusammen, als Jefferson zu einem inoffiziellen Mitglied der Familie Adams wurde; wie Abigail Adams es formulierte, war er «der einzige Mensch, dem mein Gefährte sich völlig frei und ungehindert zugesellen konnte». Im darauffolgenden Jahr war Jefferson mehrere Wochen lang bei Adams in London zu Besuch, wo beide als Amerikas wichtigste Gesandte in Europa gemeinsam die Demütigung erfuhren, daß Georg III. ihnen bei einer offiziellen Hofzeremonie demonstrativ den Rücken kehrte. Adams vergaß diese Szene nie;

und er vergaß auch nicht den Freund, der neben ihm stand, als sie sich abspielte.[2]

Gewiß gab es zwischen den beiden Männern bedeutende politische und ideologische Differenzen, die zur Grundlage dafür wurden, daß sie in den Parteikriegen der 1790er Jahre auf unterschiedlichen Seiten kämpften. Doch als Seelengefährten, die gemeinsam einige der prägendsten Ereignisse der Revolutionsära und ihres eigenen Lebens mitgemacht hatten, trafen sich Adams und Jefferson auf einer persönlichen und emotionalen Ebene, die von ihren lediglich philosophischen Differenzen unberührt blieb. Sie waren Gründungsmitglieder der «Brüderschar», welche die Agonien und die Ekstasen von 1776 als Kollegen miteinander geteilt hatten. Keine nachfolgende Meinungsverschiedenheit konnte diese elementare Gemeinsamkeit erschüttern. Sie kannten sich, sie vertrauten sich, und sie liebten sich sogar – aus Gründen, die keiner Erklärung bedurften.

Die beiden wichtigsten Kandidaten für das Präsidentenamt im Jahre 1796 verfügten also nicht nur über untadelige revolutionäre Qualifikationen; sie hatten ihren Ruhm auch als Team errungen. In der Revolutionsgeneration hatten mehrere konkurrierende Beispiele zufälliger Zusammenarbeit dazu beigetragen, daß die Geschichte ihren Lauf nahm: Washington und Hamilton während des Krieges und dann erneut in Washingtons zweiter Amtszeit; Hamilton und Madison bei der Abfassung der *Federalist Papers;* Madison und Jefferson bei der Inszenierung der republikanischen Opposition gegen Hamiltons Finanzprogramm und dann gegen den Jay-Vertrag. Doch zum Teil deshalb, weil es so ertragreich und so symbolisch für eine überregionale Zusammenarbeit aussah, ragte das Tandem Adams-Jefferson als die größte Zusammenarbeit von allen heraus. Sich zwischen ihnen zu entscheiden erschien wie eine Wahl zwischen dem Kopf und dem Herzen der Amerikanischen Revolution.

Wenn revolutionäre Qualifikationen die Hauptkriterien darstellten, dann war Adams praktisch unschlagbar. Seine Karriere, ja sein ganzes Leben wurde von der Amerikanischen Revolution gemacht; und er hatte seinerseits die amerikanische Unabhängigkeit zu seinem Lebenswerk gemacht. Franklin und

Hamilton konnten vielleicht den Anspruch erheben, aus noch niedrigeren Anfängen aufgestiegen zu sein, aber Adams war ebenfalls eine jener amerikanischen Gestalten, die, wenn ihre Wiege in England oder in Europa gestanden hätte, nie zu Bedeutung gelangt wären.

Statt dessen wurde er 1735 in Braintree, etwa 20 Kilometer südlich von Boston, geboren, als Sohn eines Farmers und Schuhmachers, der Adams nach Harvard schickte, weil er hoffte, sein Sohn werde Geistlicher werden. Nachdem er das College absolviert hatte, erforschte er zehn Jahre lang seine Seele in der Hoffnung auf Anzeichen einer göttlichen Berufung, und während dieser Zeit verdiente er sich seinen Lebensunterhalt als Dorfschullehrer und dann als Anwaltsgehilfe. Mitte der 1760er Jahre wurden zwei entscheidende Ereignisse bestimmend für sein Schicksal: Erstens heiratete er 1764 Abigail Smith und baute mit ihr eine Partnerschaft von bemerkenswerter Gleichheit und Vertrautheit auf; zweitens trat er 1765 hervor, um sich an der Führung der Opposition gegen das Steuermarkengesetz und schließlich gegen sämtliche Aspekte der britischen Politik gegenüber den amerikanischen Kolonien zu beteiligen. Die amerikanische Unabhängigkeit wurde zu seiner Berufung als Geistlicher, eine Mission, die er mit all der komprimierten Energie eines neuzeitlichen puritanischen Pastors verfolgte, der als seine Gemeinde das amerikanische Volk hatte.

Als 1774 der Kontinentalkongreß zusammentrat, waren der von Zweifeln an sich selbst, aber nie an seiner Sache geplagte Adams und sein Cousin Samuel zu den herausragendsten Gegnern der britischen Autorität in Neuengland geworden. In den auf dem Kontinentalkongreß geführten Debatten gelangte John Adams zu Ruhm als «Atlas der Unabhängigkeit» wegen seiner Absage an jede Versöhnung mit England und wegen seiner Broschüre *Thoughts on Government*, die zur Richtschnur für die Verfassungen mehrerer Einzelstaaten wurde. Während andere Delegierte auf dem Kongreß immer noch nach Mitteln und Wegen suchten, um einen Bruch mit England zu vermeiden, beharrte Adams darauf, daß die Revolution schon begonnen habe. Erfolgreich setzte er sich dafür ein, daß Washington die Führung der Kontinentalarmee übernahm, und persönlich wählte er Jefferson dazu aus, die Unabhängigkeitserklärung zu entwerfen, zwei strategische Entscheidungen, die dazu bestimmt waren, die Unterstützung Virginias für die Sache sicherzustellen. Über ein Jahr lang amtierte er als Vorsitzender des Kriegs- und Feldzeugamtes, und während der angespanntesten und ungewissesten Phase der Kämpfe spielte er die Rolle des Kriegsministers.

1777 ersah ihn der Kongreß dazu aus, zu Franklin zu stoßen, um in Paris das Bündnis mit Frankreich auszuhandeln. 1779 kehrte er für einige Monate in die Heimat zurück, gerade lange genug, um fast allein die Verfassung von Massachusetts zu entwerfen. Dann ging er wieder nach Paris, um dort am Friedensvertrag zu arbeiten, der den Krieg beendete, eine Erfahrung, die zu seiner lebenslangen Feindschaft gegenüber Franklin führte, der ihn unerträglich streng und zwanghaft sorgfältig fand. (Adams war der Ansicht, Franklin sei, was die französischen Motive anging, naiv, da sie zwar antienglisch, aber nicht proamerikanisch waren, und er sei in seinen aufgeblasenen Ruhm als Nonplusultra-Amerikaner in Paris vernarrt.) Bis 1788 blieb er in Europa, wo er sich zuerst zusammen mit Jefferson um die juristische Anerkennung der neuen amerikanischen Nation sowie um Kredite von niederländischen Bankiers in Amsterdam bemühte, dann als erster Gesandter Amerikas am britischen Hof tätig war, wo er seine dauerhafte Überzeugung bekräftigte, daß England «für uns nicht mehr übrig hat als für den Indianerstamm der Seminolen». Daß er beim Verfassungskonvent fehlte, wurde von allen bedauert – neben Madison galt er als Amerikas klügster Fachmann für Politikwissenschaft. Seine freie Zeit in London benutzte er dazu, drei Bände politischer Philosophie mit dem Titel *Defence of the Constitution of the United States* aus dem Ärmel zu schütteln, in denen er die Vorzüge einer starken Exekutive, einer aus zwei Kammern bestehenden Legislative und des Prinzips der *checks and balances* hervorhob. Noch rechtzeitig kehrte er nach Amerika zurück, um zum ersten Vizepräsidenten der Vereinigten Staaten gewählt zu werden, was die meisten Beobachter einschließlich Adams selbst als Mandat des Volkes für seinen historischen Beitrag zur Unabhängigkeit interpretierten. Im amerikanischen Pantheon rangierte er, da Franklin auf dem Totenbett lag, nur noch hinter Washington selbst.[3]

Sein Ruf fiel dann zwei nahezu katastrophalen Rückschlägen zum Opfer, von denen sich der eine außerhalb seiner Einflußsphäre abspielte und der andere das Produkt seiner persönlichen Neigung zu abwegigem Verhalten war. Was den ersten Punkt angeht, hatte Adams das Unglück, zum ersten Inhaber des Amtes zu werden, von dem er behauptete, es sei «das bedeutungsloseste..., welches je der Geist des Menschen ersonnen oder seine Vorstellungskraft erdacht hat». Nachfolgende Inhaber des Vizepräsidentenamtes haben die Liste halb scherzhafter Klagen über das Wohnen in einem prestigeträchtigen politischen Gefängnis weiter verlängert (zum Beispiel «keinen Eimer Spucke wert»), aber Adams hat mit den Witzen angefangen, weil er der erste prominente amerikanische Staatsmann war, der das Paradox erlebte, nur einen sprichwörtlichen Herzschlag weit von maximaler Macht entfernt zu sein und dabei in der politischen Version einer Sackgasse zu schmachten.[4]

Der Verfassung zufolge hatte der Vizepräsident zwei Pflichten: Er sollte verfügbar sein, wenn der Präsident starb, krank wurde oder man ihn aus seinem Amt entfernte; und er sollte als einstweiliger Präsident des Senats amtieren, der nur dann abstimmte, wenn ein Patt aufgelöst werden mußte. In seinen acht Amtsjahren gab Adams seine Stimme zu diesem Zweck häufiger ab – mindestens 31mal und vielleicht sogar 38mal – als jeder nachfolgende Vizepräsident in der amerikanischen Geschichte, was zum Teil darauf zurückzuführen war, daß die geringe Größe des Senats häufiger Pattsituationen entstehen ließ. Doch nachdem sich Adams zunächst darauf gestürzt hatte, an den Debatten teilzunehmen, beschlossen die Senatsmitglieder, daß der Vizepräsident nicht sprechen dürfe. «Es ist gewiß eine Strafe, wenn man Tag für Tag fünf Stunden lang andere Männer reden hört», schrieb Adams an Abigail, «und nicht die geringste Freiheit hat, selbst zu reden, insbesondere da mir mehr als die Hälfte dessen, was ich höre, sehr jung, unbedacht und unerfahren erscheint.» Es war eine monumentale Ironie: Der Mann, der als der unermüdliche Redner der Unabhängigkeit auf dem Kontinentalkongreß berühmt war, mußte in den legislativen Räten der neuen Regierung Stillschweigen bewahren. «Mein Amt», klagte Adams, «ist eine allzu große Einschränkung für einen solchen Sohn der Freiheit.» Der große Vulkan der amerikanischen politischen Debatte hatte sich auf rein private Ausbrüche zu beschränken.[5]

Zu diesen kam es sporadisch in seiner Privatkorrespondenz mit Abigail, die zu Hause in Quincy, Massachusetts blieb, und mit alten Revolutionsgefährten wie Benjamin Rush. Adams war zutiefst verärgert darüber, daß man ihn im Senat isoliert und geknebelt hatte, wie ein altes Schlachtroß, das noch genug Energie in sich hatte und jetzt auf die Weide gelassen wurde, während ringsum entscheidende Schlachten um die Richtung der Republik tobten. Und da Adams nun einmal Adams war, fand seine Verbitterung farbigen und schmerzlich sinnlosen Ausdruck in seinen Tiraden über die Ungerechtigkeit aller dieser Vorgänge: «Die Geschichte unserer Revolution wird eine einzige fortgesetzte Lüge vom einen Ende bis zum anderen sein», schrieb er 1790 an Rush. «Der Kern des ganzen wird sein, daß *Dr. Franklins elektrische Rute auf die Erde schlug und ihr General Washington entsprang. Daß Franklin ihn mit seiner Rute elektrisierte und von da an diese beiden alle Politik, Verhandlungen, Gesetzgebungen und Kriegshandlungen gemeinsam durchführten.*» So wie Adams es sah, war er sowohl von seiner Erfahrung als auch von seiner Ausbildung her bereit gewesen, in dem sich entwickelnden Drama, die Amerikanische Revolution zu gewinnen und zu sichern, eine zentrale Rolle zu spielen. Statt dessen wurde er als Ersatzspieler auf die Zuschauerbänke verbannt, während Neulinge wie Hamilton und Madison das Mittelfeld okkupierten.[6]

Um die Sache noch zu verschlimmern, schirmten ihn seine Verpflichtungen im Senat von den Erörterungen des Kabinetts ab. Washington zog ihn selten bei politischen Entscheidungen zu Rate, da er anscheinend der Ansicht war, das Vizepräsidentenamt sei ein Amt der Legislative, das seine Basis im Senat habe, so daß eine Einbeziehung von Adams in Entscheidungen der Exekutive der Verfassungsdoktrin der Gewaltenteilung zuwiderliefe. Als Adams von Freunden auf seine Isolation von den Beratungen des Präsidenten angesprochen wurde, unterstützte er halbherzig dieselbe verfassungsrechtliche Erklärung.

«Die Exekutivgewalt liegt so vollständig außerhalb meiner Sphäre», bemerkte er, «und es ist für mich eine so heikle Sache, mich dort einzumischen, daß ich das soweit wie möglich vermeide.» Er hatte den verzweifelten Wunsch, um Rat gefragt zu werden, aber er war zu stolz, um sich in den Vordergrund zu drängen. Standhaft unterstützte er alle wichtigen Initiativen der Washington-Administration, darunter Hamiltons Finanzplan, die Unterdrückung der Whiskey Rebellion, die Neutralitätserklärung und den Jay-Vertrag, obwohl er auf ihre Formulierung so gut wie keinen Einfluß hatte und privat einige Vorbehalte gegen Hamiltons Verbindungen zu Bankiers und Spekulanten hegte. Den ständig kämpferischen, überaus jähzornigen Vorkämpfer der Amerikanischen Revolution konnte man sich nur schwer als nicht dazugehörig und unsichtbar denken, aber genau in einen derartigen Zustand hatte ihn das Vizepräsidentenamt versetzt.[7]

Zu seiner Verwandlung in eine Randfigur hatte Adams mit Bemerkungen beigetragen, die er in der ersten Sitzung des Senats machte, bevor man beschloß, daß der Vizepräsident sich an den Debatten nicht beteiligen könne. Es ging um ein untergeordnetes Problem der Etikette: Wie sollten Kongreßmitglieder den Präsidenten anreden? Das war zwar nicht gerade eine welterschütternde Frage, aber sie hatte symbolische Bedeutung wegen des obsessiven amerikanischen Argwohns gegenüber der Monarchie, der alle Gespräche über die mit dem Präsidentenamt verbundenen Befugnisse im Rahmen der kürzlich ratifizierten Verfassung verfolgte. Jeder, der eine starke Exekutive befürwortete, mußte mit dem Vorwurf rechnen, er sei ein Quasi-Monarchist und daher ein Verräter an den republikanischen Grundsätzen der Amerikanischen Revolution.

Adams vertraute so sehr auf seine revolutionären Qualifikationen, daß er der Ansicht war, er sei gegen derartige Vorwürfe gefeit. Als er aber dem Senat Vorträge über die Notwendigkeit hielt, die Autorität mit kunstvollen Formen auszustatten, und den Vorschlag machte, man solle Präsident Washington mit «Seine Majestät» oder «Seine Hoheit» anreden, wurden seine Äußerungen zur Zielscheibe zahlreicher bissiger Witze: So äußerte man die Vermutung, er sei während seines langen Englandaufenthalts von «Nobilimanie» befallen worden und ziehe es vielleicht vor, als «Seine Rundlichkeit» oder als «Herzog von Braintree» angesprochen zu werden. Jefferson schlug angesichts der schieren Dummheit der von Adams gemachten Vorschläge die Hände über dem Kopf zusammen und bezeichnete sie als «das wirklich Allerlächerlichste, was ich je gehört habe».[8]

Adams versuchte, sich aus dem monarchischen Morast herauszulachen, und behauptete, er habe einfach sicherstellen wollen, daß der exekutive Zweig der Regierung eine reelle Chance gegen die furchterregenden Befugnisse der Legislative erhalte. «Die kleinen Fische werden den großen fressen», witzelte er, «sofern der große nicht alle kleinen verschlingt.» Wenn alle offiziellen Titel gebrandmarkt werden sollten, schrieb er an Benjamin Rush, dann müßten Rushs Kinder vielleicht anfangen, ihren Vater «Ben» zu nennen.[9]

Meist machte sich Adams jedoch Sorgen und regte sich auf und versuchte sich zu verteidigen. Ständig der politische Faustkämpfer, der sich verpflichtet sah, auf jedes Stichwort zu reagieren, weigerte sich Adams, von seiner Überzeugung Abstand zu nehmen, daß die neue amerikanische Regierung eine starke exekutive Präsenz brauche. In einer Folge von 31 Aufsätzen, die in der *Gazette of the United States* erschienen und dann unter dem Titel *Discourses on Davila* publiziert wurden, vertrat er die Auffassung, alle stabilen Regierungen erforderten ein, wie er es nannte, «monarchisches Prinzip», das heißt eine einzige Gestalt, die bevollmächtigt war, den Willen der Nation zu verkörpern und die einfachen Bürger vor der unausweichlichen Anhäufung von Macht durch die Reicheren und Höhergestellten zu schützen. In den meisten europäischen Staaten war es, so fuhr er fort, wahrscheinlich nötig, daß die Monarchie in absehbarer Zukunft erblich blieb, um einen allmählicheren Übergang zu vollentwickelten republikanischen Prinzipien zu gestatten.

Solche Äußerungen schienen fast dazu geschaffen zu sein, Mißverständnisse herauszufordern, und genau das taten sie auch. Während der verbleibenden Jahre seines Lebens lebte Adams unter einer Wolke des Argwohns, er wolle die erbliche Monarchie in Amerika wiederherstellen und habe, sobald er erst als Präsident eingeführt sei, die feste Absicht, sich zum

König auf Lebenszeit und seinen Sohn John Quincy zu seinem Nachfolger zu erklären. Adams konnte noch so lange auseinandersetzen, daß solche Behauptungen lächerlich seien, was sie waren und was er tat, aber er hatte eine Blechdose mit der Aufschrift «Monarchist» an den Rockschößen hängen, und die klapperte dann durch die Zeiten und die Seiten der Geschichtsbücher. Da Washington keine eigenen Kinder hatte – der Vater seines Landes war fast mit Sicherheit steril –, war er Vorwürfen im Hinblick auf dynastische Ambitionen weniger ausgesetzt. (Faszinierenderweise hatte von den ersten sechs Präsidenten nur Adams einen männlichen Erben.) Wenn Washington zu dem quasi-monarchischen Präsidenten wurde, dem man vertrauen konnte, dann wurde Adams zu dem heimlichen Monarchisten, dem man nicht vertrauen konnte.[10]

Tatsächlich wurden die *Davila*-Aufsätze zum Anfangspunkt des ersten ernsthaften Zerwürfnisses in seiner Freundschaft mit Jefferson. Der Verleger der amerikanischen Ausgabe von Tom Paines *The Rights of Man* druckte für das Buch einen Waschzettel, wie wir das heute nennen würden, ein Zitat Jeffersons, der davon ausgegangen war, daß seine Bemerkungen anonym bleiben würden. Jefferson erwähnte nebenbei die «politischen Ketzereien» des *Davila*-Bandes, von dem jeder wußte, daß er von Adams stammte. Adams war empört und behauptete, gerade Jefferson sollte wissen, daß er während seines Europaaufenthalts nicht zur Monarchie konvertiert sei. Jefferson äußerte sein Bedauern und erklärte Washington: «Ich fürchte, die Indiskretion eines Druckers hat mich bei einem Freund, Mr. Adams, kompromittiert, den ich als einen der ehrenhaftesten und uneigennützigsten Menschen, die es gibt, von Herzen schätze.» Es kam dann zu einer etwas heiklen Korrespondenz, in der Jefferson Adams daran zu erinnern versuchte, daß ihre vielgeschätzte Freundschaft nicht von vollständiger Übereinstimmung über bestimmte Regierungsformen abhänge. Adams, der ganz offensichtlich verletzt war, reagierte in seinem typisch aggressiven Stil: «Ich weiß nicht, was Ihre Vorstellung von der besten Regierungsform ist. Wir beide haben nie ein ernsthaftes Gespräch, an das ich mich erinnern könnte, über das Wesen der Regierung geführt. Die sehr flüchtigen Andeutungen, die zwischen uns gewechselt worden sind, waren scherzhaft und oberflächlich, ohne daß es je zu einer Erklärung kam.» Nachdem er seine Punkte erzielt hatte, zog sich Adams dann auf festeren Boden zurück: «Die Freundschaft, die zwischen uns seit fünfzehn Jahren ohne die geringste Unterbrechung und bis zu dieser Gelegenheit ohne den geringsten Argwohn besteht, war meinem Herzen immer sehr teuer und ist es auch jetzt noch.»[11]

Sie war auch Jefferson noch teuer, und dies in solchem Maße, daß er es vorzog, seine sich herausbildende Überzeugung zu verhehlen, wonach sich Adams von den «monarchischen Föderalisten» habe vereinnahmen lassen und sein gewaltiges Prestige in den Dienst der zunehmenden Verschwörung gegen die revolutionären Grundsätze stelle, zu deren Schaffung das Team Adams-Jefferson so viel beigetragen hatte. Das war zumindest das, was er zu anderen sagte und an andere schrieb. Adams gegenüber behauptete er jedoch, seine Bemerkungen über die *Davila*-Aufsätze seien falsch aufgefaßt worden, in Wirklichkeit habe er «nicht von einer Schrift gesprochen, von der ich annehmen konnte, daß sie die Ihre sei». Das war offensichtlich unwahr, stellte aber eine zu rechtfertigende Verzerrung im Jeffersonschen Plan der Dinge dar, da es durch ein echtes Bedürfnis motiviert war, die Freundschaft aufrechtzuerhalten. Adams hatte den Stil, auf Konfrontationskurs zu gehen, zu brüllen, zu toben und dann zu umarmen. Jefferson hatte den Stil auszuweichen, Ausflüchte zu machen und sich dann einzureden, daß alles gut sei.[12]

Eine Zeitlang funktionierte die Koordinierung dieser beiden einander diametral entgegengesetzten Stile. Während des größten Teils der ersten Amtszeit Washingtons hielten Adams und Jefferson herzliche Beziehungen zueinander aufrecht, auch wenn für alle deutlich erkennbar war, daß sie auf entgegengesetzten Seiten der Kluft standen, die sich zwischen Föderalisten und Republikanern auftat. Hilfreich war, daß man Adams im Amt des Vizepräsidenten mundtot gemacht hatte und er weitgehend ignoriert wurde und daß Jefferson, wenngleich er unter der Hand Madison darüber beriet, wie man Hamiltons Finanzprogramm am besten begegnen konnte, gleichzeitig und offiziell ein Mitglied der Washington-Administration war. 1793 begleitete Jefferson Adams zu seiner Einführung in die American Philosophical Society. Adams kommentierte Abigail gegenüber: «wir stehen immer noch in gutem Vernehmen», und das hieß, daß ihre Freundschaft weiterbestand, aber nur noch mit knapper Not.[13]

Jeffersons Begeisterung für die Französische Revolution ungeachtet deren rasender und blutiger Exzesse machte für Adams das Maß voll. Der Gedanke, daß die sich überschlagenden Ereignisse in Frankreich in irgendeinem Zusammenhang mit der Amerikanischen Revolution stünden, erschien Adams als regelrechter Wahnsinn. («Danton, Robespierre, Marat etc. sind Furien», schrieb er 1793 an John Quincy. «Drachenzähne sind in Frankreich gesät worden, und sie werden als Ungeheuer aufgehen.») Er begann, Jefferson als gefährlichen Träumer zu beschreiben, der ebenso wie viele seiner virginischen Landsleute so tief bei britischen Gläubigern verschuldet war, daß sein Urteil über europäische Angelegenheiten von einer bösartigen Form der Anglophobie gefärbt war, die ihn zu einer distanzierten Einschätzung der amerikanischen Interessen im Ausland unfähig machte. Er mußte «unter seinen Schulden hervorkommen... und seinen Stil und sein Leben seinen Einnahmen anpassen». So wie die Dinge lagen, war Jefferson zu einem Mann geworden, «der von Ehrgeiz vergiftet und dessen Gemüt gegen die Verfassung und die Administration verbittert ist».[14]

Als Jefferson Ende 1793 von seinem Amt als Außenminister zurücktrat, waren in Adams' Erinnerungen nur noch schwache Spuren der berühmten Freundschaft wie nostalgische Reminiszenzen erhalten geblieben: «Ich bin seit so langer Zeit gewohnt, von seinen Fähigkeiten und seinen allgemeinen guten Absichten gut zu denken», vertraute Adams Abigail an, «daß ich nicht umhin kann, ein gewisses Bedauern über dieses Ereignis [Jeffersons Rücktritt] zu empfinden. ... Doch sein Mangel an Offenheit, seine hartnäckigen Vorurteile gegen alle Formen staatlicher Macht, seine tatsächliche Parteilichkeit ungeachtet all seiner Beteuerungen... haben mich damit so nahezu vollständig ausgesöhnt, daß ich nicht weinen werde. ... Sein Sinn ist jetzt von Leidenschaft, Vorurteil und Parteigeist vergiftet.»[15]

Als altgedienter Jefferson-Beobachter offerierte Adams eine skeptische Einschätzung der Entscheidung seines ehemaligen

Freundes, sich aus dem öffentlichen Leben zurückzuziehen: «Jefferson glaubt, daß er sich durch diesen Schritt den Ruf eines demütigen, bescheidenen, sanftmütigen Mannes erwirbt, der völlig ohne Ehrgeiz oder Eitelkeit ist», erklärte er John Quincy. «Es kann sogar sein, daß er sich selbst zu dieser Annahme verleitet hat. Wenn sich aber eine Aussicht eröffnet, dann wird die Welt sehen und dann wird er empfinden, daß er ebenso ehrgeizig ist wie Oliver Cromwell, wenngleich kein Soldat.» In gewissem Sinne sagte Adams damit, daß er die psychologischen Kräfte, die für Jeffersons Rückzug nach Monticello ausschlaggebend waren, besser verstand als Jefferson selbst. In einer Weise, die Jeffersons ausgeklügelte Verleugnungsmechanismen in seinen eigenen inneren Dialogen nicht zuließen, spürte er bereits, daß Jeffersons Rückzug nur vorübergehend war und daß die beiden alten Kollegen bald um die Präsidentschaft miteinander wetteifern würden. Aus der großen Zusammenarbeit sollte die große Konkurrenz werden.[16]

Der kundigste Jefferson-Beobachter aller Zeiten, jedenfalls für die Gesamtdauer ihrer jeweiligen Karriere, war James Madison. In der Partnerschaft mit Adams war Jefferson der Jüngere, aber er war älter als Madison. Während Jefferson dazu neigte, Adams auf Grund von Alter und politischer Erfahrung den Vortritt zu lassen, beherrschte er aus denselben Gründen seine Beziehung zu Madison. Die Zusammenarbeit hatte in Virginia während der Revolution begonnen und sich dann in den 1780er Jahren gefestigt, als sich Jefferson in Paris aufhielt und Madison zu seiner vertrauenswürdigsten Quelle für Informationen über politische Ereignisse in der Heimat wurde, insbesondere im Hinblick auf den Entwurf und die Ratifizierung der Verfassung, einen Vorgang, der sich als Madisons ganz einzigartig schöpferischer Moment erwies und als die einzige Gelegenheit, bei der er unabhängig von Jeffersons Einfluß handelte.

Zwar war das Vertrauen zwischen ihnen in den 1790er Jahren, als sie gemeinsam die Führung der republikanischen Opposition gegen die Innen- und Außenpolitik der Föderalisten übernahmen, nahezu bedingungslos geworden, aber ihrer Partnerschaft fehlte der dramatische Charakter der Zusammenarbeit zwischen Adams und Jefferson, welche die kreative Spannung zwischen Neuengland und Virginia sowie die Verschmelzung ideologischer und temperamentsbezogener Gegensätze bei der Arbeit an einer gemeinsamen Sache zu symbolisieren schien. Madison war von seinem Temperament her das Gegenteil Jeffersons – weniger weit ausholend in seinem intellektuellen Stil, sorgfältiger und präziser, die Prosa zu Jeffersons Poesie –, aber da er seine Pläne instinktiv dem Willen Jeffersons unterordnete, gab es nie die bezeichnenden Zusammenstöße, die dem Dialog zwischen Adams und Jefferson seine dynamische Dimension verliehen. Wenn die Nahtstellen der Zusammenarbeit zwischen Adams und Jefferson die Quelle ihres Zaubers waren, dann war das Bündnis zwischen Jefferson und Madison nahtlos und daher nicht so sehr magisch als vielmehr glatt und schweigend effizient.

Während Adams und Jefferson als Amerikaner zusammengekommen waren, zuerst im Jahre 1776 als frühe Verfechter der Unabhängigkeit von Großbritannien, dann in den 1780er Jahren als die beiden bedeutendsten amerikanischen Gesandten in Europa, hatten sich Jefferson und Madison als Virginier verbunden, denen es darum ging, den Triumph der Interessen Virginias in der nationalen Regierung sicherzustellen. Das war zwar vielleicht eine provinziellere Sache, aber es hatte alle Vorteile eines konzertierteren und präziser ausgerichteten politischen Programms, in dem jeder der beiden eine klar definierte Rolle spielte.

Jefferson war der große Stratege, Madison der agile Taktiker. «Ich werde Ihre Befehle immer mit Vergnügen empfangen», schrieb Madison 1794 an Jefferson, «und Ihnen weiterhin eine Nachricht zukommen lassen, wenn sich Anlässe dazu ergeben.» Jefferson hatte sich kürzlich in Monticello niedergelassen, wo er seinen Ruhestand genoß, und Madison kehrte in die politischen Kriege von Philadelphia zurück. Die Botschaft Madisons signalisierte die Wiederaufnahme einer politischen Partnerschaft, die man als die erfolgreichste in der amerikanischen Geschichte bezeichnen kann. Und obwohl Jefferson das nicht wußte, ja darauf bestand, es sich nicht einzugestehen, signalisierte sie auch den Beginn seiner Kampagne für das Präsidentenamt.[17]

In den Briefen, die er in dieser zurückgezogenen Phase schrieb, mied Jefferson politische Fragen völlig und betonte statt dessen seine Pläne für ein aufpoliertes Monticello, sein Fruchtwechselsystem, einen etwas bizarren Vorschlag, die Genfer Universität nach Virginia zu transportieren, und das ideale Verfahren zur Herstellung von Dünger. In seinen Briefen an Madison trat auch der Jefferson von Monticello auf, der zum Farmer gewordene Staatsmann, der fern der Welt in «meinem abgeschiedenen Kanton» lebte. Gelegentlich schlichen sich politische Themen in den Dialog ein, so ähnlich wie exotische Pflanzen, die zwischen Beschreibungen von Wicken als idealer Fruchtwechselpflanze wuchsen. Madisons Briefe hingegen waren voll von politischen Neuigkeiten aus der Hauptstadt – die Verrätereien Hamiltons und sein angebliches Frisieren der Bücher im Finanzministerium, Washingtons bedrohliche Überreaktion auf die Whiskey Rebellion, das Anschwellen des Widerstandes gegen den Jay-Vertrag –, wobei ein großer Teil der Briefe verschlüsselt geschrieben war, um Schnüfflern auf dem Postamt einen Strich durch die Rechnung zu machen.[18]

Madison inszenierte unauffällig die republikanische Kampagne dafür, daß Jefferson die Nachfolge Washingtons antreten sollte. Im Oktober 1795 kam Aaron Burr zu Besuch nach Monticello, vermutlich, um ein Gespräch über die Lieferung der Wahlmännerstimmen von New York zu führen, was wahrscheinlich die Voraussetzung dafür war, daß er als Vizepräsident auf die Liste gesetzt wurde. Andere republikanische Macher wie John Beckley, der Sprecher des Repräsentantenhauses, konzentrierten sich auf die politischen Fraktionen in Pennsylvania, einem weiteren Schlüsselstaat. Auf der anderen Seite konterten föderalistische Journalisten und Polemiker diese anwachsende Kampagne zugunsten Jeffersons und begannen, Propaganda gegen Jefferson zu produzieren: Er war als Gouverneur von Virginia gedemütigt worden, als er vor britischen Truppen floh; er war ein unverbesserlicher Frankophiler; er war ein intellektueller Träumer, «geeigneter als Professor in einem College oder als Präsident einer philosophischen Gesellschaft, ... aber gewiß nicht als der oberste Amtsträger einer großen Nation». Während all dies rings um ihn vor sich ging, stellte sich Jefferson, als habe er von seiner Kandidatur nicht die geringste Ahnung. Er wäre absolut dazu imstande gewesen, auf die Bibel zu schwören, daß keine dieser Initiativen von ihm ausging.[19]

Madison deichselte die Details still und heimlich. Er verstand – das war ja ein entscheidender Aspekt der Zusammenarbeit –, daß Jeffersons schließliche Rückkehr in die politische Arena davon abhing, daß man im Geist seines Mentors die Fiktion aufrechterhielt, es werde nie dazu kommen. Jefferson brauchte das, was wir als «Bestreitbarkeit» bezeichnen würden, und zwar nicht nur für öffentliche Zwecke, sondern auch für seinen privaten Seelenfrieden. In der Zusammenarbeit zwischen Jefferson und Madison war Madison nicht einfach dafür verantwortlich, die problematischen Einzelheiten zu behandeln; er war auch dafür zuständig, seinen Chef vor den politischen Ambitionen zu schützen, die in dessen eigener Seele pochten.

Noch im Sommer 1796, als Washingtons Amtsverzicht beschlossene Sache war und sich die Kenntnis von Jeffersons Präsidentschaftskandidatur im ganzen Land verbreitet hatte, behauptete Jefferson, er habe nicht die geringste Ahnung von der Kampagne zu seinen Gunsten. Madison verbrachte vier Monate in Montpelier, nur wenige Meilen von Monticello entfernt, aber er besuchte Jefferson nie, da er befürchtete, er könne zu einem Gespräch gezwungen werden, das Jeffersons Verleugnungsmechanismen in Unordnung bringen könnte. «Ich habe Jefferson nicht gesehen», schrieb er verschlüsselt an Monroe, «und habe *es für das beste gehalten, ihm keine Gelegenheit zu geben, daß er bei seinem Freund dagegen protestiert, in diesen Wettstreit verwickelt zu werden.*» Auf diese Weise wurde Jefferson vielleicht zum letzten Menschen in Amerika, der erkannte, daß er gegen seinen alten Freund aus Massachusetts für das Präsidentenamt kandidierte.[20]

Währenddessen tanzte im Norden, in Quincy, genau dieser Freund ebenfalls ein Menuett mit seinen politischen Ambitionen. Adams' Partnerin bei diesem Tanz war Abigail, deren politische Instinkte sich mit Madisons legendären Fähigkeiten messen konnten und die in ihrer Kenntnis der emotionalen Verfassung ihres Gatten alle Konkurrenten übertraf. Sie war immer seine beste Vertraute gewesen, der Mensch, dem er seine Selbstzweifel, seine Eitelkeiten und übersprudelnden Meinungen anvertrauen konnte. Nun jedoch, da Jefferson zur anderen Seite übergegangen war und sich ihre frühere Freundschaft auf den Austausch höflicher und nervös ausweichender Briefe beschränkte, wurde Abigail seine wichtigste und in vieler Hinsicht seine einzige Mitarbeiterin. Einer der Gründe, weshalb Adams neun Monate im Jahr aus Philadelphia floh, war – abgesehen von der drückenden Sommerhitze, den jährlichen Gelbfieberepidemien und der Tatsache, daß er seine Tätigkeit verabscheute –, daß er bei ihr sein wollte.

Ironischerweise können wir uns von dem, was sie zueinander sagten, während sie zusammen waren, nur mit Hilfe der Briefe ein Bild machen, die sie sich schrieben, wenn sie getrennt waren. In den Monaten, in denen der Kongreß tagte, schrieben sie sich jede Woche zwei- oder dreimal. Ein großer Teil der Korrespondenz war spielerisch persönlich: «Kein Mann, selbst wenn er sechzig Jahre alt ist, sollte mehr als drei Monate lang ohne Unterbrechung von seiner Familie entfernt sein», beklagte sich Abigail bald nach seiner Abreise nach Philadelphia. «O hätte ich einen Busen, an den ich mein Haupt lehnen könnte», antwortete Adams. «Aber wie kannst Du wagen, eine Andeutung über ‹sechzig Jahre alt› zu machen oder davon ein Wort fallenzulassen. Wäre ich in der Nähe, dann würde ich Dich bald davon überzeugen, daß ich nicht älter bin als vierzig.»[21]

Ebenso häufig benutzte Adams die Korrespondenz jedoch auch, um Ansichten loszuwerden, an deren öffentlicher Mitteilung ihn das im Senat gegen ihn verhängte Redeverbot hinderte. Die Qualität der Reden im Senat, klagte er, war weitaus niedriger als auf dem Kontinentalkongreß, auch wenn ihn der flüssige, nonchalante Stil Aaron Burrs faszinierte, der seiner Beschreibung zufolge «fett wie eine Ente und so rot im Gesicht wie ein Hahn» war. Er sehnte sich nach der Gesellschaft seiner Gattin und nach ihrem politischen Rat: «Jeden Abend möchte ich mit Dir zusammensitzen und über unsere Debatten reden. Ich sitze hier allein und brüte über politischen Wahrscheinlichkeiten und Mutmaßungen.» Abigail ließ ihn ausreden, wenn er sich über den verhängnisvollen Gang der Französischen Revolution äußerte, war aber etwas optimistischer: «Ich denke über Frankreich nach, wenn ich viele Stunden vor Tagesanbruch wach liege», schrieb sie. «Mein gegenwärtiger Gedanke ist, daß ihnen ihre tugendhafte Armee zu rechter Zeit eine Regierung geben wird, ungeachtet aller ihrer Konvente, aber von welcher Art sie sein wird, läßt sich schwerlich sagen.»[22]

Abigail reagierte heftig auf republikanische Kritiker am Jay-Vertrag und nannte sie «geistlose Jakobiner und Parteikreaturen». Adams stimmte ihr zu, wenngleich er auch der Meinung war, daß die Zuneigung zu England, welche die Ultras oder Hochföderalisten anscheinend hegten, ebenso verfehlt war wie die republikanische Liebesaffäre mit Frankreich: «Ich wünschte, daß Unglück und Widrigkeiten das Temperament John Bulls mäßigen und seinen Übermut demütigen könnten, aber er ist noch nicht demütig genug. Wenn ich nicht irre, ist es die Bestimmung Amerikas, eines Tages seinen Stolz niederzuwerfen. Doch diese verdrießliche Aufgabe wird uns, hoffe ich, nicht bald aufgezwungen werden.» Ebenso wie Washington sah er den Jay-Vertrag als klugen, wenn auch bittersüßen Handel, der den Krieg mit England um vielleicht eine Generation verschieben sollte. In der Zwischenzeit würden sich England und Frankreich, so hoffte er, gegenseitig ausbluten lassen. Über Georg III. schrieb er: «Der wahnsinnige Idiot wird sich niemals bessern», aber wie in den alten Revolutionstagen ist «seine Idiotie... unsere Rettung».[23]

Als Adams strenge Worte für Washington fand, weil es ihm an formaler Bildung und an Kenntnis der Klassiker mangelte, schalt ihn Abigail: Washington war abgesehen von ihrem Gatten der einzige Mann, der zu Distanz fähig war, und an ihm sollte man nicht hinter seinem Rücken herumkritteln. Hätte jemand anders ihn so direkt zurechtgewiesen, dann wäre Adams in seine Vesuvstimmung verfallen. Da der politische Rat jedoch von Abigail kam, wurde er begrüßt. «Schick noch mehr», bat Adams. «Es gibt darin mehr gute Gedanken, schöne Züge und Mutterwitz, als ich [im Senat] während der ganzen Woche höre.» Abigail tat solches Lob als reine Schmeichelei ab. «Was für ein Durcheinander sind meine Briefe – Politik, häusliche Ereignisse, Anekdoten von der Farm –, zünde

Dir bitte Deine Zigarren damit an.» Statt dessen schätzte er sie und hob sie alle auf.[24]

Dann war da die heikle Frage der Präsidentschaft. Auf einer unausgesprochenen Ebene wußte Adams – und das bedeutete, daß es Abigail auch wußte –, daß er das Amt für sein revolutionäres Recht hielt. Kein anderer, vielleicht mit Ausnahme Jeffersons, konnte es mit seiner Leistungsbilanz für die Sache der Unabhängigkeit aufnehmen. Weshalb sonst war er bereit gewesen, diese gottverlassenen Jahre im Schatten des Vizepräsidentenamtes zu verbringen, wenn nicht, um es als Sprungbrett für den Preis selbst zu benutzen? Ebenso wie Jefferson – ja, wie jeder sich selbst achtende Staatsmann der damaligen Zeit außer Burr vielleicht – hatte Adams nicht die Absicht, eine Kampagne für das Amt zu führen. (Burr hatte diese Absicht, und er handelte danach.) «Ich bin entschlossen, ein schweigender Zuschauer des törichten und bösen Spiels zu bleiben», erklärte Adams Abigail, «und es als Komödie, als Farce oder als Gymnastikvorführung im Sadler's Wells zu genießen.» Dann fügte er einen freimütigen Nachsatz hinzu: «Doch ich weiß nicht, wie ich ohne das leben sollte.»[25]

Das war Adams' Muster: zunächst ganz ähnlich wie Jefferson seine politischen Ambitionen verleugnen; dann sich ihnen stellen, ihretwegen Schuldgefühle empfinden und nervös werden; dann widerwillig eingestehen, daß sie ein Teil seiner Persönlichkeit waren. Der Nachfolger Washingtons bekäme als Erbe «eine teuflische Last, ... und es könnte durchaus sein, daß er taumelt und stolpert». Welcher Mensch, der bei Sinnen ist, würde dieses Amt wollen? Außerdem war er nicht für all die zeremoniellen Verpflichtungen gemacht: «Ich hasse Reden, Botschaften, Ansprachen und Antworten, Proklamationen und solche affektierten, einstudierten, unerlaubten Dinge», schrieb er mürrisch an Abigail. «Ich hasse Aufwartungen und Empfänge. Ich hasse es, vor tausend Menschen zu sprechen, denen ich nichts zu sagen habe.» Dann wieder der bezeichnende Nachsatz: «Doch all dies kann ich tun.»[26]

Abigail richtete ihre Antworten so aus, daß sie zu der inneren Odyssee ihres Gatten in Richtung auf das Unvermeidliche paßten. Ja, die Präsidentschaft war eine undankbare Aufgabe, «ein höchst unangenehmer Sitz, voller Dornen, Gestrüpp, Disteln, Murren, Nörgelei, Verleumdung, Schmähung.» Doch – das war ihre Version von Adams' innerem Hakenschlagen – «der Hand der Vorsehung sollte man folgen und sich dem, was bestimmt ist, fröhlich unterwerfen». Bedeutete das, daß sie mit seiner Kandidatur leben konnte und einverstanden wäre, mit ihm zu leben, falls er die Wahl gewänne? Bis zum Spätwinter 1796 weigerte sich Abigail, auf diese Frage eine Antwort zu geben. «Mein Ehrgeiz führt mich nicht dazu, die Erste in Rom zu sein», bemerkte sie etwas verschämt. Ihre einzige politische Ambition richtete sich darauf, «im Herzen meines Gatten zu herrschen. Das ist mein Thron, und dort trachte ich absolut zu sein». Wenn er nun aber ins Präsidentenamt gewählt würde, dann wäre es «ein schmeichelhafter und ruhmreicher Lohn» für seinen lebenslangen Dienst an der Öffentlichkeit, und es lag auf der Hand, daß er eine Gattin brauchen würde, «die um Dich herum ist, die Dir die Schläfen verbindet, Deine Rinde mischt und Dir den Kaffee eingießt». Adams war begeistert: «Heiho! O Liebe. Ich bin äußerst zärtlich Dein Freund in Ewigkeit.» Wenn er sie an seiner Seite hatte, brauchte er nicht wirklich ein Kabinett.[27]

Nun, da seine persönlichen Dämonen freigelassen waren und Abigail mit von der Partie war, gewann die Zusammenarbeit an Fahrt. Im März und April 1796 begann das Adams-Team, die Wahlaussichten für jeden einzelnen Staat abzuschätzen. Er hatte Sorgen, daß Neuengland vielleicht nicht hinter seiner Kandidatur stehen werde. Sie war davon überzeugt, daß es sich einmütig für ihn erklären werde. (Sie hatte recht.) Berichte aus New York und Pennsylvania ließen auf eine starke Sympathiewelle für Jefferson schließen, der ganz eindeutig die Hauptbedrohung darstellte. Adams sah eine sehr knappe Abstimmung der Wahlmänner voraus, vielleicht sogar ein Patt mit Jefferson, wodurch die Wahl dann an das Repräsentantenhaus überwiesen werden würde. Oder wenn etwa Jefferson knapp auf den zweiten Platz käme und auf diese Weise Vizepräsident würde? (Bis zur Verabschiedung des Zwölften Verfassungszusatzes stimmten die Wahlmänner für zwei Kandidaten, nicht für eine Liste mit zwei Namen.) Könnte das nicht zu «einer gefährlichen Krise in den öffentlichen Angelegenheiten» führen, indem es den Präsidenten und den Vizepräsidenten «in entgegengesetzten Lagern» ansiedelte? Abigail fand derartige Spekulationen allzu hypothetisch, als daß man sich darüber Gedanken zu machen brauchte. (Hier gaben die Ereignisse ihr unrecht.) Überdies hatte sie immer noch eine Schwäche für Jefferson und glaubte, er sei durchaus imstande, sich dem Team von Adams anzuschließen: «Auch wenn er politisch im Unrecht ist, auch wenn er früher ein Verfechter von Tom Paines *Rights of Man* war und auch wenn er sich häufig in Menschen und Maßnahmen irrt, halte ich ihn nicht für einen unaufrichtigen oder verführbaren Mann.» Und all dieses besorgte Heraufbeschwören künftiger Mißgeschicke und Krisen, schalt sie, ziemte sich nicht für einen Mann, welcher der oberste Amtsträger der Nation sein würde. Kürzlich hatte Abigail, so berichtete sie, einen Traum gehabt, und darin fuhr sie in einer Kutsche, als plötzlich mehrere große Kanonenkugeln auf sie zuflogen. Alle zerbarsten in der Luft, bevor sie ihre Kutsche erreichten, und die Metallstücke fielen in mittlerer Entfernung zu Boden, ohne Schaden anzurichten. Das war ein klares Zeichen: Hör auf, Dir Gedanken zu machen. Die Wähler und die Götter standen auf ihrer Seite.[28]

Die Ereignisse gaben Abigail zur Hälfte recht. Das Votum der Wahlmänner spaltete sich nach Regionen auf, Adams erhielt die Stimmen aus Neuengland und Jefferson die des Südens. Während im Dezember nach und nach die Ergebnisse aus verschiedenen Staaten eingingen, bekam Adams mehrere Wutanfälle, die es erforderlich machten, daß Abigail ihn pflegte, um ihm seine Fassung wiederzugeben. Auf der Liste der Föderalisten standen Adams und Thomas Pinckney aus South Carolina als Tandem. Mit Manövern hinter den Kulissen drohte Hamilton, Pinckney an Adams vorbeizuschieben, wenngleich er behauptete, sein Hauptziel sei es, Jefferson völlig zu schlagen. Eine Zeitlang, als es so aussah, als könnte Pinckney tatsächlich gewinnen und Adams Zweiter werden, explodierte der Weise von Quincy: Pinckney war ein «Nobody»; die Demütigung, unter ihm zu amtieren, war mehr, als er ertragen konnte; er würde auf das Vizepräsidentenamt verzichten, wenn er auf den zweiten Platz käme. Doch am 30. Dezember, als die Resultate aus Virginia und South Carolina zeigten, daß

Adams in jedem dieser Südstaaten eine Wahlmännerstimme gewonnen hatte, hörte Adams mit den Ausbrüchen auf und begann zu feiern. «John Adams hat sich noch nie in seinem Leben so heiter gefühlt», schrieb er an Abigail. Es war ein hauchdünner Sieg, aber mit 71 zu 68 Stimmen lag er vor Jefferson, mit Pinckney als knappem Dritten und Burr, dem Vizepräsidentenkandidaten Jeffersons, weit abgeschlagen.[29]

Die Haltung Jeffersons blieb während der langwierigen Auszählung der Wahlmännerstimmen eine Mischung aus bemühter Gleichgültigkeit und kalkulierter Nichtbeachtung. Ganz offensichtlich war ihm klar, daß er ein Kandidat war. Madison übermittelte staatenweise Einschätzungen nach Monticello, über die auch in der örtlichen Presse berichtet wurde. Wenngleich Jefferson behauptete, er sei allzusehr mit seinen Renovierungen in Monticello und seinem Fruchtwechselplan beschäftigt, als daß er derartigen Dingen Beachtung schenken könne, paßte ein verborgener Teil seines Geistes mit Sicherheit ganz genau auf, da er voraussagte, daß Adams mit drei Wahlmännerstimmen Sieger sein werde – genau so fiel das Ergebnis aus –, und das zwei Monate, ehe das Ergebnis amtlich wurde.

Am 28. Dezember schrieb er Adams einen Glückwunschbrief, und darin bedauerte er «die verschiedenen kleinen Vorfälle, die es gegeben hat oder die man ersonnen hat, um uns auseinanderzubringen», und wies den Gedanken von sich, daß er überhaupt den Wunsch gehabt habe, sich zur Präsidentenwahl zu drängen: «Ich habe keinen Ehrgeiz, Menschen zu regieren», erklärte er. «Das ist eine beschwerliche und undankbare Aufgabe.» Er bemühte sich auch, Gerüchte zu zerstreuen, es könne ihm zuwider sein, unter seinem alten Freund und neueren Gegner zu amtieren: «Insbesondere kann ich keine Empfindungen hegen, die einer Mr. Adams nachgeordneten Stellung entgegenstünden. Ich bin jünger als er an Jahren, war jünger als er im Kongreß, im diplomatischen Fach und jetzt in unserer Zivilregierung.» Zu Hause in Quincy wiederholte Abigail ihr unverändertes Gefühl, daß man sich darauf verlassen könne, Jefferson werde wieder zu seiner früheren Vertrautheit mit ihrem Gatten zurückfinden. «Du weißt», vertraute sie Adams an, «meine Freundschaft für diesen Gentleman hat auch seine Fehler und Irrtümer – für die ich nicht blind war – überstanden. Ich glaube, er bleibt unser Freund.»[30]

Im Laufe der folgenden Wochen entwickelten Adams und Jefferson als Reaktion auf ihre etwas heikle Wiedervereinigung als politisches Paar zwei in gleicher Weise zwingende, aber miteinander völlig unvereinbare politische Strategien. Am Anfang beider Konzepte stand die realistische Einsicht, daß jeder, der die Nachfolge Washingtons als Präsident antrat, mit massiven Problemen zu rechnen hatte, teils wegen der tiefen politischen Spaltungen im Hinblick auf die Außenpolitik, die seine zweite Amtszeit begleitet hatten, und vor allem deshalb, weil Washington die Wahl des Schicksals als größter Amerikaner der Epoche war und sich daher von seinem Wesen her nicht ersetzen ließ. Von diesem gemeinsamen Ausgangspunkt aus ersannen sie dann diametral entgegengesetzte Vorgehensweisen.

Das Kernelement der Strategie, die Adams verfolgte, bestand darin, Jefferson in sein Vertrauen und in seine Beratungen zu ziehen – was darauf hinauslief, eine Zweiparteien-Administration zu schaffen, in der Jefferson die Art von Gehör und Einfluß genoß, die Adams selbst als Vizepräsident in der Washington-Administration versagt geblieben war. Adams begann, seine in dieser Richtung gehenden Gedanken in Privatgesprächen auszustreuen, von denen er wußte, daß sie ihren Weg zu Jefferson finden würden. Und das taten sie: «Meine Freunde informieren mich, daß Mr. A. von mir mit großer Freundschaft spricht», bemerkte Jefferson, «und sich mit Befriedigung über die Aussicht äußert, die Regierung in Zusammenarbeit mit mir zu verwalten.» Adams schlug damit vor, die alte Zusammenarbeit von 1776 wiederherzustellen und wiederzubeleben. Wenn kein einzelner Führer hoffen konnte, das durch Washingtons Abgang geschaffene gewaltige Vakuum auszufüllen, dann konnte vielleicht das wiederhergestellte Team Adams-Jefferson, das sich bei früheren politischen Aufgaben so glänzend geschlagen hatte, zumindest eine reelle Chance genießen, das Vermächtnis der nationalen Führung zu bewahren, das Washington begründet hatte. Abigail unterstützte diese Initiative; ja, es könnte durchaus sein, daß das ursprünglich ihre Idee gewesen war, da sie ja davon überzeugt war, daß der politische Riß zwischen Jefferson und ihrem Gatten die wechselseitige Zuneigung und das Vertrauen, die sich im Laufe einer zwanzigjährigen Freundschaft aufgebaut hatten, nicht zerstört hatte.[31]

Das Vertrauen war entscheidend. Bei fast allen Auseinandersetzungen über innen- und außenpolitische Fragen in den 1790er Jahren hatten sich Adams und Jefferson auf verschiedenen Seiten wiedergefunden. Und jeder der beiden hatte über den anderen Einschätzungen von brutaler Härte abgegeben, die in ihren ganz unterschiedlichen Überzeugungen über den richtigen Kurs wurzelten, den die Amerikanische Revolution einschlagen sollte. Für Adams charakteristisch war jedoch die Tendenz, selbst ernste politische und ideologische Differenzen als ausgesprochen verhandelbar anzusehen, sobald grundlegende Bindungen von persönlichem Vertrauen und Zuneigung hergestellt waren. Im Plan von Adams stach die Vertrautheit die Ideologie aus.

Eine Reihe von Adams' engsten Freunden – Samuel Adams, Elbridge Gerry, Benjamin Rush, Mercy Otis Warren – waren leidenschaftliche Republikaner, die aber immer noch sein Vertrauen hatten. Insbesondere war er geneigt, politische Differenzen zu vergeben oder zu ignorieren, wenn der andere ein Mitglied der «Brüderschar» von 1776 gewesen war. Er beherbergte, wie Fisher Ames es beschrieb, «in seinem Geist eine starke revolutionäre Neigung, er bewundert den Charakter, die Prinzipien und Mittel, die jenes revolutionäre System ... zu legitimieren scheint, und ... achtet jeden Ruf gering, der nicht damals begründet und abgerundet wurde». Nach diesem Maßstab war Jefferson ein zuverlässigerer Kollege als standhafte Föderalisten, die in der entscheidenden Phase des Revolutionsdramas nur zögernd oder lediglich am Rande beteiligt gewesen waren. «Seine [Jeffersons] Begabungen kenne ich sehr gut», schrieb Adams an Gerry in einem Brief, von dem er wußte, daß er seinen Weg nach Monticello finden würde, «und ich habe immer an seine Ehre und Integrität, seine Liebe zu seinem Land und seinen Freunden geglaubt.»[32]

Da es nichts gab, was dem vollentwickelten Apparat eines modernen Systems politischer Parteien ähnelte, vermittelte Adams seinen versuchsweisen Plan einer Zweiparteien-Initiative informell durch Briefe und Gespräche, bei denen er damit rechnen konnte, daß sie von der Presse aufgegriffen werden würden. Auf diese Weise erfuhr Jefferson, daß Adams eine wirklich kühne Antwort auf das eklatanteste Problem in Erwägung zog, vor dem seine Präsidentschaft stand – nämlich die Entsendung einer Delegation nach Frankreich analog der Mission Jays in England, diesmal zur Aushandlung eines Vertrages, durch den ein Krieg mit der anderen europäischen Großmacht abgewendet werden sollte. Mehr noch, Adams ließ verlauten, er erwäge, entweder Jefferson oder Madison mit der Leitung der Delegation zu betrauen – wolle also die Führung der Republikanischen Partei an der Gestaltung der Außenpolitik beteiligen. Als Madison von diesem Gerücht Wind bekam, konnte er es nicht glauben: «Es ist in die Zeitungen gekommen, daß ein Sonderbotschafter nach Frankreich entsandt werden solle», schrieb er an Jefferson, «und daß ich dieser Botschafter sein solle. Ich habe keinen Grund zu der Annahme, daß der erstere Teil der Geschichte auch nur einen Schatten von Wahrheit enthält; und der letztere ist reine Erfindung.»[33]

Doch das Gerücht entsprach der Wahrheit. Abigail unterstützte die Initiative. Wiederum könnte es sein, daß die Idee von ihr ausgegangen war, wenngleich die Kommunikation in der Adams-Ehe so nahtlos und überlappend verlief, daß sich ein Primat unmöglich festmachen läßt. Als der Versuchsballon an mehreren engagierten Föderalisten vorbeischwebte, konnten sie es auch nicht glauben, denn es kam ihnen so vor, als werde da absichtlich das trojanische Pferd in die föderalistische Festung gezogen. Adams hörte von der föderalistischen Reaktion und erklärte Abigail, wenn es dabei bliebe, würde er damit drohen, «das Amt niederzulegen und Jefferson Gelegenheit zu geben, sie zu Frieden, Reichtum und Macht zu führen, wenn er das will». Auf jeden Fall war er sich sicher, daß ein Zweiparteien-Unternehmen die Aussichten für eine wahrhaft neutrale amerikanische Außenpolitik maximierte, welche das war, was Washington versucht hatte und die überwältigende Mehrheit der Amerikaner wollte: «Wir wollen weder John Bull noch Louis Baboon», schrieb er scherzhaft an Abigail. Seine Reaktion auf diejenigen Anhänger beider Parteien, die anderer Meinung waren, bestand in einem einzigen trotzigen Wort: «Schweigen.»[34]

Jefferson war der Meister des Schweigens, besonders wenn er anderer Meinung war. Doch die frühen Briefe und Indiskretionen, die aus Monticello kamen, ließen darauf schließen, daß er tatsächlich geneigt war, zuzustimmen und ein politisches Bündnis beider Parteien, das auf dem persönlichen Vertrauen der ehemals großen Zusammenarbeit beruhte, in Erwägung zu ziehen. Er wiederholte seine zugleich aufrichtige und irreführende Behauptung, es habe ihn verlegen gemacht, als er erfahren habe, daß er zu einem Präsidentschaftskandidaten geworden war. «Nie im Leben habe ich mit irgend jemandem über dieses Thema ein Wort gewechselt», notierte er, «bis ich feststellte, daß mein Name gemeinhin in Konkurrenz zu demjenigen von Mr. Adams in die Debatte geworfen wurde.» Tatsächlich behauptete er, ihm sei gar nicht wohl dabei zumute, als Gegner eines Mannes aufgestellt zu werden, den er eher wie einen älteren Bruder ansah und der aufgrund von Seniorität und Erfahrung einen höheren Anspruch auf das Amt erheben konnte: «Nur wenige werden mir meine wahre Geistesverfassung glauben», schrieb er an seinen Schwiegersohn. «Gleichwohl ist es aber wahr, daß ich den aufrichtigen Wunsch habe, bei der Wahl nicht erster, sondern zweiter zu werden.» Als ein Streit über die Abstimmung der Wahlmänner in Vermont zu einem Patt beim abschließenden Ergebnis zu führen drohte, was die Wahl ins Repräsentantenhaus verlagert hätte, ließ Jefferson verlauten, er werde Adams den Vortritt lassen, um «das Phänomen eines Pseudo-Präsidenten zu so früher Stunde zu verhindern». Seine Pose erschien als das Muster von Güte und vornehmem Entgegenkommen.[35]

Das war keine bloße Fassade, aber es war nur die oberste Schicht der Jeffersonschen Gedanken. Eine Stufe unter der Oberfläche war er ganz ähnlich wie Adams mit dem langen Schatten George Washingtons beschäftigt. Indem er in untypischer Weise seine Metaphern vermengte, vertraute er Madison seine tieferen Gründe dafür an, daß er den Sieg Adams' vorzog: «Der Präsident [Washington] hat das Glück, genau in dem Augenblick abzutreten, in dem die Blase platzt, und die anderen dürfen die Scherben aufsammeln. Doch da sein Abgang den Moment bezeichnen wird, in dem die Schwierigkeiten sich einzustellen beginnen, werden Sie sehen, daß man sie der neuen Administration zuschreiben und er wie üblich das Glück haben wird, mit Hilfe der guten Taten anderer Anerkennung einzuheimsen und ihnen die Folgen seiner Fehler zu hinterlassen.» Er war sicher, kein Mann werde «aus diesem Amt das Ansehen heraustragen, das ihn hineinführt». Während er mit einem französischen Besucher durch die Felder von Monticello spazierte, verbreitete er sich über sein strategisches Gefühl im Hinblick auf die hartnäckigen politischen Realitäten: «In der gegenwärtigen Situation der Vereinigten Staaten, so gespalten wie sie sind zwischen zwei Parteien, die einander gegenseitig Treulosigkeit und Verrat vorwerfen, ... ist dieser hohe Posten [das Präsidentenamt] von gefährlichen Felsen umgeben, und die vorzüglichsten Fähigkeiten werden nicht hinreichen, um an ihnen allen vorbeizusteuern.» Während es Washington vermocht hatte, über den parteigebundenen Fraktionen zu schweben, «wird der nächste Präsident der Vereinigten Staaten nur der Präsident einer Partei sein». Es gab keinen sicheren mittleren Boden, nur ein Niemandsland, dem es bestimmt war, vom Kreuzfeuer beider Seiten bestrichen zu werden.[36]

Aus der Jeffersonschen Perspektive schlug Adams also im wesentlichen vor, daß die beiden Männer sich zusammentun und Rücken an Rücken in der Todeszone stehen sollten. Es spricht für Jefferson, daß sein erster Instinkt dahin ging, die Einladung anzunehmen. Nachdem er Adams zu seinem Wahlsieg beglückwünscht und ihm versichert hatte, er habe nie auch nur einen einzigen Augenblick ein anderes Ergebnis erwartet, warnte er ihn vor dem Parteiengezänk, das seine Administration zu bewältigen haben werde. «Seit den Tagen, in denen Sie den Vertrag von Paris unterzeichneten», bemerkte Jefferson unheilverkündend, «war unser Horizont noch nie so wolkenverhangen.» Es wäre ihm jedoch ein Vergnügen und eine Ehre, eine konstruktive Rolle dabei zu spielen, der Nation über diesen schwierigen Augenblick hinwegzuhelfen und den alten patriotischen Geist von 1776 wiederherzustellen, «als wir für unsere Unabhängigkeit arbeiteten». Er schloß mit einem vagen Versprechen, die alte Partnerschaft zu erneuern.[37]

Hätte Adams eine derartige Botschaft erhalten – angesichts der gestelzten Formulierungen ihrer jüngsten und ziemlich gekünstelten Korrespondenz schien sie ihm auf mehr als halbem Wege entgegenzukommen –, dann wäre er überglücklich gewesen; aber der Brief wurde nie abgeschickt. Statt dessen beschloß Jefferson, ihn Madison zukommen zu lassen, um sicherzustellen, daß es damit seine Richtigkeit hatte. Madison zählte sechs Gründe auf, weshalb Jeffersons Unterstützungsgeste unannehmbare politische Risiken barg. Der letzte und bedeutsamste Grund gab den Ausschlag: «Angesichts der Wahrscheinlichkeit, daß der Kurs von Mr. A.s Administration von republikanischer Seite einen Widerstand dagegen erzwingen mag, und der allgemeinen Ungewißheit, in welcher Richtung sich unsere Angelegenheiten wohl entwickeln werden, können wirkliche Verlegenheiten daraus erwachsen, ihn schriftlich in den Besitz des Maßes an Ehrerbietung und Vertrauen zu bringen, welches Ihre persönliche Feinfühligkeit und Freundschaft nahegelegt haben.» Kurz, Jefferson mußte sich zwischen seiner Zuneigung zu Adams, die offenkundig und allgemein bekannt war, und seiner Stellung als Führer der Republikanischen Partei entscheiden. Wenn es Jefferson in erster Linie darum ging, ein nostalgisches Gefühl der Verbundenheit zu Protokoll zu geben, dann ließe sich das, so schlug Madison vor, dadurch bewerkstelligen, daß man einen Teil der Botschaft an beiderseitige Freunde durchsickern ließ. (Um dieses Stück Diplomatie hatte sich Madison in Wirklichkeit schon gekümmert, indem er entsprechende Mitteilungen an Benjamin Rush sandte, der sie wahrscheinlich an Adams weitergeben würde, was er auch tat.) Jefferson durfte sich jedoch nicht in den Entscheidungsprozeß der Adams-Administration hineinziehen lassen, um nicht dadurch seine Rolle als Führer der republikanischen Opposition aufs Spiel zu setzen.[38]

Wenn Madison taktische Ratschläge dieser Art gab, hörte Jefferson fast immer auf ihn. Gleichwohl sollte Madison wissen, daß die Sache ihren Preis hatte: «Mr. A. und ich waren seit Beginn der Revolution herzlich befreundet», erklärte er. «Die Abweichung von jener politischen Linie, auf der wir vereint gewesen waren, hat meine Empfänglichkeit für die Redlichkeit seines Herzens nicht verringert: Und ich hatte den

Wunsch, ihn das wissen zu lassen.» Nachdem dies gesagt und in dem einen Teil seiner Seele ordnungsgemäß protokolliert war, stimmte Jefferson zu, daß eine diplomatische Indiskretion dieser Botschaft sein Gewissen beruhigte. «Was meine Beteiligung an der Administration angeht», bemerkte Jefferson sodann, «wenn er damit das Kabinett meinte, dann werden sowohl Pflicht als auch Neigung diese Tür für mich verschließen.» Mit «Pflicht» meinte Jefferson seine Verpflichtung, die Opposition gegen Adams' Präsidentschaft zu inszenieren. Mit «Neigung» meinte er seine persönliche Abneigung gegen die Art von Kontroverse und Richtungsstreit im Kabinett, wie sie Adams anscheinend vorschlug. «Ich kann nicht den Wunsch haben», schloß Jefferson, «Tag für Tag wie ein Gladiator in die Arena zu steigen, um in jedem Konflikt ein Martyrium zu erleiden.» Anstatt zuzugeben, daß er der Parteiloyalität den Vorzug gegenüber der Loyalität zu Adams gab – für Jefferson stach hier die Ideologie die Vertrautheit aus –, gab er seiner Entscheidung lieber eine persönliche Färbung. Er hatte einfach keine Lust oder nicht das Stehvermögen, das republikanische Programm in der Höhle des Löwen zu vertreten. Wenngleich er psychologisch nicht imstande war, sich als Parteiführer zu sehen, war dies in Wahrheit das, wozu er geworden war.[39]

Das war eine persönlich schmerzliche und politisch schicksalhafte Entscheidung. Mehrere Wochen lang erfuhr Adams nichts davon. Die Berichte, die er von gemeinsamen Freunden erhielt, betonten Jeffersons Großmut in der Niederlage. Das klang hoffnungsvoll. Abigail blieb zuversichtlich, daß man Jefferson trauen konnte, daß die Zweiparteien-Richtung der richtige Kurs war und die Aufnahme eines prominenten Republikaners in die Friedensdelegation nach Frankreich, wahrscheinlich Madison, einen klugen Schachzug darstellte. Andererseits hatten die Föderalisten, die sich Adams für sein Kabinett ausgesucht hatte – er behielt Washingtons Berater, sein größter Fehler –, damit gedroht, massenhaft zurückzutreten, falls Adams versuchen sollte, seine Zweiparteien-Strategie umzusetzen. (In der Rückschau kann man sagen, das wäre das Beste gewesen, was Adams hätte passieren können.) Wie der angehende Präsident diesen toten Punkt überwunden hätte, falls

Jefferson bereit gewesen wäre, die Zusammenarbeit wieder aufzunehmen, läßt sich unmöglich sagen.

So wie die Dinge lagen, spielten sich die Ereignisse in einer ziemlich dramatischen direkten Begegnung ab. Am 6. März 1797 waren Adams und Jefferson in Philadelphia in der Residenz des Präsidenten bei Washington zum Dinner eingeladen. Adams erfuhr, daß Jefferson nicht bereit war, in das Kabinett einzutreten, und daß weder Jefferson noch Madison gewillt waren, sich an der nach Frankreich zu entsendenden Friedensdelegation zu beteiligen. Jefferson erfuhr, daß Adams mit seinen föderalistischen Beratern gekämpft hatte, die gegen eine starke Präsenz Jeffersons in der Administration Einspruch erhoben. Gemeinsam brachen sie auf und gingen die Market Street hinunter bis zur Fifth, zwei Straßen von der Stelle entfernt, an der Jefferson vor fast 21 Jahren den Text der Unabhängigkeitserklärung entworfen hatte, den Adams so kraftvoll vor dem Kontinentalkongreß verteidigte. Wie sich Jefferson später erinnerte, «verabschiedeten wir uns, und danach sagte er zu mir kein einziges Wort mehr über dieses Thema und fragte mich auch nicht wegen irgendeiner Maßnahme der Regierung um Rat». Doch natürlich hatte Jefferson selbst bereits beschlossen, daß er die anomale Rolle bevorzugte, die Administration, in der er offiziell amtierte, zu bekämpfen.[40]

Einige Tage später, bei der Zeremonie seiner Vereidigung als Vizepräsident, machte Jefferson Witze über seine schlechte Erinnerung an parlamentarische Verfahrensweisen, ein deutliches Zeichen dafür, daß er die Absicht hatte, seine Zeit mit dem harmlosen Geschäft der Überwachung der Debatten im Senat zu verbringen. Nach seiner Vereidigung als Präsident am 13. März berichtete Adams Abigail, Washington habe halblaut gemurmelt: «Ah! Ich bin jetzt ganz draußen, und Sie sind ganz drinnen. Wollen sehen, wer von uns beiden der Glücklichere ist.» Wie zu erwarten, veranlaßte der Anblick des aus dem Amt scheidenden Washington den größten Teil der Kommentare in der Presse. Adams informierte Abigail, es sei gewesen, als ginge «die Sonne in vollem Glanze unter und eine andere ginge auf (wenn auch nicht so strahlend)». Beobachter mit einem ausgeprägteren historischen Gefühl bemerkten, daß die erste Machtübergabe auf der Ebene der Exekutive glatt, fast routinemäßig vonstatten gegangen war. Unmittelbar nach der Zeremonie der Amtseinführung befand sich Jefferson wieder auf der Straße nach Monticello, wo er die republikanische Exilregierung bildete und auf die unvermeidlichen Katastrophen wartete, die über die Präsidentschaft seines alten Freundes hereinbrechen sollten. Und was Adams selbst anging, so war er – ohne Jefferson als Kollegen, mit einem föderalistischen Kabinett voller Männer, die Hamilton gegenüber loyal waren – allein mit Abigail, der einzigen Mitarbeiterin, der er vertrauen konnte. In seinem Ruf an sie mischte sich dauerhafte Liebe mit einem Gefühl der Verzweiflung: «Nie habe ich in meinem Leben mehr Deinen Rat und Deine Unterstützung gebraucht», drängte er. «Die Zeiten sind kritisch und gefährlich, und ich muß Dich hier haben, damit Du mir hilfst. ... Du mußt die Farm den Winden preisgeben. Ohne Dich kann ich nichts tun.»[41]

Wenn man über den gesamten Verlauf der amerikanischen Geschichte zurückblickt, fände man wohl nicht leicht eine Präsidentschaft, die mehr von einem einzigen außenpolitischen Problem beherrscht und zugleich stärker im Innern über die Frage seiner Lösung gespalten war. Tatsächlich könnte die Adams-Präsidentschaft als klassisches Beispiel für die historische Binsenwahrheit dienen, daß ererbte Umstände die Parameter definieren, in denen präsidentiale Führung Gestalt annimmt, daß die Geschichte Präsidenten formt und nicht umgekehrt. Mit allen Vorteilen der heutigen Sicht läßt sich sagen, daß Jeffersons strategische Einschätzung aus dem Jahre 1796 immer vorahnungsvoller erscheint: Wer immer auf Washington folgte, war wahrscheinlich zum Scheitern verdammt.

Abgesehen von der entmutigenden Aufgabe, die Nachfolge des größten Helden der amerikanischen Geschichte anzutreten, stand Adams vor einem doppelten Dilemma. Einerseits führte das Land bereits einen unerklärten Krieg gegen französische Freibeuter im Atlantik und in der Karibik. Die entscheidende politische Frage war klar: Sollten die Vereinigten Staaten Frankreich den Krieg erklären, oder sollten sie sich um eine diplomatische Lösung bemühen? Adams entschied sich für letzteren Kurs; ebenso wie Washington trat er für amerikanische Neutralität um fast jeden Preis ein. Er koppelte dieses Engagement mit einem Aufbau der Marine, der es den Vereinigten Staaten gestatten würde, einen Verteidigungskrieg zu führen, falls die Verhandlungen mit Frankreich scheiterten.

Im Rückblick betrachtet, war dies die richtige und sogar die einzig realistische Politik. Erfolgreiche Verhandlungen erforderten aber eine französische Regierung, die hinreichend stabil und von amerikanischer Macht genügend beeindruckt war, um ernsthaft zu verhandeln. Keine dieser beiden Bedingungen war während der Zeit, in der Adams als Präsident amtierte, gegeben. Bis zum Auftreten Napoleons als Diktator war die französische Regierung, die dann den Namen Direktorium trug, eine falsch benannte Koalition ständig sich verschiebender politischer Fraktionen, die von ihrem Wesen her zu Kohärenz oder Richtung unfähig war. Mehr noch, aus französischer Perspektive – und Gleiches ließ sich auch über die englische Perspektive sagen – war die junge amerikanische Republik in der umfassenderen anglo-französischen Konkurrenz um die Vorherrschaft auf dem Kontinent allenfalls ein zweitrangiger Ablenkungsfaktor, häufiger noch eine absolute Belanglosigkeit. Kurz, auf der internationalen Ebene waren die Grundvoraussetzungen, die für die Lösung des zentralen Problems der Adams-Präsidentschaft unentbehrlich waren, nicht vorhanden. Das Problem war seiner Natur nach unlösbar.[42]

Andererseits war, und das sollte eine schlechte Situation noch verschlimmern, die kontinuierliche Auseinandersetzung zwischen Föderalisten und Republikanern zu einem ideologischen Krieg ausgeartet. Jede der beiden Seiten sah aufrichtig die andere als Verräterin an den Kernprinzipien der Amerikanischen Revolution. Der politische Konsens, der während der ersten Amtszeit Washingtons gehalten und sich dann über der Whiskey Rebellion und dem Jay-Vertrag in das föderalistische und das republikanische Lager aufzuspalten begonnen hatte, brach 1797 völlig zusammen. Jefferson sprach für viele der Beteiligten, die in diese intensiv parteiische und nahezu obszöne politische Kultur verwickelt waren, als er sie als fundamentalen Verlust des Vertrauens zwischen einstigen Freunden beschrieb. «Männer, die ihr ganzes Leben lang miteinander vertraut gewesen waren», bemerkte er, «gehen auf die andere

Straßenseite, um eine Begegnung zu vermeiden, und sie wenden den Kopf ab, um nicht zu einem Gruß verpflichtet zu sein.» Er verwendete als erster die Wendung «eine Mauer der Trennung», die dann später als seine Beschreibung des richtigen Verhältnisses zwischen Kirche und Staat berühmt werden sollte; hier jedoch beschrieb er damit die politische und ideologische Spaltung zwischen Föderalisten und Republikanern: «Politik und Parteienhaß zerstören das Glück jedes Wesens hier», berichtete er seiner Tochter. «Es scheint, als betrachteten sie, gleich Salamandern, das Feuer als ihr Element.»[43]

Jeffersons Deutung des eskalierenden Parteienkrieges war zutiefst ironisch, denn er hatte zum Zusammenbruch von persönlichem Vertrauen und zur völligen Ablehnung der Zusammenarbeit zwischen beiden Parteien dadurch beigetragen, daß er Adams' Angebot zur Erneuerung der alten Partnerschaft ausgeschlagen hatte. Doch Jefferson war in dieser Hinsicht recht typisch, er beklagte die Kluft zwischen langjährigen Kollegen, und zugleich türmte er die Barrikaden auf seiner Seite der Front auf. Föderalisten wie Republikaner warfen ihren Gegnern engstirnige Parteilichkeit vor, und dabei räumten sie niemals ein oder nahmen auch nur wahr, daß auf ihr eigenes Verhalten ebenfalls das Parteietikett paßte, das sie ihren Feinden anhefteten.

In der politischen Kultur der 1790er Jahre existierte noch nicht einmal der Gedanke einer legitimen Opposition, und die Herausbildung politischer Parteien vollzog sich in einer Umgebung, die das Wort *Partei* immer noch als Schimpfwort ansah. Tatsächlich fehlte der Führung der Revolutionsgeneration ein adäquates Vokabular, um die Politik zu beschreiben, die sie erfand. Und die Sprache, die sie geerbt hatte, faßte die echten politischen Differenzen und Spaltungen in Begriffe, die ihren nicht verhandelbaren Charakter nur verschärften. Ganz ähnlich wie Jefferson betrachtete Adams diese Sackgasse als Zusammenbruch wechselseitigen Vertrauens: «Du kannst für mich zeugen», schrieb er im Hinblick auf die Opposition Jeffersons an John Quincy, «wie ungern ich ihn aufgegeben habe. Mit großem Zögern sehe ich mich gezwungen, ihn als einen Mann anzusehen, dessen Geist durch Vorurteile verbogen ist. ... So weise und wissenschaftlich er als Philosoph sein mag, als Politiker ist er ein Kind und der Narr der Partei.»[44]

Auf der innenpolitischen Ebene erbte Adams also eine aufgeladene politische Atmosphäre, die ganz genauso bedrohlich und ausweglos war wie die Verwirrung auf der internationalen Bühne. Es war in vielerlei Hinsicht eine wahrhaft beispiellose Situation: Sein Vizepräsident war in Wirklichkeit der Führer der Oppositionspartei; sein Kabinett war dem Andenken Washingtons loyal, und das war für mehrere seiner Mitglieder jetzt in der Person Alexander Hamiltons verkörpert, der sich offiziell ganz aus der Regierung zurückgezogen hatte; politische Parteien verfestigten sich zu doktrinären ideologischen Lagern, aber keine der beiden Seiten verfügte über die verbale oder mentale Kapazität, die andere als etwas anderes zu betrachten denn als hochverräterisch; und schließlich verlieh die Kernüberzeugung des gesamten Experiments mit der republikanischen Regierungsform – daß nämlich alle innen- und außenpolitischen Maßnahmen ihre Autorität von der öffentlichen Meinung ableiteten – der Presse ein neues Einflußniveau, und diese Institution mußte feste Verhaltensregeln oder Maßstäbe zur Unterscheidung zwischen Gerüchten und zuverlässigen Berichten erst noch entwickeln. Das war ein Rezept für ein politisches Chaos, welches selbst der unerschütterliche Washington nur schwer unter Kontrolle gehalten hätte. Kein anderer hatte dazu überhaupt nennenswerte Chancen, auch Adams nicht.

Wenn die heutige Sicht diese realistische Wiedergabe der historischen Verhältnisse gestattet, die ihrerseits die begrenzten Parameter definierten, in denen die politischen Aktivitäten der Adams-Präsidentschaft Gestalt annahmen, dann verlangt sie von uns auch, zur Kenntnis zu nehmen, daß keiner der Hauptakteure über die Art von Hellsichtigkeit verfügte, die erforderlich gewesen wäre, um zu begreifen, was die Geschichte für sie bereithielt. (Sie glaubten, sie machten Geschichte und nicht umgekehrt.) Praktisch waren die politischen Institutionen und schon allein die Autorität der Bundesregierung allzu neu und ungeformt, als daß sie mit den ausländischen und inländischen Herausforderungen, vor denen die neue Nation stand, wirksam hätten umgehen können.

Was infolgedessen geschah, war äußerst behelfsmäßig und zutiefst persönlich. Adams ignorierte praktisch sein Kabinett, dessen Mitglieder mehr zu Hamilton als zu ihm hielten, und griff, wenn er Rat brauchte, auf seine Familie zurück, was dazu führte, daß sich Abigail praktisch in seinen inoffiziellen Ein-Frau-Stab verwandelte. Jefferson nahm seine Partnerschaft mit Madison wieder auf, in der die Rollen jetzt vertauscht waren: Jefferson übernahm das aktive Kommando der republikanischen Opposition vom Regierungssitz in Philadelphia aus, und Madison spendete seine politische Weisheit aus dem Ruhestand in Montpelier. Während das offizielle Zentrum der Regierung in den Büros der Exekutive und des Kongresses in Philadelphia verblieb, waren die tatsächlich wirksamen Machtzentren in zwei politischen Partnerschaften angesiedelt, die auf persönlichem Vertrauen beruhten. Nachdem es Adams und Jefferson nicht gelungen war, die große Zusammenarbeit der Revolutionsära wiederzubeleben, ging jeder von ihnen mit verschiedenen Vertrauten seine eigenen Wege.

Die Adams-Zusammenarbeit hatte etwas nahezu Tribales an sich. Adams selbst war zwar als Staatsmann und Diplomat außerordentlich erfahren, aber er hatte keinerlei Erfahrungen mit der Exekutive. Anders als Jefferson war er nie Gouverneur gewesen, und im Gegensatz zu Washington hatte er keinen militärischen Oberbefehl ausgeübt. Und die Rolle eines Parteiführers der Föderalisten betrachtete er nicht nur als schlicht ungehörig, sondern als zutiefst unvereinbar mit seinen Verpflichtungen als Präsident, die es ihm auferlegten, in Washingtonscher Manier über den Rangeleien der Parteien zu stehen und Entscheidungen als «patriotischer König» zu fällen, dem es allein um das langfristige öffentliche Interesse ging. Infolgedessen kam er niemals auch nur auf den Gedanken, daß er die politischen Fraktionen im Kongreß oder in seinem Kabinett bändigen sollte. Statt dessen verließ er sich auf sein eigenes Urteil sowie auf den Rat von Familienangehörigen und vertrauten Freunden.

Das erklärt zwei seiner frühesten und umstrittensten Entscheidungen. Erstens bestand er darauf, Elbridge Gerry in die nach Frankreich zu entsendende Friedensdelegation aufzunehmen. Gerry war eine Art Neuengland-Version von Benjamin Rush, eine liebenswerte Nervensäge mit engen persönlichen Verbindungen zur Adams-Familie, aber mit ideologischen Überzeugungen, die in unvorhersehbaren Mustern über die gesamte politische Landschaft schwebten. Die jüngsten Winde hatten ihn als standhaften Verteidiger der Französischen Revolution ins republikanische Lager geführt, und das war der Hauptgrund, weshalb Abigail der Ansicht war, Gerry habe «einen Tick im Kopf». Adams selbst warnte Gerry davor, das, was sich in Frankreich abspielte, mit der Amerikanischen Revolution zu verwechseln. «Die Franzosen sind zu einem republikanischen Regierungssystem ebensowenig fähig», betonte er, «wie ein Schneeball in glühender Sonne eine ganze Woche lang in den Straßen von Philadelphia zu existieren vermag.» Ungeachtet der Vorbehalte Abigails wollte Adams Gerry an der Friedensdelegation beteiligen, um seine Zweiparteien-Grundsätze unter Beweis zu stellen und außerdem dafür zu sorgen, daß er von einem vertrauten Freund ungeschminkte Berichte erhalten würde.[45]

Zweitens ernannte er John Quincy zum amerikanischen Gesandten in Preußen. Sein Sohn erhob Einwände und protestierte, diese Ernennung werde mit Sicherheit als ein Akt des Nepotismus kritisiert werden und Vorwürfen neue Nahrung geben, daß Adams einen Erben für das Präsidentenamt aufbaue. «Deine Gründe werden keiner Prüfung standhalten», versetzte Adams. «Das ist die am schlechtesten begründete Meinung, die Du Dir, soweit ich weiß, je gebildet hast.» Das war gespielte Tapferkeit im klassischen Adams-Stil, er schrie seine Ablehnung von politischen Ratschlägen heraus, von denen er wußte, daß sie begründet waren, und weigerte sich, auf sie zu hören, weil sie offensichtlich politisch war und lediglich dem Selbstschutz diente. Vor allem wollte er John Quincy in einer der diplomatischen Hauptstädte Europas als seinen persönlichen Horchposten installieren. «Ich wünsche, daß Du Deine Praxis fortsetzt, mir offen zu schreiben», schrieb er und fügte hinzu: «und vorsichtiger an das Außenministerium.» Er wäre sein eigener Außenminister und würde den recht eindrucksvollen Kenntnissen seines Sohnes in europäischen Angelegenheiten mehr vertrauen als offiziellen Berichten.[46]

Beide Entscheidungen zahlten sich im darauffolgenden Jahr aus, als die Aussichten für eine regelrechte Kriegserklärung an Frankreich praktisch sicher aussahen. Der ewig agile und ständig skrupellose französische Außenminister Talleyrand hatte sich geweigert, die amerikanische Friedensdelegation zu empfangen, und hatte dann drei seiner Agenten entsandt, die ein Bestechungsgeld von 50 000 Pfund Sterling als Voraussetzung für jede weitere Verhandlung fordern sollten. Als Adams von diesem empörenden Ultimatum Kenntnis erhielt, befahl er der Delegation, in die Heimat zurückzukehren, aber zugleich hielt er die offiziellen Depeschen, in denen der Bestechungsplan geschildert wurde, vor dem Kongreß und der Öffentlichkeit geheim. Abigail beschrieb diese Entscheidung als «eine sehr schmerzliche Sache», denn «der Präsident konnte seine stärkste Karte nicht ausspielen». Doch Adams wußte, daß die Bevölkerung auf die XYZ-Affäre, wie man sie dann nach den drei französischen Agenten nannte, heftig patriotisch und intensiv kriegslüstern reagieren werde. Indem er die Veröffentlichung der Depeschen hinauszögerte, gewann er Zeit. Und während dieser Zeit hatte Gerry, Einzelkämpfer wie immer, sich dazu entschlossen, in Paris zu bleiben, um inoffiziell mit französischen Diplomaten über die Abwendung des sich abzeichnenden Krieges zu konferieren. Die Berichte, die er in die Heimat sandte, rieten zu Geduld, was auf der im Direktorium zunehmenden Einsicht beruhte, daß die Bestechungsforderung eine entsetzliche Fehlkalkulation gewesen war. John Quincys Netz europäischer Informanten drängte ebenfalls zu aufgeklärtem Hinhalten. Ungeachtet erheblicher Pressionen von seiten der Föderalisten im Kongreß und zunehmendem Kriegsfieber im Gefolge der XYZ-Enthüllungen hielt Adams in erster Linie auf Grund dieser Berichte an der Hoffnung auf Versöhnung fest.[47]

Abigail war seine wichtigste innenpolitische Ministerin ohne Geschäftsbereich. In einem sehr realen Sinne hatte Adams keine Innenpolitik, ja, er glaubte, jede Berücksichtigung der sich verschiebenden Strömungen der Volksmeinung und der tobenden Parteikämpfe in der Presse stehe im Gegensatz zu der ihm angemessenen Pose als Präsident, die darin bestand, solche Schwankungen in der nationalen Stimmung mit Nichtachtung zu strafen. Abigail neigte dazu, diesen Glauben an die Unabhängigkeit der Exekutive zu verstärken. Jefferson war, so erklärte sie, wie eine Weide, die sich jedem politischen Wind beugte. Ihr Gatte hingegen war wie eine Eiche: «Man mag ihn mit den Wurzeln ausreißen. Er mag zerbrechen. Aber er wird sich nie beugen.»[48]

Gleichwohl verfolgte sie die überaus parteiischen Schlagabtausche in den republikanischen Zeitungen und lieferte ihrem Gatten regelmäßig Berichte über die Machinationen und Anklagen der Opposition. Als ein Leitartikel in der *Aurora* Adams als «alt, geschwätzig, kahlköpfig, blind und verkrüppelt» beschrieb, witzelte sie, sie allein verfüge über die intimen Kenntnisse, um eine Aussage über seinen körperlichen Zustand zu machen. Die Reaktion der Bevölkerung auf die XYZ-Affäre rief eine Woge der Feindseligkeit gegen Parteigänger Frankreichs in Amerika hervor, und Abigail registrierte mit Vergnügen das Erscheinen von William Cobbetts gegen Jefferson gerichteten Leitartikeln in der *Porcupine's Gazette*, in denen Jefferson als das Oberhaupt der «französisierten Fraktion in diesem Lande» und als führendes Mitglied «des amerikanischen Direktoriums» beschrieben wurde. Sie genoß die Wiedergabe des Trinkspruchs zum Nationalfeiertag: «John Adams. Möge er wie *Samson* tausend Franzosen mit der *Kinnlade* Jeffersons erschlagen.» Sie gab Klatsch weiter, der in den Straßen Philadelphias umlief, wonach es Pläne gebe, franzosenfreundliche Demonstrationen zu inszenieren, angeblich inszeniert vom «größten aller großen Schurken, jenem Verräter an seinem Vaterland – dem höllischen Schuft Jefferson». Sie prophezeite, die Führer der Republikaner würden «in der Achtung der Öffentlichkeit letztlich einen Platz einnehmen wie die Tories in unserer Revolution».[49]

Obgleich wir uns nicht sicher sein können, gibt es erhebliche Anhaltspunkte dafür, daß Abigail eine entscheidende Rolle dabei spielte, Adams dazu zu überreden, die Verabschiedung jener vier Gesetze zu unterstützen, die man zusammenfassend als Fremden- und Aufruhrgesetze bezeichnet. Mit diesen berüchtigten Statuten, die ohne Zweifel den schwersten Fehler seiner Präsidentschaft darstellen, sollten im Ausland geborene Einwohner, vor allem Franzosen, die dazu neigten, die Republikanische Partei zu unterstützen, deportiert oder ihres Wahlrechts beraubt und die Veröffentlichung «aller falschen, skandalösen und böswilligen Schriften gegen die Regierung der Vereinigten Staaten» unter Strafe gestellt werden. Adams behauptete bis zu seinem Tode, diese Gesetze hätten nie seine Unterstützung genossen, ihre Hauptverfechter seien föderalistische Extremisten im Kongreß gewesen und er habe sie widerwillig und zögernd unterzeichnet.[50]

All das war durchaus wahr, aber unterzeichnet hatte er sie, ungeachtet seiner eigenen Vorbehalte und gegen den Rat gemäßigter Föderalisten wie John Marshall. (Selbst Hamilton, der schließlich ebenfalls zustimmte, tat dies allenfalls halbherzig und mit Angst vor dem Präzedenzfall, den das Aufruhrgesetz schuf.) Abigail hingegen verspürte keine Bedenken: «Nichts wird eine Wirkung haben, solange nicht der Kongreß ein Aufruhrgesetz verabschiedet», schrieb sie im Frühjahr 1798 an ihre Schwester; dadurch würde es dann möglich, daß sich «der Zorn der Öffentlichkeit über ihre [der republikanischen Journalisten] engagierten Köpfe entlädt. ... In jedem anderen Land wären Bache und alle seine Zeitungen längst beschlagnahmt worden.» Ihre Liebe zu ihrem Gatten und ihr Beschützerinstinkt als oberste Hüterin seiner Präsidentschaft trugen sie über alle Zweifel hinweg. Sie setzte sich sogar dafür ein, das Fremdengesetz anzuwenden, um Albert Gallatin, den in der Schweiz geborenen Führer der Republikanischen Partei im Repräsentantenhaus, zu entfernen. Gallatin, «dieser scheinheilige, schlaue, dürre Cassius, dieser importierte Ausländer», war, so bemerkte sie, eines hochverräterischen Verhaltens dadurch schuldig, daß er Reden hielt oder Gesetzesänderungen einführte, «die ihren Gegenstand blockieren und verhindern, daß sie ihre Ziele erreichen». Gallatin und all die Handlanger im Lager Jeffersons sollten «als Verräter an ihrem Land» betrachtet werden.[51]

Letztlich muß natürlich Adams selbst die Verantwortung dafür tragen, daß er diese eklatant parteiischen Gesetze, die in der Folge seinen historischen Ruf beschädigt haben, durch seine Unterschrift in Kraft treten ließ. Wenn aber, wie er immer behauptete, die Fremden- und Aufruhrgesetze nie seine begeisterte Unterstützung genossen, dann ließ Abigails unzweideutige Billigung dieser Gesetzgebung fast mit Sicherheit diese Entscheidung zum Positiven kippen. Um es etwas anders zu formulieren, wenn sie dagegen gewesen wäre, dann läßt sich nur schwer vorstellen, daß Adams so verfahren wäre, wie er es tat. Dies ist der eine Fall, in dem die Vermischung ihrer Überzeugungen und gerade die Vertrautheit ihrer Partnerschaft ihn in die Irre führten.

Ironischerweise wurde die bedeutsamste – und langfristig erfolgreichste – Entscheidung der Adams-Präsidentschaft gefällt, als sich Abigail zu Hause in Quincy von einem Anfall rheumatischen Fiebers erholte, und die Föderalisten, die gegen diese Politik waren, schrieben sie ihrer Abwesenheit zu. Das war die scheinbar impulsive Entscheidung, eine weitere Friedensdelegation nach Frankreich zu entsenden, die Adams am 18. Februar 1799 ankündigte. Theodore Sedgwick, ein führender Föderalist im Kongreß, behauptete, er sei «vom Donner gerührt» gewesen, und er faßte die Reaktion seiner föderalistischen Kollegen folgendermaßen zusammen: «Wäre es dem schändlichsten Herzen und dem geschicktesten Kopf der Welt gestattet gewesen, die verderblichste Maßnahme auszuwählen, dann wäre es vielleicht zu genau derjenigen gekommen, die hier ergriffen worden ist.» Timothy Pickering, der illoyale Außenminister, den Adams mittlerweile verachtete, beschrieb sich ebenfalls als «vom Donner gerührt» und lieferte eine scharfsichtige Deutung der Adamsschen Motive: «Es geschah ohne jede *Konsultation mit einem Mitglied der Regierung* und aus einem Grund, der *wahrhaft bemerkenswert ist – weil er wußte, daß wir alle gegen diese Maßnahme sein würden.*» Abigail selbst berichtete, alle eingefleischten föderalistischen Enklaven in Neuengland seien überrascht worden: «Die ganze Gemeinschaft war wie ein Schwarm verängstigter Tauben; niemand hatte seine Geschichte parat.»[52]

In den Geschichten, die in den Zeitungen Philadelphias kursierten, wurde die Ansicht vertreten, daß Adams impulsiv gehandelt habe, weil seine politisch gewitzte Ehefrau nicht zur Stelle gewesen sei, um ihm die Sache auszureden. Während der vorangegangenen zwei Monate hatte er sich tatsächlich öffentlich und im privaten Rahmen darüber beklagt, er habe kein Talent zum «Einzelgänger» und brauche seine «redselige

Gattin». Abigail war auf einen Leitartikel in der *Porcupines's Gazette* gestoßen, in dem ihre Abwesenheit bedauert wurde: «Ich glaube», schrieb sie an ihren Gatten, «sie werden jemanden haben wollen, der Dich warm hält.» Die Ankündigung der neuen Friedensinitiative verlieh dann dem Vorwurf neue Glaubwürdigkeit, ohne Abigail habe Adams entweder das Gleichgewicht oder den Verstand verloren. Adams machte über diese Geschichten Witze: «Sie sollten Deiner Eitelkeit schmeicheln», schrieb er an Abigail, «und hinreichen, um Dich zu heilen und Dich hierherzuführen.» Abigail gab den Witz zurück, aber mit einem deutlichen Signal der Unterstützung: «Das war ganz schön unverschämt, aber die alte Frau kann ihnen erzählen, daß sie sich irren, denn sie hält diesen Schritt für einen politischen Meisterstreich.»[53]

Ganz ähnlich hat das Urteil der Geschichte gelautet, denn die von Adams ernannte Delegation handelte schließlich eine diplomatische Beendigung des «Quasi-Krieges» mit Frankreich aus; die von Adams getroffene Entscheidung wurde zur ersten substantiellen Verwirklichung der Botschaft Washingtons in der Abschiedsbotschaft sowie zu einem Präzedenzfall für die amerikanische Isolierung von europäischen Kriegen – eine Maßnahme, welche die amerikanische Außenpolitik für mehr als ein Jahrhundert beeinflussen sollte. Im unmittelbaren Kontext der damals tobenden Parteikriege war jedoch Adams' einseitige Aktion politisch selbstmörderisch: «Er hat die ganze Gewalt einer unpopulären Maßnahme auf sich genommen», bemerkte Abigail, «von der er wußte, daß sie … einen Strom von Schmähungen auf sein Haupt würde niedergehen lassen. Wie er erwartet hatte, ist er von seinen Feinden beschimpft und geschmäht worden, und damit war zu rechnen – aber *im Hause seiner Freunde* haben sie am lautesten in das Geschrei eingestimmt.» Was Abigail meinte, war, daß sich Adams entschlossen hatte, sich vom Mainstream der Föderalistischen Partei abzusetzen, der seine Politik als franzosenfreundlich ansah, ja sie für genau die Art von Entscheidung hielt, die man von Jefferson und den Republikanern hätte erwarten können. Die Leitartikel in der *Porcupine's Gazette* wandten sich gegen ihn. Föderalistischer Klatsch behauptete, ihr einstiger Führer habe sein geistiges Gleichgewicht verloren. (Adams, den der

Hafer stach, schrieb an Abigail, er könnte jetzt das Aufruhrgesetz einsetzen, um die föderalistische Presse zu schließen.) Er war das archetypische Muster des Präsidenten ohne Partei.[54]

Warum tat er es? Drei sich überschneidende Gründe konvergierten anscheinend in Adams' Denken und lieferten die entscheidende Richtung für eine Außenpolitik, die bis dahin zwischen den unvereinbaren Zielsetzungen der Föderalisten und der Republikaner hin und her geschwankt hatte.

Erstens entwickelte sich sein schwelender Argwohn gegenüber Hamilton zu einem ungezügelten Mißtrauen und dann zu regelrechtem persönlichem Haß. Zwei Jahre lang hatte Hamilton hinter den Kulissen Direktiven an Adams' Kabinett ausgegeben. Adams hatte von diesen Machinationen zwar eine vage Kenntnis, widmete ihnen aber keine nennenswerte Aufmerksamkeit; schließlich schenkte er seinem Kabinett ohnehin nie viel Beachtung. Im Sommer 1798 überredete Hamilton jedoch seine föderalistischen Kollegen im Kongreß dazu, zur Vorbereitung auf den drohenden Ausbruch eines Krieges mit Frankreich die Schaffung einer erheblich erweiterten Provisorischen Armee zu genehmigen (die dann den Namen New Army erhielt); sie sollte zwischen 10 000 und 30 000 Soldaten umfassen. Adams hatte militärische Vorbereitungen immer eher als diplomatisches Manöver unterstützt, um bei der französischen Regierung den Eindruck amerikanischer Entschlossenheit zu erwecken. Und er hatte ganz stark eine Marinestreitmacht bevorzugt; das, was er als «schwimmende Batterien und hölzerne Mauern» bezeichnete. Stehende Heere waren für ihn ihrem Wesen nach gefährliche und teure Objekte. «Regimenter sind überall kostspielige Artikel», erklärte er seinem Kriegsminister, «und in diesem Lande noch mehr als in jedem anderen unter der Sonne.» Welchen möglichen Grund konnte es für eine große amerikanische Landstreitmacht geben, da sich der Konflikt mit Frankreich auf hoher See abspielte? «Gegenwärtig besteht», so bemerkte er, «keine größere Aussicht, hierzulande eine französische Armee zu sehen, als im Himmel.»[55]

Dann verdichtete sich für Adams das ganze entsetzliche Bild. Hamilton hatte die Absicht, die New Army zu seinem persönlichen Machtinstrument zu machen. Von vornherein stand fest, daß man Washington aus dem Ruhestand rufen werde, damit er an die Spitze der Truppe träte, aber ebenso vorhersehbar war, daß der alternde General das tatsächliche Kommando an seinen einstigen Adjutanten abgeben würde. Adams hatte den Verdacht, daß Hamilton, dem er früher mißtraut hatte und den er jetzt zutiefst verabscheute, sich als amerikanischen Napoleon sah, der auf dem Sprung war, das Kriegsrecht auszurufen und sich als den bereitstehenden Retter zu präsentieren. Abigail stimmte dieser Einschätzung zu und nannte Hamilton «einen zweiten Buonaparty», über dessen imperialistische Pläne man nur Mutmaßungen anstellen konnte. (Wären sie in der Lage gewesen, Hamiltons Privatkorrespondenz zu lesen, dann hätten sie entdeckt, daß seine Pläne einigermaßen grandios waren: Er hoffte, mit seiner siegreichen Armee durch Virginia zu marschieren, wo widerspenstige Republikaner wie die Whiskey-Rebellen behandelt werden würden, und dann hinunter durch das Louisiana-Territorium bis nach Mexiko und Peru; im Zuge dieses Unternehmens sollten alle Einwohner von französischer und spanischer Herrschaft befreit werden und das Angebot erhalten, in die erweiterte amerikanische Republik aufgenommen zu werden.) Wenngleich Adams den Fremden- und Aufruhrgesetzen seine Zustimmung gegeben hatte, beschwor die Aussicht einer von Hamilton geführten Armee, die Gott weiß wohin marschierte, das totale Ableben der republikanischen Regierungsform im klassischen letzten Akt herauf – in einer Militärdiktatur. Niemand erkannte dieses historische Muster deutlicher als Adams. Niemand, noch nicht einmal Jefferson, haßte Hamilton mehr als Adams. Abigail beschrieb die Entscheidung, die Verhandlungen mit Frankreich wieder aufzunehmen, als einen «politischen Meisterstreich», weil dadurch ein Krieg mit den Franzosen abgewendet und der Armee Hamiltons mit einem Schlage die Grundlage entzogen wurde.[56]

Zweitens lieferten die Berichte, die Adams von John Quincy aus Preußen erhielt und die auf dessen vielfältigen Kontakten in Paris und Amsterdam beruhten, neue Belege dafür, daß Talleyrand jetzt an Frieden mit den Vereinigten Staaten gelegen war. Im Januar 1799 kehrte Adams' zweiter Sohn Thomas Boylston mit weiteren Depeschen von John Quincy aus Europa zurück, aus denen hervorging, daß Talleyrand eine amerikanische Friedensdelegation nicht nur empfangen würde, sondern auch bereit wäre, Entschädigungen für amerikanische Schiffahrtsverluste während der zurückliegenden drei Jahre in Erwägung zu ziehen. So impulsiv die von Adams im Februar getroffene Entscheidung für Außenstehende aussehen mochte, in Wirklichkeit war sie der Gipfelpunkt erheblichen Nachdenkens und beruhte auf diplomatischen Ratschlägen seines zuverlässigsten und strategisch am besten postierten Vertrauten, der zufällig auch sein Sohn war.

Drittens und letztens bezog Adams eine tiefe persönliche Befriedigung aus singulären Akten aus Prinzip, die im Widerspruch zu den Zielsetzungen beider politischer Parteien standen. Die Tatsache, daß die Entsendung der Delegation eine Entscheidung war, die ihn unpopulär machte, daß sie den meisten Beobachtern wie ein Akt politischen Selbstmords vorkam, war für ihn nur die Bestätigung dafür, daß sie richtig sein mußte. Das Amt des Präsidenten, wie er es sah, war dazu bestimmt, über den Rangeleien der Parteien zu schweben und parteiische Versionen des nationalen Interesses zu transzendieren. Noch deutlicher, der vollste Ausdruck seiner besten Energien trat immer dann zutage, wenn das langfristige öffentliche Interesse, wie er es verstand, mit den politischen Erfordernissen des Augenblicks kollidierte.

Den patentierten Adams-Stil könnte man als «aufgeklärte Abwegigkeit» beschreiben, mit der er regelrecht nach Anlässen suchte, um, oft in demonstrativer Weise, seine Fähigkeit zur Selbstaufopferung zur Schau zu stellen. Er hatte die britischen Soldaten verteidigt, die man wegen des Boston Massacre angeklagt hatte, war ein volles Jahr, bevor das in Mode kam, im Kontinentalkongreß für die amerikanische Unabhängigkeit eingetreten, hatte sich trotz aller Vorwürfe wegen monarchischer Neigungen für eine höhere Auffassung vom Präsidentenamt eingesetzt. Dies alles war Teil des Adams-Musters, ein respektloses und eigensinniges Temperament, das es genoß, die anderen vor den Kopf zu stoßen. (Sohn John Quincy und später dann Urenkel Henry Adams zeigten im 19. Jahrhundert dasselbe Muster, was darauf hindeutet, daß die Vorlieben im Blut lagen.) Die politischen Verhältnisse, mit denen sich die Präsidentschaft 1798 auseinandersetzen mußte, waren darauf zugeschnitten, seine exzessive Version von Tugend zum Ausbruch zu bringen. Wenngleich Abigail die ganze Zeit bei ihm war, stellte dies die höchste Zusammenarbeit mit seinen privaten Dämonen und Zweifeln, seine persönliche Unabhängigkeitserklärung dar.

Alle inländischen und internationalen Herausforderungen, mit denen die Adams-Präsidentschaft konfrontiert war, sahen für Jefferson und Madison ganz anders aus. Nachdem sie einmal beschlossen hatten, das Ansinnen Adams' zurückzuweisen und sich als Führer der republikanischen Opposition zu etablieren, schlossen sie die Reihen um ihre tiefempfundenen Überzeugungen und interpretierten die verschiedenen Krisen, mit denen er zu kämpfen hatte, als Gelegenheiten zur Unterminierung der föderalistischen Partei, die sie ehrlichen Herzens als organisierte Verschwörung gegen die wahre Bedeutung der Amerikanischen Revolution ansahen. «Da nichts zu tun und Zeit zu gewinnen für uns alles ist», schrieb Jefferson an Madison, wirkten sich gerade die Unlösbarkeit der französischen Frage und «die tiefen Spaltungen im föderalistischen Lager», die zwischen den Hamiltonianern und den «Adamiten», wie Jefferson sie nannte, bestanden, zu ihrem politischen Vorteil aus. Damit das republikanische Programm gewinnen konnte, mußte das föderalistische Programm scheitern. Obgleich Adams nie eindeutig in eine der beiden Parteikategorien paßte und zum Schluß entschiedene Maßnahmen ergriff, um sich beiden Seiten zu entfremden, wurde er als gewählter Führer der Föderalisten zur unvermeidlichen Zielscheibe der organisierten republikanischen Opposition.[57]

Madison hatte Jeffersons persönliche Zuneigung zu Adams nie geteilt, und deshalb fiel es ihm leichter, bei der Verurteilung der Adamsschen Motive und Charakterzüge die Führung zu übernehmen:

> Nie hat es vielleicht einen größeren Kontrast zwischen zwei Charakteren gegeben als den zwischen dem des gegenwärtigen Präsidenten und dem seines Vorgängers. ... Der eine kalt, besonnen und vorsichtig, der andere überstürzt und von jedem Funken entflammt, der seine Leidenschaften entzündet. Der eine ständig die öffentliche Meinung erkundend und dort zu folgen bereit, wo er sie nicht führen konnte; der andere sie mit den widrigsten Ansichten und Bestrebungen beleidigend. W. ein

Held im Felde, doch jede Gefahr im Kabinett unterdrückend. A. ohne den geringsten Anspruch auf den Charakter eines Soldaten, ein perfekter Quijote als Staatsmann. Der frühere Präsident überall aufrichtig nach Frieden strebend, wiewohl sich in den Mitteln vergreifend; der letztere sich ebenso viele Mühe gebend, in den Krieg zu ziehen, wie sich der frühere gab, sich herauszuhalten.

Der letztgenannte Punkt wurde in der Zusammenarbeit zwischen Jefferson und Madison zu einem Glaubensartikel – daß nämlich Adams in Wirklichkeit Krieg mit Frankreich wolle. Er war, so erklärte Madison, «das einzige Hindernis für den Ausgleich und die wirkliche Ursache des Krieges, falls es zu einem Krieg kommt».[58]

Jefferson und Madison gelang es sogar, sich einzureden, Adams habe sich die gesamte XYZ-Affäre ausgedacht, um die Unterstützung der Bevölkerung für eine Kriegserklärung zu mobilisieren. Talleyrand war, so versicherten sie sich gegenseitig, weder so dumm noch so ehrlos, als daß er versucht hätte, die amerikanische Friedensdelegation zu bestechen. Adams hatte als Teil seines «Schwindelexperiments» eine «Verleumdung der französischen Regierung» inszeniert. Anstatt die Entscheidung Adams' zur Verzögerung der Freigabe der Depeschen, in denen die Bestechungsforderungen enthüllt wurden, als kluge und staatsmännische Leistung zu würdigen, um einen öffentlichen Aufschrei für den Krieg zu vermeiden, behauptete Madison, sie sei so angelegt gewesen, daß sie größtmöglichen Schaden anrichtete. «Die Hochachtung, die man Mr. Adams wegen seines versöhnlichen Geistes gegenüber Frankreich zollt, ist wunderbar», bemerkte Madison sarkastisch, womit er meinte, sie sei völlig unverdient. Als Jefferson halbherzig meinte, sein alter Freund sei einst ein Mann von revolutionären Grundsätzen gewesen, entgegnete Madison: «Jede Antwort, die er auf seine Äußerungen gibt, entlarvt immer mehr seine wahren Grundsätze. ... Die Abschaffung des Königtums gehörte anscheinend nicht zu seinen revolutionären Prinzipien. Ob er immer dieses Bekenntnis abgelegt hat, wissen diejenigen am besten, die ihn im Jahre 1776 kannten.» Jefferson mußte sich also von nostalgischen Erinnerungen befreien. Adams war ein Verräter.[59]

Obwohl er es mit Sicherheit besser wußte, machte Jefferson mit. In den Korridoren des Kongresses berichtete er von Gerüchten, wonach man Adams habe erklären hören, «derart sei sein Mangel an Vertrauen auf die Redlichkeit Frankreichs, daß er es, sollten sie je einem noch so günstigen Vertrage zustimmen, für seine Pflicht erachten würde, ihn abzulehnen». (In Wirklichkeit hörte sich Adams genau zu diesem Zeitpunkt Gerrys Bitten um eine Erneuerung der Friedensbemühungen an.) Ein weiteres Gerücht, das in den Straßen Philadelphias kursierte, kam Jefferson zu Ohren: Washington habe verlauten lassen, er sei gegen Adams' Außenpolitik. (Das genaue Gegenteil davon war wahr. Washington unterstützte die Adamssche Initiative als wirkungsvolle Umsetzung seines eigenen langfristigen Engagements für die amerikanische Neutralität.) Noch ein weiteres Gerücht besagte, daß Adams hinter den Kulissen daran arbeite, die Pläne für den Umzug der Hauptstadt an den Potomac zu sabotieren (ebenfalls unwahr). Und dann, als der Präsident im Februar 1799 seine unerwartete Entscheidung verkündete, er werde erneut eine amerikanische Friedensdelegation nach Frankreich entsenden, setzte Jefferson Madison davon in Kenntnis, daß dieses «Ereignis der Ereignisse» Adams aufgezwungen worden sei. Nach eigenem Bekunden verfügte er über zuverlässige Beweise dafür, daß Talleyrand gedroht habe, Informationen über seine frühere Friedensinitiative durchsickern zu lassen, wodurch Adams genötigt wurde, seinerseits zu handeln. «Beachten Sie, daß ich das als Mutmaßung sage», schrieb Jefferson an Madison, «die aber auf Abläufen und Anzeichen beruht, welche uns vor Augen standen» (alles ausgedacht).[60]

Wenn die wichtigste Funktion der Zusammenarbeit in der Adams-Familie darin bestand, Adams von den ideologischen Schlachten, die zwischen den beiden politischen Parteien tobten, abzuschotten und schließlich zu isolieren, dann hatte die Zusammenarbeit zwischen Jefferson und Madison vor allem die Funktion, gegenseitige Verstärkung für ihren kompromißlosen Angriff auf das Präsidentenamt zu schaffen, der häufig auf Kosten selbst der elementarsten Version faktischer Korrektheit geführt wurde. Aus ihrer Sicht war das, was auf dem politischen Spiel stand, gewaltig; die Bedrohung, welche die Föderalisten darstellten, brachte das gesamte republikanische Experiment in Gefahr, es war ein Kampf auf Leben und Tod, und Gefangene durften nicht gemacht werden. Sie redeten sich ein, Adams sei der Feind, und rings um diese eiserne, wenn auch höchst fragwürdige Überzeugung fügten sich dann alle Beweisstücke zusammen.

Jeffersons nahezu herkulische Kräfte der Selbstverleugnung trugen auch dazu bei, die Sache rein zu halten, zumindest im privaten Rahmen seiner eigenen Gedanken. 1798 gab er James Callender, einem notorischen Klatschjournalisten, der kürzlich die Geschichte über Hamiltons ehebrecherische Affäre mit Maria Reynolds in die Welt gesetzt hatte, den Auftrag, eine verleumderische Attacke auf Adams zu schreiben. In der Schrift *The Prospect Before Us* lieferte Callender das Gewünschte und beschrieb Adams als «grauhaarigen Aufrührer», der in gleicher Weise entschlossen sei, gegen Frankreich Krieg zu führen und sich selbst zum Präsidenten auf Lebenszeit zu erklären, wobei im Hintergrund John Quincy als sein Nachfolger lauerte. Als Jefferson mit dem Vorwurf konfrontiert wurde, er habe ungeachtet seiner Stellung als Vizepräsident Callender dafür bezahlt, Schmähschriften gegen den Präsidenten zu schreiben, behauptete er, davon wisse er nichts. Callender veröffentlichte dann Jeffersons belastende Briefe, die seine Komplizenschaft bewiesen, und Jefferson schien über diese Enthüllung ehrlich überrascht zu sein, was darauf schließen läßt, daß für ihn die tiefsten Geheimnisse nicht diejenigen waren, die er vor seinen Feinden verbarg, sondern diejenigen, die er vor sich selbst verborgen hielt.[61]

Als im Frühjahr 1798 im Kongreß die Debatten über das Aufruhrgesetz begannen, war Jeffersons erste Befürchtung, daß es dezidiert gegen ihn gerichtet sei. Gegenüber James Monroe klagte er: «In der ganzen Stadt geht mein Name um, und man behauptet, ich sei eines verbrecherischen Briefwechsels mit dem französischen Direktorium überführt.» Leitartikel in föderalistischen Zeitungen warfen ihm vor, er gebe über franzosenfreundliche Agenten in Amerika Informationen an die französische Regierung weiter und treffe sich regelmäßig mit Benjamin Franklin Bache, dem Herausgeber der *Aurora*, des wichtigsten Organs der Opposition. In einer privaten Mitteilung an Madison räumte Jefferson ein, daß diese Anschuldigungen im wesentlichen der Wahrheit entsprachen. Auch wenn er das zweithöchste Mitglied der Adams-Administration war, war er, wie ihn die föderalistische Führung im Repräsentantenhaus beschrieb, «die eigentliche Seele der Opposition». Jefferson verteidigte sich mit der Behauptung, seine Konsultationen mit Bache seien keine Geheimtreffen; er habe sich mit Bache viele Male getroffen, das war schon wahr, aber «Geheimgespräche», wie die Föderalisten sie ihm vorwarfen, führe er nicht mit ihm. Was grundlegender war, Jefferson betrachtete sein Verhalten einfach nicht als aufrührerisch oder hochverräterisch. Des Hochverrats schuldig war vielmehr die föderalistische Regierung, auch wenn sie ordnungsgemäß gewählt war.[62]

Hier lag der Kern des Problems. Jefferson glaubte wirklich – und Madison verstärkte diesen Glauben –, daß die Föderalisten dem amerikanischen Volk die Regierung geraubt hätten. Ungeachtet des durch die Wähler erteilten Mandats stellten die Programme und die politischen Entscheidungen, welche die Föderalisten auf nationaler Ebene umsetzten – ein ausgedehntes Programm für die Bundesregierung, eine Version von Neutralität, welche die Vereinigten Staaten mehr auf England als auf Frankreich ausrichtete –, eine Absage an den Geist von 1776 dar. Die Verabschiedung der Fremden- und Aufruhrgesetze und danach dann die Schaffung der New Army bestätigten nur, daß das föderalistische Programm den zentralen Dogmen der Amerikanischen Revolution zuwiderlief und Erinnerungen daran heraufbeschwor, wie das britische Parlament Beschränkungen für die Kolonialpresse verfügte und britische Truppen sich in den wichtigsten Kolonialstädten einquartierten. Wie konnte die Opposition gegen derartige Maßnahmen jetzt hochverräterisch sein, wenn es sich bei ihr damals um legitime Äußerungen des amerikanischen Unmuts gehandelt hatte?

Die juristischen Leitlinien, die es hätten gestatten können, auf diese Frage eine klare Antwort zu geben, hatten noch keine feste Gestalt angenommen. Nach modernen Maßstäben waren die aktive Rolle Jeffersons bei der Förderung von gegen Adams gerichteter Propaganda und seine Beteiligung an der Weitergabe von Informationen an franzosenfreundliche Enthusiasten wie Bache justiziable Verstöße, die an Hochverrat grenzten. Aber freilich hatte sich Hamilton während der Verhandlungen über den Jay-Vertrag ähnliche Indiskretionen gegenüber Parteigängern Englands zuschulden kommen lassen. Und sein Verhalten bei der Ausgabe geheimer Anweisungen an das Adamssche Kabinett unterminierte die verfassungsmäßige Autorität der Exekutive in einer Weise, die ihn in moderner Zeit ins Gefängnis gebracht hätte. Nur zehn Jahre nach der Verabschiedung und Ratifizierung der Verfassung blieben jedoch die Urteile darüber, was hochverräterische oder aufrührerische Akte seien, verschwommen und eher problematisch, da ihnen die historische Sanktionierung fehlte, die nur die Erfahrung liefern konnte. Da sie über keinen Konsens darüber verfügten, was die Amerikanische Revolution beabsichtigt und was die Verfassung entschieden hatte, schwammen Föderalisten ebenso wie Republikaner in einem Meer gegenseitiger Anschuldigungen und parteiischer Interpretationen. Die Mitte konnte nicht halten, weil sie nicht existierte.

In diesem brisanten politischen Moment wurde der Schlußstein der Zusammenarbeit zwischen Jefferson und Madison gesetzt – das war ihre gemeinsame Verfasserschaft der Kentucky- und Virginia-Resolutionen. Am 2. und 3. Juli stattete Jefferson Madison in Montpelier einen Besuch ab, um ihre Reaktion auf das Aufruhrgesetz zu erörtern, das am darauffolgenden Tag im Senat verabschiedet wurde. (Die Föderalisten waren ironischerweise der Ansicht, das sei das perfekte Verfahren, um den Nationalfeiertag am 4. Juli zu begehen.) Sie einigten sich darauf, eine Pamphletkampagne gegen die «Hexenherrschaft», wie Jefferson sie nannte, in Gang zu setzen. Jefferson, der allein in Monticello arbeitete, verfaßte im August und September die später so genannten Kentucky-Resolutionen. Sein Kernargument war, daß das Aufruhrgesetz verfassungswidrig sei, weil es die natürlichen Rechte der Bürger jedes einzelnen Staates verletze, ihre inneren Angelegenheiten zu kontrollieren. Überdies habe jeder Staat «in Fällen, die nicht in den Bereich des Paktes fallen» – also in allen Fällen, für die in der Verfassung nicht ausdrücklich bestimmt war, daß sie unter die Jurisdiktion des Bundes fielen –, ein natürliches Recht, «kraft ihrer eigenen Autorität alle Anmaßungen von Macht durch andere auf ihrem Gebiet zu annullieren». Das war die klassische *states' rights*-Position, gekrönt von der pauschalen Behauptung, Bundesgesetze könnten durch die Staaten annulliert werden, die dann ein legitimes Recht auf Sezession oder – so Jefferson – «Abspaltung» hätten, falls der Kongreß oder die Gerichte des Bundes sich über ihre Entscheidung hinwegsetzten. Wenn das Aufruhrgesetz eine ernste Bedrohung für die Bürgerrechte darstellte, dann war die Reaktion Jeffersons eine ebenso ernste Bedrohung für die Souveränität der nationalen Regierung und den Fortbestand der Union.[63]

Zu Jeffersons Glück beschloß die Führung des Parlaments von Kentucky, die Abschnitte seines Entwurfes, in denen er sich für Annullierung aussprach, zu streichen, vermutlich deshalb, weil ein derart offenes Aufbegehren gegen Bundesrecht übertrieben und unnötig riskant zu sein schien. Die besonneneren Argumente Madisons, die als Virginia-Resolutionen veröffentlicht wurden, kursierten in der nationalen Presse und erreichten dasselbe Ziel – die Verdammung des Aufruhrgesetzes –, ohne aber auf die Annullierung zurückzugreifen. Vielmehr beschrieben die Virginia-Resolutionen die Fremden- und Aufruhrgesetze als «beunruhigende Übergriffe» gegen die Verfassung, welche die im Ersten Verfassungszusatz verankerten Garantien der freien Rede verletzten. Anstatt die Autorität der Bundesregierung anzugreifen, berief sich Madison auf die Schutzbestimmungen, die ebendiese Regierung bot, womit er indirekt behauptete, letztlich seien die Bundesgerichte und nicht die Einzelstaaten die Schiedsrichter über die Verfassung. Während die Jeffersonsche Gedankenlinie logisch zu der Pakttheorie der Verfassung führte, wie sie schließlich 1861 die Konföderierten Staaten vertraten, führten Madisons Argumente zur modernen Doktrin der richterlichen Überprüfung und zu verfassungsmäßigen Garantien für freie Rede und die Freiheit der Presse.[64]

Wenn Madison über Verfassungsfragen schrieb oder sprach, gab Jefferson immer nach. Gegenüber republikanischen Vertrauten in Virginia wiederholte er seine Überzeugung, wonach «die wahren Grundsätze unseres Bundespaktes» den Staaten die Souveränität in allen innenpolitischen Angelegenheiten beließen; falls der Kongreß das Aufruhrgesetz nicht aufhebe, «sollten wir uns lieber von der Union, die wir so sehr schätzen, trennen, als die Rechte der Selbstverwaltung, die wir uns vorbehalten haben, aufzugeben». Nach einem persönlichen Besuch Madisons im September 1799 erklärte sich Jefferson jedoch bereit, seine Haltung zum Thema Sezession zu mäßigen, «nicht nur aus Hochachtung für sein Urteil», wie er es formulierte, «sondern weil wir niemals an Trennung denken sollten, es sei denn um anerkannter und enormer Übergriffe willen» – oder, wie er einst in der Unabhängigkeitserklärung geschrieben hatte, nach «einer langen Reihe von Mißbräuchen». Madisons kluge und stille Intervention rettete Jefferson vor den sezessionistischen Implikationen seiner revolutionären Grundsätze und verbarg kunstvoll die gewaltige Diskrepanz zwischen ihren jeweiligen Auffassungen von der Verfassung. Die Erfordernisse ihrer Zusammenarbeit sowie die Notwendigkeit, eine geeinte Front gegen die Föderalisten zu zeigen, hatte Vorrang vor ihren unvereinbaren Ansichten über die Frage, wo die Souveränität in der amerikanischen Republik angesiedelt sei.[65]

Es gibt nur wenige allgemeine Gesetze des politischen Lebens, aber eines davon leitete die Republikaner während des letzten Jahres der Adams-Präsidentschaft, und das war die Regel, welche lautete: Misch dich niemals ein, wenn deine Feinde eifrig mit offenkundigen Akten der Selbstzerstörung beschäftigt sind. Kaum hatten die Föderalisten die strafrechtliche Verfolgung republikanischer Journalisten und Schriftsteller nach dem Aufruhrgesetz eingeleitet – insgesamt wurden 18 Anklagen erhoben –, da wurde deutlich, daß man diese Vorgänge ganz allgemein nicht als strafrechtliche, sondern als politische Verfolgungen ansah. Die meisten Angeklagten wurden zu Lokalhelden und öffentlichen Märtyrern. Madison gelangte schnell zu dem Schluß, daß «unsere öffentliche Krankheit vielleicht ihre eigene Heilung bewirkt», womit er meinte, daß das Schauspiel föderalistischer Rechtsanwälte, die sich mit derart eklatant parteiischen Anklagen auf die republikanische Opposition stürzten, nur dazu angetan war, Konvertiten zu der Sache heranzuzüchten, die sie zum Schweigen zu bringen versuchten. Die angedrohte Verfolgung von Ausländern wirkte sich ebenfalls nachteilig für die Föderalisten aus, da nun irische Einwanderer in New York und Deutsche in Pennsylvania, die zuvor standhafte Anhänger der Adams-Administration gewesen waren, in Scharen zu den Republikanern überliefen.[66]

Das, was Jefferson als «Hexenherrschaft» bezeichnet hatte, begann sogar die Gestalt einer politischen Komödie anzunehmen, in der die Föderalisten die Dummen waren. In New Jersey beispielsweise erkannte die Jury, als einem betrunkenen republikanischen Journalisten vorgeworfen wurde, er habe eine unanständige Bemerkung über den Hintern des Präsidenten gemacht, auf nicht schuldig – mit der Begründung, das Antreten eines Wahrheitsbeweises sei eine legitime Verteidigung. Es gab sogar Spielraum für Ironie. Die ersten Gerüchte über Jeffersons sexuelle Beziehung zu einer Mulattensklavin namens Sally Hemings hörte James Callender, als er in einem Gefängnis in Richmond seine Strafe wegen Verleumdung absaß. Er veröffentlichte die Geschichte dann später, nachdem er zu dem Ergebnis gekommen war, daß Jefferson ihn für seine Schmähkritik an Adams nicht ausreichend bezahlt hatte.[67]

Doch diese köstliche Skandalgeschichte, die erst durch 1998 durchgeführte DNA-Untersuchungen als zutreffend und über jeden vernünftigen Zweifel erhaben bestätigt wurde, traf nicht rechtzeitig ein, um Adams bei der Präsidentenwahl des Jahres 1800 zu helfen. Ja, bei Adams hielt sich die Pechsträhne oder das schlechte Timing, wie immer man es nennen mag, bis ganz zum Schluß. Die Friedensdelegation, die er so auf eigene Faust nach Frankreich geschickt hatte, handelte einen Vertrag aus, durch den der «Quasi-Krieg» beendet wurde, aber die gute Nachricht traf zu spät ein, als daß sie die Wahl hätte beeinflussen können. Überdies hatte die New Army, die Adams bekämpft und dann überflüssig gemacht hatte, den Bundeshaushalt derart belastet, daß neue Einnahmequellen erschlossen werden mußten. Gerade als die Armee aufgelöst wurde, was Adams' Verdienst war und ihn sehr erleichterte, landeten die Kosten für ihre Aufstellung bei der wählenden Öffentlichkeit. Irgendwie war es Adams gelungen, die ihm zustehenden politischen Belohnungen nicht zu erhalten und die Kritik, die eigentlich anderen gebührte, auf sich zu ziehen.

Abigails frühere Charakterisierung der Konkurrenz zwischen Adams und Jefferson – die Eiche gegen die Weide – erwies sich als prophetisch. Vielleicht das überragende Beispiel für Jeffersons größere Flexibilität ereignete sich an der außenpolitischen Front. Während der gesamten Adams-Präsidentschaft hatten Jefferson und seine republikanischen Anhänger behauptet, die Französische Revolution sei die Amerikanische Revolution auf europäischem Boden und Frankreich sei daher Amerikas wichtigster internationaler Bündnispartner. Als aber Napoleon die französische Republik stürzte und sich zum allmächtigen Militärdiktator erklärte – wiederum genau so, wie Adams es vorausgesagt hatte –, änderte Jefferson schnell seine Haltung, um sich auf die neue Realität einzustellen. «Es ist sehr wesentlich für ... [das amerikanische Volk], daß ihm ein Gespür dafür vermittelt wird, daß sich sein Charakter und seine Lage deutlich von denen der Franzosen unterscheiden», bemerkte er im Jahre 1800, «und daß wir, was immer das Schicksal des Republikanismus dort sein mag, in der Lage sind, ihn hier unversehrt zu bewahren.» Das war genau die neutrale Außenpolitik, zu der sowohl Washington als auch Adams seit zehn Jahren drängten und die Jefferson als Verrat am Geist von 1776 verdammt hatte. Jeffersons Bekehrung vollzog sich mit derart atemberaubender Geschwindigkeit, daß kaum jemand wahrnahm, wie geschickt er die Hauptwaffe aus der Hand legte, welche die Republikaner gegen zwei föderalistische Administrationen geführt hatten. Diese Waffe war jetzt nicht mehr nötig, wie sowohl Jefferson als auch Madison erkannten, weil die überlegene Organisation der Republikaner auf der Ebene der Staaten ihren Sieg bei der bevorstehenden Präsidentenwahl praktisch sicherstellte.[68]

Angesichts dieses gewaltigen Aufgebots von Pech, schlechtem Timing und der überaus konzentrierten politischen Strategie seiner republikanischen Feinde hielt sich Adams tatsächlich überraschend gut, als alle Stimmen gezählt wurden. Er stand besser da als die föderalistischen Kandidaten für den Kongreß, die durch einen republikanischen Erdrutschsieg aus dem Amt gefegt wurden. Außerhalb von New York gewann er sogar mehr Stimmen der Wahlmänner als 1796. Doch zum großen Teil dank der geschickten politischen Manöver Aaron Burrs gingen alle zwölf New Yorker Wahlmännerstimmen an Jefferson. Schon im Mai 1800 hatte Abigail, die im Adams-Team zur Stimmenzählerin ausersehen war, prophezeit: «New York wird das Zünglein an der Wage, Wahge (ist es jetzt richtig? es sieht nicht so aus).» Sie wußte zwar nicht, wie man Waage schreibt, aber sie wußte, wo die Wahl entschieden werden würde. Bei der endgültigen Zählung verlor ihr Gatte mit 65 zu 73 Stimmen gegen das Tandem Jefferson/Burr.[69]

Das dramatischste Ereignis des Wahlkampfes, das allerdings wahrscheinlich zu spät stattfand, um nennenswerte Auswirkungen auf die Resultate zu haben – sofern es überhaupt welche hatte –, lieferte Hamilton. Im Oktober schrieb er ein vierundfünfzigseitiges Pamphlet, in dem er den Charakter von Adams angriff, und ließ es als Privatdruck erscheinen. Darin beschrieb er ihn als charakterlich labiles Geschöpf, als einen Mann, der von Eitelkeit und seiner eigenen abwegigen Auffassung von Unabhängigkeit getrieben war, ein mitleiderregendes Bündel von Zuckungen und Wutanfällen, das «für das Amt des Präsidenten» ungeeignet war. Adams reagierte auf diese persönliche Vendetta mit untypischer Gelassenheit. «Ich bin davon überzeugt», bemerkte er, «daß das ihm mehr Schaden zufügen wird als mir.» Er hatte recht. Hamiltons Diatribe kam zwar zu spät, als daß sie viele Wähler beeinflußt hätte, aber sie ließ die tiefe Spaltung im föderalistischen Lager für alle erkennbar werden und erweckte bei den meisten Lesern den Eindruck, daß Hamilton selbst nicht bei Sinnen sei. Politisch war das Hamiltonsche Pamphlet ganz genauso fatal und vielleicht selbstmörderisch wie seine spätere Entscheidung, Aaron Burr auf der Ebene bei Weehawken entgegenzutreten. Sein Ruf erholte sich nie mehr.[70]

Gleiches ließ sich über die Föderalistische Partei sagen. Die Zusammenarbeit zwischen Jefferson und Madison legte es nicht nur darauf an, die Bundesregierung für die Republikaner zu erobern. Wie es Jefferson so plastisch formulierte, bestand ihr höheres Ziel darin, «den Föderalismus in einen Abgrund zu versenken, aus dem es für ihn keine Auferstehung mehr geben wird». Als Madison erklärte, die republikanische Sache sei jetzt «völlig siegreich», meinte er nicht nur, daß sie die Kontrolle über das Präsidentenamt und den Kongreß gewonnen hatten, sondern auch, daß die Föderalistische Partei in völliger Auflösung begriffen war. Restbestände föderalistischer

Macht blieben in Neuengland zwar noch über zehn Jahre am Leben, aber als nationale Bewegung mit der Fähigkeit, die Debatte über den richtigen Kurs Amerikas zu beherrschen, waren die Föderalisten eine erschöpfte Kraft. Jefferson hatte noch nicht den Ausdruck «die Revolution von 1800» erfunden, um die republikanische Vorherrschaft zu beschreiben. Und Historiker hatten diesen Begriff auch noch nicht dahingehend erläutert, daß er die Herausbildung einer Art von Politik bedeutete, die einen echteren demokratischen Charakter hatte – eine Interpretation, die Jefferson allenfalls vage verstanden hätte. (Jefferson dachte eigentlich, daß sein Sieg eher eine Wiedergewinnung als eine Neugewinnung darstellte, eine Erneuerung der Grundsätze von 1776 und eine Absage an die Verfassungsvereinbarung von 1787, so wie die Föderalisten sie zu definieren versucht hatten.) Doch die historisch korrektere Realität war, daß niemand genau wußte, was der Triumph der Republikaner für die nationale Regierung positiv bedeutete. Klar war jedoch, daß eine bestimmte Version von Politik und politischer Führung, die sich in den Administrationen von Washington und Adams verkörpert hatte, erfolgreich bekämpft und entscheidend besiegt worden war. Die Zusammenarbeit zwischen Jefferson und Madison war die Politik der Zukunft. Die Adams-Zusammenarbeit war die Politik der Vergangenheit.[71]

Was starb, war die Annahme, die für Adams' Auffassung von Politik und von sich selbst so zentrale Bedeutung gehabt hatte, daß es für die Republik ein langfristiges kollektives Interesse gebe, das sich von Parteilichkeit trennen lasse, ja gegen Politik überhaupt immun gemacht werden könne; und daß es die Pflicht eines amerikanischen Staatsmanns sei, dieses öffentliche Interesse zu erahnen und dabei die parteiischen Plädoyers bestimmter Wählergruppen sorgfältig zu ignorieren, ja für sie völlig unempfänglich zu bleiben. Nach 1800 war das «monarchische Prinzip», wie Adams es genannt hatte, in der amerikanischen politischen Kultur tot und ebenso auch die Art von überragendem Trotz, die sowohl Washington als auch Adams gegenüber der «Moral des Parteiprinzips», wie man es nennen könnte, an den Tag gelegt hatten. Dieser Trotz war immer von revolutionären Qualifikationen abhängig gewesen – denjenigen, die bei der Erschaffung der Republik zugegen gewesen waren, konnte man zutrauen, daß sie verantwortlich handeln würden –, und als die Erinnerung an die Revolution verblaßte, schwand auch das Vertrauen, das sie verlieh. Natürlich konnte sich Jefferson auf die Zugehörigkeit zur «Brüderschar» berufen und tat dies auch ganz entschieden, aber seine Wahl markierte das Ende einer Ära. Das «Volk» hatte die «Öffentlichkeit» als souveräne Quelle politischer Weisheit abgelöst. Kein Führer konnte glaubhaft behaupten, er stehe über dem Kampfgetümmel. Wie Jefferson von dem Moment des Washingtonschen Rückzugs an verstanden hatte, mußte der amerikanische Präsident von nun an für immer der Chef einer politischen Partei sein.

Keiner der beiden Adams konnte diesen historischen Übergang je als etwas anderes begreifen denn als unheilvolles Symptom moralischer Entartung. «Jefferson hatte eine Partei», bemerkte Adams sarkastisch, «Hamilton hatte eine Partei, aber die Republik hatte keine.» Wenn schon allein die Idee der Tugend in der amerikanischen Politik kein Ideal mehr darstellte, dann gab es für ihn im öffentlichen Leben keinen Platz. Wenn die Adamssche Sorte der Staatskunst jetzt ein Anachronismus war – und das war sie –, dann würde die Adams-Präsidentschaft als angemessenes Denkmal für ihr Dahinscheiden dienen. Im Februar 1800 unterzeichnete Adams den Vertrag von Mortefontaine, der die Feindseligkeiten mit Frankreich offiziell beendete. Er konnte in dem Wissen aus dem Amt scheiden, daß seine diskreditierte Politik und sein einzigartiger Stil gewirkt hatten. So wie er es formulierte, hatte er «das Schiff ... in einen friedlichen und sicheren Hafen gesteuert».[72]

Es war eine ziemliche Ironie, daß die letzte größere Verpflichtung der Adams-Zusammenarbeit darin bestand, den Umzug der Bundesregierung an ihren ständigen Sitz am Potomac zu überwachen. Wenngleich für das gesamte Archiv der Exekutive nur sieben Packkisten erforderlich waren, ärgerte sich Abigail über die körperlichen Belastungen, die diese letzte Arbeit mit sich brachte, und ebenso über die kalten, höhlenartigen und immer noch nicht fertiggestellten Räume des Präsidentenpalastes. Mehrere Wochen lang war es überhaupt nicht klar, ob Jefferson der nächste Dauerbewohner werden würde, da die abschließende Zählung der Wahlmännerstimmen zu einem Patt zwischen ihm und Burr geführt hatte. Es kursierten Gerüchte, Adams habe die Absicht, von seinem Amt zurückzutreten, um es Jefferson, der immer noch sein Vizepräsident war, zu gestatten, seine Nachfolge anzutreten, weil ihm daran lag, eine Verfassungskrise abzuwenden. Adams ließ verlauten, Jefferson sei ganz eindeutig die Wahl der Wähler und der überlegene Mann, Burr hingegen sei «wie ein Ballon mit entzündlicher Luft gefüllt». Am Ende ging die Krise vorüber, als das Repräsentantenhaus im sechsunddreißigsten Wahlgang Jefferson ins Amt wählte.[73]

Ungeachtet aller angehäuften Bitterkeit der vergangenen acht Jahre und trotz der politischen Wunden, die Jefferson der Adams-Präsidentschaft während der letzten vier Jahre zugefügt hatte, bestand Abigail darauf, daß ihr Gatte ihren gemeinsamen «früheren Freund» zu Tee und Kuchen einlud, bevor sie, einige Wochen vor der Amtseinführungszeremonie, nach Quincy abreiste. Über dieses Gespräch gibt es keine Aufzeichnungen, wenngleich Jefferson Madison bereits davon in Kenntnis gesetzt hatte, daß er das Ehepaar Adams gut genug kenne, um eine «großzügige und entgegenkommende Sinnesart» zu erwarten. Am eigentlichen Tag der Amtseinführung hatte Jefferson allerdings seinen Vorgänger nicht an seiner Seite, als er auf einer Pennsylvania Avenue voller Baumstümpfe zum immer noch nicht fertigen Kapitol ritt. Anstatt den Anlaß durch seine Gegenwart zu ehren, hatte Adams an diesem Morgen die Vier-Uhr-Kutsche aus der Stadt genommen, um zu Abigail zurückzukehren. Zwölf Jahre lang wechselte er mit Jefferson kein Wort mehr.[74]

Die Freundschaft 6

Adams betrachtete die 800 Kilometer lange Reise zurück nach Quincy zu Recht als seinen endgültigen Abgang von der öffentlichen Bühne. Bei seiner Ankunft stellte er fest, daß der Hof seiner Farm voller Seegras war, und das führte dann zu einer typisch taktlosen Bemerkung: Er hatte «einen guten Tausch gemacht... Ehren und Tugenden gegen Dünger». Als sich am Tage seiner Rückkehr ein gewaltiger Sturm erhob, nahm er ihn als Zeichen der Vorsehung dafür, daß die Unruhe ihm in den Ruhestand folgte und, wie er es formulierte, «Gärungen in den Elementen an die Stelle von Umwälzungen in der moralischen, intellektuellen und politischen Welt setzte». Als jemand, der dazu beigetragen hatte, diese politischen Umwälzungen stattfinden zu lassen, behauptete er, ihm sei bei stürmischem Wetter durchaus wohl zumute. Nun aber, im fortgeschrittenen Alter von 66 Jahren, war es da nicht natürlich, ein gewisses Maß an Gemütsruhe zu erwarten? «Weit entfernt von allen Intrigen und für alle großen und kleinen Leidenschaften, welche die Welt erschüttern, jetzt unerreichbar», erklärte er, «hoffe ich, mehr Ruhe zu genießen, als je zuvor mein Teil gewesen ist.»[1]

Das Problem bei Adams war nicht, daß Stürme ihm nachzufolgen schienen, sondern daß er sie in der Seele trug, wo immer er hinging. Abigail erspähte ihn in jenem Juli des Jahres 1801 auf dem Feld, wo er Seite an Seite mit den Landarbeitern die Sichel schwang und Verwünschungen gegen seine politischen Gegner ausstieß. Aus seinen Briefen wissen wir, daß Hamilton die Liste seiner Feinde anführte; er bezeichnete ihn als jenen «unehelichen Balg eines schottischen Hausierers», einen Mann, der «ebenso ehrgeizig [war] wie Bonaparte, wenn auch nicht so mutig, und der, wenn ich nicht gewesen wäre, uns in einen ausländischen Krieg mit Frankreich und einen Bürgerkrieg mit uns selbst verwickelt hätte».[2]

Nicht weit nach Hamilton kam sein früherer Freund und Nachfolger im Präsidentenamt. Zwar war der Haß gegen Jefferson weitaus geringer, aber die Verletzung war größer. Sie hatten so vieles gemeinsam getan, hatten 1776 miteinander gegen die Übermacht gekämpft, während der 1780er Jahre Amerika in Europa vertreten und sich in der Zeit der Washington-Administration über ihre politischen Differenzen erhoben. Adams glaubte jedoch, während seiner Präsidentschaft habe Jefferson ihn und ihre Freundschaft verraten. Und es geschah alles so indirekt, so schlau, wie bei einem Einbrecher, der keine Fingerabdrücke hinterließ. Jefferson war ein «Schattenmann», glaubte Adams jetzt, ein Mann, dessen Charakter «den großen Flüssen glich, deren Grund für uns unsichtbar ist und keinen Laut von sich gibt». In den Kommentaren zu seinen anderen Feinden legte Adams erhebliches Talent an den Tag. Tom Paine beispielsweise erschien als «der Satyr des Zeitalters…, eine Kreuzung zwischen Schwein und Welpe, von einem wilden Eber mit einer blutrünstigen Wölfin gezeugt». Bei Jefferson hingegen flossen ihm die farbenfreudigen Schimpfwörter und die respektlosen Bilder nicht so leicht aus der Feder. Es fiel schwer, konkret zu werden, wenn der Kern eines Mannes seine Ungreifbarkeit war.[3]

Der Charakter der komplizierten Gefühle, die Adams gegenüber Jefferson hegte, offenbarte sich schließlich durch Abigail. Der Anlaß war schmerzlich. Im Jahre 1804 starb Jeffersons jüngere Tochter Maria Jefferson Eppes im Kindbett. Abigail beschloß, einen Beileidsbrief zu schreiben, und sie erklärte: «Gründe unterschiedlicher Art hielten meine Feder fest, bis die starken Gefühle meines Herzens die Zurückhaltung durchbrochen haben.» Sie erinnerte sich daran, wie sie sich um Maria gekümmert hatte, als die Neunjährige eben gerade in London eingetroffen war. «Es ist einige Zeit her, daß ich mir ein Ereignis in diesem Leben vorgestellt habe, welches Empfindungen wechselseitiger Sympathie hervorrufen würde», vertraute Abigail Jefferson an, aber der Verlust eines Kindes überwand alle ihre rationalen Vorbehalte. Jefferson sollte wissen, daß ihr Herz bei ihm war.[4]

Normalerweise verfügte Jefferson über das absolute Gehör, wenn es darum ging, den Ton eines Briefes zu deuten, aber in diesem Fall übersah er Abigails deutliche Warnsignale und faßte ihre Worte als Einladung auf, die Freundschaft mit der

Familie Adams wieder aufzunehmen. Er ergriff die Gelegenheit, die lange politische Partnerschaft, die er mit ihrem Gatten erfahren hatte, Revue passieren zu lassen. Ihre gegenseitige Zuneigung «begleitete uns durch lange und wichtige Szenen», schrieb er, und «den unterschiedlichen Schlußfolgerungen, die wir aus unserer politischen Lektüre und unseren Reflexionen gezogen hatten, war es nicht gestattet, die gegenseitige Achtung zu mindern». Zwar hatten sie zweimal gegeneinander für das Präsidentenamt kandidiert, aber er behauptete: «Wir standen einander nie im Wege.» Nie hatte die politische Rivalität die persönliche Wertschätzung zwischen beiden ausgehöhlt.

Es gab nur einen einzigen Anlaß, vertraute Jefferson ihr an, bei dem ihm eine Entscheidung Adams' «persönlich unfreundlich» vorgekommen war. Das war seine Berufung von Föderalisten auf mehrere vakante Richterstellen in den letzten Wochen seiner Amtszeit als Präsident. Die Ernennungen dieser Männer, die etwas irreführend als «Mitternachtsrichter» bezeichnet wurden, hatten nach der Präsidentenwahl stattgefunden und daher Jefferson das Recht versagt, sich seine eigenen Männer auszusuchen. (Das Hauptärgernis war die Ernennung John Marshalls zum höchsten Richter des Obersten Gerichtshofs, von der man wohl sagen kann, daß sie Adams' dauerhaftestes Anti-Jefferson-Vermächtnis darstellte, teils wegen der meisterlichen Karriere Marshalls im Richteramt und teils deshalb, weil sich Jefferson und Marshall gegenseitig zutiefst verachteten.) Doch dieser eine Verstoß hinterließ, wie Jefferson es formulierte, «der Freundschaft etwas zum Vergeben», so daß er, nachdem er «eine kleine Weile darüber nachgedacht hatte, ... es von Herzen vergab und zu demselben Zustand von Hochachtung und Respekt für ihn [Adams] zurückkehrte, der so lange bestanden hatte».[5]

Jeffersons Brief versetzte Abigail in beherrschte Wut. «Sie haben beliebt, auf einige Themen zu sprechen zu kommen, die eine Antwort erfordern», begann sie drohend. Schon allein der Gedanke, daß Jefferson sich als den Beleidigten betrachten sollte, dem das moralische Recht zustünde, ihrem Gatten zu vergeben, war eine lächerliche Anmaßung. Da nun Jefferson das Thema politischer Verrat aufgeworfen hatte, würde er «die Freiheit dieser Diskussion entschuldigen [müssen]..., welche die Fesseln beseitigt hat, durch die ich mich sonst gebunden gesehen hätte». Der aufgestaute Zorn brach sich Bahn: «Und nun, Sir, enthülle ich Ihnen offen, was die Bande einstiger Freundschaft zerschnitten hat und Sie in einem Licht hat erscheinen lassen, welches ganz anders ist als dasjenige, in dem ich Sie einst gesehen hatte.»

Nachdem Abigail temperamentvoll das Recht ihres Gatten verteidigt hatte, vor Verlassen seines Amtes Richter zu ernennen, startete sie einen Frontalangriff auf Jeffersons Charakter. Während der gesamten Präsidentschaft Adams' hatte Jefferson, so behauptete sie, seine Stellung als Vizepräsident dazu benutzt, die Politik genau desjenigen Mannes zu unterminieren, zu dessen Unterstützung er gewählt worden war. Das war schon schlimm genug. Doch die schlimmsten Verfehlungen hatten sich während der Wahl des Jahres 1800 abgespielt. In dieser erbitterten Kampagne hatte sich Jefferson «der schwärzesten Verleumdung und der schändlichsten Lügen» schuldig gemacht. Während er desinteressiert und distanziert zu sein vorgab, heuerte er heimlich Klatschjournalisten wie James Callender an, die Adams mit empörenden Vorwürfen verleumden sollten: Adams sei geistesgestört; Adams beabsichtige, sich zum amerikanischen Monarchen krönen zu lassen; Adams plane, John Quincy zu seinem Nachfolger im Präsidentenamt zu ernennen. «Dies, Sir, habe ich als persönliche Beleidigung angesehen», bemerkte Abigail, «als das Schwert, das den gordischen Knoten durchschnitt.» Es war zutiefst ironisch und völlig verdient, daß sich der infame Callender dann gegen Jefferson gewandt und ihm eine sexuelle Beziehung zu seiner Haussklavin Sally Hemings vorgeworfen hatte. «Die Schlange, die Sie hegten und wärmten», stellte sie mit Befriedigung fest, «biß die Hand, welche sie nährte.» Und wenn also überhaupt ein Vergeben erforderlich sei, dann hätte es in vollem Umfang auf der Seite von Adams zu erfolgen. In der Zwischenzeit war Jefferson derjenige, der einiges an Seelenprüfung vorzunehmen hatte. Sie schloß mit einem letzten verbalen Hieb: «Getreu sind die Wunden eines Freundes.»[6]

In seiner gesamten außerordentlich umfangreichen Korrespondenz hatte Jefferson noch nie einen Brief wie diesen erhalten. Gewiß gab es Leute, die ihn verunglimpften, aber föderalistische Kritiker neigten dazu, ihn öffentlich in der Presse anzugreifen, was er als parteiische Propaganda abtun konnte und auch abtat. Die Anschuldigungen Abigails hingegen waren privat und persönlich, sie kamen von einem Menschen, den er als vertraut und befreundet respektierte, und sie erstreckten sich über bloße Fragen politischer Parteilichkeit hinaus auf Fragen der Ehre und des Vertrauens. Sein erster Instinkt ging dahin zu behaupten, beide Seiten, Republikaner wie Föderalisten, hätten sich während der Wahl von 1800 Lügen und Entstellungen zuschulden kommen lassen und er habe ebensolche «Verleumdungen und Lügen» ertragen wie Adams. (Das war völlig wahr.) Er bestritt dann, daß «irgendeine Person, die einen von uns beiden kannte, möglicherweise glauben konnte, daß einer von uns an diesem schmutzigen Tun beteiligt war». Tatsächlich habe er keinerlei Rolle dabei gespielt, die gegen Adams gerichteten Verleumdungen Callenders in Umlauf zu bringen. (Das war eine Lüge.) «Im Hinblick auf das, was diejenigen glauben, die Übles von mir denken möchten», erklärte Jefferson, «habe ich völlig gleichgültig zu sein gelernt.» Doch bei Menschen wie Abigail, «wo ich weiß, daß ein Geist freimütig ist und nur der Wahrheit bedarf, um ihm zurechtzuhelfen, kann ich nicht so träge sein».[7]

Davon wollte Abigail nichts hören. So wie sie es sah, lieferten Jeffersons Dementis nur noch weitere Beweise für seine Doppelzüngigkeit. Seine Verwicklung in politische Intrigen hinter den Kulissen war allgemein bekannt. Anfangs hatte sich Abigail dem Naheliegenden widersetzt, weil, wie sie es formulierte, «das Herz lange, sehr lange braucht, um die Überzeugungen anzunehmen, die ihm die Vernunft aufzwingt». Auch jetzt, gestand sie, «verweilt die Zuneigung immer noch im Busen, selbst nachdem die Hochachtung die Flucht ergriffen hat». Doch es ließ sich nicht leugnen, daß Jefferson seine Ehre verpfändet hatte, um eine Wahl zu gewinnen. Seine föderalistischen Kritiker hatten ihm immer vorgeworfen, er sei ein Mann der Partei und nicht ein Mann des Prinzips. «Verzeihen Sie, Sir, wenn ich sage», schloß Abigail, «daß ich fürchte, das sind Sie.»[8]

Wir können einigermaßen sicher sein, daß Abigail in dieser kurzen Salve von Briefen nicht nur für sich, sondern auch für ihren Gatten sprach. Das Adams-Team warf Jefferson also zwei ernste Verstöße gegen das ungeschriebene Gesetz der politischen Ehre vor, das angeblich die Führungsklasse der Revolutionsgeneration band. Der erste Verstoß, der in unseren modernen Ohren seltsam und völlig anachronistisch klingt, bestand darin, daß Jefferson persönlich an seiner Präsidentschaftskampagne beteiligt war und daß er diese Kampagne mit nur einem einzigen Ziel im Kopf führte – nämlich die Wahl zu gewinnen. Das war der Kern des Vorwurfs, er sei ein «Parteimensch». Ein derartiges Verhalten wurde im mittleren Drittel des 19. Jahrhunderts ein akzeptiertes, ja erwartetes Element der politischen Landschaft und ist es seither geblieben. Im Kontext der Revolutionsgeneration hingegen blieb es illegitim, seine Loyalität einer politischen Partei zu geben. Das verletzte den Kern von Tugend und Interesselosigkeit, der als unentbehrlich für jeden galt, der angemessen ausgestattet war, um öffentliche Angelegenheiten zu leiten. Weder Washington noch Adams hatten je eine direkte Rolle bei ihren Kampagnen um das Präsidentenamt gespielt. Und selbst Jefferson, der erste Präsident, der mit dieser Tradition brach, sah sich verpflichtet, dies heimlich zu tun und dann, als Abigail ihn stellte, pauschale Dementis abzugeben. Tatsächlich war von Jefferson bekannt, daß er eine der stärksten Erklärungen der damaligen Zeit abgegeben hatte, die sich gegen den Einfluß politischer Parteien richteten. Er beschrieb die Parteiloyalität als «die tiefste Erniedrigung eines frei und moralisch handelnden Menschen» und behauptete: «Wenn ich nicht anders als mit einer Partei in den Himmel kommen könnte, dann würde ich überhaupt nicht dorthin gehen wollen.»[9]

Mit seiner Einstellung zu politischen Parteien überbrückte Jefferson anscheinend ebenso wie mit seiner Haltung zur Sklaverei einen ziemlich massiven Widerspruch. In beiden Fällen stand seine Pose öffentlicher Redlichkeit – die Sklaverei sollte beendet werden, und politische Parteien waren böse Akteure, welche die republikanischen Werte korrumpierten – im Widerspruch zu seinem persönlichen Verhalten und seinem politischen Interesse. Und in beiden Fällen gelang es Jefferson, sich einzureden, daß diese scheinbaren Widersprüche, nun ja, lediglich scheinbar seien. Im Falle der aktiven Rolle, die er während der Präsidentschaftskampagne des Jahres 1800 hinter den Kulissen spielte, glaubte Jefferson aufrichtig, daß ein föderalistischer Sieg den Tod des Geistes von 1776 bedeutete. Alles, was dieses entsetzliche Ergebnis vermied, sollte sich rechtfertigen lassen. Er gab dann so viele Dementis seiner direkten Beteiligung an der Kampagne ab, daß er zum Schluß wahrscheinlich seine eigenen Lügen glaubte. Das war der Grund, weshalb Abigails erbarmungslose Weigerung, seine persönlichen Aussagen in dieser Angelegenheit zu akzeptieren, einen Nerv traf. Er war nicht gewohnt, daß irgend jemand – noch nicht einmal er selbst – sein Wort in Frage stellte und seine Ausflüchte entlarvte.

Sein zweiter Verstoß war persönlicherer Natur. Er hatte nämlich einen Mann verleumdet, von dem er behauptete, daß er seit langem sein Freund sei. Er hatte Callenders polemische Äußerungen gegen die Adams-Administration finanziert, obgleich er wußte, daß sie grobe Entstellungen waren. Adams hatte keine monarchischen Ambitionen, auch wenn er viel von einer starken Exekutive hielt. Er wollte keinen Krieg mit Frankreich, auch wenn er der Ansicht war, daß die amerikanische Neutralität Vorrang vor dem französisch-amerikanischen Bündnis haben sollte. Beide Positionen befanden sich im Einklang mit der von Washington bevorzugten Politik. Anders als Washington bot Adams jedoch politische Angriffsflächen, die Jefferson zu seinem Vorteil ausbeutete. Wären die groben Verzerrungen von Madison oder einer Anzahl weniger bedeutender politischer Funktionäre inszeniert worden, dann wäre das schon schlimm genug gewesen. Daß aber Jefferson selbst die Diffamierung billigte, war der Gipfel des Verrats. Ein solches Verhalten war mit dem Vorgehen Hamiltons verwandt, der hinter den Kulissen Burr verleumdete, nur war im Falle von Adams die Verleumdung verächtlicher, weil sie im wesentlichen unwahr war. Wäre Adams ein Anhänger der Duellregeln gewesen, was er nicht war (und Jefferson auch nicht), dann hätte diese Diffamierung des Charakters von Adams einen erstklassigen Anlaß zu einer Klärung mit Pistolen auf dem Felde der Ehre dargestellt. Denn auf der höchsten Ebene des politischen Lebens in der frühen Republik blieben Beziehungen entschieden persönlich, sie waren von gegenseitigem Vertrauen abhängig und daher anfällig für Fälle von Verrat, wann immer sich das Öffentliche und das Private überschnitten.

Obgleich Jefferson wahrscheinlich annahm, daß Abigail die Korrespondenz ihrem Gatten mitteilte, sah Adams selbst die Briefe erst mehrere Monate später. Nach der Lektüre des Briefwechsels notierte er folgenden Kommentar für das Protokoll: «Diese gesamte Korrespondenz wurde ohne mein Wissen oder meine Vermutung begonnen und geführt, und heute früh habe ich auf Wunsch von Mrs. Adams das Ganze gelesen. Ich habe zu diesem Zeitpunkt und an diesem Ort keine Bemerkungen dazu zu machen.» Daraufhin legte sich für die folgenden acht Jahre ein stählernes Schweigen über den Dialog zwischen Quincy und Monticello.[10]

In dieser Zeit war Jefferson viel zu beschäftigt, um zurückzublicken und sich über den Verlust eines Freundes zu grämen. Seine erste Amtszeit als Präsident sollte als eine der brillantesten und erfolgreichsten der amerikanischen Geschichte in die Annalen eingehen, gekrönt durch den Erwerb Louisianas (1803), der die Fläche des nationalen Territoriums praktisch verdoppelte. Seine zweite Amtszeit hingegen erwies sich als eine Folge von Widerwärtigkeiten im Innern und außenpolitischen Mißerfolgen, gekrönt durch das berüchtigte Embargo-Gesetz (1807), das die Wirtschaft verheerte, den drohenden Krieg mit England aber nicht abwendete. In seiner Einschätzung der Präsidentschaft Jeffersons vermengte Adams gerechte Kritik an seinen politischen Entscheidungen mit vorurteilsvollen Kommentaren zu seinem Charakter:

> Mr. Jefferson hat Anlaß, sich Gedanken über sich selbst zu machen. Wie er im Ruhestand seine Gewissensbisse loswerden will, weiß ich nicht. Ihm muß klar sein, daß er die Regierung unendlich viel schlechter verläßt, als er sie vorgefunden hat, und das infolge seines eigenen Irrtums oder seiner Ignoranz. Ich wünsche aber, daß seine Teleskope und mathematischen Instrumente sein Glück sichern. Doch ich habe seinen Ehrgeiz nicht falsch eingeschätzt. ... Das Schwert wird die Scheide wegschneiden.... Ich hege keinen Groll gegen ihn, wenngleich er beinahe jeden Schurken, den er finden konnte und der mein Feind war, geehrt und ausgehalten hat.[11]

Ungeachtet seiner tapferen Posen der Nonchalance und Gleichgültigkeit war Adams in Wirklichkeit von dem Gedanken an Jeffersons wachsenden Ruhm als eine der größten Gestalten der Epoche besessen. Nach Adams' Erinnerung hatte Jefferson im Kontinentalkongreß eine ausgesprochen untergeordnete Rolle gespielt. Während er, John Adams, die feurigen Reden hielt, die schließlich ihre zögernden Kollegen dazu bewogen, den entscheidenden Bruch mit England vorzunehmen, hielt sich Jefferson im Hintergrund wie ein schüchterner Schuljunge, so still, daß «ich während der ganzen Zeit, in der ich mit ihm im Kongreß saß, nie gehört habe, daß er drei Sätze hintereinander sagte». Nun jedoch, infolge der alljährlichen Feierlichkeiten zum 4. Juli, spielte die symbolische Bedeutung der Unabhängigkeitserklärung eine größere Rolle im öffentlichen Gedächtnis, sie tilgte die unordentliche, aber historisch korrektere Fassung der Geschichte und verwandelte Jefferson aus einer Nebenfigur in einen Star des Dramas. «Hat es je einen *coup de théatre* gegeben», beklagte sich Adams, «der eine so große Wirkung hatte wie die Abfassung der Unabhängigkeitserklärung durch Jefferson?» Jefferson war ein eleganter Stilist, gewiß, und das war einer der Hauptgründe, weswegen er, John Adams, ihn überhaupt dazu ausersehen hatte, das berühmte Dokument zu entwerfen. Doch er war kein Beweger und Antreiber, nur ein Textentwerfer; die Worte, die er schrieb, waren lediglich der lyrische Ausdruck von Ideen, die im Kongreß und in den verschiedenen Kolonialparlamenten seit Jahren in Umlauf waren. Tatsächlich hatte Adams die Debatte im Kongreß geführt, die zu ihrer Verabschiedung führte, Jefferson hingegen hatte schweigend und mürrisch dagesessen, während die Delegierten seine Formulierungen überarbeiteten. Was in Wirklichkeit nur «eine theatralische Episode» war, wurde jetzt als der bestimmende Augenblick des Revolutionsdramas in Erinnerung bewahrt. «Jefferson hat sich mit der Bühnenwirkung davongemacht», klagte Adams, «und den ganzen Ruhm der Sache eingeheimst.»[12]

Adams war nicht der Mann, der schweigend litt. Seine Eifersucht auf Jefferson war spürbar, und seine pochende Eitelkeit wurde ganz offensichtlich, als er die umstrittenen Momente der Vergangenheit in der Privatheit seiner Erinnerung noch einmal erlebte und dann seine zugegebenermaßen eigensüchtigen Befunde Vertrauten wie Benjamin Rush zukommen ließ.

Denn die schlichte Wahrheit war, daß der alternde Weise von Quincy nichts anderes zu tun hatte. Jefferson hatte die völlig verzehrenden Pflichten der Präsidentschaft und dann zwei große Projekte für den Ruhestand – den Abschluß seiner architektonischen Umbauten in Monticello und die Schaffung der Universität von Virginia. Doch das einzige Projekt für Adams lag in ihm selbst. Seine Aufmerksamkeit, ja seine Obsession galt der Innenarchitektur seiner eigenen Erinnerungen, der Konstruktion einer Adamsschen Fassung der amerikanischen Geschichte, eines weitläufigen eigenen Gemachs im amerikanischen Pantheon.

Er machte das, was wir heute als Therapie bezeichnen würden: Innerlich verzehrte er sich in endlosen Debatten mit den Dämonen in seiner Seele, während er am Kamin saß, auf «meinem Thron», wie er es in Selbstverspottung nannte; immer wieder verlor er die Kontrolle, während er seine Autobiographie zu verfassen suchte, die sich in eine Reihe von Salven gegen seine politischen Feinde verwandelte (Hamilton war, wie nicht überraschend, die Hauptzielscheibe) und die, buchstäblich mitten im Satz, endete, als ihm klar wurde, daß das alles nur Katharsis war und nichts Kohärentes; er empörte seine alte Freundin Mercy Otis Warren mit peinlichen Wutanfällen, weil ihre dreibändige *History of the American Revolution* (1805) ihn nicht zum Hauptakteur der Geschichte machte. Warren reagierte mit gleicher Münze: «Ich bin so sehr in Verlegenheit wegen der Bedeutung Ihrer Absätze und der weitschweifigen Manier, in der Ihre zornigen und ungeordneten Briefe geschrieben sind», erklärte sie, «daß ich kaum weiß, wo ich mit meinen Bemerkungen anfangen soll.» Warren schloß mit einer vernichtenden Diagnose der Briefe, die Adams an sie gerichtet hatte: eine zerstreute Abfolge verbaler Impulse und «die zänkischsten, gehässigsten und belanglosesten Machwerke, die man je gesehen hat».

Adams war davon jedoch nicht beeindruckt, und er ließ im *Boston Patriot* eine weitere Folge seiner Memoiren vom Stapel, um «die Dinge zurechtzurücken», ein Akt, der schnell zu einer weiteren Kaskade emotionaler Ausbrüche Anlaß gab. «Mögen die Esel schreien oder hierüber lachen», erklärte er trotzig. «Ich bin auf dem besten Wege, meinen Kritikern und

Feinden Futter genug zu geben, mit dem sie ihren Appetit stillen können. ... Ich nehme von ihrem wüsten Geschimpfe keine Notiz.» Während er die beinahe endlosen Aufsätze für den *Patriot* abfaßte, verglich er sich mit einem wilden Tier, welches «das Ende eines Seils mit den Zähnen gepackt hielt und langsam mit Flaschenzügen hochgezogen wurde, mitten durch einen Sturm von Granaten, Knallfröschen und Raketen, die ständig ringsherum aufblitzen und lodern», und obgleich die «sengenden Flammen es ächzen und klagen und brüllen ließen, war es nicht bereit loszulassen». Um es ganz offen zu sagen, er trieb sich in hektischen, aber vergeblichen Versuchen der Selbstrechtfertigung halb zum Wahnsinn. Jede Bemühung, sein Ansehen wiederherzustellen, bestätigte nur, was Hamilton während der Präsidentschaftskampagne von 1800 in seinem infamen Pamphlet behauptet hatte – daß nämlich Adams von seiner Anlage her ein unberechenbarer Charakter war, dem oft die Kontrolle über seine emotionalen Antriebe fehlte.[13]

Im Jahre 1805 begann Adams, erneut mit Benjamin Rush zu korrespondieren, und in einem Brief an ihn schien er sich tatsächlich genau diesen Schluß zu eigen zu machen: «Es hat in meinem Leben viele Anlässe gegeben, bei denen ich im Geiste so erregt war», gestand Adams, «daß ich überhaupt nicht in Erwägung zog, in welchem Lichte meine Worte, Handlungen und selbst Schriften anderen erscheinen würden. ... Die wenigen Spuren, die von mir bleiben, müssen, glaube ich, der Nachwelt in großer Konfusion und Verwirrung überliefert werden, so wie mein Leben verbracht worden ist.» Die Korrespondenz mit Rush, die acht Jahre lang andauerte, gestattete es Adams, sich mit seinen persönlichen Dämonen auseinanderzusetzen und sie in einer Reihe von bemerkenswerten Dialogen zu exorzieren, welche in ihrer Gesamtheit die farbigsten, spielerischsten und aufschlußreichsten Briefe darstellen, die er je schrieb. Rush legte die Bedingungen für einen Ablauf fest, der zu einem mit hohem Einsatz geführten Spiel der Aufrichtigkeit wurde, indem er vorschlug, sie sollten auf die üblichen Themen verzichten und sich gegenseitig ihre jeweiligen Träume mitteilen.[14]

Adams stürzte sich auf diesen Vorschlag und erklärte, er sei bereit, es «Traum für Traum» mit seinem alten Freund aufzunehmen. Rush begann mit einem «einzigartigen Traum», der im Jahre 1790 spielte und in dessen Mittelpunkt ein heruntergekommener Irrer stand, der einer Menschenmenge versprach, er könne «Regen und Sonnenschein machen und den Wind aus jeder Richtung, die ihm beliebte, wehen lassen». Rush deutete diesen wortgewandten Irren als eine symbolische Figur, die all die politischen Führer der jungen Nation repräsentierte, welche behaupteten, sie könnten die öffentliche Meinung prägen. Daraufhin konterte Adams: «Ich träumte, ich stünde auf einem hohen Gerüst mitten auf einer großen Ebene in Versailles, umgeben von einer unzähligen Versammlung von fünfundzwanzig Millionen.» Doch die Menge bestand nicht aus Menschen. Vielmehr waren das alles «Bewohner der königlichen Menagerie», darunter Löwen, Elefanten, Wildkatzen, Ratten, Eichhörnchen, Wale, Haie – die Litanei zog sich über mehrere Absätze hin –, die dann darangingen, sich gegenseitig in Stücke zu reißen, während er versuchte, ihnen einen Vortrag über die Vorzüge «der unverfälschten Prinzipien von Freiheit, Gleichheit und Brüderlichkeit zwischen allen lebenden Geschöpfen zu halten». Am Ende des Traumes war er gezwungen, vom Schauplatz des Geschehens zu fliehen, und dabei wurden ihm «die Kleider vom Rücken gerissen und die Haut von Kopf bis Fuß zerfetzt».[15]

Wie es sich für einen Dialog gebührt, der sich um Berichte aus den unterbewußten Regionen entfaltet, neigte die Korrespondenz zwischen Adams und Rush dazu, die Macht des Irrationalen hervorzuheben. Adams erinnerte sich an einen französischen Barbier in Boston, der den Ausdruck «ein bißchen knacks» verwendete, was «ein wenig verrückt» heißen sollte, und er schrieb: «Seit langem halte ich die Philosophen des 18. Jahrhunderts und fast alle Männer der Wissenschaft und der Literatur für ‹knacks› ... und glaube, daß die Sonne, der Mond und die Sterne alle ihre Irren zur Verbannung hierherschicken.» Dann, spielerisch wie immer im Dialog mit Rush, beendete Adams das Programm mit dem folgenden Witz, mit dem er sich selbst verspottete: «Ich muß Ihnen sagen, daß meine Frau, die daran Gefallen fand, diesen Brief auf meinem Tisch zu lesen, mich auffordert, Ihnen zu sagen, daß sie ‹meinen Kopf auch für ein bißchen knacks hält›, und zur Hälfte bin ich selbst dieser Ansicht.»[16]

Adams neigte sein ganzes Leben lang dazu, die Welt «da draußen» als eine Projektion der Emotionen anzusehen, deren Wirbeln er in sich selbst verspürte. Die überwältigende Ehrlichkeit und Vertrautheit der Korrespondenz mit Rush gestattete es dieser Projektion, sich rückhaltlos auszudrücken. Die Frage, die er anderen gestellt hatte, zugleich wehmütig und mitleiderregend, hatte den authentischen Klang eines *cri de cœur:* «Wie kommt es, daß ich, ich armer Unwissender, vor der Nachwelt als einer dastehen muß, der sich von allen anderen großen Männern des Zeitalters unterscheidet?» In seinen monatlichen Dialogen mit Rush arbeitete Adams seine Antwort auf diese Frage aus. In der Korrespondenz zwischen den beiden Männern gibt es etwas vom Verrückten Hutmacher, wenn sie in einer Art «Adams und Rush im Wunderland» Geschichten austauschten und sich Anekdoten mitteilten. Doch im Innern der Komödie lag eine todernste Einsicht begraben.[17]

Diese Einsicht war verfrüht, da sie ja die Unterscheidung zwischen Geschichte als etwas Erfahrenem und Geschichte als etwas Erinnertem vorwegnahm, deren berühmteste Schilderung sich in Lew Tolstois *Krieg und Frieden* findet. (Die zentrale Einsicht – daß sämtliche nahtlosen historischen Erzählungen Konstruktionen einer späteren Zeit sind – steht im Mittelpunkt aller postmodernen Kritiken an traditionellen historischen Erklärungen.) Unter dem nachhelfenden Einfluß Rushs und in Reaktion auf seine träumerischen Inspirationen sah Adams ein, daß der Akt der Verwandlung der Amerikanischen Revolution in Geschichte die Auswahl von Ereignissen und Helden prämierte, die bruchlos in eine dramatische Formel paßten, und dadurch die chaotischere und inkohärentere Erfahrung verzerrte, welche die Beteiligten, die tatsächlich die Geschichte machten, zur damaligen Zeit empfanden. Das Entwerfen der Unabhängigkeitserklärung durch Jefferson war ein perfektes Beispiel für derartige dramatische Verzerrungen. Die Revolution wurde in dieser romantischen Wiedergabe zu einem einzigen magischen Moment der Inspiration, der unerbittlich zum vorbestimmten Schluß der amerikanischen Unabhängigkeit führte.

So wie sich hingegen Adams erinnerte, waren «alle großen, entscheidenden Fragen über Männer und Maßnahmen in den

Jahren von 1774 bis 1778» verzweifelt umstrittene und überaus problematische Angelegenheiten; gewöhnlich wurden sie «durch die Stimme eines einzigen Staates entschieden, und für diese Stimme gab oft ein einziges Individuum den Ausschlag». Für die Soldaten im Felde bei Saratoga oder die Staatsmänner in den Korridoren Philadelphias war nichts klar, unvermeidlich oder auch nur begreiflich: «Die Politik war damals Flick- und Stückwerk, so wie sie es jetzt ist, immer war und immer sein wird, solange die Welt besteht.» Das wirkliche Drama der Amerikanischen Revolution, das völlig im Einklang mit Adams' Erinnerung wie auch mit den turbulenten Zuständen seiner Seele stand, war seine inhärente Unübersichtlichkeit. Das bedeutete, das aufregende, aber erschreckende Gefühl wiederzugewinnen, das alle Hauptakteure damals hatten – daß sie die Dinge nämlich aus dem Stegreif zusammensetzten, daß sie am Rande der Katastrophe improvisierten.[18]

Adams leitete seine Autorität für eine dekonstruierte Version der Amerikanischen Revolution von seinem unbestreitbaren Anspruch her, «bei der Schöpfung dabeigewesen» zu sein. In den meisten, wenn nicht in allen entscheidenden Augenblicken war er beteiligt gewesen, von der Krise um das Steuermarkengesetz im Jahre 1765 bis zu seinem Ausscheiden aus dem Präsidentenamt im Jahre 1801. Und er kannte alle Hauptakteure persönlich. Das verlieh seiner bevorzugten Rolle als auserwählter Wahrheitskünder, der bereitstand, um die chaotische Wirklichkeit hinter allen erhebenden Darstellungen der Revolution aufzudecken, unmittelbare Glaubwürdigkeit. Beispielsweise war die Unterstützung für die Amerikanische Revolution immer brüchig gewesen und verschob sich je nach Sieg oder Niederlage auf dem Schlachtfeld, und das war oft reine Glückssache. Oder die Entscheidung, die Hauptstadt der Nation am Potomac anzusiedeln: das war ein Deal im Hinterzimmer, der sich mit so vielen geheimen Abmachungen und Bestechungen verband, daß niemand je die vollständige Geschichte entwirren würde.[19]

In derselben Manier waren alle heroischen Porträts der großen Männer samt und sonders romantisierte Entstellungen. Franklin beispielsweise war zwar ein vorzüglicher Wissenschaftler und meisterhafter Prosastilist, aber auch ein geistloser politischer Denker und diplomatischer Schwindler, der den größten Teil seiner Zeit in Paris damit verbrachte, mit jüngeren Frauen aus den Salons zu flirten. Washington war ein unbestreitbarer amerikanischer Patriarch, aber mehr Schauspieler als Führer, brillant im Einnehmen von Posen «in einem Stil Shakespearescher Vorzüglichkeit bei dramatischen Darbietungen». Er hatte auch kaum etwas gelesen, schrieb seine Reden selten selbst und konnte nach Aussagen eines Mitglieds seines Kabinetts «keinen Satz schreiben, ohne irgendein Wort falsch zu buchstabieren». Im allgemeinen waren die Virginier die Hauptnutznießer all der hochstilisierten Geschichtsdarstellungen, wenngleich, wie Adams bemerkte, «kein Bursche in den Highlands stammesbewußter ist als jeder Virginier, den ich kennengelernt habe». Die Virginier hatten auch das größte Geschick darin, «Anpreiser», wie Adams sie nannte, zu verwenden, das, was wir heute als Imagespezialisten oder PR-Experten bezeichnen würden. «Diese Anpreiser, Rush, sind die einzigen, die einen Skandal beseitigen», stellte Adams fest. «Wir beide haben sie nie eingesetzt, und daher hat der Skandal uns gegenüber die Oberhand behalten.» Als Rush etwas boshaft behauptete, Adams habe selbst die Unterstützung durch einige föderalistische «Anpreiser» genossen, wobei er speziell William Cobbett erwähnte, schützte Adams totale Unkenntnis vor: «Ich versichere Ihnen jetzt bei meiner Ehre und der Treue der Freundschaft zwischen uns, daß ich Cobbett nie zu Gesicht bekommen habe; und daß ich ihn nicht erkennen würde, wenn er mir in meiner Porridgeschüssel entgegenträte.»[20]

Diese letzte Bemerkung war zwar das klassische Geplänkel zwischen Adams und Rush, aber sie ließ auch die schmerzlich egoistischen Motive zutage treten, die sich hinter Adams' ganzer Kampagne für eine realistischere, nicht mythologisierte Fassung der Amerikanischen Revolution verbargen. Zwar war sein Beharren auf einer dekonstruierten Geschichte mit Sicherheit eine verfrühte intellektuelle Einsicht, aber es ist auch gar keine Frage, daß der Adamssche Drang, die dramatischen Darstellungen der Revolutionsära zu diskreditieren, auf seine verletzte Eitelkeit zurückging. Um es rundheraus zu sagen, solche Versionen der Geschichte versäumten es, *ihm* eine Starrolle in diesem Drama zu geben. In ihrem Kern hatte seine Kritik an den historischen Fiktionen, die als verführerische Wahrheiten kursierten, große Ähnlichkeit mit einer Kampagne zur Zertrümmerung aller Standbilder, weil es dem Bildhauer nicht gelungen war, die eigene Darstellung genügend ähnlich zu machen.

Andererseits besaß Adams eine angeborene Neigung zu dekonstruierten Interpretationen der Geschichte, seines eigenen Lebens, ja praktisch aller Dinge. So sah er die Welt. Von seinem Naturell her war er inhärent impulsiv, höchst jähzornig und instinktiv respektlos. All seine bedeutenden publizierten Werke über politische Philosophie, darunter *Defences of the Constitution of the United States of America* und *Discourses on Davila*, besaßen genau wie seine unveröffentlichte Autobiographie keine kohärente Form. Sie waren nicht so sehr Bücher als vielmehr Notizbücher, gefüllt mit weitschweifigen Wiedergaben seiner inneren Dialoge, die in unvorhersehbaren Winkeln voneinander abprallten. Während seine eifrigsten Feinde, allen voran Franklin und Hamilton, behaupteten, seine sprunghaften Denkweisen seien Symptome einer Geisteskrankheit, ist in einigen neueren Untersuchungen behauptet worden, daß es sich um ein körperliches Problem gehandelt habe; daß es durchaus sein könnte, daß er an einer Überfunktion der Schilddrüse, an Basedowscher Krankheit, litt. Für unsere Zwecke ist jedoch die eigentliche Ursache des Zustandes weniger wichtig als seine allgemeine Ausdrucksform, und das war eine angeborene Unfähigkeit, seine Gedanken von seinen mit ihnen verbundenen Gefühlen zu trennen. Das veranlaßte ihn dazu, allen rein rationalen Beschreibungen menschlichen Verhaltens zu mißtrauen, da sie für ihn unvereinbar mit den leidenschaftlicheren Regungen waren, die er in seiner eigenen Persönlichkeit verspürte. An Rush schrieb er: «Täusche Dich nicht. Nicht in Frankreich und nicht in Europa gibt es einen alten Mönch, der eine Jungfrau in der Blüte ihrer Jugend mit *sang-froid* ansieht.» Ebendiese inneren Regungen ließen ihn auch dazu neigen, alle vollkommen symmetrischen Erzählungen oder Geschichten, in denen eine einleuchtende moralische Botschaft gepredigt wurde und die von überlebensgroßen Helden bevölkert waren, als absolute Erfindungen anzusehen. Solche Dinge existierten für ihn ebensowenig wie gerade Linien in der Natur.[21]

Für seinen ehemaligen Freund in Monticello, der den größten Teil seines Erwachsenenlebens damit verbracht hatte, seinen Kopf und sein Herz in verschiedenen Kammern seiner Persönlichkeit zu halten, waren sie jedoch durchaus existent. Von 1807 an tauchte in Adams' Briefen an Rush gelegentlich der Name Jefferson auf. Vor diesem Zeitpunkt war das ein verbotenes Thema geblieben. Als Adams aufgefordert wurde, sich zu seiner berühmten Partnerschaft mit Jefferson in der Frühzeit der Amerikanischen Revolution zu äußern, entwickelte er eine Standard-Verleugnungserklärung: «Sie irren sich sehr, wenn Sie sagen, daß kein lebender Mensch so viele Kenntnisse über Mr. Jeffersons Geschäfte besitze wie ich», behauptete Adams. «Ich weiß über ihn nur wenig.» Gegenüber Rush begann Adams jedoch, als Beispiel für die Art von rätselhaftem Temperament, das in den Geschichtsbüchern reüssieren sollte, gelegentlich Jefferson einzuführen.[22]

Er erinnerte sich daran, wie Jefferson 1793 die Washington-Administration verließ, ganz offensichtlich ein kluger taktischer Rückzug, der dazu dienen sollte, ihm eine Position für den Aufstieg «an die Spitze der Pyramide» – in das Präsidentenamt – zu verschaffen, von dem es aber in der republikanischen Presse hieß, er sei «frei von Ehrgeiz und Habgier sowie vollkommen ohne eigenes Interesse». Irgendwie war Jefferson sogar in der Lage, sich einzureden, daß er über alle Versuchungen erhaben sei und einstweilen glücklich auf seinem Berggipfel sitze. «Wenn es sich bei einem Manne so verhält, daß eine der beiden größten Parteien einer Nation daran interessiert ist, ihn als interesselos hinzustellen», bemerkte Adams erstaunt, «dann werden selbst diejenigen, welche das für eine Lüge halten, es sich gegenseitig so oft wiederholen, daß es schließlich so aussehen wird, als hielten sie es für wahr.»[23]

Dasselbe Muster trat später in den 1790er Jahren zutage, als Jefferson sich zwei irrige Behauptungen über die europäischen Verhältnisse zu eigen machte. Die erste lautete, daß England «seinem Sturz entgegenwanke», daß seine Wirtschaft zusammenbreche und es «bald bankrott sein müsse und nicht mehr in der Lage, seine Überlegenheit zur See aufrechtzuerhalten». Die zweite verfehlte Auffassung, «noch irriger und noch fataler», war die, daß Frankreich die Welle der Zukunft sei, daß es «eine freie republikanische Regierungsform und sogar eine nivellierende Demokratie errichten werde und daß die Monarchie und der Adel in Frankreich für immer abgeschafft werden würden», wobei sich all das friedlich und unblutig vollziehen werde. In beiden Fällen gaben die Ereignisse Jefferson unrecht. In beiden Fällen war Adams anderer Meinung gewesen als Jefferson, und die Entwicklungen hatten ihm recht gegeben. Doch ungeachtet seiner Unterschätzung Englands und seiner Überschätzung Frankreichs wurde Jefferson immer berühmter und beliebter. «Ich habe Grund, mich daran zu erinnern», stellte Adams fest, «weil meine Auffassung von der Französischen Revolution bei all meinen revolutionären Freunden eine Kälte mir gegenüber und eine Neigung zu Mr. Jefferson hervorrief, die sich in heftigen Schimpfreden und unberechtigten Vorwürfen gegen mich und in schmeichelnden Lobeshymnen auf Mr. Jefferson Bahn brachen.»

Wiederum schien Jefferson dafür prädestiniert zu sein, zum Hauptnutznießer romantisierter Geschichtsversionen zu werden, teils deshalb, weil seine Fähigkeit zur Selbsttäuschung es ihm gestattete, die Eitelkeiten und Ambitionen, die in seiner Seele lauerten, zu verleugnen, und das mit äußerster Aufrichtigkeit, und teils, weil die moralistischen Kategorien, die sein gesamtes politisches Denken prägten, perfekt zu der romantischen Formel paßten, welche die Geschichtsschreibung zu erfordern schien. Die Tatsache, daß es sich bei diesen Kategorien um eklatante Illusionen handelte (beispielsweise war die Französische Revolution keine europäische Version der Amerikanischen Revolution), schien von geringerer Bedeutung zu sein als das Faktum, daß sie eine starke und verführerische Mythologie bestätigten, die attraktiver war als die unübersichtlichere Realität. Durch eine komplexe Mischung aus Doppelzüngigkeit und Neigung war Jefferson dahin gelangt, den Willen zum Glauben zu verkörpern. Er lebte nicht so sehr mit einer Lüge, als daß er mit einer Fiktion lebte, an die er schließlich selbst glaubte.[24]

Adams sah sich mittlerweile als den Gegenpol Jeffersons: «Mausoleen, Statuen und Denkmäler werden für mich nie errichtet werden», schrieb er resigniert an Rush. «Panegyrische Märchen werden nie geschrieben und auch keine schmeichelhaften Reden gehalten werden, um mich der Nachwelt in strahlenden Farben zu schildern. Nein, auch nicht in wahren Farben. Alles mit Ausnahme des Letztgenannten verabscheue ich.» Sich der unattraktiven Wahrheit zu stellen brauchte Zeit, ein volles Jahrzehnt des Brüllens und Tobens, erleichtert dadurch, daß er in seinem Dialog mit Rush seine Verzweiflung in eine Komödie verwandelte, aber es fiel Adams auch nicht schwer, da er seine ganze Laufbahn damit verbracht hatte, allen anderen die unattraktiven Wahrheiten zu predigen. Wenn Jefferson dazu prädestiniert schien, den Menschen das zu erzählen, was sie hören wollten, dann gestand Adams jetzt ein, daß sein Schicksal das genaue Gegenteil hiervon war: ihnen das zu erzählen, was sie wissen mußten.[25]

Das war Adams' resiginierte, aber bittersüße Stimmung im Jahre 1809, als Rush von seinem bislang erstaunlichsten Traum berichtete. Er träumte, Adams habe einen kurzen Brief an Jefferson geschrieben und ihm zu seinem kürzlich erfolgten Rückzug aus dem öffentlichen Leben gratuliert. Jefferson hatte auf diese großmütige Geste mit gleicher Freundlichkeit reagiert. Die beiden großen Patriarchen hatten dann mehrere Jahre lang einen Briefwechsel geführt, in dem sie sich gegenseitig offen ihre Fehler eingestanden, ihre tiefen Gedanken über den Sinn der amerikanischen Unabhängigkeit miteinander teilten und ihre berühmte Freundschaft wiederherstellten. Danach sanken die beiden Philosophen-Könige «fast zur gleichen Zeit ins Grab, voll an Jahren und reich an Dankbarkeit und Lob ihres Landes,... und ihren zahlreichen Verdiensten und Ehren hat die Nachwelt hinzugefügt, daß sie rivalisierende Freunde waren».[26]

Adams antwortete umgehend: «WIEDER EIN TRAUM! Ich habe gegen Deinen Traum keinen anderen Einwand als den, daß er nicht Geschichte ist. Vielleicht ist er Prophetie.» Dann lieferte er eine satirische Darstellung seiner Beziehung zu Jefferson und behauptete: «Es hat niemals die geringste Unterbrechung der persönlichen Freundschaft zwischen Mr. Jefferson und mir gegeben, von der ich wüßte.» Auf diese bequeme Lüge folgte dann ein humorvolles Stück gespielter Tapferkeit: «Du solltest nicht vergessen, daß Jefferson für mich nur ein Knabe war. Ich war mindestens zehn Jahre älter als er an Jahren und mehr als zwanzig Jahre älter, was die Politik angeht. Ich erkühne mich zu sagen, daß ich sein Lehrmeister in der Politik war und ihn alles gelehrt habe, was in seinem ganzen politischen Verhalten gut und gediegen war.» Wie konnte man einen Groll gegen einen Schüler hegen? Doch war es, da Jefferson ja der Jüngere war, nicht angemessener, daß er den ersten Schritt zur Versöhnung tat? «Falls ich einen Brief von ihm erhalten sollte», schloß Adams schroff, «würde ich nicht versäumen, den Empfang zu bestätigen und darauf zu antworten.» Kurz, Jefferson würde als erster die Hand ausstrecken müssen.[27]

Dazu sollte es nicht kommen. Rush schrieb zu gleicher Zeit an Jefferson und behauptete etwas irreführend, Adams habe zu erkennen gegeben, daß ihm jetzt an einer Versöhnung gelegen sei und er praktisch auf dem Totenbett liege: «Ich bin sicher, ein Entgegenkommen von Ihrer Seite wäre für das Herz von Mr. Adams ein Stärkungsmittel», erklärte Rush. «Am Rande des Grabes wankend, stützt er sich jetzt gänzlich auf die Schultern seiner alten revolutionären Freunde.» Doch Jefferson wollte nicht anbeißen, da er ja nach seinem früheren Dialog mit Abigail davon überzeugt war, daß er bereits eine heroische Anstrengung unternommen habe, die summarisch zurückgewiesen worden war. Nun war die Reihe an Adams, eine Überbrückung der Kluft zu versuchen. So standen dann die Dinge über zwei Jahre lang: Die beiden Weisen umkreisten einander, markierten ihre Territorien wie alte Hunde, schnüffelten an den Rändern einer möglichen Versöhnung und zögerten, die Distanz zu überwinden.[28]

Verringert wurde der Abstand 1811, als Edward Coles – ein Protégé Jeffersons, der den, wie sich herausstellte, vergeblichen Versuch unternahm, seinen Mentor dazu zu überreden, eine dezidiertere Position gegen die Sklaverei einzunehmen – Adams in Quincy besuchte. Adams ließ erkennen, daß seine politischen Meinungsverschiedenheiten mit Jefferson seine Zuneigung zu dem Menschen nie abgetötet hatten. «Ich habe Jefferson immer geliebt», erklärte er Coles, «und liebe ihn immer noch.» Als die Nachricht von diesem Gespräch Jefferson erreichte, womit Adams gerechnet hatte, erklärte sich Jefferson für bekehrt. «Das genügt mir», schrieb er an Rush und fügte hinzu, er wisse, daß Adams «immer ein ehrlicher, oft ein großer Mann [sei], aber manchmal im Unrecht und übereilt in seinem Urteil.» Diese letztgenannte Einschränkung riß die Kluft wieder auf, welche die frühere Erklärung anscheinend geschlossen hatte. Die Kluft wurde zu einem Abgrund, als Jefferson dann erklärte, er habe das Adamssche Urteil immer geschätzt, «mit der einzigen Ausnahme seiner politischen Ansichten», eine Aussage, die ungefähr gleichbedeutend damit ist, daß man behauptet, der Papst sei im übrigen unfehlbar, außer wenn er sich zu Fragen des Glaubens und der Moral äußere.[29]

Am Weihnachtstag 1811 setzte Adams Rush davon in Kenntnis, daß er sich über die gutgemeinten Doppelzüngigkeiten, die Rush als Mittelsmann betrieb, völlig im klaren war: «Ich sehe deutlich, Rush, daß Du Jefferson dazu animierst, mir zu schreiben, ebenso wie Du mich dazu angeregt hast, ihm zu schreiben.» Adams wußte auch nur zu gut, daß Rush redigierte Fassungen seiner Briefe, in denen er die potentiell anstößigen Passagen getilgt hatte, an Jefferson sandte. In seinem Weihnachtsbrief gab Adams einen Überblick über die ganze Skala der politischen Differenzen zwischen ihm und Jefferson, wobei er ernsthafte Kontroversen (beispielsweise die Fremden- und Aufruhrgesetze, die Französische Revolution und die amerikanische Marine) mit einer lockeren Liste persönlicher Differenzen vermischte (beispielsweise hatte Adams als Präsident einmal in der Woche einen Empfang abgehalten, während Jeffersons gesamte Präsidentschaft ein einziger Empfang gewesen war; Jefferson war der Ansicht, die Freiheit begünstige glattes Haar, während Adams krause Haare für «ebenso republikanisch wie glatte» hielt). Das war der Ton, den Adams Jefferson übermitteln wollte: immer noch munter und voller Kritik an Jeffersons Grundsätzen und politischen Entscheidungen, aber durchaus in der Lage, den Dialog mit Humor und diplomatischer Nonchalance unter Kontrolle zu halten; die Feuer brannten noch, aber der große Vulkan der Revolutionsgeneration war endlich nicht mehr aktiv.[30]

Schließlich war es Adams, der den entscheidenden Schritt tat. Am 1. Januar 1812 ging eine kurze, aber herzliche Notiz von Quincy nach Monticello hinaus, in der Familiennachrichten übermittelt wurden und in der es hieß, «zwei Stücke Homespun» kämen mit getrennter Post. Rush war begeistert und auch völlig davon überzeugt, daß er eine Versöhnung inszeniert habe: «Ich freue mich über die Korrespondenz, die zwischen Dir und Deinem alten Freund Mr. Jefferson stattgefunden hat», erklärte er Adams triumphierend. «Ich betrachte Dich und ihn als den Nordpol und den Südpol der Amerikanischen Revolution. Manche haben geredet, manche geschrieben und manche dafür gekämpft, sie zu fördern und zuwege zu bringen, aber Du und Mr. Jefferson, Ihr habt für uns alle *gedacht.*» Adams schloß sich der Festtagslaune an, und er verbarg seinen Stolz hinter einer Maske von Witzen und der ziemlich arglistigen Ausflucht, seine berühmte Freundschaft mit Jefferson sei nie wirklich unterbrochen gewesen: «Dein Traum ist wahr geworden, ... Deine Prophezeiung erfüllt! Du hast Wunder gewirkt! Du hast Frieden gestiftet zwischen Mächten, die niemals in Feindschaft waren. Kurz, die mächtigen verstorbenen Potentaten von Mount Wollaston und Monticello sind durch Deine Zaubereien... wieder existent.» In demselben bewußt scherzhaften Stil begann er bald darauf, sein Anwesen in Quincy als «Montezillo» zu bezeichnen, was, wie er behauptete, «sehr kleiner Berg» bedeutete, in Ehrfurcht vor Jeffersons Monticello, was «kleiner Berg» hieß. Er behauptete, Rush mache aus der Wiedervereinigung mit Jefferson mehr, als sie verdient habe. Es gehe um nichts Weltbewegendes oder Historisches. «Es war nichts anderes», scherzte Adams, «als wenn ein Seemann einen Seemannskameraden nach fünfundzwanzig Jahren Abwesenheit getroffen und ihn angeredet hätte: Wie geht's dir, Jack?»[31]

Nichts hätte weiter von der Wahrheit entfernt sein können. Sicher waren Adams' ständig vibrierende Eitelkeiten jetzt einigermaßen unter Kontrolle. Doch seine geringschätzige Haltung zum Bruch in der Freundschaft – welcher Bruch und welcher Verrat? – war offensichtlich nur eine aufgesetzte Pose. Selbst der Beginn der Korrespondenz ließ die peinlichen Spannungen direkt unter der Oberfläche erkennbar werden. Jefferson nahm an, was ganz plausibel war, daß es sich bei den «beiden Stücken Homespun», die ihm Adams übersandte, um im Lande hergestellte Textilien handele, ein hübsches Symbol für die amerikanische wirtschaftliche Reaktion auf das Embargo und eine passende Erinnerung an die guten alten Tage, als sich Adams und Jefferson ursprünglich der Bewegung für die amerikanische Unabhängigkeit angeschlossen hatten. Und so antwortete Jefferson mit einer ausführlichen Abhandlung über die Vorzüge inländischer Manufaktur und großartige Erinnerungen an die Importboykotte der 1760er Jahre, nur um herauszufinden, daß Adams den Ausdruck «Homespun» metaphorisch gemeint hatte: Sein Geschenk war, wie sich herausstellte, ein Exemplar von John Quincys kürzlich erschienenem zweibändigem Werk *Lectures on Rhetoric and Oratory.*

Warum unternahm Adams also den schicksalhaften Schritt, der während eines Zeitraums von 14 Jahren zu einem Austausch von 158 Briefen führte – eine Korrespondenz, die im allgemeinen als der intellektuelle Schlußstein der Leistungen der Revolutionsgeneration und als der eindrucksvollste Briefwechsel zwischen prominenten Staatsmännern in der gesamten amerikanischen Geschichte gilt? Die Freundschaft und das gegenseitige Vertrauen, auf denen sie beruhte, waren im Jahre 1812 in Wirklichkeit noch nicht wiederhergestellt. Es bedurfte der Korrespondenz, um die Freundschaft zu erneuern, und nicht umgekehrt. Welches Motiv hatte also Adams, über die Kluft, die zwischen Quincy und Monticello bestand, die Hand auszustrecken und dann für jeden Brief, den er von Jefferson erhielt, selbst mehr als zwei Briefe zu schreiben?

Zwei sich überschneidende, aber konkurrierende Antworten fallen einem ein. Erstens gab es zwischen den beiden Männern eine ganze Menge unerledigter Dinge, und auf beiden Seiten wurde klar anerkannt, daß sie im Hinblick auf die Frage, was die Amerikanische Revolution bedeutete, zu fundamental unterschiedlichen Schlußfolgerungen gelangt waren. Adams glaubte, daß die Jeffersonsche Version der Geschichte, obgleich verfehlt, dazu bestimmt war, die Geschichtsbücher zu beherrschen. Die Wiederaufnahme seiner Korrespondenz mit Jefferson bot Adams die Gelegenheit, die Jeffersonsche Version in Frage zu stellen und dies in Form eines schriftlichen Zeugnisses zu tun, das praktisch mit Sicherheit selbst zu einem bedeutenden historischen Dokument werden würde. «Sie und ich, wir sollten nicht sterben», formulierte es Adams ziemlich wehmütig in einem der frühen Briefe, «ehe wir uns gegenseitig erklärt haben.» Doch beide Männer wußten, daß sie ihre Briefe ebensosehr an die Nachwelt wie an ihr Gegenüber richteten.[32]

Zweitens erhielt Adams durch die Versöhnung und die sich aus ihr ergebende Korrespondenz die Möglichkeit, sich Jefferson als Mit-Star eines kunstvoll arrangierten Schlußaktes des Revolutionsdramas anzuschließen. Adams hatte den größten Teil seiner Jahre im Ruhestand damit verbracht, derartige Kunstgriffe als grobe Verfälschungen der Geschichte zu brandmarken. Doch er hatte ebendieselben Jahre auch damit verbracht, über die Vorteile zu staunen, die jedem zuflossen, der bereit war, in mythischer Manier für die Nachwelt zu posieren. Wenn er nur sich selbst kontrollieren konnte, wenn er die Verse sprechen konnte, welche die Geschichte hören wollte, wenn er sich wie eine Art lebende Statue in die historische Gußform fügen konnte, dann konnte er vielleicht noch seine Fahrkarte zur Unsterblickeit gewinnen.

Sowohl Adams als auch Jefferson kannten ihre Rolle auswendig, besonders in ihrer ciceronischen Version als zwei Patriarchen im Ruhestand, die jetzt ihre Ambitionen hinter sich gelassen hatten und über Kontroversen erhaben waren. Der Dialog, den sie von 1812 bis 1826 miteinander führten, läßt sich auf mehreren Ebenen lesen, aber die Hauptquelle seines modernen Reizes beruht auf seinem elegischen Ton: das Bild zweier amerikanischer Ikonen, die mit abgeklärter Heiterkeit auf die Revolution zurückblicken, die sie gemacht haben, und die beredte Selbstgespräche über all die zeitlosen Themen führen, die über ihre politischen Differenzen hinweg zueinander und über die Zeiten hinweg zu uns sprechen. Wollten wir vor unserem geistigen Auge ein Bild dieser Darstellung des Dialogs heraufbeschwören, dann stände darauf Jefferson groß und aufrecht in seiner vertrauten statuenhaften Haltung, die Arme verschränkt, wie er es gewöhnlich tat, während der viel kleinere Adams vor ihm hin und her stapfte, in seinem nervösen und lebhaften Stil in der Luft herumfuchtelte und von Zeit zu Zeit innehielte, um Jefferson am Rockaufschlag zu packen und eine respektlose Bemerkung zu machen.

Das ist natürlich die konstruierte oder gestellte Version, die umgehend unsere Skepsis hervorrufen sollte. (Wie Adams sagen würde, ist das nicht Geschichte, sondern ein Märchen.) Aus mehreren Gründen läßt sich jedoch diese bezaubernde Schilderung nicht pauschal verwerfen. Zunächst einmal *wurde* die Freundschaft tatsächlich wiederhergestellt und die Versöhnung im Laufe der Korrespondenz erreicht. Der entscheidende Beweis kommt spät, im Jahre 1823, als Jefferson auf eine Reihe von Briefen antwortete, die in den Zeitungen erschienen. Adams hatte sie viel früher geschrieben und Jefferson darin als einen doppelzüngigen politischen Parteimenschen bezeichnet. «Seien Sie versichert, mein lieber Herr», schrieb Jefferson an Adams, «daß ich von dem jetzt unternommenen Versuch, auf dem Kissen von Alter, Würde und Weisheit Dornen zu pflanzen und zwischen Freunden, die seit fast einem halben Jahrhundert befreundet sind, Unkraut zu säen, nicht den geringsten Eindruck zu empfangen vermag. Indem ich Sie also anflehe, es nicht zuzulassen, daß Ihr Geist durch diesen bösen Versuch, seinen Frieden zu vergiften, in Unruhe versetzt wird, bitte ich Sie, die Sache beiseite zu legen.» Adams war überglücklich. Er bestand darauf, daß Jeffersons Brief seiner gesamten Großfamilie am Frühstückstisch laut vorgelesen wurde, und bezeichnete ihn als «den besten Brief, der je geschrieben wurde, … genau so ein Brief, wie ich ihn erwartete, nur daß er unendlich viel besser ausgedrückt war». Er schloß mit einer Adamsschen Salve gegen «die grämlichen und ärgerlichen Ergüsse von Politikern» und unterzeichnete als «J. A. In seinem 89. Jahr immer noch zu fett, um viel länger zu halten». Das war ganz eindeutig kein dramatischer Kunstgriff. Das alte Vertrauen war voll wiederhergestellt.[33]

Zweitens umgibt das unwahrscheinlich symmetrische Ende des Dialogs die ganze Geschichte und die Art und Weise, in der sie zu erzählen ist, mit einem unwiderstehlich dramatischen Zauber. Rush hatte vorhergesagt, daß sich die beiden Patriarchen versöhnen und dann «fast zu gleicher Zeit» ins Grab sinken würden. Doch ihr beiderseitiger Abgang war noch vorzüglicher koordiniert, als Rush es sich erträumt hatte. (Kein seriöser Romancier würde es je wagen, so etwas zu erfinden.) Sie starben in einem Abstand von fünf Stunden, auf den Tag und fast auf die Stunde genau 50 Jahre, nachdem die amerikanische Unabhängigkeit im Jahre 1776 der Welt offiziell verkündet worden war. Nennen Sie es ein Wunder, einen Zufall oder einen Fall von zwei starken Persönlichkeiten, die den Willen hatten, nach Plan und nach Drehbuch zu sterben. Aber es geschah.

Drittens läßt sich die Korrespondenz als ein ausgedehntes Gespräch zwischen zwei Göttern auf dem Olymp lesen, weil beide Männer entschlossen waren, diesen Eindruck zu vermitteln. «Wohin aber führt mich greisenhafte Geschwätzigkeit?» fragte Jefferson rhetorisch. «In die Politik, von der ich endgültig Abschied genommen habe. ... Ich habe mich von Zeitungen verabschiedet und dafür Tacitus und Thukydides, Newton und Euklid eingetauscht; und ich finde mich viel glücklicher.» Adams antwortete dann mit seiner eigenen Zurschaustellung klassischer Gelehrsamkeit und literarischen Geschmacks: «Ich habe Thukydides und Tacitus so oft und in so entfernten Phasen meines Lebens gelesen, so elegant, tiefgründig und reizvoll ist ihr Stil, daß ich ihrer müde bin», und dann scherzte er: «Meine Altersredseligkeit hat Ihre ‹greisenhafte Geschwätzigkeit› mehr als wettgemacht.»[34]

Viele der denkwürdigsten Dialoge erforderten keinerlei Inszenieren oder bewußtes Posieren, denn es gab eine Fülle sicherer Themen, auf die sich die beiden Weisen einlassen konnten, ohne einen Konflikt zu riskieren, und die Anlaß boten, ihre Wortgewalt ins rechte Licht zu rücken. Sie waren schließlich zwei der vollendetsten Briefschreiber ihrer Zeit, Männer, die im Laufe langer Karrieren am Schreibpult charakteristische Prosastile geschaffen hatten, in denen ihre unterschiedlichen Persönlichkeiten perfekt zum Ausdruck kamen. So äußerte sich Jefferson beredt über das Älterwerden und ihre beiderseitigen Sterblichkeitsahnungen: «Doch unsere Maschinen laufen jetzt seit 70 oder 80 Jahren», bemerkte er stoisch, «und wir müssen damit rechnen, daß sie angesichts ihrer Abnutzung nachgeben – hier ein Zapfen, da ein Rad, bald ein Ritzel, bald eine Feder; und wie sehr wir auch eine Zeitlang daran herumbasteln mögen, alles wird zuletzt seine Bewegung einstellen.» Adams antwortete mit gleicher Münze, aber mit einer Warnung: «Ich befürchte manchmal, daß meine ‹Maschine› nicht schnell genug ‹die Bewegung einstellt›; denn ich fürchte nichts so sehr, wie ‹ganz oben zu sterben›», womit er meinte, senil zu werden und seiner Familie zur Last zu fallen. Danach schalt er dann Jefferson dafür, daß er wie ein alter Mann redete. Von allen ursprünglichen Unterzeichnern der Unabhängigkeitserklärung «sind Sie der jüngste und der energischste in Geist und Leib», und deshalb war es am wahrscheinlichsten, daß er als letzter überleben werde. Wie der letzte, der im Haushalt zu Bett geht, hätte Jeffersons die Pflicht, den Kamin zu schließen und «die Asche über die Kohlen zu schieben».[35]

Die meisten modernen Leser gehen an die Korrespondenz in vollem Bewußtsein von Jefferson schriftstellerischer Gewandtheit heran, und sie sind daher etwas überrascht, wenn sie feststellen, daß Adams bei dem Wortgefecht mehr als bestehen konnte, ja daß er die zitierfähigsten Stellen lieferte. Als beispielsweise Jefferson eine langatmige Exegese über die Ursprünge der indianischen Bevölkerung Nordamerikas verfaßt hatte, verwarf Adams alle aktuellen Theorien über die ersten Siedler auf dem Kontinent: «Ich würde ebensogut annehmen, daß der verlorene Sohn bei einer Lustbarkeit mit einem seiner Mädchen auf den Flügeln einer Seeschwalbe eine Reise nach Amerika unternahm und die Früchte ihrer Liebesbeziehung hierließ.» Oder als Jefferson auf die Herausbildung einer einheimischen amerikanischen Sprache einging und die Auffassung vertrat, der alltägliche Gebrauch sei «die Werkstatt, in der neue [Wörter] ausgearbeitet werden», und nicht die von Männern wie Samuel Johnson zusammengestellten englischen Wörterbücher, ließ Adams eine farbenfreudige Tirade vom Stapel. Alle englischen Wörterbücher, so erklärte er, waren Spuren derselben britischen Tyrannei, welche die Amerikanische Revolution ein für allemal vernichtet hatte. «Wir sind durch Johnsons Wörterbuch nicht mehr gebunden», verkündete er, «als durch das kanonische Recht Englands.» Mit welchem Recht bestritt Samuel Johnson ihm, John Adams, die Freiheit, sich sein eigenes Vokabular zu schaffen? «Ich habe ein ebenso gutes Recht, ein Wort zu schaffen», behauptete er, «wie jener pedantische bigotte Zyniker und Mönch.»[36]

Da wir von Wörtern sprechen, die Schärfe der Adamsschen Prosa kommt in der Korrespondenz zum Teil deshalb so eindrucksvoll zum Vorschein, weil sich Adams in den Austausch stärker einbrachte als Jefferson. Er verfaßte mehr denkwürdige Passagen, weil er viel mehr Wörter schrieb. Als der Sturzbach aus Quincy Monticello zu überfluten drohte, entschuldigte er sich dafür, daß er so weit vorauseile. Jefferson entschuldigte sich dann seinerseits und behauptete, er erhalte mehr als 1200 Briefe im Jahr, die alle eine Antwort erforderten, und deshalb sei es für ihn schwierig, mit Adams Schritt zu halten. Adams antwortete, er erhalte nur einen Bruchteil dieser Zahl, ziehe es aber vor, die meisten von ihnen nicht zu beantworten, was es ihm gestattete, all seine angeblich schwindenden Energien auf Jefferson zu konzentrieren.

Abgesehen von ihrem reinen Textumfang spiegelte sich in dem Schwung, der in der Adamsschen Prosa so offensichtlich zutage tritt, sein aggressiveres und stärker auf Konfrontation ausgerichtetes Temperament wider. Jeffersons Stil war flüssig, lyrisch, rhythmisch und melodisch. Wörter waren für ihn wie beruhigende Brisen, die über die Seiten strichen. Adams' Stil war aufgeregt, sprunghaft, exklamatorisch, unartig. Wörter waren für ihn wie Waffen, die dazu bestimmt waren, die Seiten zu durchbohren oder über ihnen in erhellenden Explosionen zu zerplatzen. Zwar brachte der Adamssche Stil eine Vielzahl denkwürdiger epigrammatischer Blitze hervor, aber er war das denkbar ungeeignetste Vehikel, um die diplomatischen Feinheiten durchzuhalten. Jefferson war völlig imstande, bis zum Ende bei seinem Text und seiner Rolle als Philosophen-König zu bleiben. Wenn es nach ihm gegangen wäre, hätte die Halbgott-Version des Dialogs zwischen Adams und Jefferson sein Wesen und seine letztliche Bedeutung als inszenierte Aufführung für die Nachwelt erfaßt. Adams hingegen war ungeachtet all seiner Beschwörungen ciceronischer Heiterheit seinem Wesen nach unfähig, im Rahmen seiner Rolle zu bleiben. Für ihn war die einzig sinnvolle Art der Konversation ein Streit. Und das ist schließlich die Form, die der Dialog mit Jefferson annahm, und die beste Art und Weise, seine historische Bedeutung zu verstehen.

Über ein Jahr lang betrug sich Adams mustergültig. Es gab ein paar kleine Irritationen, hauptsächlich Sticheleien gegen Jeffersons Versäumnis, die Nation auf den Krieg von 1812 vorzubereiten, insbesondere gegen seine Nachlässigkeit beim Aufbau der amerikanischen Flotte, die ständig ein Steckenpferd von Adams gewesen war. Jefferson, wie immer diplomatisch, gab nie ganz zu, daß Adams im Hinblick auf eine größere Flotte recht gehabt hatte, aber als die amerikanische Flotte in der Frühphase des Krieges einige Schlachten gewann, bemerkte Jefferson großmütig: «Der Erfolg unserer kleinen Flotte... muß für Sie befriedigender sein als für die meisten, da Sie ja der frühe und beständige Verfechter hölzerner Mauern gewesen sind.» Die möglicherweise explosiven Themen lagen in noch weiter zurückliegender Vergangenheit begraben. Beide Männer waren sich darüber im klaren, daß ein Anrühren dieser Themen die soeben erzielte Versöhnung in Gefahr brachte.[37]

Adams' erster Ausbruch fand im Juni 1813 statt, und unmittelbar auf ihn folgte in einem Zeitraum von sechs Monaten eine Kettenreaktion von Explosionen. (Adams schrieb 30 Briefe, Jefferson fünf.) Der Zünder war die Veröffentlichung eines Briefes, den Jefferson 1801 an Joseph Priestley, den englischen Wissenschaftler und berühmten Kritiker des Christentums, geschrieben hatte. In diesem Brief hatte Jefferson nebenbei Adams als einen rückwärtsgewandten Denker erwähnt, der gegenüber allen Formen des Fortschritts feindlich eingestellt sei, einen der «Alten» und nicht einen der «Modernen». «Die Auffassung, die Sie mir in Ihrem Brief an Dr. Priestley zugeschrieben haben, weise ich ganz und gar von mir», protestierte Adams, «und ich verlange von Ihnen den Beweis dafür.» Jefferson, der spürte, daß Adams mitten in einer Explosion war, antwortete ausführlich. Der Brief an Priestley war «eine vertrauliche Mitteilung», die «nie dazu bestimmt gewesen [war], die Gedanken der Öffentlichkeit zu beunruhigen». Er erinnerte Adams dann daran, daß damals noch die Parteikriege tobten, daß sich beide Seiten ziemlich extremer Brandmarkungen des jeweiligen Gegners schuldig gemacht hatten und daß sein wirkliches Ziel die Föderalisten gewesen seien, die seine Auffassungen vom Staatswesen als gefährliche Innovationen diffamiert hatten.[38]

Dann kamen das entscheidende Eingeständnis und die Quasi-Entschuldigung. Adams war als Zielscheibe der Kritik ausersehen worden, weil er der Standartenträger der Föderalistischen Partei war. Doch Jefferson war sich immer darüber im klaren gewesen, daß Adams nicht in die Parteischablonen paßte: «Ich erwähnte zufällig Sie, [obgleich] der gesamte Brief zeigt, daß ich nur sie im Blick hatte», erklärte Jefferson. «In Wahrheit, mein lieber Herr, waren wir weit davon entfernt, Sie als den Urheber all der Maßnahmen zu betrachten, die wir tadelten. Diese Dinge wurden unter den Schutz Ihres Namens gestellt, aber wir waren überzeugt, daß es ihnen eines großen Teils Ihrer Billigung mangelte.» (Man beachte das kollektive «wir», ein unabsichtliches Eingeständnis der koordinierten Kampagne der Republikanischen Partei.) Adams befand sich also zufällig in der Schußlinie, die in Wirklichkeit auf den Hamilton-Flügel der Föderalistischen Partei gerichtet war. «Sie täten mir daher großes Unrecht», schloß Jefferson, «wenn Sie das auf sich beziehen wollten, was gegen Männer gerichtet war, die damals insgeheim und heute offen Ihre Feinde sind.»[39]

Jeffersons Erklärung war genial. Sie verschob die Schuld am Bruch der Freundschaft auf die Hamiltonianer, die Adams, wie er wußte, zutiefst verachtete, und forderte Adams dann auf, sich zumindest im nachhinein mit der republikanischen Seite der Debatte zu solidarisieren. Das Problem mit Adams war natürlich, daß er nicht bereit war, sich irgendeiner politischen Partei anzuschließen; sein Markenzeichen war ja immer gewesen, das tugendhafte Ideal, das Washingtonsche quasi-monarchische Modell der exekutiven Führung, zu verkörpern und über den Parteien zu stehen. Die klare, wenn auch unausgesprochene Botschaft des Jeffersonschen Briefes lautete, daß diese bewunderungswürdige Haltung in der amerikanischen Politik nicht mehr möglich war. Adams war dem Kreuzfeuer zum Opfer gefallen, das durch die neuen Verhältnisse und die durch sie hervorgerufenen Parteizwänge ausgelöst worden war. Was unter dem Gesichtspunkt der Freundschaft am wichtigsten war, Jefferson räumte ein, daß die Kritik, die er hinter den Kulissen an Adams geübt hatte, eine absichtliche Entstellung gewesen war. Das war zwar nicht wirklich eine Entschuldigung – seine Handlungen waren ja von Kräften diktiert worden, die außerhalb seiner Kontrolle standen –, aber es war zumindest ein erhebliches Zugeständnis.

Adams' unmittelbarer Impuls ging dahin, mehrere Leuchtraketen abzufeuern, um die Ungenauigkeiten in der von Jefferson gegebenen Darstellung der Adams-Präsidentschaft zu erhellen, Ungenauigkeiten, die Jefferson bereits zugegeben hatte: «Ich denke bei dieser Korrespondenz an nichts anderes als daran, Sie und mich zu überzeugen», bemerkte Adams, und er fügte hinzu: «Mein Ruf ist seit fünfzig Jahren so sehr der Spielball der Öffentlichkeit und wird auch der der Nachwelt sein, daß ich ihn für einen leeren Schein hielt, Altweibersommer, der müßig in der lauen Sommerluft schwebt.» Jefferson hatte die Fremden- und Aufruhrgesetze als bedeutende Quelle des Parteienhasses erwähnt. «Da dieses Gesetz von Ihnen als Vizepräsidenten unterzeichnet ist», erklärte Adams, «und von mir als Präsidenten, weiß ich nicht, weshalb Sie nicht ebenso verantwortlich dafür sind wie ich.» Jefferson hatte die Wendung «der Terrorismus der damaligen Zeit» verwendet, um die aufgeladene Atmosphäre der späten 1790er Jahre zu beschreiben. Adams verfiel in hektische Erinnerungen an die Menschenmengen, die sich um sein Haus versammelt hatten und gegen seine Entscheidung protestierten, eine Friedensdelegation nach Frankreich zu entsenden: «Ich habe keinen Zweifel, daß Sie in philosophischer Ruhe fest schliefen», bemerkte Adams sarkastisch, «als zehntausend Menschen, und vielleicht noch viele mehr, durch die Straßen von Philadelphia zogen.... Was halten Sie von Terrorismus, Mr. Jefferson?» Jefferson hatte den Föderalisten den Löwenanteil der Parteibosheiten in die Schuhe geschoben. Adams war der Ansicht, die Schuld sei gleich verteilt: «Beide Parteien haben künstliches Entsetzen erregt», schloß er, «und wenn ich als Zeuge aufgerufen würde, um unter Eid auszusagen, ... dann könnte ich keine aufrichtigere Antwort geben als mit einer vulgären Redensart. ‹Steckt sie in einen Sack und schüttelt sie, und dann seht zu, wer als erster herauskommt.›» Wie anachronistisch es Jefferson auch vorkommen mochte, er, John Adams, würde als Gegner von Parteipolitik ins Grab sinken.[40]

Das war der bestimmende Moment in der Korrespondenz. Im Sommer 1813 hörte der Dialog auf, ein Stilleben posierender Patriarchen zu sein, und wurde zu einer Auseinandersetzung zwischen konkurrierenden Versionen des revolutionären

Erbes. Alle unaussprechlichen Themen lagen jetzt auf dem Tisch, weil ein gewisses Maß an gegenseitigem Vertrauen wiederhergestellt war. Der beste Leithammel der Adamsschen Psyche war immer Abigail, und am 15. Juli 1813 fügte sie dem Brief ihres Gatten eine Notiz hinzu, ihre erste Nachricht an Jefferson seit den verletzenden Briefen, die sie ihm neun Jahre zuvor geschrieben hatte. «Seit einiger Zeit suche ich in den Briefen meines guten Gatten nach einer freien Stelle, um die Grüße einer alten Freundin anzufügen», schrieb sie jetzt, «die durch all die Wandlungen und Wechselfälle hindurch, welche sich seit unserem ersten Kennenlernen ereignet haben, immer noch gehütet und bewahrt sind und es, das hoffe ich zuversichtlich, ebenso lange bleiben werden wie A. Adams.» Abigails Stimme war wie immer das sicherste Zeichen. Jefferson war verziehen worden. Die Freundschaft, die so lange auf Eis gelegen hatte, war nie völlig erstorben. Das wiedergewonnene Gefühl der Zuneigung und des Vertrauens zueinander ermöglichte es jetzt, nach der klassischen Äußerung von Adams zu handeln, daß sie nicht sterben sollten, ehe sie sich nicht gegenseitig erklärt hätten.[41]

Obgleich tendenziell Adams in dem sich anschließenden Dialog das intellektuelle Programm vorgab, lieferte Jefferson unabsichtlich den allgemeineren Rahmen, in dem sich die Debatte abspielte. Er versuchte sogar, dafür Wiedergutmachung zu leisten, daß er Adams in dem Brief an Priestley so unfair als einen der «Alten» charakterisiert hatte. Er wollte jetzt zu Protokoll geben, daß er mit Adams darin übereinstimmte, daß zwar der Fortschritt der Wissenschaft unbestreitbar sei, gewisse politische Prinzipien aber ewige Wahrheiten darstellten, welche die Alten ebensogut verstanden wie die Modernen: «Dieselben politischen Parteien, die heute die USA erschüttern, haben zu allen Zeiten existiert», bemerkte er. «Und wirklich gehören die Ausdrücke Whig und Tory nicht nur der staatsbürgerlichen, sondern auch der Naturgeschichte an. Sie bezeichnen das Temperament und die Geistesverfassung verschiedener Individuen.» War das Jeffersons indirektes Verfahren, um anzudeuten, daß er und Adams tatsächlich einen zeitlosen politischen Streit ausgefochten hatten? Im Zuge des langen Briefes wurde deutlich, daß Jefferson tatsächlich versuchte, die Freundschaft und schließliche Rivalität zwischen ihm und Adams in einem allgemeineren Kontext anzusiedeln, sie durch die distanziertere Linse der Geschichte zu betrachten.[42]

In der Jeffersonschen Version der Geschichte kämpften Adams und Jefferson Schulter an Schulter gegen die Tories, leisteten gemeinsam als dynamisches Team ihren Dienst in Europa und kehrten zurück, um nunmehr Funktionen in der neuen nationalen Regierung zu übernehmen. Und dann kam da wieder die klassische Unterscheidung:

> Wieder wurde die Trennungslinie gezogen, wir spalteten uns in zwei Parteien, von denen jede den Wunsch hatte, der Regierung eine andere Richtung zu geben; die eine suchte den volkstümlichsten Zweig, die andere die dauerhafteren Zweige zu stärken und ihre Leistung auszuweiten. Hier gingen Sie und ich zum ersten Mal auseinander: Und da wir länger als die meisten auf der politischen Bühne gestanden hatten und unsere Namen unseren Landsleuten vertrauter waren, setzte die Partei, die Sie als mit ihr einer Meinung ansah, Ihren Namen an ihre Spitze; die andere wählte aus demselben Grunde den meinen. ... Wir ließen uns, wie Sie es so gut ausgedrückt haben, zu passiven Subjekten der öffentlichen Diskussion machen. Und diese Diskussionen, ob sie sich nun auf Männer, Maßnahmen oder Meinungen bezogen, wurden von den Parteien mit einer Heftigkeit, einer Erbitterung und einer Unanständigkeit geführt, wie sie niemals übertroffen worden waren. ... Mir scheint also, daß es Meinungsunterschiede und Parteiunterschiede seit der ersten Gründung von Regierungen gegeben hat und bis auf den heutigen Tag gibt; und zu derselben Frage, die heute unser Land spaltet: daß diese sich in aller Zukunft fortsetzen werden: daß jeder entweder für die Vielen oder für die Wenigen Partei ergreift, je nach seiner Verfassung und den Umständen, in die er gestellt ist.[43]

Das war die klassische Jeffersonsche Vision, und die schöne Einfachheit ihrer narrativen Struktur macht noch deutlicher, weshalb Adams absolut recht hatte, wenn er Jeffersons Talent bewunderte, sich in einen Erzählungsablauf einzufügen, der für künftige Historiker unermeßlichen Reiz hatte. Der Geist Jeffersons sah die Welt durchgängig unter dem Gesichtspunkt zusammenprallender Dichotomien: Whigs gegen Tories; Moderne gegen Alte; Amerika gegen Europa; ländliche gegen städtische Verhältnisse; Weiße gegen Schwarze. Die Liste ließe sich fortsetzen, aber sie lief immer auf den Gegensatz zwischen den Kräften des Lichts und denen der Finsternis hinaus, und dazwischen war für nichts anderes Raum. Das, was Adams als Märchen bezeichnete, war in Wirklichkeit ein Melodram. Und die konkrete Version, die Jefferson Adams jetzt anbot, sah die Föderalisten in der Rolle der neuzeitlichen Tories, die das umfassende Erbe der Amerikanischen Revolution verraten hatten, als die korrupten Hüter der privilegierten «Wenigen», die sich trotzig gegen die Jeffersonschen «Vielen» verbanden.

Doch wie konnte das sein? Selbst Jefferson räumte anscheinend ein, daß Adams nicht ganz in dieses starre Schema paßte. «Wenn Ihre Ziele und Meinungen mißverstanden worden sind», notierte Jefferson, «wenn die Maßnahmen und Grundsätze anderer zu Unrecht Ihnen zugeschrieben worden sind, wie es meines Erachtens geschehen ist, dann wäre es ein Akt der Gerechtigkeit Ihnen selbst gegenüber, daß Sie dafür eine Erklärung hinterlassen sollten.» Wenn also Adams eine andere Geschichte zu erzählen hatte, wenn er in dem historischen Wirbel, den sie beide durchlebt hatten, ein anderes Muster sah, dann sollte er seine Darstellung aufschreiben und die Nachwelt darüber urteilen lassen.[44]

Genau das versuchte Adams natürlich seit mehr als zehn Jahren zu tun. Und das Resultat war, wie wir sahen, ein verwirrendes Durcheinander von gequälten Beteuerungen, endlosen Tiraden und vergeblichen Demonstrationen verletzten Stolzes, was alles zu der recht beunruhigenden Schlußfolgerung führte, daß es kein Muster gab, das sich entdecken ließ, nur eines, das von Romanschriftstellern erfunden war, die sich als Historiker kostümierten. Schimmer einer nicht-jeffersonschen Kontur lugten durch die Wolke von Wörtern, die Adams von sich gegeben hatte. Die säuberliche Trennung zwischen Whigs und Tories paßte nicht zu dem Gefühl, das Adams für die politische Landschaft in den 1770er Jahren hatte. Zwischen einem Drittel und der Hälfte der amerikanischen Bevölkerung waren, so schätzte er, gleichgültig gewesen und auf der jeweils vorherrschenden Woge geschwommen. Die Trennlinien der 1790er Jahre paßten ebenfalls nicht zu den Kategorien Jeffersons, denn sowohl diejenigen, die eine stärkere nationale Regierung unterstützten, als auch diejenigen, die sie bekämpften, waren allesamt gute Whigs gewesen. Gewiß hatten weder er noch Washington sich als Verräter an der revolutionären Sache betrachtet. Sie hatten ihre föderalistischen Programme als Erfüllung der amerikanischen Unabhängigkeit und nicht als Verrat an ihr angesehen. Und die Unterscheidung Jeffersons zwischen den «Wenigen» und den «Vielen» funktionierte südlich des Potomac auch nicht sehr gut, es sei denn in dem ironischen Sinn, daß nur einige wenige Virginier bereit waren, das verbotene Thema zur Sprache zu bringen, das ihr Leben und ihr Vermögen prägte und das einen langen Schatten auf ihre geheiligte Ehre warf.

Aber Schimmer sind noch keine Story. Jefferson hatte eine Story. In Ermangelung einer kohärenten Alternative mit einer ebenso bezwingenden Anziehungskraft sollte seine Story die Geschichtsbücher beherrschen. Adams spürte, daß es nicht die wahre Story war, ja, er zweifelte, ob so etwas wie eine wahre Story überhaupt existierte. Doch nachdem Jefferson sie ihm im Sommer 1813 so elegant dargelegt hatte, verfügte Adams endlich über eine Zielscheibe, auf die er seine beträchtliche Feuerkraft konzentrieren konnte. Als großer Entwerfer von Erzählungen war er absolut hoffnungslos, und das wußte er. Die Kunstfertigkeit, die erforderlich ist, um ein großes Werk der Geschichte oder Philosophie zu gestalten, ging ihm ab. Doch er war ein natürlicher Opponent, ein geborener Kritiker, dessen vollständigste Energien sich in dem Akt manifestierten, an den festgefügten Objekten, die durch die Ideen eines anderen vorgegeben waren, intellektuelle isometrische Übungen zu absolvieren. Zu dem feststehenden Objekt, gegen das er sich stemmte, wurde jetzt Jefferson.

Die Gesprächsstruktur der Korrespondenz mit Jefferson paßte ebenfalls perfekt zu seinem Temperament, denn dadurch wurde es möglich, daß Themen wie Episoden plötzlich auftauchten, in den Hintergrund traten und dann erneut erschienen, ohne jeden Anspruch auf ein Gesamtmuster, wobei die Rhythmen des Gebens und Nehmens im Dialog gut zu den episodischen Aufwallungen seines Geistes paßten. Infolgedessen kann keine säuberlich arrangierte Wiedergabe der fortlaufenden Auseinandersetzung, die Adams nach 1813 mit Jefferson führte, ihrem dynamischen Charakter gerecht werden. Man kann nicht mehr tun, als die Hauptstreitpunkte zu identifizieren, dann eine thematische Ordnung einzuführen, welche die tieferen Implikationen der Auseinandersetzung herausarbeitet, sich dabei aber bewußt sein, daß die sich ergebende Kohärenz selbst eine Konstruktion darstellt.

Die Hauptauseinandersetzung, die sich durch alle Briefe der Jahre 1813 und 1814 zieht, betraf ihre unterschiedlichen Definitionen von sozialer Gleichheit und die Rolle von Eliten bei der Führung und der Regierung der amerikanischen Republik. Ohne das je direkt auszusprechen, redeten sie von sich selbst und den anderen prominenten Angehörigen der Revolutionsgeneration. Ausgelöst wurde der Streit durch Jeffersons langen Brief über die «Wenigen» und die «Vielen» und seine begleitende Behauptung, daß die ewige politische Frage immer gelautet habe, «ob die Macht des Volkes oder die der *aristoi* den Vorrang haben solle». Selbst dem ständig kämpferischen Adams war klar, daß dies ein stark vermintes Gelände war, und so begann er in freundlichem Ton. «Genau», erklärte er Jefferson, die Unterscheidung zwischen «den Wenigen und den Vielen ... war so alt wie Aristoteles», und der zeitlose Zusammenstoß zwischen ihnen war der Hauptgrund für seine Überzeugung, daß die Alten die Modernen viel über Politik zu lehren hatten. Nachdem Adams einen gewissen gemeinsamen Boden bereitet hatte, schwenkte er dann in eine Richtung ab, die ihn immer in politische Probleme verwickelt hatte – nämlich die unvermeidliche Rolle, die Eliten dabei spielen, Geschichte geschehen zu lassen. Er erinnerte sich daran, daß Jefferson selbst es war, der ihn ursprünglich dazu ermuntert hatte, «etwas über Aristokratie zu schreiben», als sie sich 30 Jahre zuvor gemeinsam in London aufgehalten hatten. «Ich fing bald damit an und habe seither nicht aufgehört, über dieses Thema zu schreiben. Ich habe das Unglück gehabt, mich nie verständlich zu machen.»[45]

«Ihre *aristoi*», dozierte er in seinem Brief an Jefferson, «sind von allem, was es in der ganzen Theorie und Praxis der Staatskunst gibt, im Umgang die schwierigsten Tiere.» In seiner *Defence* hatte Adams drei Bände erbarmungsloser und scheinbar endloser Prosa geschrieben, um zu zeigen, daß politische Macht unveränderlich in den Händen einiger weniger prominenter Individuen und Familien ruhe. Ob es die Feudalbarone des mittelalterlichen Frankreich waren, die grundbesitzende Gentry des elisabethanischen England, die Kaufmannsklasse des kolonialen Neuengland oder die großen Pflanzerfamilien der Chesapeake-Region, die Geschichte zeigte, daß sich die Vielen immer den Wenigen beugten. Warum? «Ich sage, es ist das Gesetz des Allmächtigen, es liegt im Wesen der menschlichen Natur und ist in das Gefüge des Universums eingearbeitet», antwortete Adams. «Philosophen und Politiker mögen kritteln und nörgeln, aber sie werden nie davon loskommen. Ihre einzige Möglichkeit besteht darin, es zu kontrollieren.» So, wie Adams es formulierte, waren Aristokratien für die Gesellschaft das, was die Leidenschaften für die Persönlichkeit des einzelnen waren, festes Inventar, das sich diszipliniert im Zaum halten und kunstvoll kanalisieren, aber nie vollständig beseitigen ließ. «Sie mögen denken, Sie können sie ausmerzen», warnte Adams, aber «wie Wasservögel taucht die Aristokratie lange Zeit unter, um mit desto leuchtenderem Gefieder wieder aufzusteigen.» Alle Jeffersonschen Rezitationen über menschliche Gleichheit waren Täuschungen, die dem Drang der Menschheit schmeichelten, an einen unmöglichen Traum zu glauben. «Ungleichheiten von Geist und Leib sind vom Allmächtigen so im Wesen der menschlichen Natur eingerichtet», erklärte Adams, «daß kein Kunstgriff und keine Politik sie jemals einebnen können.»[46]

Die Antwort Jeffersons nahm die Form zweier Unterscheidungen an, die zusammen in entschieden optimistischere Richtungen wiesen. Erstens stimmte er zu, daß es «eine natürliche Aristokratie unter den Menschen» gebe, die auf «Tugend und Talenten» beruhe. Dann war da eine künstliche oder «Pseudoaristokratie, die auf Reichtum und Geburt beruht und weder über Tugend noch über Talente verfügt». War nicht das Entscheidende an dem republikanischen Experiment, das sie in Amerika in Gang zu setzen geholfen hatten, daß hier Vorkehrungen für die Auswahl der natürlichen Aristokraten getroffen und der Aufstieg der künstlichen Bewerber blockiert wurde, um auf diese Weise «die Spreu vom Weizen» zu trennen? Und hatte das nicht tatsächlich während der Amerikanischen Revolution und im Anschluß an sie stattgefunden, wobei die «Brüderschar», für die er und Adams dann als Symbole standen, die offenkundigen Nutznießer des republikanischen Ausleseprozesses darstellten?[47]

Zweitens behauptete Jefferson, daß die von Adams gelieferte Beschreibung aristokratischer Macht für Europa angemessen sei, wo feudale Privilegien, Familienrechte und beschränktere wirtschaftliche Chancen Verhältnisse hervorbrachten, die Klassenunterscheidungen aufrechterhielten. In Amerika hingegen gab es keine feudalen Barone oder Familienwappen, «und jeder kann für sich Land zum Bearbeiten haben, wie ihm beliebt», und so konnten sich künstliche Eliten nicht halten. Etwas unbegründet bemerkte Jefferson, vielleicht wären in Neuengland Spuren des Feudalismus erhalten geblieben und hätten dadurch Adams in die Irre geführt. In Massachusetts und Connecticut gab es immer noch «eine traditionelle Verehrung für bestimmte Familien, was dazu geführt hat, daß die Regierungsämter in diesen Familien nahezu erblich geworden sind». In Virginia hingegen hatte man während der Revolution Gesetze verabschiedet, mit denen Primogenitur und Fideikommiß abgeschafft wurden. «Diese Gesetze, die ich selbst entworfen habe, legten die Axt an die Wurzel der Pseudo-Aristokratie», behauptete Jefferson, und sie bereiteten den Boden für das Wachstum politischer Institutionen, die auf Verdienst und auf einer zugegebenermaßen unvollkommenen Form der Chancengleichheit beruhten. Jefferson schloß mit liebenswürdigen Worten. «Ich habe somit meine Auffassung über einen Punkt ausgesprochen, über den wir verschiedener Meinung sind», bemerkte er, «nicht um eine Kontroverse zu führen, denn wir sind zu alt, um Meinungen zu ändern, die das Ergebnis eines langen Lebens des Forschens und Untersuchens sind; sondern der Anregung eines früheren Briefes von Ihnen folgend, wonach wir nicht sterben sollten, ehe wir uns gegenseitig erklärt hätten.»[48]

Adams bestritt beide Unterscheidungen Jeffersons. Gewiß war Europa mit aristokratischen Erbübeln und groben Ungleichheiten des Reichtums belastet, die in Amerika nicht in demselben Maße vorhanden waren. Doch sofern man nicht glaubte, daß die menschliche Natur bei der Auswanderung von Europa nach Amerika eine magische Metamorphose durchmache, oder sofern man nicht der Ansicht war, daß die Amerikanische Revolution einen grundlegenden Wandel in der menschlichen Persönlichkeit hervorgerufen habe, mußte man annehmen, daß die Konkurrenz um Reichtum und Macht auch in Amerika zu ungleichen Resultaten führen werde: «Schließlich», bemerkte Adams, «wird sich Eigentum, solange es existiert, bei Individuen und in Familien ansammeln. ... Ich wiederhole, solange die Idee und die Existenz von EIGENTUM in der Gesellschaft zugelassen und etabliert ist, wird es zu Akkumulationen davon kommen, der SCHNEEBALL wird wachsen, wenn er rollt.» Jeffersons Version einer klassenlosen amerikanischen Gesellschaft war daher ein Hirngespinst, weil die Quelle des Problems nicht der europäische Feudalismus war, sondern die menschliche Natur selbst. Was Jeffersons Schilderung der angeblich egalitären Verhältnisse in Virginia anging, «wäre kein Roman unterhaltsamer». Hier beschränkte sich Adams auf die immer noch beherrschende Rolle, welche die Pflanzerklasse in der Chesapeake-Region spielte, und dabei erwähnte er noch nicht einmal die Tatsache, daß 40 Prozent der Bevölkerung versklavt waren, ein feudales Überbleibsel von schreckenerregenden und bedrohlichen Ausmaßen.[49]

Schließlich erklärte Adams Jefferson: «Ihre Unterscheidung zwischen natürlicher und künstlicher Aristokratie erscheint mir nicht gut begründet.» In der Theorie wäre man vielleicht in der Lage, Reichtum von Talent zu trennen, aber in der Praxis, und in allen Gesellschaften, waren sie unentwirrbar miteinander verbunden: «Die fünf Säulen der Aristokratie», behauptete er, «sind Schönheit, Reichtum, Geburt, Genie und Tugenden. Jede der ersten drei kann zu jeder Zeit die beiden letzteren oder eine von ihnen aufwiegen.» Doch dazu würde es ohnehin nie kommen, weil die Qualitäten, die Jefferson als künstlich ansah, und diejenigen, die er als natürlich betrachtete, in der menschlichen Natur alle miteinander vermischt und dann wiederum in der Gesellschaft miteinander vermengt waren, und das in ineinander übergehenden Mustern, die sich Jeffersons säuberlichen Zergliederungen entzogen.[50]

In einem anderen Briefwechsel, den er etwa um die gleiche Zeit mit John Taylor, einem weiteren prominenten virginischen Pflanzer und politischen Denker führte, der ebenfalls

Adams' Ansichten über die Aristokratie in Zweifel gezogen hatte, machte Adams auf die Ironie der Situation aufmerksam. Der Sohn eines Farmers und Schuhmachers aus Neuengland wurde von einem Sklavenhalter mit gewaltigem Grundbesitz, der sein Eigentum größtenteils von der Familie seiner Frau geerbt hatte, aristokratischer Neigungen bezichtigt. «Wenn Sie sich darüber beklagen, daß dies persönlich ist», erklärte Adams Taylor, «dann gestehe ich das ein, und ich will, daß es persönlich sein soll, damit es Ihnen mehr ins Auge fällt.» Wenngleich für Jefferson genau dieselbe Situation galt – er besaß etwa 200 Sklaven und 4000 Hektar Land, wovon er einen großen Teil von seinem Schwiegervater geerbt hatte –, ging Adams ihn niemals so direkt an. (Was einer Erwähnung des Themas am nächsten kam, war sein ständiger Witz über den Unterschied zwischen Monticello und Montezillo.) Adams war durchaus dazu bereit, Jefferson als Gründungsmitglied der natürlichen Aristokratie aufzunehmen, welche die Amerikanische Revolution gemacht und dann gesichert hatte. Doch ebenso wie bei den meisten Mitgliedern der Virginia-Dynastie war sein Aufstieg in die revolutionäre Elite nicht ausschließlich die Folge von Talent und Tugend.[51]

Was Adams nie ganz ergründen konnte und was Jefferson intuitiv begriff, war, daß schon allein das Wort «Aristokratie» in der politischen Kultur des nachrevolutionären Amerika zu einem Schimpfwort geworden war. Auch wenn Adams im Hinblick auf die überproportionale Macht, die Eliten in der gesamten Geschichte ausgeübt hatten, sicher recht hatte und auch wenn die Revolutionsgeneration zum großen Teil deshalb eine republikanische Regierungsform zu errichten vermocht hatte, weil es einer kleinen Gruppe talentierter Staatsmänner gelungen war, das Unternehmen durch seine frühesten und verwundbarsten Phasen zu steuern, schien eine «republikanische Aristokratie» denselben Widerspruch in sich darzustellen wie ein «republikanischer König». Sie stand im Widerspruch zur zentralen Prämisse des revolutionären Erbes – daß nämlich das Volk als Ganzes die souveräne Quelle aller politischen Autorität sei. Die einzige Art einer politischen Elite, die es geben durfte, war daher eine, die ihrem Elitestatus eine Absage erteilte und den Anspruch erhob, für «die Vielen» und nicht für «die Wenigen» zu sprechen. Die Republikaner waren die ersten gewesen, die in den 1790er Jahren dieses elementare Faktum der amerikanischen politischen Kultur begriffen. Die Föderalisten, die in nicht stärkerem Maße eine soziale oder ökonomische Elite darstellten als die Republikaner, waren untergegangen, weil sie das nie begriffen. Adams konnte bis zum jüngsten Tag behaupten, daß das amerikanische Experiment mit dem Republikanismus geglückt sei, weil es ihm gelungen sei, die Energien und Talente seiner besten und klügsten Bürger nutzbar zu machen, genau der «Brüderschar», die er und Jefferson angeblich symbolisierten, aber solange er sie als «Aristokratie» bezeichnete, ob natürlich oder künstlich, schien er sich in Widerspruch zum republikanischen Erbe selbst zu setzen.

Ein weiterer Strang der Argumentation, der 1815 begann und sich dann durch den verbleibenden Teil der Korrespondenz zog, betraf die Französische Revolution. Adams brachte dieses Thema in seinem Briefwechsel mit anderen, insbesondere gegenüber Benjamin Rush, gerne zur Sprache, da die Ereignisse darauf hinausgelaufen waren, seine frühen Befürchtungen zu bestätigen, die Anfang der 1790er Jahre die ersten Brüche in seiner Beziehung zu Jefferson hervorgerufen hatten und dann zu zentralen Elementen der republikanischen Polemik gegen Adams im Präsidentschaftswahlkampf des Jahres 1800 wurden. Doch es war Jefferson, der im Briefwechsel das Thema erstmals anschnitt, und er tat das in einer ganz und gar versöhnlichen Weise: «Ihre Vorhersagen ... haben sich als wahrer erwiesen denn die meinen; und doch sind sie hinter den Tatsachen zurückgeblieben, denn statt einer Million ist wahrscheinlich die Vernichtung von 8 oder 10 Millionen Menschen die Wirkung dieser Umwälzungen gewesen. Ich glaubte 1789 nicht, daß sie so lange dauern oder so viel Blut kosten würden.» Jefferson räumte dann ein, daß Adams' kritische Einstellung zur Französischen Revolution eine wesentliche Quelle seiner Unbeliebtheit gewesen war. Nun, da Napoleon endgültig besiegt – gerade hatte die Nachricht von Waterloo Amerika erreicht – und das Ergebnis vollkommen klar war, bemerkte Jefferson großzügig, Adams verdiene eine Entschuldigung für «den Bruch des Vertrauens, über den Sie sich so berechtigtermaßen beklagen und über den niemand häufigeren Anlaß zu Mitgefühl hat als ich».[52]

Nur jemand, der mit der politischen Geschichte der 1790er Jahre gründlich vertraut war, konnte erkennen, was für ein erhebliches Zugeständnis und persönliches Eingeständnis des Bedauerns Jefferson hier machte. Adams nahm die Botschaft umgehend zur Kenntnis. «Ich weiß von Ihrem Brief nichts anderes zu sagen», schrieb er, «als daß er einer der tröstlichsten ist, die ich je erhalten habe.» Denn Jefferson gab nicht nur zu, daß seine optimistische Einschätzung der Ereignisse im revolutionären Frankreich verfehlt gewesen war; er gestand auch ein, daß die Republikanische Partei einschließlich seiner selbst mit der Französischen Revolution Politik betrieben hatte, um die Adams-Präsidentschaft zu unterminieren. Jefferson leistete Genugtuung für den «einzigartigen Akt» des Verrats, den das für die Adams-Familie verständlicherweise dargestellt hatte. Er sagte endlich, daß es ihm leid tat.[53]

Adams behauptete, Jefferson habe die Bedeutung der Französischen Revolution falsch eingeschätzt – ehrlich falsch eingeschätzt und *nicht* einfach zu politischen Zwecken manipuliert –, weil er einer verfehlten Denkweise huldigte, die handlich durch das neue französische Wort «Ideologie» vermittelt wurde. Dieses Wort, das Napoleon popularisiert hatte, war erstmals von dem französischen Philosophen Destutt de Tracy verwendet worden, den Jefferson gelesen hatte und außerordentlich bewunderte. Adams behauptete, er sei fasziniert durch das neue Wort «dem allgemeinen Grundsatz zufolge, wonach wir an allem Vergnügen finden, das wir nicht verstehen können». Was war eine «Ideologie», fragte er spielerisch: «Bedeutet es Idiotismus? Die Wissenschaft der Demenz? Die Wissenschaft des Irreseins? Die Theorie des Deliriums?» Nach der Erklärung von Adams hatten die französischen Philosophen das Wort erfunden, das zu einem zentralen Teil ihres utopischen Denkstils und zu einem Hauptdogma in ihrer «Schule des Wahns» wurde. Es bezeichnete eine Reihe von Idealen und Hoffnungen wie etwa menschliche Vollkommenheit oder soziale Gleichheit, von denen Philosophen irrigerweise annahmen, sie ließen sich in der Welt verwirklichen, weil sie in ihren Köpfen existierten. Jefferson selbst dachte in dieser französischen Manier, behauptete Adams, und verwechselte die verführerischen Aussichten, die er sich in seiner Phantasie vorstellte, mit den beschränkteren Möglichkeiten, welche die Geschichte zuließ. Kritiker der visionären Projektionen wie Adams wurden dann beschuldigt, sie lehnten die Ideale selbst ab, da sie doch in Wirklichkeit lediglich ihren illusorischen Charakter aufdeckten.[54]

Die «Ideologie» hatte Jefferson also eine politisch attraktive franzosenfreundliche Plattform geliefert, die, wie sich herausstellte, enorme rhetorische Vorzüge besaß, ganz gleich als wie falsch sie sich in der Realität erwies. Jefferson hatte gedacht, Frankreich sei die Welle der Zukunft und England ein Überbleibsel der Vergangenheit. «Ich bin entzückt über die Flüssigkeit und Geschwindigkeit Ihres Räsonierens», bemerkte Adams, «aber ich bezweifle Ihre Schlußfolgerung.» England und nicht Frankreich war es bestimmt, zur europäischen Vormacht des 19. Jahrhunderts zu werden, prophezeite Adams zutreffend, wenngleich er ebenso wie Jefferson an einem tiefsitzenden Argwohn gegenüber englischen Planungen im Hinblick auf Amerika festhielt, ein dauerhaftes Vermächtnis ihrer beiderseitigen Erfahrung als amerikanische Revolutionäre. «Von der Wiege an hat man sie gelehrt, uns zu verachten, geringzuschätzen, zu beleidigen und zu verleumden», schrieb Adams über die Engländer, und er fügte in seiner ganz erbarmungslos realistischen Weise hinzu: «Britannien wird nicht eher unser Freund sein, als bis wir sein Herr sind.» Sowohl Adams als auch Jefferson waren, wie sich herausstellte, allzu stark durch den verzweifelten Kampf gegen England geprägt, als daß sie das anglo-amerikanische Bündnis hätten vorhersehen können, das in der viktorianischen Ära und darüber hinaus gedieh.[55]

Beide sahen allerdings, wenngleich aus ausgesprochen unterschiedlicher Perspektive, den sich abzeichnenden Regionalkonflikt zwischen Nord und Süd voraus, über den sich ihre eigene Partnerschaft erstreckte. «Ich fürchte, es wird größere Schwierigkeiten geben, unsere Union zu bewahren», warnte Adams, «als Sie und ich, unsere Väter, Brüder, Schüler und Söhne damit gehabt haben, sie zu bilden.» Jefferson stimmte zu, auch wenn dies an das explosivste aller Themen rührte – nämlich das unaussprechliche Faktum der Sklaverei. Selbst der sonst so offenherzige Adams sah ein, daß dies das verbotene Thema war, der eine Fleck, der in beiderseitigem Einverständnis für unbetretbar erklärt worden war. Mit einer einzigen bemerkenswerten Ausnahme symbolisierte der Dialog zwischen Adams und Jefferson, der in seiner Behandlung der konfligierenden Ideen und Impulse, welche die Amerikanische Revolution prägten, so aufschlußreich war, auch die inoffizielle Politik des Stillschweigens, das in der Revolutionsgeneration über die eklatanteste aller Meinungsverschiedenheiten bewahrt wurde.[56]

Die Ausnahme trat 1819 ein und wurde durch die Debatte ausgelöst, die damals über die Verabschiedung des Missouri-Kompromisses tobte. Vor diesem Zeitpunkt hatten Adams und Jefferson das Thema in ihrer Korrespondenz nicht nur vermieden; sie hatten auch unabhängig voneinander die Frage für unlösbar erklärt: «Über fünfzig Jahre hat es meine Gedanken auf sich gezogen und mir viele Sorgen bereitet», gestand Adams 1817. «Ein Folioband würde meine angestrengten Überlegungen über dieses Thema nicht fassen. Und am Ende würde ich meinen Leser und mich selbst in ebensolcher Verwirrung darüber zurücklassen, was man damit anfangen soll, wie sie am Anfang bestand.» Jefferson seinerseits wiederholte ständig das Vermeidungsargument, das er 1805 formuliert hatte. «Ich habe mit äußerster Sorgfalt jeden öffentlichen Akt und jede Kundgabe zu diesem Thema vermieden», verkündete er und erklärte, die Abschaffung der Sklaverei sei eine Aufgabe für die nächste Generation, «die sie weiterverfolgen und zu ihrem Abschluß führen kann».[57]

Auch wenn die im Kongreß geführte Debatte über die Missouri-Frage im wesentlichen eine Auseinandersetzung über die Ausweitung der Sklaverei auf die Territorien war, beherrschte das Schweigegebot die langatmigen Diskussionen im Repräsentantenhaus, die sich ausschließlich auf die verfassungsrechtliche Frage des Verhältnisses zwischen der Jurisdiktion der Einzelstaaten und der des Bundes konzentrierten und nicht auf das Problem der Sklaverei selbst. Und was Jefferson anging, so war er darüber empört, daß die Frage überhaupt erörtert wurde: «Doch die Missouri-Frage ist ein Brecher, an dem wir das Missouriland durch Revolte verlieren, und Gott allein weiß, was daraus sonst noch wird», beklagte er sich Adams gegenüber. «Seit der Schlacht von Bunker's Hill bis zum Vertrag von Paris hatten wir noch nie eine so bedrohliche Frage.» Jefferson verstand nur zu gut, daß das verfassungsrechtliche Argument, das die Jurisdiktion des Bundes betraf, nur das tiefer liegende Problem verschleierte, um das es ging, und das erklärte er auch Adams:

Die wirkliche Frage, wie man sie in den Staaten sieht, die mit dieser unglücklichen Bevölkerung belastet sind, lautet: Soll man unseren Sklaven die Freiheit und einen Dolch schenken? Denn wenn der Kongreß eine Befugnis hat, die Verhältnisse der Einwohner der Staaten innerhalb der Staaten zu regeln, dann wird es lediglich eine weitere Anwendung dieser Befugnis sein zu erklären, daß sie alle frei sein sollen. Sollen wir dann... einen zweiten Peloponnesischen Krieg führen, um die Vorherrschaft zwischen ihnen zu entscheiden? Diese Frage bleibt abzuwarten: aber nicht von Ihnen oder mir, hoffe ich. Gewiß werden sie noch eine Zeitlang parlieren und uns Zeit geben, uns aus dem Staube zu machen.[58]

Adams, gewöhnlich das apokalyptischere Mitglied des Teams, nahm in diesem Falle die zuversichtlichere Haltung Jeffersons ein. «Ich hoffe, es wird sich das eine oder andere gutartige Verfahren finden, um diesen sehr komplizierten Knoten zu lösen», riet er. Seinen anderen Briefpartnern gegenüber äußerte er sich erheblich unverblümter als zu Jefferson. «Die Negersklaverei ist ein Übel von kolossalen Ausmaßen», schrieb er an William Tudor, «und ich bin durchaus dagegen, die Sklaverei im Missouri-Territorium zuzulassen.» Mehr noch, er begrüßte genau die Debatte, die Jefferson verabscheute. «Wir müssen die Frage der Ausweitung der Sklaverei jetzt regeln», erklärte er seiner Schwiegertochter, «sonst wird sie unseren Nationalcharakter prägen und einen Grundstein für Katastrophen, wenn nicht für Zwietracht legen.» Was die Verfassungsfrage anging, war er der Ansicht, daß es für die Jurisdiktion des Bundes über die westlichen Territorien einen klaren Präzedenzfall gebe, den, höchste aller Ironien, Jeffersons exekutives Handeln beim Kauf von Louisiana geschaffen hatte.[59]

Im Laufe der folgenden 40 Jahre wurde die nationale Debatte über die Sklaverei und ihre Ausweitung auf den Westen häufig als ein Streit über die Absichten der Gründer gefaßt. Hier waren zwei der unzweideutig ursprünglichen Patriarchen, die erklärten, daß sich ihre jeweiligen Auffassungen vom Vermächtnis der Revolution bezüglich der Sklaverei grundlegend voneinander unterschieden. Die Version Jeffersons führte direkt zu der von Stephen Douglas vertretenen Doktrin der «Volkssouveränität», zur *states' rights*-Position von John C. Calhoun und dann zu den Konföderierten Staaten. Die von Adams vertretene Version führte direkt zu der Position vom «mit sich selbst entzweiten Haus», die Abraham Lincoln vertrat, zu der Überzeugung, daß die Abschaffung der Sklaverei eine moralische Notwendigkeit darstelle, welche die Revolutionsgeneration ihren Nachfolgern hinterlassen habe, und zur Doktrin der Bundessouveränität, die durch den Sieg der Union im Bürgerkrieg durchgesetzt worden war. Wenn es um die Sklaverei ging, gab es anscheinend nicht eine einzige Vision, sondern nur widersprüchliche ursprüngliche Absichten.

Das beherrschende Vermächtnis war natürlich Vermeidung und Stillschweigen. Jefferson erhob deswegen so energischen Einspruch gegen die Debatte über die Missourifrage, weil sie diesem Vermächtnis zuwiderlief. «In den düstersten Momenten des Revolutionskrieges», schrieb er 1820, «hatte ich niemals Befürchtungen, die dem gleichgekommen wären, was ich auf Grund dieser Angelegenheit empfinde.» In ihrem letzten Gedankenaustausch über dieses Thema erklärte Adams, auch er werde sich an das ungeschriebene Gesetz halten und seine Sorgen mit ins Grab nehmen: «Die Sklaverei in diesem Lande habe ich seit einem halben Jahrhundert wie eine schwarze Wolke darüber hängen sehen. ... Ich könnte wahrscheinlich sagen, ich hätte Armeen von Negern gesehen, die in schimmernden Rüstungen hin und her durch die Luft marschierten. Mich hat dieses Phänomen so entsetzt, daß ich den Gentlemen aus dem Süden früher ständig sagte, ich kann diesen Gegenstand nicht begreifen; ich muß ihn Ihnen überlassen. Ich werde mich dafür entscheiden, keine Zwangsmaßnahmen zu ergreifen, die im Widerspruch zu Ihrer Ansicht stehen.» Weder die Revolution noch die junge Republik hätten ohne die Unterstützung durch die Südstaaten Erfolg haben können, und so hatte Adams es den Virginiern überlassen, die Führung der Antisklaverei-Bewegung zu übernehmen. Bis 1820 war völlig klar geworden, daß sie mit dieser Mission gescheitert waren, wobei Jefferson selbst das deutlichste Symbol für das Scheitern darstellte. Doch Adams entschied sich dafür, zumindest Jefferson gegenüber sein Schweigegelübde zu halten, wodurch er die Etikette der Freundschaft höher stellte als seine moralischen Bedenken und zugleich den Dialog zwischen Quincy und Monticello zu einem letzten Zeugnis für das problematischste Erbe der Revolutionsgeneration machte.[60]

Nach 1820 verlor die Korrespondenz ihre argumentativen Konturen und glitt wieder in ein elegisches, stillebenähnliches Muster. Zu einer einzigen letzten Irritation kam es 1819, als in den Zeitungen ein Dokument auftauchte, das angeblich im Mai 1775 in Mecklenburg County, North Carolina, von einer Gruppe von Bürgern abgefaßt worden war und Formulierungen enthielt, die unheimliche Ähnlichkeiten mit Jeffersons späterem Entwurf der Unabhängigkeitserklärung aufwiesen. Adams machte Jefferson auf die Entdeckung aufmerksam und bemerkte, er wünschte, er hätte damals davon gewußt: «Es hätte den Saal des Kongresses hallen und widerhallen lassen, fünfzehn Monate vor Ihrer Unabhängigkeitserklärung.» Nichts hätte besser darauf berechnet sein können, sämtliche inneren Antennen Jeffersons zu aktivieren, denn sein Primat als Verfasser der Unabhängigkeitserklärung begründete seinen Hauptanspruch auf ewigen Ruhm. Er antwortete umgehend und behauptete: «Dieses Papier ist eine Erfindung.» Er drängte Adams dazu, skeptisch zu bleiben, «bis ein gewisser und glaubhafter Beweis für seine Echtheit geliefert worden ist». Adams versicherte Jefferson schnell, er glaube jetzt, «daß die Mecklenburg-Resolutionen eine Fiktion sind». Doch zu gleicher Zeit erklärte er anderen Briefpartnern das genaue Gegenteil. «Ich könnte ebensogut glauben, daß das Dutzend Blüten der Hortensie, die hier vor meinen Augen steht, das Werk des Zufalls sei», scherzte er, «wie daß die Mecklenburg-Resolutionen und Mr. Jeffersons Erklärung nicht eine von der anderen abgeleitet seien.»[61]

Adams selbst bezog aus dem Mecklenburg-Vorfall große Befriedigung, nicht so sehr, weil er glaubte, daß Jefferson ein Plagiator sei, sondern weil er der Ansicht war, daß die ganze Hervorhebung eines einzigen Mannes, eines einzigen Augenblicks und eines einzigen Dokuments die wahre Geschichte der Amerikanischen Revolution verzerre. Obgleich die Mecklenburg-Erklärung später als Fälschung entlarvt wurde, spiegelte sie genau das Adamssche Gefühl wider, daß es mehrere Spielstätten oder Theater gab, auf denen sich das Drama der Unabhängigkeitsbewegung abspielte, und mehrere andere Höhepunkte als den 4. Juli 1776. In seinen Memoiren hatte er den 15. Mai 1776 als den entscheidenden Moment ausgewählt, denn dies war der Tag, an dem der Kontinentalkongreß eine Resolution verabschiedet hatte, in der neue Verfassungen in jedem der Einzelstaaten gefordert wurden. (Nicht ganz zufällig hatte Adams diese Resolution entworfen und eingebracht.) In der Adamsschen Version war dieser Beschluß wirklich entscheidend, weil er eigenständige und unabhängige amerikanische Regierungen schuf. Er bedeutete auch, daß die Revolution ein verantwortliches und positives Engagement für neue Formen politischer Disziplin darstellte, die in der Erfahrung der alten Kolonialregierungen wurzelten, und nicht nur eine negative Behauptung der Trennung von England und ein völliger Bruch mit der Vergangenheit war, wie es die von Jefferson verfaßte Erklärung nahezulegen schien. Adams zufolge hatte die Revolution infolge ihrer Bindungen an die Vergangenheit Erfolg, und das bedeutete, daß sie im Jeffersonschen Sinne überhaupt nicht wirklich eine Revolution war.[62]

Wenngleich der kurze Austausch über die Mecklenburg-Erklärung an diese bedeutsamen Meinungsunterschiede rührte, schlossen die diplomatischen Erfordernisse des Dialogs eine vollständige Offenlegung aus. 1820 hatte selbst Adams aufgehört, seine Leuchtraketen abzuschießen, und die Jeffersonsche Pose gütiger Doppelzüngigkeit eingenommen, wobei er lieber Heuchelei in Kauf nahm, als die Freundschaft aufs Spiel zu setzen. Seine Prosa blieb zwar scharf, aber die gefährlicheren Ausbrüche von Offenherzigkeit hatten sich gelegt, besonders nachdem im Oktober 1818 Abigail dahingegangen war. (Während sie auf dem Sterbebett lag, blieb Adams gefaßt, erklärte aber den versammelten Verwandten: «Ich wünschte, ich könnte mich neben sie legen und auch sterben.») Jefferson hatte immer behauptet, jede Generation sollte nicht über die ihr zugewiesene Zeit hinaus verharren, man habe fast eine moralische Verpflichtung, das Feld für die nächste Generation zu räumen, indem man sich darunter legte. Nun schienen beide Patriarchen zu spüren, daß sie ihre Zeit überlebt hatten. Auf das Leben zurückzublicken war, so Jefferson, «wie ein Blick zurück auf ein Schlachtfeld. Alle, alle tot: und wir selbst alleingeblieben unter einer neuen Generation, die wir nicht kennen und die uns nicht kennt».[63]

Die Wechselfälle des Alterns begannen die kontroverseren Themen zu verdrängen. «Verkrüppelte Handgelenke und Finger machen das Schreiben langsam und mühselig», klagte Jefferson. «Aber wenn ich an Sie schreibe, verliere ich das Gefühl für diese Dinge, da ich mich an alte Zeiten erinnere, als Jugend und Gesundheit alles in Glück verwandelten. Eine Zeitlang vergesse ich den grauen Winter des Alters, wenn wir an nichts anderes denken können als daran, wie wir uns warm halten und wie wir uns von unseren schweren Stunden befreien, bis uns die freundliche Hand des Todes von allem auf einmal befreit.» Adams stimmte zu, daß Erinnerungen an die Vergangenheit alles waren, was übrig war, und auch er zog es vor, sich nur an die guten Seiten zu erinnern: «Voller Entzükken blicke ich auf jene goldenen Tage zurück, als Virginia und Massachusetts wie eine Brüderschar gemeinsam lebten und handelten», erinnerte er sich, und auch wenn das Ende nahe war, galt: «Solange ich atme, werde ich Ihr Freund sein.»[64]

Sie sprachen vom Leben im Jenseits, nicht so sehr im Sinne einer Möglichkeit, Gott zu sehen, als vielmehr einer Gelegenheit, sich miteinander und mit den anderen Mitgliedern der «Brüderschar» zu unterhalten. Jefferson schrieb: «Mögen wir uns dort wiedertreffen... mit unseren alten Kollegen und mit ihnen das Siegel der Billigung empfangen.» Adams war ebenfalls der Ansicht, daß es ihnen die Wiedervereinigung im Himmel gestatten werde, über ihre menschlichen Torheiten und Schwächen zu lachen, wenngleich er mit Franklin erst reden würde, wenn der alte Mann gebührende Abbitte für seine Sünden getan hätte. Keiner der beiden Männer war völlig davon überzeugt, daß der Himmel mehr sei als eine Metapher. Adams war bekanntlich der Ansicht, daß der Glaube an das ewige Leben wichtiger sei als die Sache selbst. «Wenn es offenbart oder bewiesen würde, daß es kein Leben nach dem Tode gibt», teilte er einem seiner Freunde mit, «dann wäre mein Rat für jeden Mann, jede Frau und jedes Kind, sie sollten, da unsere Existenz in unserer eigenen Macht stünde, Opium nehmen.» Oder, wie er es Jefferson gegenüber formulierte, «falls wir enttäuscht werden, werden wir es nie erfahren». Jeder der beiden Männer sicherte sich, was die Aussichten auf das Jenseits anging, dadurch ab, daß er seine Privatpapiere für die Nachwelt präparierte, für den einen Ort, an dem ihre Aussichten auf Unsterblichkeit, wie sie wußten, gesichert waren. Und beide Männer betrachteten die Briefe, die sie einander schrieben, als den Schlußstein dieses letzten Projekts.[65]

Es steht außer Frage, daß zum Schluß die emotionale Bindung zwischen den beiden Patriarchen erneuert und die Freundschaft zwischen ihnen wiederhergestellt wurde. Sie brauchten nicht mehr als Partner zu posieren; oder, was auf dasselbe hinausläuft, das Posieren stand für ein tiefempfundenes Gefühl der Gemeinsamkeit. Zum Teil kam es zu der Bindung, weil die Korrespondenz ihrer letzten Jahre es beiden Weisen gestattete, sich mit ihren unterschiedlichen Auffassungen von der Geschichte, die sie zusammen erlebt und gemacht hatten, auseinanderzusetzen und sie auszudiskutieren. Jefferson hatte seine Wiedergutmachung geleistet und einige entscheidende Zugeständnisse gemacht. Adams hatte in einer letzten Katharsis seine lebhaften und leidenschaftlichen Einwände gegen die Jeffersonschen Konstruktionen vorgebracht. Man würde gern glauben, und für diesen Glauben gibt es gewisse Anhaltspunkte, daß schließlich jeder der beiden Männer in dem anderen die Qualitäten des Intellekts und des Naturells erkannte, die ihm selbst fehlten; daß sie sich also ergänzten; daß die Bruchstücke der Geschichte der Amerikanischen Revolution nur dann zusammenkommen konnten, um ein Ganzes zu bilden, wenn sie miteinander verbunden wurden. Doch die prosaischere Wahrheit ist, daß sie niemals allen ihren politischen Differenzen ins Auge sahen und sie daher auch nie in vollem Umfang lösten; sie überlebten sie einfach.

Zu Beginn der Korrespondenz hatte Adams gegenüber Jefferson wegen der Verleumdungen, die er während der Adams-Präsidentschaft gefördert hatte, einen tiefen Groll empfunden. 1823 war das ganze Skandalthema zu einem nostalgischen

Witz geworden. Adams las in den Zeitungen, daß Jefferson «ein Magazin aus Zeitungsausschnitten und Pamphleten» zusammengestellt habe, in denen er beschimpft, verleumdet und diffamiert wurde. Das war ein genialer Gedanke, und Adams wünschte, er hätte ihn als erster gehabt: «Was für ein Narr bin ich die ganze Zeit meines Lebens gewesen und was für Trottel waren meine Kinder und Enkelkinder, daß keiner von uns je daran gedacht hat, eine derartige Sammlung zusammenzustellen. Hätten wir es getan, dann weiß ich gewiß, daß ich eine großartigere Menge hätte vorlegen können als Sie.» Jefferson mußte Adams leider mitteilen, daß die Geschichte nicht der Wahrheit entsprach; er hatte keine Sammlung der gegen ihn gerichteten Verleumdungen zusammengestellt. Hätte er es jedoch getan, «dann wäre es dem Umfang nach allerdings nicht nur ein einziger Band geworden, sondern eine ganze Enzyklopädie».[66]

Sie waren zu lebenden Reliquien geworden. 1824 stattete der Marquis de Lafayette, der große französische Vorkämpfer der amerikanischen Unabhängigkeit, Amerika zum letzten Mal einen Besuch ab. Monticello und Quincy waren obligatorische Stationen auf seiner Reise. An jedem der beiden Orte zog das Treffen große Menschenmengen an, und Augenzeugen behaupteten, sie hätten zwei Geister aus einer verflossenen Ära gesehen, die sich zum Wohl der gegenwärtigen Generation ein letztes Mal materialisierten. Der amerikanische Bildhauer John Henri Browere besuchte ebenfalls beide Weise, die darum gebeten wurden, sich eine Gipsmaske abnehmen zu lassen; auf diese Weise wollte man getreue Abbilder ihres Gesichts und ihres Kopfes erhalten – das heißt also, realistische Ikonen der Ikonen herstellen. (Jefferson fand den Prozeß, bei dem mehrere Schichten einer heißen, gipsähnlichen Flüssigkeit über den Kopf gegossen werden mußten, so lästig, daß er gelobte, «von Büsten und Porträts für immer Abschied zu nehmen».) Sein letztes Lebewohl an Adams vermittelte denselben eigenartigen Eindruck von Akteuren, die als lebende Statuen betrachtet wurden. Diese Botschaft vertraute er seinem Enkel Thomas Jefferson Randolph an, der nach Boston fuhr und seine Reise in Quincy unterbrechen wollte: «Ebenso wie andere junge Leute möchte er in den Winternächten des Alters den Menschen seiner Umgebung erzählen können, was er von dem heroischen Zeitalter gelernt hat, das seiner Geburt voranging, und insbesondere welchen der Argonauten er noch gesehen hat.» Für die meisten Amerikaner, die in den 1820er Jahren erwachsen wurden, war die Amerikanische Revolution längst als ein weihevoller Augenblick in der fernen Vergangenheit aufbewahrt worden, als eine Galerie von Heroen das Privileg genossen hatte, Gott von Angesicht zu Angesicht zu sehen. Es war unangenehm, wenn einem klar wurde, daß einige von ihnen immer noch am Leben waren.[67]

Doch sie waren es. Und als die fünfzigste Wiederkehr des Unabhängigkeitstages näherrückte, strömten aus dem ganzen Land Anfragen nach Monticello und Quincy, in denen die Patriarchen gebeten wurden, ihre Weisheit und ihre Erinnerungen über die Bedeutung von alledem mitzuteilen. Jefferson war zwar schwer krank – er litt an einer Darmerkrankung, die sich schließlich als tödlich erwies –, brachte aber die Energie zu einem letzten Stück Eloquenz auf. Mehrere Tage lang arbeitete er am Entwurf zu einem Brief an den Ausschuß, der für die Zeremonien zum Unabhängigkeitstag in Washington verantwortlich war, und dabei strich er durch und überarbeitete die Formulierungen mit ebensoviel Aufmerksamkeit für die Details, wie er sie der ursprünglichen Unabhängigkeitserklärung hatte angedeihen lassen. Er bedauerte, daß sein sich verschlechternder Gesundheitszustand ihn daran hinderte, persönlich an den Zeremonien teilzunehmen und zu «der kleinen Schar» zu stoßen, «dem Überrest des Heers von Helden, die an jenem Tag mit uns waren». (Nur drei der ursprünglichen Unterzeichner lebten noch: Adams, Jefferson und Charles Carroll aus Maryland.) Dann offerierte er die Jeffersonsche Version der Tat, die das «Heer von Helden» vollbracht hatte:

Möge sie für die Welt das sein, was sie meiner Überzeugung nach sein wird (für einige Teile früher, für andere später, aber schließlich für alle): das Signal, das die Menschen wachrüttelt, damit sie die Ketten zerbrechen, unter denen sich zu binden mönchische Ignoranz und Aberglaube sie überredet hatten, und die Segnungen und die Sicherheit der Selbstregierung annehmen. ... Alle Augen sind geöffnet oder öffnen sich für die Menschenrechte. Die allgemeine Ausbreitung des Lichts der Wissenschaft hat bereits den Blicken aller die handgreifliche Wahrheit offengelegt, daß die Masse der Menschheit nicht mit einem Sattel auf dem Rükken geboren ist, und auch nicht einige begünstigte Wenige, gestiefelt und gespornt, bereitstehen, sie legitim zu reiten, durch die Gnade Gottes. Das sind Gründe der Hoffnung für andere; für uns soll die jährliche Wiederkehr dieses Tages für immer unsere Erinnerungen an diese Rechte und eine unverminderte Hingabe an sie erneuern.[68]

Das war die klassische Jeffersonsche Version. Darin erschien die Amerikanische Revolution als eine Explosion, die Amerika von England, von Europa, ja überhaupt von der Vergangenheit abkoppelte, als der erste Schuß eines globalen Kampfes für die Befreiung von allen Formen der Unterdrückung, der um die Welt fegen sollte. Die Amerikanische Revolution hatte nicht nur der Tyrannei des englischen Königs und des britischen Parlaments eine Absage erteilt; sie hatte sich allen politischen Institutionen mit Zwangsbefugnissen jeglicher Art entgegengestellt, einschließlich der Art von nationaler Regierung, wie sie die Föderalisten in den 1790er Jahren errichtet hatten.

Die inspirierte Rhetorik der Aussage war keine originale Schöpfung. Die Wendungen «Sattel auf dem Rücken» und «begünstigte Wenige, gestiefelt und gespornt» waren einer berühmten Rede entnommen, die Oberst Richard Rumbold, ein puritanischer Soldat, der 1685 wegen Landesverrats verurteilt worden war, gehalten hatte; er hatte diese Worte gesprochen, bevor er gehenkt wurde. Jefferson besaß mehrere Werke über englische Geschichte, in denen die Rede Rumbolds abgedruckt war. (Vielleicht glaubte Jefferson, als Sterbender wie Rumbold habe er jedes Recht, ein beliebtes Stück Beredsamkeit für sich zu reklamieren.) Doch die entlehnte Rhetorik war nur ein kleines Element einer einzigartig Jeffersonschen Botschaft, die einen *inhärent* rhetorischen Charakter hatte – das heißt, sie stellte die Probleme auf einer vergeistigten Höhe dar, wo alle Antworten selbstverständlich waren und keine wirklichen Entscheidungen getroffen zu werden brauchten. Und das war letztlich die Quelle ihres betörenden Reizes. Die Jeffersonsche Vision schwebte. Sie funktionierte auf Inspirationsniveaus oberhalb der peinigenden Besonderheiten, wie eine Urknalltheorie der Amerikanischen Revolution, der es nunmehr bestimmt war, sich naturwüchsig und unvermeidlich über die Welt auszudehnen, ohne noch Zweifeln zu unterliegen oder von menschlichem Tun abhängig zu sein.[69]

Adams erhielt ebenfalls viele Anfragen von Komitees des Bundes und der Staaten, die damit beauftragt waren, die Feier des «Unabhängigkeitsjubiläums», wie man es nannte, zu organisieren. Respektlos bis zum Schluß weigerte er sich eine Zeitlang und beharrte darauf, daß der 4. Juli nicht wirklich das richtige Datum sei, ja, daß es ein einziges richtiges Datum überhaupt nicht gebe und daß die Verabschiedung der Unabhängigkeitserklärung nur ein dekorativer Anlaß gewesen sei, dem jede umfassendere historische Bedeutung fehle. Als eine Delegation aus Quincy zu ihm zu Besuch kam, um ihn um Worte für einen Trinkspruch bei den örtlichen Feierlichkeiten zu bitten, war er kurz angebunden. «Ich will euch UNABHÄNGIGKEIT FÜR IMMER geben», antwortete er. Als man ihn um Spezifizierung oder Erklärung bat, weigerte er sich. «Nicht ein Wort», beharrte er.

Schließlich entlockten Freunde der Familie dem sonst so gesprächigen Patriarchen einige erläuternde Äußerungen. Er gestand ein, daß die Ära der Amerikanischen Revolution «eine denkwürdige Epoche in den Annalen des Menschengeschlechts» gewesen sei, aber über ihre Bedeutung hatte die Jury seines Erachtens ihre Beratungen noch nicht abgeschlossen. Er zweifelte daran, daß die republikanischen Grundsätze, welche die Gründergeneration gepflanzt hatte, in fremdem Boden gedeihen würden. Weder Europa noch Lateinamerika waren für sie bereit. Selbst in den Vereinigten Staaten war das Schicksal dieser Grundsätze immer noch problematisch. Er warnte, Amerika sei es bestimmt, «in der Geschichte der Zukunft das strahlendste oder das schwärzeste Kapitel zu bilden, je nach dem Gebrauch oder dem Mißbrauch derjenigen politischen Institutionen, durch die sie in künftiger Zeit vom *menschlichen Geist* gestaltet werden sollen». Die Bitte, für die Nachwelt zu posieren, beantwortete er, indem er hinging und ihr eine Herausforderung entgegenschleuderte.[70]

Die Adamssche Formulierung war das genaue Gegenteil der Erklärung Jeffersons. Ihr fehlten die lyrische Beredsamkeit und der schwebende Optimismus der Jeffersonschen Version, weil sie in dem handgreiflichen Gefühl der Kontingenz verankert war, das Adams während seiner langen Laufbahn verinnerlicht hatte. Für ihn war die Amerikanische Revolution immer noch ein Experiment, eine Seefahrt in unerforschte Gewässer, die kein anderes Staatsschiff je erfolgreich befahren hatte. Es gab keine Karten oder Pläne, um eine republikanische Regierung zu leiten, die ihre Autorität und Legitimität von der öffentlichen Meinung abzuleiten beanspruchte, jener trüben Quelle der Souveränität, die ebenso unruhig und unberechenbar sein konnte wie die Wogen des Ozeans. Er war auf dieser Jungfernfahrt ein Mitglied der Mannschaft gewesen, ja, er hatte eine Zeitlang am Steuer gestanden, und so wußte er so gut wie nur einer, besser als die meisten, daß sie bei mehreren Gelegenheiten fast Schiffbruch erlitten hätten und gesunken wären, daß sie sich während der 1790er Jahre erbittert über den richtigen Kurs gestritten hatten. Jefferson schien zu meinen, daß das Schiff, wenn es erst einmal von den britischen Docks abgelegt hatte und nicht mehr mit europäischem Gepäck belastet war, von selbst in den sprichwörtlichen Sonnenuntergang segeln würde. Adams glaubte es besser zu wissen, und er würde auch in dem Glauben ins Grab sinken, daß eine mit allen Vollmachten ausgestattete Bundesregierung nach föderalistischem Modell eine Erfüllung des Kurses war, den sie zu Beginn eingeschlagen hatten, und kein Verrat an ihm. Ohne eine autorisierte Zentralregierung, welche die immer noch fragile amerikanische Republik steuern sollte, würde die neue Mannschaft mit Sicherheit an jenem riesigen Felsen namens Sklaverei scheitern, der unmittelbar voraus in mittlerer Entfernung aufragte und von dem selbst Jefferson einräumte, daß er ein «Brecher» sei.

Die stärker von der Vorsehung geprägte Darstellung, die Jefferson von diesem Geschehen lieferte, triumphierte in den Geschichtsbüchern, wie es Adams vorhergesehen hatte, unterstützt durch einen letzten Akt des Schicksals, den jeder, damals wie heute, als die unüberhörbare Stimme Gottes ansah. Am Abend des 3. Juli 1826 fiel Jefferson in ein Koma. Die letzten verständlichen Worte, die er an den Arzt und die Familie richtete, welche sich um sein Bett versammelt hatten, ließen erkennen, daß er hoffte, den Zeitpunkt für seinen Abgang in dramatischer Weise zu wählen: «Ist es der Vierte?» Es war nicht der Vierte, aber er verharrte in halbbewußtem Zustand bis kurz nach Mittag an diesem magischen Tag. An demselben

Morgen brach Adams in seinem Lieblings-Lesestuhl zusammen. Fast genau in dem Moment, in dem Jefferson starb, verfiel er in Bewußtlosigkeit. Das Ende kam schnell, etwa um halb sechs Uhr am Nachmittag. Einmal wachte er kurz auf und gab zu verstehen, daß nichts mehr unternommen werden sollte, um das Unvermeidliche hinauszuzögern, und dann, mit deutlicher Anstrengung, entbot er seinem alten Freund noch einen Gruß mit seinen letzten Worten: «Thomas Jefferson überlebt» oder, nach einer anderen Darstellung, «Thomas Jefferson ist noch am Leben». Wie immer die Worte lauteten, er irrte sich an jenem Tag, aber er behielt recht für alle Zeiten.[71]

Anmerkungen

Mit den folgenden Anmerkungen unternehme ich den Versuch, die üblichen Regeln des wissenschaftlichen Zitierens auf vernünftige Weise in die Praxis umzusetzen. Eine vollständige Auflistung sämtlicher Bücher und Artikel, die ich herangezogen habe, würde den Umfang der Anmerkungen auf den des Textes anschwellen lassen. Das erscheint mir unhandlich, es wäre mehr, als die meisten Leser haben wollen, und eindeutig ein Fall von demonstrativer Gelehrsamkeit. Ich habe alle im Text zitierten Primärquellen angeführt sowie diejenigen Sekundärquellen, die mir ertragreich erscheinen oder die einen deutlichen Einfluß auf mein Denken ausgeübt haben. Die unangenehme Wahrheit ist, daß dieses Buch einen Extrakt aus der historischen Literatur über die Revolutionsära darstellt, die ich im Laufe der vergangenen 30 Jahre gelesen habe. Wollte ich alle wissenschaftlichen Einflüsse, die meine Interpretation der Revolutionsgeneration geprägt haben, genau aufführen, dann würde das zu einem mächtigen Verzeichnis führen, das immer noch nicht die ganze Wahrheit erfaßte. Zum teilweisen Ausgleich für meine Unterlassungssünden habe ich in die Anmerkungen hier und da meine Einschätzung der angeführten Quellen eingestreut und ihnen so stellenweise den Anstrich eines bibliographischen Essays gegeben.

Abkürzungen

Adams	*The Microfilm Edition of the Adams Papers*, 608 Rollen, Boston 1954–59.
AHR	*American Historical Review.*
Boyd	Julian P. Boyd et al. (Hg.), *The Papers of Thomas Jefferson*, bislang 26 Bände, Princeton 1950–.
Cappon	Lester G. Cappon (Hg.), *The Adams-Jefferson Letters: The Complete Correspondence Between Thomas Jefferson and Abigail and John Adams*, Bd. 1–2, Chapel Hill 1959.
Fitzpatrick	John C. Fitzpatrick (Hg.), *Writings of George Washington*, Bd. 1–39, Washington, D. C. 1931–39.
Ford	Paul Leicester Ford (Hg.), *The Writings of Thomas Jefferson*, Bd. 1–10, New York 1892–99.
JAH	*Journal of American History.*
JER	*Journal of the Early Republic.*
JSH	*Journal of Southern History.*
NEQ	*New England Quarterly.*

Rutland Robert A. Rutland et al. (Hg.), *The Papers of James Madison*, bislang 22 Bände, Charlottesville 1962-.

Smith James Morton Smith (Hg.), *The Republic of Letters: The Correspondence Between Thomas Jefferson and James Madison, 1776–1826*, Bd. 1–3, New York 1995.

Spur John A. Schutz u. Douglass Adair (Hg.), *The Spur of Fame: Dialogues of John Adams and Benjamin Rush, 1805–1813*, San Marino 1966.

Syrett Harold Syrett (Hg.), *The Papers of Alexander Hamilton*, Bd. 1–26, New York 1974–92.

VMHB *Virginia Magazine of History and Biography.*

WMQ *William and Mary Quarterly*, Third Series.

Works Charles Francis Adams (Hg.), *The Works of John Adams, Second President of the United States*, Bd. 1–10, Boston 1850–56.

Writings George Washington, *Writings*, hg. v. John Rhodehamel, Library of America, New York 1997.

Vorwort

1 Adams an Nathan Webb, 12. Oktober 1755, in: *Works*, Bd. 1, S. 23–34; Adams an Abigail Adams, 2. Juni 1776, in: Lyman Butterfield (Hg.), *Adams Family Correspondence*, Bd. 1–3, Cambridge, Mass., 1963, Bd. 2, S. 3; Adams an Benjamin Rush, 21. Mai 1807, in: *Spur*, S. 89.

2 Francis Fukuyama, *Das Ende der Geschichte: Wo stehen wir?*, München 1992.

3 Benjamin Rush an Adams, 20. Juli 1811, in: *Spur*, S. 183.

4 Ira Gruber, *The Howe Brothers and the American Revolution*, Williamsburg 1972; Kevin Phillips, *The Cousins' War: Religion, Politics, and the Triumph of Anglo-America*, New York 1999, S. 291–99.

5 *Writings*, S. 517.

6 Zur republikanischen Ideologie als trotziger Absage an konsolidierte Macht ist ergiebig Bernard Bailyn, *Ideological Origins of the American Revolution*, Cambridge, Mass., 1967; bezogen auf die 1780er Jahre ist das klassische Werk Gordon Wood, *The Creation of the American Republic*, Chapel Hill 1969; bezogen auf die 1790er Jahre ist die Standardquelle Lance Banning, *The Jeffersonian Persuasion: Evolution of a Party Ideology*, Ithaca, N. Y., 1978.

7 Adams an Benjamin Rush, 10. Juli 1812, in: *Spur*, S. 231 f.

8 T. H. Breen, «Ideology and Nationalism on the Eve of the American Revolution: Revisions *Once More* in Need of Revising», in: *JAH* 84 (Juni 1997), S. 13–39; John Murrin, «A Roof Without Walls: The Dilemma of American National Identity», in: Richard Beeman, Stephen Botein, Edward Carter (Hg.), *Beyond Confederation: Origins of the Constitution and American National Identity*, Chapel Hill 1987, S. 334–38.

9 Jefferson an William Fleming, 1. Juli 1776, in: Boyd, Bd. 1, S. 411 f.; U. S. Bureau of Census, *First Census*, Baltimore 1966, S. 6–8.

10 Laurel Thatcher Ulrich, *A Midwife's Tale: The Life of Martha Ballard Based on Her Diary*, 1785–1812, New York 1990; Robert E. Desrochers, Jr., «‹Not Fade Away›: The Narrative of Venture Smith, an African American in the Early Republic», in: *JAH* 84 (Juni 1997), S. 40–66. Ein anderer Ansatz besteht darin, die politische Kultur «von unten» zu untersuchen, das heißt, die Art und Weise, in der Einstellungen auf lokaler Ebene in öffentlichen Zeremonien und Ritualen geprägt wurden. Aus dieser Richtung ist die beste Analyse des sich entwickelnden Nationalismus David Waldstreicher, *In the Midst of Perpetual Fêtes: The Making of American Nationalism*, 1776–1820, Chapel Hill 1997.

11 Mercy Otis Warren, *History of the Rise, Progress, and Termination of the American Revolution*, Bd. 1–3, Boston 1805; John Marshall, *The Life of George Washington*, Bd. 1–5, Philadelphia 1804–07.

12 Meine Gedanken zum Zirkelcharakter der Debatte über die Amerikanische Revolution wurden angeregt von einer analogen Analyse der Französischen Revolution durch François Furet, *1789: Vom Ereignis zum Gegenstand der Geschichtswissenschaft*, übers. v. Tamara Schoenbaum-Holtermann, Frankfurt a.M. 1980.

13 Martin Smelser, «The Federalist Period as an Age of Passion», in: *American Quarterly* 10 (Winter 1958), S. 391–419; siehe auch John R. Howe, Jr., «Republican Thought and the Political Violence of the 1790s», in: *American Quarterly* 19 (Sommer 1967), S. 147–65.

14 Die Einschätzung Whiteheads ist als ein Gespräch mit Perry Miller wiedergegeben in Millers Aufsatzsammlung *Nature's Nation*, Cambridge, Mass. 1967, S. 3 f. Einen praktischen Überblick über die 99 Männer, welche die Unabhängigkeitserklärung und die Verfassung unterzeichneten, gibt Richard D. Brown, «The Founding Fathers of 1776 and 1787: A Collective View», in: *WMQ* 33 (Juli 1976), S. 465–80.

15 Douglass Adair, «Fame and the Founding Fathers», in: Trevor Colbourn (Hg.), *Fame and the Founding Fathers: Essays by Douglass Adair*, New York 1974, S. 3–26.

1 Das Duell

1 Die originellste und neueste Interpretation des Duells bietet Joanne Freeman, «Dueling as Politics: Reinterpreting the Burr-Hamilton Duel», in: *WMQ* 53 (April 1996), S. 289–318. Die vollständigste Darstellung der Geschichte gibt W. J. Rorabaugh, «The Political Duel in the Early Republic», in: *JER* 15 (Frühjahr 1995), S. 1–23. Alle Biographen Burrs und Hamiltons behandeln selbstverständlich das Duell. Die Standard-Dokumentensammlung ist Harold C. Syrett u. Jean G.

Cooke (Hg.), *Interview at Weehawken*, Middletown, Conn. 1960. Die maßgebliche Sammlung, der eine Einführung voller Takt und Weisheit vorangestellt ist, ist Syrett, Bd. 26, S. 235–349.

2 Die Standardbiographie Burrs ist Milton Lomask, *Aaron Burr*, Bd. 1–2, New York 1979–82. Immer noch hilfreich wegen des darin enthaltenen Originalmaterials ist James Parton, *The Life and Times of Aaron Burr*, New York 1864.

3 Es gibt mehrere ausgezeichnete Hamilton-Biographien. Die Standarddarstellung ist Broadus Mitchell, *Alexander Hamilton*, Bd. 1–2, New York 1957–62. Was die reine Lesbarkeit angeht, ist John C. Miller, *Alexander Hamilton and the Growth of the New Nation*, New York 1964, recht gut; hinzu kommt jetzt Richard Brookhiser, *Alexander Hamilton, American*, New York 1999. Das prägnanteste und am schärfsten gezeichnete Porträt ist Jacob Ernest Cooke, *Alexander Hamilton: A Biography*, New York 1979. Alt, aber zuverlässig ist Nathan Schachner, *Alexander Hamilton*, New York 1946, wo sich auch eine ausgezeichnete Darstellung des Duells findet.

4 «Statement on Impending Duel with Aaron Burr», in: Syrett, Bd. 26, S. 278–81.

5 Parton, *The Life and Times of Aaron Burr*, S. 349–55, bietet eine großartige Beschreibung des Geländes, wie es etwa 50 Jahre nach dem Duell immer noch aussah.

6 Zur Geschichte des Duells als Institution fand ich vor allem folgende Werke hilfreich: Edward L. Ayers, *Vengeance and Justice: Crime and Punishment in the 19th Century American South*, New York 1984; V. G. Kiernan, *The Duel in European History: Honour and the Reign of Aristocracy*, Oxford 1986; Lorenzo Sabine, *Notes on Duels and Dueling...*, Boston 1855; Bertram Wyatt-Brown, *Southern Honor: Ethics and Behavior in the Old South*, New York 1982.

7 Merrill Lindsay, «Pistols Shed Light on Famed Duel», in: *Smithsonian*, November 1971, S. 94–98; siehe auch Virginius Dabney, «The Mystery of the Hamilton-Burr Duel», in: *New York*, 29. März 1976, S. 37–41.

8 Syrett, Bd. 26, S. 306–08.

9 David Hosack an William Coleman, 17. August 1804, ebd., S. 344–47.

10 «Joint Statement by William P. Van Ness and Nathaniel Pendleton on the Duel Between Alexander Hamilton and Aaron Burr», 17. Juli 1804, ebd., S. 333–36.

11 Benjamin Moore an Coleman, 12. Juli 1804, ebd., S. 314–17.

12 Ebd., S. 322–29.

13 William Coleman, *A Collection of the Facts and Documents, Relative to the Death of Major-General Hamilton*, New York 1804, das einen Überblick über die Zeitungsberichterstattung und zahlreiche Lobreden auf Hamilton enthält. Angesehen habe ich mir auch die Angriffe auf Burr in den Leitartikeln James Cheethams, die im Juli und August

1804 im *American Citizen* erschienen, sowie die Burr-freundlichen Leitartikel in der *Morning Chronicle* aus dem gleichen Zeitraum. Die Geschichte über die Wachsfigur, die Burr im Hinterhalt darstellt, stammt aus Parton, *The Life and Times of Aaron Burr*, S. 616.

14 Siehe den Briefwechsel zwischen Van Ness und Pendleton und anschließend «Joint Statement», in: Syrett, Bd. 26, S. 329–36.

15 Siehe die Dokumente und Anmerkungen ebd., S. 335–40.

16 In der Forschung wird einhellig die Hamiltonsche Version des Duells akzeptiert, in erster Linie deshalb, weil sie die zeitgenössischen Darstellungen in der Presse beherrschte, und außerdem deshalb, weil sie die einzige Version ist, die zu den Bemerkungen über die immer noch geladene Pistole paßt, die Hamilton angeblich gemacht hatte. Auch wenn absolute Gewißheit für uns nicht zu erreichen ist, stellt meines Erachtens das «Intervallproblem», wie wir es nennen könnten, ein unüberwindliches Hindernis für die Hamiltonsche Version dar. Aus diesem Grunde erscheint, obgleich das Rätsel vom Wesen der Sache her im Sinne absoluter Endgültigkeit unlösbar bleiben muß, die hier vorgelegte Interpretation am plausibelsten und am ehesten mit dem zu vereinbaren, was Juristen als «die überwiegende Zahl der Beweise» bezeichnen würden. Sie bewahrt auch das, was den Hamiltonianern am meisten am Herzen liegt, nämlich Hamiltons erklärte Absicht, nicht auf Burr zu schießen. Es gibt eine Burr-freundliche Version, die anders argumentiert: Samuel Engle Burr, *The Burr-Hamilton Duel and Related Matters*, San Antonio 1971.

17 Burr an Van Ness, 9. Juli 1804, in: Syrett, Bd. 26, S. 295 f. Zu der Tradition, daß man zielt, um zu verletzen, aber nicht zu töten, siehe Hamilton Cochrane, *Noted American Duels and Hostile Encounters*, Philadelphia 1963; Don C. Seitz, *Famous American Duels*, New York 1919; und Evarts B. Greene, «The Code of Honor in Colonial and Revolutionary Times, with Special Reference to New England», in: *Publications of the Colonial Society of Massachusetts* 26 (1927), S. 367 f.

18 Charles D. Cooper an Philip Schuyler, 23. April 1804, in: Syrett, Bd. 26, S. 243–46; siehe auch Burr an Hamilton, 18. Juni 1804, ebd., S. 241–43.

19 Hamilton an Burr, 20. Juni 1804, ebd., S. 247–49.

20 Burr an Hamilton, 21., 22. Juni 1804, ebd., S. 249 f., 255.

21 Burr an Van Ness, 25. Juni 1804; «Instructions to Van Ness», 22.–23. Juni 1804; Van Ness an Pendleton, 26. Juni 1804, ebd., S. 256–69.

22 Burr an Van Ness, 25. Juni 1804, ebd., S. 265.

23 Pendleton an Van Ness, 26. Juni 1804, ebd., S. 270 f.

24 Burr an Van Ness, 26. Juni 1804; Van Ness an Pendleton, 27. Juni 1804, ebd., S. 266 f., 272 f. Das Randolph-Zitat findet sich in Syrett u. Cooke (Hg.), *Interview at Weehawken*, S. 171.

25 Burr, «Instructions to Van Ness», 26. Juni 1804; Van Ness an Pendleton, 27. Juni 1804, ebd., S. 266 f., 272 f.

26 Mary-Jo Kline (Hg.), *Political Correspondence and Public Papers of Aaron Burr*, Bd. 1–2, Princeton 1983, Bd. 2, S. 876–83, zur Anmerkung der Herausgeberin über Burr und zum Duell; siehe auch Parton, *The Life and Times of Aaron Burr*, S. 352 f., zur Geistesverfassung Burrs am Vorabend des Duells.

27 Douglass Adair, «What Was Hamilton's ‹Favorite Song›?», in: *WMQ* 12 (April 1955), S. 298–307, zur Bemerkung Trumbulls und zu dem Lied, das Hamilton wahrscheinlich sang.

28 Anmerkungen des Herausgebers in Syrett, Bd. 26, S. 292 f.; Hamilton an James A. Hamilton, Juni 1804, ebd., S. 281 f.

29 Ebd., S. 279–81.

30 Ebd., S. 280.

31 Anthony Merry an Lord Harroby, 6. August 1804, in: Kline (Hg.), *Burr Papers*, Bd. 2, S. 891–93.

32 Ayers, *Vengeance and Justice*, S. 8–15, 275; Bertram Wyatt-Brown, «Andrew Jackson's Honor», in: *JER* 17 (1997), S. 7 f.; Kenneth S. Greenberg, «The Nose, the Lie, and the Duel in the Antebellum South», in: *AHR* 95 (1990), S. 57–74.

33 Henry Adams, *History of the United States of America During the Administrations of Thomas Jefferson and James Madison*, Bd. 1–2, New York 1986, Bd. 1, S. 429 f.

34 Diese summarische Darstellung der politischen Rivalität basiert auf einer Vielzahl von Quellen, aber die knappste Synthese findet sich in Syrett, Bd. 26, S. 238 f.

35 Syrett u. Cooke (Hg.), *Interview at Weehawken*, S. 16 f.

36 Hamilton an Oliver Wolcott, Jr., 16. Dezember 1800, in: Syrett, Bd. 25, S. 257 f.

37 Die wohlwollendste Interpretation des Burrschen Verhaltens während des Präsidentschaftsdramas von 1801 ist Lomask, *Aaron Burr*, Bd. 2, S. 268–95, und sie findet Burr nicht so sehr unschuldig, als daß sie zu dem Ergebnis kommt, er sei nicht schuldig gewesen.

38 Die beste kurze Charakterskizze Burrs, fair und zugleich kritisch, ist Stanley Elkins u. Eric McKitrick, *The Age of Federalism: The Early American Republic, 1787–1800*, New York 1993, S. 743–46.

39 Adams, *History*, Bd. 1, S. 409–30; siehe auch Henry Adams (Hg.), *Documents Relating to New England Federalism, 1800–1815*, Boston 1905, S. 46–63, 107–330, 338–65.

40 Hamilton an Theodore Sedgwick, 10. Juli 1804, in: Syrett, Bd. 26, S. 309; siehe auch die ausführlichen Anmerkungen des Herausgebers ebd., S. 310.

41 Das beste Buch zur inhärenten Anfälligkeit der amerikanischen Politik in dieser Ära ist James Roger Sharp, *American Politics in the Early Republic: The New Nation in Crisis*, New Haven 1993.

42 Der hier erwähnte Fall war *People v. Croswell*, der im Februar 1804 verhandelt wurde; darin verteidigte Hamilton den Herausgeber einer kleinen Landzeitung mit dem passenden Namen *The Wasp*, der an-

geblich verleumderische Äußerungen über Adams, Jefferson und Washington veröffentlicht hatte. Hamilton vertrat die Auffassung, ungeachtet von Beschlüssen niederer Gerichte, die gegen diesen Grundsatz entschieden hatten, sei der Wahrheitsbeweis eine legitime Verteidigung gegen den Vorwurf der Verleumdung. Er verlor den Fall, aber das Parlament von New York setzte im darauffolgenden Jahr ein neues Gesetz gegen Verleumdung in Kraft, das Hamiltons Formulierungen verwendete. Siehe die Darstellung bei Cooke, *Alexander Hamilton*, S. 359.

43 Zum unbeständigen Charakter der Politik in der frühen Republik ist ergiebig John R. Howe, Jr., «Republican Thought and the Political Violence of the 1790s», in: *American Quarterly* 19 (Frühjahr 1967), S. 148–65. Dieses Thema ist auch ein Strang in der maßgebenden Geschichte der politischen Kultur: Elkins u. McKitrick, *The Age of Federalism*, insbesondere S. 3–50.

44 Zu den minimalen politischen Aussichten Burrs siehe Lomask, *Aaron Burr*, Bd. 1, S. 302; zu denjenigen Hamiltons siehe Cooke, *Alexander Hamilton*, S. 238. Das Zitat von John Quincy Adams findet sich in Adams (Hg.), *Documents*, S. 167. Das Holmes-Zitat stammt aus Leonard Levy (Hg.), *American Constitutional Law: Historical Essays*, New York 1966, S. 57.

2 Das Dinner

1 Siehe Boyd, Bd. 17, S. 205–07, zu Jeffersons Darstellung des Dinners. Drei wissenschaftliche Artikel erfassen die Interpretationsprobleme, um die es hier geht: Jacob E. Cooke, «The Compromise of 1790», in: *WMQ* 27 (1970), S. 523–45; Kenneth Bowling, «Dinner at Jefferson's: A Note on Jacob E. Cooke's ‹The Compromise of 1790›», in: *WMQ* 28 (1971), S. 629–48; Norman K. Risjord, «The Compromise of 1790: New Evidence on the Dinner Table Bargain», in: *WMQ* 33 (1976), S. 309–14.

2 *New York Journal*, 27. Juli 1790, zitiert in: Boyd, Bd. 17, S. 182.

3 Jefferson an James Monroe, 20. Juni 1790, in: Boyd, Bd. 16, S. 536–38. Siehe auch Monroe an Jefferson, 3. Juli 1790, ebd., S. 596f.

4 Boyd, Bd. 17, S. 207.

5 Zu Madison als fruchtbarem politischem Denker siehe Lance Banning, *The Sacred Fire of Liberty: James Madison and the Founding of the Federal Republic*, Ithaca, N. Y. 1995; Drew McCoy, *The Last of the Fathers: James Madison and the Republican Legacy*, Cambridge 1989; und Marvin Meyers (Hg.), *The Mind of the Founder: Sources of the Political Thought of James Madison*, Hanover, N. H. 1981.

6 Die gründlichste, aber knappe Darstellung der Laufbahn Madisons in den 1780er Jahren liefern die einleitenden Aufsätze zu seiner Korrespondenz mit Jefferson während dieser Jahre in: Smith, Bd. 1, S. 204–661.

7 Die Standardbiographie Madisons ist Irving Bryant, *James Madison*, Bd. 1–6, Indianapolis 1941–61. Siehe auch Ralph Ketcham, *James Madison: A Biography*, New York 1971, und Jack N. Rakove, *James Madison and the Creation of the American Republic*, Glenview, Ill. 1990. Das Zitat stammt aus Madison an Jared Sparks, 1. Juni 1831, in: Gaillard Hunt (Hg.), *The Writings of James Madison*, Bd. 1–10, New York 1890–1910, Bd. 9, S. 460.

8 Das Zitat stammt aus McCoy, *The Last of the Fathers*, S. XIII.

9 Adrienne Koch, *Jefferson and Madison: The Great Collaboration*, New York 1950. Das Zitat von John Quincy Adams findet sich in: Smith, Bd. 1, S. 2.

10 Hamilton an Madison, 12. Oktober 1789, in: Rutland, Bd. 12, S. 434 f.; zu den Ansichten, die Jefferson während seiner Pariser Jahre über die Verfassung hatte, siehe Joseph J. Ellis, *American Sphinx: The Character of Thomas Jefferson*, New York 1997, S. 97–105.

11 Das maßgebliche Werk zu Jeffersons Generationenargument ist Herbert E. Sloan, *Principle and Interest: Thomas Jefferson and the Problem of Debt*, New York 1995.

12 Die beste Sekundärdarstellung der Bekehrung Madisons ist Stanley Elkins u. Eric McKitrick, *The Age of Federalism: The Early American Republic, 1787–1800*, New York 1993, S. 77–92.

13 *Report Relative to a Provision for the Support of Public Credit*, in: Syrett, Bd. 6, S. 52–168, wo sich auch eine hilfreiche Anmerkung des Herausgebers zu den wesentlichen Elementen des Hamiltonschen Plans findet.

14 Siehe Madisons Rede im Repräsentantenhaus am 11. Februar 1790, in: Rutland, Bd. 13, S. 34–39; siehe auch Madison an Jefferson, 24. Januar 1790, ebd., S. 3 f.; Benjamin Rush an Madison, 18. Februar 1790, ebd., S. 45–47.

15 Ebd., S. 36 f., 47–56, 58 f.

16 Ebd., S. 60–62, 65 f., 81 f., 163–74, zu den wichtigsten Reden, die Madison im Repräsentantenhaus gegen die Übernahme hielt.

17 Madison an Jefferson, 8. März 1790; Madison an Edmund Randolph, 21. März 1790; Madison an Henry Lee, 13. April 1790, ebd., S. 95, 110, 147 f.

18 Lee an Madison, 4. März, 3. April 1790, ebd., S. 87–91, 136 f.

19 Madison an Edmund Pendleton, 2. Mai 1790; George Nicholas an Madison, 3. Mai 1790; Edward Carrington an Madison, 7. April 1790, ebd., S. 184 f., 187, 142.

20 Madison an Jefferson, 17. April 1790, ebd., S. 151.

21 Diese Skizze der Persönlichkeit Hamiltons stellt meinen interpretierenden Extrakt aus den zahlreichen Biographien dar. Das Thema Unsicherheit nimmt eine zentrale Stellung ein in: Jacob Ernest Cooke, *Alexander Hamilton: A Biography*, New York 1979, S. Vf.

22 Auf diesem Gelände finden sich die Hufabdrücke ganzer Herden von Historikern und Biographen. Ich fand Forrest McDonald, *Alexander*

Hamilton, New York 1979, S. 117–88, zu diesen Themen von allen Biographen am anregendsten und originellsten, und Cooke, *Alexander Hamilton*, S. 73–84, erschien mir am zuverlässigsten und solidesten. Den Hintergrund zum *Report on the Public Credit* behandelt knapp und vernünftig die Anmerkung des Herausgebers in Syrett, Bd. 6, S. 51–65.

23 Zu den Argumenten Hamiltons gegen die «Unterscheidung» siehe Syrett, Bd. 6, S. 70–78, sowie die Dokumentation, die der Herausgeber ebd., S. 58f., liefert.

24 Ebd., S. 70, 80–82.

25 Das Zitat über die «Festigung angeschlagener politischer Positionen» stammt aus Cooke, *Alexander Hamilton*, S. 94. Die hier und in den nachfolgenden Abschnitten gegebene Deutung greift auf alle Standardquellen zurück. Die beiden einflußreichsten Sekundärdarstellungen sind, wiederum meines Erachtens, Jacob E. Cooke (Hg.), *The Reports of Alexander Hamilton*, S. VII-XXIII, und Elkins u. McKitrick, *The Age of Federalism*, S. 93–136. In dem letztgenannten Titel finden sich Ausführungen über Hamiltons Fähigkeit zur «Projektion», womit die Autoren die Neigung meinen, ökonomische Trends vorauszusehen oder vorherzusagen. Ich behaupte hier, daß die Vision, die Hamilton «projizierte», ganz stark eine Projektion seines eigenen, unverwechselbaren Charakters darstellte.

26 Madison an Lee, 13. April 1790, in: Rutland, Bd. 22, S. 147f.

27 Hamilton an Lee, 1. Dezember 1789, in: Syrett, S. VI, I; Hamilton an William Duer, 4.–7. April 1790, ebd., S. 346f., zum Rücktritt und zu einer Anmerkung des Herausgebers über Duers unzweifelhafte Dieberеien. Der besten modernen Schätzung zufolge prellte er die Bundesregierung um private Profite in einer Höhe von insgesamt etwa 300000 Dollar.

28 Die beste neuere Untersuchung über die wirtschaftliche Zwangslage der virginischen Elite ist Bruce A. Ragsdale, *A Planter's Republic: The Search for Economic Independence in Revolutionary Virginia*, Madison 1994. Ältere, aber immer noch nützliche Studien sind unter anderem T. H. Breen, *Tobacco Culture: The Mentality of the Great Tidewater Planters on the Eve of the American Revolution*, Princeton 1985, und Norman Risjord, *Chesapeake Politics, 1781–1800*, New York 1978, S. 84–123. Zur wirtschaftlichen Lage Jeffersons und ihren psychologischen Auswirkungen siehe Sloan, *Principle and Interest*, S. 86–124.

29 Zur Verfassung Jeffersons während des Frühjahrs siehe Jefferson an Thomas Mann Randolph, 9. Mai 1790, in: Boyd, Bd. 16, S. 416. Zu Washingtons Gesundheitszustand siehe Jefferson an Randolph, 16. Mai 1790; Jefferson an William Short, 27. Mai 1790, ebd., S. 429, 444. Jeffersons Hauptinteresse galt seinem *Report on Weights and Measures*, ebd., S. 602–75.

30 Zu den Pariser Jahren Jeffersons siehe Dumas Malone, *Jefferson and His Time*, Bd. 1–6, Boston 1948–81, Bd. 2, und Ellis, *American*

Sphinx, S. 64–117. Das Zitat stammt aus Jefferson an Francis Hopkinson, 13. März 1789, in: Boyd, Bd. 14, S. 650.

31 Pauline Maier, *American Scripture: Making the Declaration of Independence*, New York 1997, S. 154–208.

32 Jefferson an Randolph, 18. April 1790; Jefferson an Lee, 26. April 1790; Jefferson an Randolph, 30. Mai 1790; Jefferson an George Mason, 13. Juni 1790, in: Boyd, Bd. 16, S. 351, 385 f., 449, 493.

33 Kenneth Bowling, *The Creation of Washington, D. C.: The Idea and Location of the American Capital*, Fairfax, Va. 1991, S. Xf., 148.

34 Ebd., S. 129–38, 161–81.

35 Madison an Pendleton, 20. Juni 1790, in: Rutland, Bd. 13, S. 252 f.; Richard Peters an Jefferson, 20. Juni 1790, in: Boyd, Bd. 16, S. 539.

36 Zu den Reden Madisons im Repräsentantenhaus siehe Rutland, Bd. 12, S. 369 f., 396, 416 f.

37 Bowling, *The Creation of Washington*, S. 190 f. Eine Arbeit, die zwar zu spät erschien, um Einfluß auf meine Interpretation zu gewinnen, die ich aber sehr bewundere, ist C. M. Harris, «Washington's Gamble, L'Enfant's Dream: Politics, Design, and the Founding of the National Capital», in: *WMQ* 56 (Juli 1999), S. 527–64.

38 Bowling, *The Creation of Washington*, S. 106–26, 164–66.

39 Madison an Pendleton, 20. Juni 1790, in: Rutland, Bd. 13, S. 252 f.

40 Risjord, «The Compromise of 1790», S. 309; Bowling, *The Creation of Washington*, S. 179–85; Notiz des Herausgebers in Rutland, Bd. 13, S. 243–46.

41 Cooke, «The Compromise of 1790», S. 523–45, hebt das Fehlen eines direkten Zusammenhangs zwischen den beiden Fragen – Schuldenübernahme und Regierungssitz – hervor. Er führt in seiner Interpretation die Abmachung auf eine Vielzahl von Treffen zurück, die vor dem Dinner bei Jefferson stattfanden. Meine Auffassung ist, daß die letztgenannte Sitzung den Handel besiegelte, indem sie die Verhandlungen über die Schulden Virginias zum Abschluß brachte. Ohne eine Verknüpfung mit der Frage des Regierungssitzes hätten jedoch weder Jefferson noch Madison zugestimmt.

42 Jefferson an George Gilmer, 27. Juni, 25. Juli 1790, in: Boyd, Bd. 16, S. 269, 575. Zum Thema der Schulden der Einzelstaaten und des Bundes ist die Standarddarstellung E. James Ferguson, *The Power of the Purse: A History of American Public Finance*, Chapel Hill 1961. Einige vergleichsweise geringfügige Korrekturen bietet William G. Anderson, *Price of Liberty: The Public Debt of the American Revolution*, Charlottesville 1983.

43 Die Zitate aus dem *Daily Advertiser* sind abgedruckt in: Boyd, Bd. 17, S. 452, 460. Siehe auch Bowling, *The Creation of Washington*, S. 201.

44 «Jefferson's Report to Washington on Meeting Held at Georgetown», 14. September 1790, in: Boyd, Bd. 17, S. 461 f.

45 Zu der Rundreise, die Jefferson und Madison im September durch die Region unternahmen, siehe Thomas Lee Shippen an William Shippen,

15. September 1790, ebd., S. 464 f.; zum Gespräch in Mount Vernon siehe Jefferson an Washington, 17. September 1790, ebd., S. 466 f. Die Zustimmung Madisons zur exekutiven Strategie als bevorzugter Lösung geht hervor aus «Memorandum on the Residence Act», 29. August 1790, in: Rutland, Bd. 13, S. 294–96. Washingtons Grundbesitz auf dem in Aussicht genommenen Gelände behandelt Bowling, *The Creation of Washington*, S. 212 f.

46 Jefferson an Washington, 27. Oktober 1790, in: Boyd, Bd. 17, S. 643 f.; die Rede Madisons im Repräsentantenhaus ist abgedruckt in: Rutland, Bd. 12, S. 264–66.

47 John Harvie, Jr., an Jefferson, 3. August 1790, in: Boyd, Bd. 17, S. 296; Carrington an Madison, 24. Dezember 1790, in: Rutland, Bd. 13, S. 331 f., wo sich auch die hier zitierten Formulierungen der Virginia-Resolution finden.

48 *Federal Gazette*, 20. November 1790, zitiert in: Boyd, Bd. 17, S. 459.

49 «Conjectures About the New Constitution», 17.–30. September 1787, in: Syrett, Bd. 6, S. 59; Hamilton an John Jay, 13. November 1790, in: Syrett, Bd. 7, S. 149 f.

50 Drei wissenschaftliche Bücher berühren diese Themen in unterschiedlicher Weise: Richard Buel, Jr., *Securing the Revolution: Ideology in American Politics, 1789–1815*, Ithaca, N. Y. 1972; James Roger Sharp, *American Politics in the Early Republic: The New Nation in Crisis*, New Haven 1993, das besonders gut den kontingenten Charakter der Verfassungsvereinbarung herausarbeitet; und Elkins u. McKitrick, *The Age of Federalism*, das dieses problematische Thema im Rahmen seiner Panoramadarstellung behandelt.

51 Adams an Francis Vanderkemp, 24. November 1818, in: *Adams*, Rolle 122.

52 Zur Errichtung von Washington, D. C., in den 1790er Jahren siehe Bob Arnebeck, *Through a Fiery Trial: Building Washington, 1790–1800*, Lanham, Md. 1991. Zu den spezifischen physischen Bedingungen, welche die neue Hauptstadt dem politischen Leben auferlegte, ist ergiebig James Sterling Young, *The Washington Community, 1800–1828*, New York 1966.

53 Elkins u. McKitrick, *The Age of Federalism*, S. 163–91, bieten ausführliche Überlegungen zu den nationalen und kulturellen Folgen des Verfahrens, einen idyllischen Ort zur neuen Hauptstadt zu wählen.

3 Das Schweigen

1 Linda Grant De Pauw et al. (Hg.), *Documentary History of the First Federal Congress of the United States*, Bd. 1–15, Baltimore 1972, Bd. 12, S. 277–87. Die Debatten über die Petitionen der Quäker werden in den meisten Sekundärdarstellungen der damaligen Zeit beiläufig erwähnt; siehe beispielsweise Stanley Elkins u. Eric McKitrick,

The Age of Federalism: The Early American Republic, 1787–1800, New York 1993, S. 151 f. Die vollständigste und neueste wissenschaftliche Darstellung gibt Richard S. Newman, «Prelude to the Gag Rule: Southern Reaction to Antislavery Petitions in the First Federal Congress», in: *JER* 16 (1996), S. 571–99. Siehe auch Howard Ohline, «Slavery, Economics, and Congressional Politics», in: *JSH* 46 (1980), S. 355–60.

2 *First Congress*, Bd. 12, S. 287 f.

3 Ebd., S. 289 f.

4 *First Congress*, Bd. 3, S. 294. Die Texte der Petitionen sind am leichtesten zugänglich in: Alfred Zilversmit, *The First Emancipation: The Abolition of Slavery in the North*, Chicago 1967, S. 159 f.

5 Mehr, viel mehr zu diesem Thema sogleich. Die besten Überblicke über den Gegenstand sind zunächst einmal Donald L. Robinson, *Slavery in the Structure of American Politics*, New York 1971, S. 201–47; David Brion Davis, *The Problem of Slavery in the Age of Revolution*, Ithaca, N. Y. 1975, S. 122–31; Duncan J. MacLeod, *Slavery, Race and the American Revolution*, Cambridge 1974, S. 37–39; Paul Finkelman, *Slavery and the Founders: Race and Liberty in the Age of Jefferson*, London 1996, S. 1–33. Siehe auch Sylvia R. Frey, *Water from the Rock: Black Resistance in a Revolutionary Age*, Princeton 1991.

6 *First Congress*, Bd. 12, S. 296.

7 Ebd., S. 307 f.

8 Ebd., S. 308–10.

9 Ebd., S. 297 f., 310 f. In *First Congress* sind mehrere Fassungen der Debatte wiedergegeben, die auf den unterschiedlichen zeitgenössischen Zeitungsberichten sowie auf der offiziellen Darstellung im *Congressional Register* beruhen. Die Berichte widersprechen sich selten, schwanken aber in ihrer Länge und Detailliertheit.

10 Ebd., S. 308.

11 Ebd., S. 296 f., 307.

12 Ebd., S. 298 f., 305 f.

13 Ebd., S. 311.

14 Ebd., S. 312.

15 *First Congress*, Bd. 3, S. 295 f.

16 Gary B. Nash, *Race and Revolution*, Madison 1990, S. 3–24, bietet die unbeirrteste neoabolitionistische Interpretation der Revolutionsära. Alle Standardabhandlungen über dieses Thema heben die überschwenglichen Erwartungen hervor, welche die Revolutionsideologie geweckt hatte: Davis, *The Problem of Slavery in the Age of Revolution*, S. 48–55; Robinson, *Slavery in the Structure of American Politics*, S. 98–130; Winthrop Jordan, *White Over Black: American Attitudes Toward the Negro, 1550–1812*, Chapel Hill 1968, S. 269–314. Zur fortwirkenden und quasi-religiösen Kraft der Unabhängigkeitserklärung siehe Pauline Maier, *American Scripture: Making the Decla-*

ration of Independence, New York 1997. Siehe auch die von Ira Berlin und Ronald Hoffman herausgegebene Aufsatzsammlung *Slavery and Freedom in the Age of the American Revolution*, Charlottesville 1983.

17 Robinson, *Slavery in the Structure of American Politics*, S. 124–29; MacLeod, *Slavery, Race and the American Revolution*, S. 21–29; Quaker Petition to the Continental Congress, 4. Oktober 1783, Urkundengruppe 360, National Archives, Washington, D. C. Die beste Dokumentensammlung zu dieser Phase der Antisklavereibewegung ist Roger Burns (Hg.), *Am I Not a Man and a Brother: The Antislavery Crusade of Revolutionary America, 1688–1788*, New York 1977, S. 397–490. Zur Sklaverei selbst ist das maßgebende Werk Philip Morgan, *Slave Counterpoint: Black Culture in the Eighteenth-Century Chesapeake and Low Country*, Chapel Hill 1998.

18 Zilversmit, *The First Emancipation*, S. 109–38.

19 Robert McColley, *Slavery in Jeffersonian Virginia*, Urbana, Ill., 1964, S. 141–62. Zu der anfangs führenden Stellung Jeffersons siehe Joseph J. Ellis, *American Sphinx: The Character of Thomas Jefferson*, New York 1997, S. 144–46.

20 Dieser Absatz stellt meinen Versuch dar, das wissenschaftliche Minenfeld zu bewältigen, mit dem jeder konfrontiert wird, der den anomalen Charakter der Sklaverei im Rahmen des ideologischen Erbes der Amerikanischen Revolution zu erklären sucht. Die wegen ihrer subtilen Behandlung der Ironien und der intellektuellen Unterscheidungen immer noch recht eindrucksvolle Standarddarstellung ist Davis, *The Problem of Slavery in the Age of Revolution*. Die stärksten Argumente für die radikalen Implikationen der revolutionären Ideologie bietet Gordon S. Wood, *The Radicalism of the American Revolution*, New York 1992, eine Arbeit, die das egalitäre Erbe hervorhebt, das sich dann langsam verbreitete, um die demokratische Gesellschaft zu schaffen, die Alexis de Tocqueville in den 1830er Jahren beschrieb. Macht man jedoch die Sklaverei zum Lackmustest der revolutionären Ideologie, dann sieht das Erbe alles andere als radikal aus. Die beste Darstellung dieser Fassung ist William W. Freehling, «The Founding Fathers, Conditional Antislavery, and the Nonradicalism of the American Revolution», in: ders. (Hg.), *The Reinterpretation of American History: Slavery and the Civil War*, New York 1994, S. 76–84.

21 Das Madison-Zitat stammt aus den Debatten auf dem Verfassungskonvent (28. Juni 1787) und ist abgedruckt in Max Farrand (Hg.), *The Records of the Federal Convention of 1787*, Bd. 1–4, New Haven 1937, Bd. 1, S. 486f. Die knappste neuere Untersuchung über die Rolle der Sklaverei auf dem Konvent ist Finkelman, *Slavery and the Founders*, S. 1–33. Die bahnbrechende wissenschaftliche Analyse ist Staughton Lynd (Hg.), *Class Conflict, Slavery, and the United States Constitution: Ten Essays*, Indianapolis 1967. Die umfassendste Würdigung im allgemeineren Kontext der «ursprünglichen Absicht» ist

Jack N. Rakove, *Original Meanings: Politics and Ideas in the Making of the Constitution*, New York 1996, S. 58, 70–74, 90–93.

22 *Records*, Bd. 2, S. 221–23, 364 f., 396–403.

23 *Records*, Bd. 1, S. 605; Bd. 2, S. 306.

24 Finkelman, *Slavery and the Founders*, S. 34–57, bietet die neueste wissenschaftliche Einschätzung der Northwest Ordinance und betont deren inhärente Zwiespältigkeit. Eine optimistischere Interpretation wird nahegelegt von William W. Freehling, «The Founding Fathers and Slavery», in: *AHR* 77 (1972), S. 81–93. Siehe auch Peter Onuf, «From Constitution to Higher Law: The Reinterpretation of the Northwest Ordinance», in: *Ohio History* 94 (1985), S. 5–33.

25 Finkelman, *Slavery and the Founders*, S. 19–31; Rakove, *Original Meanings*, S. 85–89.

26 Jonathan Elliot (Hg.), *The Debates in the Several State Conventions on the Adoption of the Federal Constitution*, Bd. 1–5, Philadelphia 1896, Bd. 2, S. 41, 149, 484.

27 Elliot (Hg.), *Debates*, Bd. 4, S. 286.

28 McColley, *Slavery and Jeffersonian Virginia*, S. 120, 163–90. Zu der Bemerkung Madisons über die Drei-Fünftel-Klausel siehe Clinton Rossiter (Hg.), *The Federalist Papers*, New York 1961, S. 338 f.

29 Elliot (Hg.), *Debates*, Bd. 3, S. 273, 452 f., 598 f. Einen ausgezeichneten Überblick über die allgemeineren Fragen, welche die Zwiespältigkeit der Verfassung zum Thema Sklaverei aufwirft, ist William Wiecek, *The Sources of Antislavery Constitutionalism in America, 1760–1840*, Ithaca, N. Y. 1977.

30 *First Congress*, Bd. 12, S. 649–62.

31 Das ist eine starke Behauptung, die aber in den Quellen wurzelt (die auf den nächsten Seiten dargestellt werden) und in Übereinstimmung mit dem besten wissenschaftlichen Überblick über dieses Thema steht: Larry Tise, *Proslavery: A History of the Defense of Slavery in America, 1701–1840*, Athens, Ga. 1987.

32 *First Congress*, Bd. 12, S. 719–21, 725–35.

33 Ebd., S. 750–61.

34 Tise, *Proslavery*, S. 97–123; hier wird behauptet, selbst das Argument des «positiven Gutes» sei Teil der Position des Tiefen Südens in der Revolutionsära gewesen. Ich kann nicht ganz so weit gehen, auch wenn der Tiefe Süden durchaus die Auffassung vertreten hat, den Afrikanern sei tatsächlich die Sklaverei lieber als eine Freiheit in Armut oder ein Leben in Afrika. Was jedoch in der Revolutionsära fehlt, ist die Behauptung, daß die Lebensverhältnisse für Sklaven im Süden annehmbarer seien als die Verhältnisse für Fabrikarbeiter im Norden, was eine historische Unmöglichkeit gewesen wäre, da es Fabriken erst später gab. Die gegen Ende des 18. Jahrhunderts vertretene sklavereifreundliche Position war, glaube ich, defensiver. Siehe beispielsweise Eric R. Papenfuse, *The Evils of Necessity: Robert Goodloe Harper and the Moral Dilemma of Slavery*, Philadelphia 1997,

sowie John P. Kaminski (Hg.), *A Necessary Evil? Slavery and the Debate Over the Constitution*, Madison 1994.

35 Die eleganteste Argumentation dafür, daß in dieser Periode eine ausgeprägte Rassenideologie geschaffen worden sei, ist Barbara Jeanne Fields, «Slavery, Race and Ideology in the United States of America», in: *New Left Review* 181 (1990), S. 95–118. Für die seit langem gegebene Existenz rassischer Einstellungen und Überzeugungen argumentiert meisterlich Jordan, *White Over Black*. Was ich hier zu behaupten versuche, ist, daß eine kohärente oder explizite Rassenideologie vor dieser Periode nicht erforderlich gewesen war, weil die Sklaverei die Anmaßung der weißen angelsächsischen Überlegenheit institutionalisierte und eine explizite oder systematische Rassenideologie überflüssig machte. Genau wie die bösartigste Rassengesetzgebung in der amerikanischen Geschichte gegen Ende des 19. Jahrhunderts, nach Beendigung der Sklaverei, eingeführt wurde, tauchten die stärksten Rassenargumente Ende des 18. Jahrhunderts auf, als die Sklaverei bedroht wurde. Doch die zugrundeliegenden Werte, auf denen alle förmlichen Argumente und Gesetze beruhten, waren seit Jahrhunderten vorhanden. Ausführungen zu den rassischen Implikationen des für die Vereinigten Staaten vorgeschlagenen Siegels bietet Robinson, *Slavery in the Structure of American Politics*, S. 135.

36 Die Aussage über die «revolutionäre Zeit» stammt aus Davis, *The Problem of Slavery in the Age of Revolution*, S. 306. Einerseits ist das Buch von Davis immer noch die anspruchsvollste und umfassendste Würdigung des längeren historischen Moments, in dem das Schicksal der Sklaverei nach der Revolution auf Messers Schneide zu stehen schien. Andererseits verschwimmen, weil das Buch den Zeitraum von 50 Jahren als eine Einheit betrachtet, die Muster dieser Periode im umfassenderen Ganzen, und die Unvermeidlichkeit des schließlichen Scheiterns überschattet den gesamten Überblick. Die stärksten Gründe für die Durchführbarkeit eines nationalen Antisklaverei-Programms bietet Nash, *Race and Revolution*, wo die historische Gelegenheit hervorgehoben wird, ohne daß der Verlust dieser Chance an ein bestimmtes Datum geknüpft würde, aber völlig die starken Kräfte ignoriert werden, mit denen sich jede Antisklaverei-Initiative auseinandersetzen mußte, und dann die ziemlich bizarre Behauptung aufgestellt wird, die Hauptverantwortung, ja die Schuld am Scheitern trage der Norden. Die These, die hier vertreten wird und die mir unbestreitbar erscheint, ist, daß Virginia die Schlüsselstellung hatte.

37 Die Pläne von Fairfax und Tucker sind leicht zugänglich in Nash, *Race and Revolution*, S. 146–65. Die beste Analyse der Elemente, die alle aus Virginia stammenden Pläne einer schrittweisen Freilassung beinhalteten, bietet Jordan, *White Over Black*, S. 555–67.

38 Robinson, *Slavery in the Structure of American Politics*, S. 6–8, bietet die konkretesten ökonomischen Schätzungen und das klarste negative

Urteil; er kommt zu dem Schluß, daß sich «die Sklaverei in der Gründungsperiode nicht durch politische Prozesse hätte eliminieren lassen». Nash, *Race and Revolution*, S. 5 f., 20, offeriert keine ökonomischen Belege dafür, daß die Freilassung durchführbar gewesen wäre, nimmt aber an, daß das Fehlen eines entschiedenen Vorgehens ein moralisches und politisches Versäumnis gewesen sei, und betont den Mangel an Führung im Norden, womit er zu verstehen gibt, daß die Kosten das Unternehmen nicht unmöglich gemacht hätten. Freeling, «The Founding Fathers, Conditional Antislavery, and the Nonradicalism of the American Revolution», S. 76–84, steuert einen vorsichtigeren mittleren Kurs, er liefert keine systematischen ökonomischen Argumente, behauptet aber, daß die Summe der politischen, ökonomischen und rassischen Faktoren dahingehend konvergierte, die Optionen zu beschränken und praktisch sicherzustellen, daß die Sklaverei weiterbestehen würde. Zur Rückwärtsentwicklung Jeffersons von der Avantgarde zur Nachhut der Antisklaverei-Bewegung siehe Ellis, *American Sphinx*, S. 146–52.

39 Nach dem Tucker-Plan beispielsweise wären nur Sklavinnen im Alter von 28 Jahren freigelassen worden und danach dann ihre Kinder, wenn sie dasselbe Alter erreicht hätten. (Die Pläne zur schrittweisen Freilassung, für die man sich in New York und New Jersey entschied, enthielten analoge Klauseln, welche die Auswirkungen der Freilassung ebenso wie die Kosten staffeln sollten.) Tucker betonte die Zeitverzögerung als zentrales Element seines Plans, der für die gegenwärtige Generation keine Kosten verursachte. Er lieferte keine konkreten Schätzungen der Entschädigungshöhe, und meine Schätzung der Höhe des Amortisationsfonds, etwa 50 Millionen Dollar, ist nicht mehr als eine auf gewisse Informationen gestützte Vermutung. Gleichwohl soll der von mir geschätzte Wert die realistischen ökonomischen Parameter deutlich werden lassen, die der praktischste der zur Verfügung stehenden Pläne implizierte. Vielleicht hätte es eine gleitende Entschädigungsskala geben sollen, die frühere Freilassungen dadurch begünstigte, daß sie Sklavenbesitzer belohnte, die vor dem gesetzlich festgesetzten Termin tätig wurden.

40 Freeling, «The Founding Fathers, Conditional Antislavery, and the Nonradicalism of the American Revolution», S. 83, spricht dieses Argument sogar noch dezidierter aus: «Eine solche Gesellschaftsordnung, die im Hinblick auf Hautfarbe, ethnische Zugehörigkeit und Geschlecht blind war, hatte es niemals gegeben, nicht in diesen Gefilden und auch nirgends sonst.»

41 P. J. Staudenraus, *The African Colonization Movement, 1816–1865*, New York 1961, ist die Standard-Geschichtsdarstellung. Siehe auch George M. Fredrickson, *The Black Image in the White Mind: The Debate on Afro-American Character and Destiny, 1817–1914*, New York 1971. Von allen prominenten Staatsmännern der damaligen Zeit beschäftigte sich Madison am intensivsten mit der afrikanischen Op-

tion. Eine elegante Zusammenfassung dieses Denkens bietet Drew McCoy, *The Last of the Fathers: James Madison and the Republican Legacy*, Cambridge 1989, S. 279–83.

42 Die große Franklin-Biographie ist immer noch Carl Van Doren, *Benjamin Franklin*, New York 1938. Die beste neuere Biographie ist Esmond Wright, *Franklin of Philadelphia*, Cambridge 1986. Zu Franklins Leistungen als Naturwissenschaftler siehe I. Bernard Cohen, *Science and the Founding Fathers*, New York 1995, S. 135–95. Der klassische Versuch, Franklins historischen Ruf zu untergraben, ist David H. Lawrence, *Der Untergang der Pequod: Studien zur klassischen amerikanischen Literatur*, übers. v. Werner Richter, Wien, Zürich 1992, S. 21–36. Zu den sich wandelnden Bildern von Franklin siehe Nian-Sheng Huang, *Benjamin Franklin in American Thought and Culture*, Philadelphia 1994. Eine scharfsichtige Beurteilung des Franklinschen Charakters enthält Robert Middlekauf, *Benjamin Franklin and His Enemies*, Berkeley 1996. Und diese wissenschaftlichen Quellen sind nur die Spitze des sprichwörtlichen Eisbergs. Zu der Einstufung Jeffersons, wonach Franklin gleich nach Washington komme, während alle anderen «in der zweiten Reihe» stünden, siehe Jefferson an William Carmichael, 12. August 1788, in: Boyd, Bd. 13, S. 502.

43 Zu Franklins früher Karriere in der pennsylvanischen Politik siehe William Hanna, *Benjamin Franklin and Pennsylvania Politics*, Stanford 1964. Seine englische Phase behandelt Verner W. Crane, *Benjamin Franklin's Letters to the Press, 1758–1775*, Chapel Hill 1950. Zu seiner Pariser Zeit siehe Claude-Ann Lopez, *Mon Cher Papa: Franklin and the Ladies of Paris*, New Haven 1990.

44 Zur Antisklaverei-Petition Franklins auf dem Verfassungskonvent siehe *Records*, Bd. 3, S. 361. Tench Coxe war das Mitglied der Pennsylvania Abolition Society, das ihn dazu drängte, die Petition zurückzuziehen, mit der Begründung, «Zeit und Ort wären sehr unpassend, um das Ersuchen zu wagen» (zitiert in Davis, *The Problem of Slavery in the Age of Revolution*, S. 321).

45 Albert H. Smyth (Hg.), *The Writings of Benjamin Franklin*, Bd. 1–10, New York 1907, Bd. 10, S. 87–91.

46 *First Congress*, Bd. 12, S. 809 f., 812–22, 825–27.

47 Von allen prominenten Staatsmännern, die zu diesem Zeitpunkt Schweigen als die höchste Form der Führung anzusehen beliebten, ist Washington der faszinierendste, teils deshalb, weil er der größte Sklavenhalter war (auf seinen Plantagen lebten mehr als 300 Sklaven), und teils, weil er, vielleicht als einziger, die Statur besaß, mit der er den politischen Kontext hätte ändern können, wenn er sich dazu entschlossen hätte. Das Washington-Zitat stammt aus Washington an John Mercer, 9. September 1786, in: John C. Fitzpatrick (Hg.), *The Writings of George Washington*, Bd. 1–39, Washington, D. C. 1931–44, Bd. 29, S. 5. Siehe auch Fritz Hirschfeld, *George Washington and Slavery: A Documentary Portrayal*, St. Louis 1997. Zu einem Ge-

spräch mit den Herausgebern der modernen Edition des Washington-Nachlasses zu diesem Thema siehe Sarah Booth Conroy, *Washington Post*, 16. Februar 1998. Washington war natürlich in der Gründergeneration das herausragende Beispiel für die «Gabe der Schweigsamkeit», wie John Adams sie nannte. Aus heutiger Sicht war dies eine der Gelegenheiten, bei denen man sich nur hätte wünschen können, daß ihn diese Gabe im Stich gelassen hätte.

48 Madison an Edmund Randolph, 21. März 1790; Madison an Benjamin Rush, 20. März 1790, in: Rutland, Bd. 13, S. 109f.

49 Madison an Rush, 20. März 1790; Thomas Pleasants, Jr., an Madison, 10. Juli 1790; Madison an Robert Pleasants, 30. Oktober 1791, in: Rutland, Bd. 13, S. 109, 271, Bd. 14, S. 117. Siehe auch McColley, *Slavery in Jeffersonian Virginia*, S. 182.

50 Madison an Rush, 20. März 1790, in: Rutland, Bd. 13, S. 109. Die klügste Würdigung des von Natur aus zwiespältigen Madisonschen Denkens zum Thema Sklaverei ist McCoy, *The Last of the Fathers*, S. 217–322.

51 Madison an Randolph, 21. März 1790, in: Rutland, Bd. 13, S. 110.

52 *First Congress*, Bd. 12, S. 832–44; John Pemberton an James Pemberton, 16. März 1790, zitiert in: Nash, *Race and Revolution*, S. 41.

53 Zu der Debatte und der Abstimmung über den Ausschußbericht siehe *First Congress*, Bd. 3, S. 338f.

54 Ebd., S. 340f.

55 Ebd., S. 341, zu der endgültigen Fassung der Resolution. Der Kommentar Madisons stammt aus *First Congress*, Bd. 12, S. 842. Washington ist zitiert nach Washington an David Stuart, 28. März 1790, in: Fitzpatrick, Bd. 31, S. 28–30.

56 Zur Petition von 1792 siehe *Annals of Congress*, Second Congress, Second Session, S. 728–31. Zu der Bemerkung Websters siehe Daniel Webster an John Bolton, 17. Mai 1833, in: Charles Wiltse (Hg.), *The Papers of Daniel Webster*, Bd. 1–7, Hanover, N.H. 1974–86, Bd. 3, S. 252f.

57 *First Congress*, Bd. 3, S. 375.

4 Der Abschied

1 Zur Washington-Mythologie bieten drei Bücher einen ausgezeichneten Überblick: Marcus Cunliffe, *George Washington, Man and Monument*, Boston 1958; Paul Longmore, *The Invention of George Washington*, Berkeley 1988; Barry Schwartz, *The Making of an American Symbol*, New York 1987.

2 Longmore, *The Invention*, S. 24; Schwartz, *The Making of an American Symbol*, S. 127; Richard Brookhiser, *Founding Father: Rediscovering George Washington*, New York 1996, S. 22f.

3 Albert H. Smyth (Hg.), *The Writings of Benjamin Franklin*, Bd. 1–10, New York 1907, Bd. 10, S. 111f.

4 Jefferson an Washington, 23. Mai 1792, in: Boyd, Bd. 22, S. 123; Schwartz, *The Making of an American Symbol*, S. 38 f.; Gary Wills, *Cincinnatus: George Washington and the Enlightenment*, New York 1984.

5 Victor H. Paltsits (Hg.), *Washington's Farewell Address*, New York 1935, S. 2 f.

6 Matthew Spalding u. Patrick J. Garrity, *A Sacred Union of Citizens: George Washington's Farewell Address and the American Character*, Lanham, Md. 1996, ist die neueste und umfassendste wissenschaftliche Untersuchung. Zur Geschichtsschreibung siehe Burton J. Kaufman, *Washington's Farewell Address: The View from the Twentieth Century*, Chicago 1969. Die Darstellung in Stanley Elkins u. Eric McKitrick, *The Age of Federalism: The Early American Republic*, 1787–1800, New York 1993, S. 489–528, bietet die beste prägnante Zusammenfassung der allgemeineren Hintergründe des Rückzugs Washingtons in der politischen Kultur der 1790er Jahre.

7 Spalding u. Garrity, *A Sacred Union*, S. 45–48; Paltsits (Hg.), *Washington's Farewell Address*, S. 308 f.

8 Syrett, Bd. 20, S. 169–73, enthält eine ausgezeichnete Anmerkung des Herausgebers zu der Rolle, die Hamilton spielte; Paltsits (Hg.), *Washington's Farewell Address*, S. 30 f.; zum Ames-Zitat siehe Smith, Bd. 2, S. 940; Madison an Monroe, 14. Mai 1796, in: Smith, Bd. 2, S. 941; James Thomas Flexner, *George Washington: Anguish and Farewell*, 1793–1799, Boston 1972, S. 292–307.

9 John Adams an Abigail Adams, 14. Januar 1797, zitiert in: Smith, Bd. 2, S. 895. Zur Jeffersonschen Version der ciceronischen Pose siehe Joseph J. Ellis, *American Sphinx: The Character of Thomas Jefferson*, New York 1997, S. 139–41.

10 Schwartz, *The Making of an American Symbol*, S. 18 f., gibt eine ausgezeichnete Beschreibung der körperlichen Verfassung Washingtons, die auch das Zitat Rushs enthält. Brookhiser, *Founding Father*, S. 114 f., behandelt die körperliche Erscheinung Washingtons ebenfalls sehr gut. Mantle Fielding, *Gilbert Stuart's Portraits of Washington*, Philadelphia 1933, S. 77–80, bietet die beste zeitgenössische Beschreibung der körperlichen Züge Washingtons, wie sie von einem Künstler geschildert wurden, dessen Auge darin geübt war, solche Dinge wahrzunehmen. Washingtons Äußerung zum Älterwerden findet sich in Washington an Robert Lewis, 26. Juni 1796, in: Fitzpatrick, Bd. 35, S. 99.

11 Zu Adams' Äußerungen über Washington und die «Gabe der Schweigsamkeit» siehe Adams an Benjamin Rush, 22. April 1812, in: Alexander Biddle (Hg.), *Old Family Letters*, Philadelphia 1892, S. 161–73, 375–81.

12 Das Jefferson-Zitat entstammt seinen «Anas», in: Ford, Bd. 1, S. 168. Im gleichen Stil siehe Jefferson an Madison, 9. Juni 1793, in: Smith, Bd. 2, S. 780–82. Zu den Anzeichen des körperlichen Verfalls siehe Flexner, *George Washington*, S. 156 f.

13 *Aurora*, 17. Oktober 1796.
14 Ebd., 6. März 1796; Schwartz, *The Making of an American Symbol*, S. 68, 99; John Keane, *Tom Paine: A Political Life*, Boston 1995, S. 430–52.
15 Washington an David Humphreys, 12. Juni 1796, in: Fitzpatrick, Bd. 35, S. 91 f.
16 Das Zeitungszitat ist wiedergegeben in: Douglas S. Freeman, *George Washington: A Biography*, Bd. 1–7, New York, 1948–57, Bd. 7, S. 321. Zu Washingtons königlichem Stil siehe insbesondere Schwartz, *The Making of an American Symbol*, S. 48–61.
17 Der scharfsichtigste zeitgenössische Kommentator zu Washingtons einzigartigem und höchst paradoxem Status war John Adams, der die absolute Notwendigkeit eines singulären Führers anerkannte, welcher die nationale Regierung zusammenhalten konnte, und der zugleich die Gefahren erkannte, die darin lagen, Washington zu einem Übermenschen zu machen. Die klarste Erörterung dieses Dilemmas findet sich in den Briefen, die Adams an Benjamin Rush schrieb, kurz nachdem er sich zur Ruhe gesetzt hatte (siehe *Spur*, S. 185 f.).
18 Die beste Synthese der unterschiedlichen wissenschaftlichen Interpretationen der Abschiedsansprache ist Arthur A. Markowitz, «Washington's Farewell and the Historians», in: *Pennsylvania Magazine of History and Biography* 94 (1970), S. 173–91. Siehe besonders Felix Gilbert, *To the Farewell Address: Ideas of Early American Foreign Policy*, Princeton 1961.
19 Den dramatischen Sinn für Abgänge, über den Washington verfügte, beschreibt am prägnantesten Wills, *Cincinnatus*, S. 3–16.
20 Seine Rede an die Armee sowie seine Ansprache an den Kongreß nach seinem Rücktritt finden sich in *Writings*, S. 542–45, 547–50. Zu der Bemerkung Georgs III. siehe Wills, *Cincinnatus*, S. 13.
21 Die beiden herausragenden wissenschaftlichen Arbeiten zu diesem Thema sind Don Higginbotham, *George Washington and the American Military Tradition*, Athens, Ga. 1985, und Charles Royster, *A Revolutionary People at War: The Continental Army and American Character*, Chapel Hill 1979.
22 Washington an John Barrister, 21. April 1778, in: Fitzpatrick, Bd. 6, S. 107 f.
23 Der Beschluß, André hinzurichten, war Washingtons unpopulärste Entscheidung während des Krieges und führte zu einer lebhaften Korrespondenz (siehe *Writings*, S. 387–90).
24 Washington an Henry Laurens, 14. November 1778, in: Fitzpatrick, Bd. 13, S. 254–57. Die Bedeutung dieser Beobachtung betont Edmund S. Morgan in seinem biographischen Essay über Washington in *The Meaning of Independence*, New York 1976, S. 47 f.
25 *Writings*, S. 516 f.
26 Ebd., S. 517.

27 Isaiah Berlin, *The Hedgehog and the Fox: An Essay on Tolstoy's View of History*, London 1954.
28 Washington an Humphreys, 3. März 1794, in: Fitzpatrick, Bd. 32, S. 398 f.
29 *Writings*, S. 840; Washington an Charles Carroll, 1. Mai 1796, in: Fitzpatrick, Bd. 37, S. 29–31.
30 Lawrence Kaplan, *Entangling Alliances with None: American Foreign Policy in the Age of Jefferson*, Kent, Ohio 1987, hebt den Konsens hervor, der unter den politischen Führern Amerikas bestand; Elkins u. McKitrick, *The Age of Federalism*, S. 375–450, fassen die Parteiunterschiede als ernsthaftere Ausdrucksformen einer tiefen Spaltung auf. Ich neige zu der Ansicht, daß sie der Wahrheit näher kommen.
31 Drei wissenschaftliche Darstellungen sind hier ertragreich: Samuel Flagg Bemis, *Jay's Treaty: A Study in Commerce and Diplomacy*, New Haven 1962; Jerald A. Combs, *The Jay Treaty: Political Battleground of the Founding Fathers*, Berkeley 1970; Elkins u. McKitrick, *The Age of Federalism*, S. 375–450.
32 Smith, Bd. 2, S. 882 f.; Adams an William Cunningham, 15. Oktober 1808, in: *Correspondence Between the Honorable John Adams... and William Cunningham, Esq.*, Boston 1823, S. 34; Washington an Edmund Randolph, 31. Juli 1795, in: Fitzpatrick, Bd. 34, S. 266.
33 Madison an Jefferson, 4. April 1796, in: Smith, Bd. 2, S. 929 f.; Jefferson an Edward Rutledge, 30. November 1795, in: Ford, Bd. 7, S. 39 f.
34 Smith, Bd. 2, S. 887 f.; Jefferson an Monroe, 21. März 1796, in: Ford, Bd. 7, S. 67 f.
35 Jefferson an Madison, 27. März 1796; Madison an Jefferson, 9. Mai 1796, in: Smith, Bd. 2, S. 928, 937; Jefferson an Monroe, 12. Juni 1796, in: Ford, Bd. 7, S. 80. Die von Jefferson gegebene politische Einschätzung der Gründe für die Verabschiedung des Jay-Vertrages war klug, aber der Einfluß Washingtons erhielt, auch wenn er entscheidend war, ganz gewaltige Unterstützung durch eine Verschiebung bei Wählern, die in erster Linie am Zugang zu Land im Westen interessiert waren. Die englische Zusage, sich aus Forts zurückzuziehen, also die Verpflichtungen zu erfüllen, die im Vertrag von Paris (1783) gemacht worden waren, war bei der Herbeiführung der Verschiebung an und für sich wichtig. Ebenso wichtig war aber die Nachricht vom Pinckney-Vertrag, in dem Spanien den Zugang zum Mississippi zugestand und dadurch die Aussichten für Siedlungen und Handel im riesigen amerikanischen Landesinneren verbesserte.
36 Vollständiger dargestellt ist diese Seite der Mentalität Jeffersons in Ellis, *American Sphinx*, besonders S. 151 f.
37 Dies ist die Verschwörungsperspektive, die Jefferson in seinen «Anas», der Sammlung von Anekdoten und Gerüchten, die er zu späterer Veröffentlichung während der Jahre seines Ruhestandes sammelte, vertrat. Zu den Anekdoten selbst siehe Ford, Bd. 1, S. 168–78. Die beste Analyse der «Anas» ist Joanne Freeman, «Slander, Poison,

Whispers and Fame: Jefferson's ‹Anas› and Political Gossip in the Early Republic», in: *JER* 15 (1995), S. 25–58. Die aufschlußreichste Äußerung Jeffersons, in der sich auch die Bemerkung «Sie wohnen alle in Städten» findet, war «Notes on Professor Ebeling's Letter of July 30, 1785», in: Ford, Bd. 7, S. 44–49.

38 Zur Whiskey Rebellion siehe Thomas P. Slaughter, *The Whiskey Rebellion*, New York 1986. Zur Reaktion Washingtons auf die Erhebung siehe Richard H. Kohn, «The Washington Administration's Decision to Crush the Whiskey Rebellion», in: *JAH* 59 (1972), S. 567–74.

39 Jefferson an Mann Page, 30. August 1795, in: Ford, Bd. 7, S. 24 f. Siehe auch Jefferson an Monroe, 26. Mai 1795, in: Ford, Bd. 7, S. 16 f.; Jefferson an Madison, 30. Oktober 1794, in: Smith, Bd. 2, S. 858. Die Standardeinschätzung der Jeffersonschen Verschwörungsperspektive ist Lance Banning, *The Jeffersonian Persuasion: Evolution of a Party Ideology*, Ithaca, N. Y. 1978.

40 Jefferson an Phillip Mazzei, 24. April 1796, in: Ford, Bd. 7, S. 72–78. Der Brief wurde schließlich am 14. März 1797 in der New Yorker Zeitung *The Minerva* veröffentlicht. Nach seinem Erscheinen hörte jede Korrespondenz zwischen Mount Vernon und Monticello auf.

41 Das Zitat stammt aus Jefferson an Tench Coxe, 1. Juni 1795, in: Ford, Bd. 7, S. 22.

42 Jefferson an Coxe, 1. Mai 1794; Jefferson an William Short, 3. Januar 1793, in: Ford, Bd. 6, S. 507 f., 153–56.

43 Jefferson an Monroe, 16. Juli 1796, in: Ford, Bd. 7, S. 89.

44 Washington an Jefferson, 6. Juli 1794, in: *Writings*, S. 951–54. Zur jeffersonfreundlichen Darstellung dieser Episode siehe Dumas Malone, *Jefferson and His Times*, Bd. 1–6, Boston 1948–81, Bd. 3, S. 307–11.

45 Die beste Analyse des Verhaltens Monroes als Gesandter in Frankreich ist Elkins u. McKitrick, *The Age of Federalism*, S. 497–504. Zu der Korrespondenz, in der Washington versuchte, die Äußerungen Monroes zu ergründen, gehören unter anderem folgende Briefe: Washington an Hamilton, 26. Juni 1796, in: Syrett, Bd. 20, S. 239; Washington an Secretary of State, 25. Juli u. 27. Juli 1796; Washington an Monroe, 26. August 1796, in: Fitzpatrick, Bd. 35, S. 155, 157, 187–90. Siehe auch die Notiz zu der Unterstützung, die Monroe den Kaperungen amerikanischer Schiffe durch die Franzosen angedeihen ließ, in: Fitzpatrick, Bd. 35, S. 155, 157, 187–90, sowie in: Syrett, Bd. 20, S. 227.

46 Die knappste Darstellung des Randolphschen Fiaskos bieten in der modernen wissenschaftlichen Literatur Elkins u. McKitrick, *The Age of Federalism*, S. 424–31. Siehe auch zwei alte, aber hilfreiche Darstellungen: W. C. Ford, «Edmund Randolph on the British Treaty, 1795», in: *AHR* 12 (1907), S. 587–99; Monocure D. Conway, *Omitted Chapters in the History Disclosed in the Life and Papers of Edmund Randolph*, New York 1888.

47 Zu der Korrespondenz über diese Episode gehören: Randolph an Washington, 20., 29., 31. Juli 1795; Washington an Randolph, 22. Juli, 3. August 1795, in: Fitzpatrick, Bd. 34, S. 244–55; siehe auch Washington an Hamilton, 29. Juli 1795, in: Syrett, Bd. 18, S. 525. Den Ruf Randolphs verteidigt in etwas übertriebener Weise Irving Brant, «Edmund Randolph. Not Guilty!», in: *WMQ* 7 (1950), S. 179–98.

48 Eine praktische Zusammenfassung der Debatte über die Frage der Autorschaft bieten Spalding u. Garrity, *A Sacred Union*, S. 55–58.

49 Paltsits (Hg.), *Washington's Farewell Address*, S. 160–63, 212–17, 227.

50 Ebd., S. 14 f., 241–43. Die Geschichte ist hübsch zusammengefaßt in: Spalding u. Garrity, *A Sacred Union*, S. 46–49.

51 Paltsits (Hg.), *Washington's Farewell Address*, S. 242.

52 Ebd., S. 246 f.; der «erste Entwurf», den Washington an Hamilton sandte, ist abgedruckt ebd., S. 164–73.

53 Ebd., S. 249 f.

54 Ebd., S. 250–53, 257. Siehe auch Syrett, Bd. 20, S. 265–68, 292 f.

55 Washington an Hamilton, 25. August 1796, in: Syrett, Bd. 20, S. 307–09. Der «einbeziehende Entwurf», der Washington nicht so gut gefiel, ist abgedruckt ebd., S. 294–303. Zum Überarbeitungsvorgang und zu den Veränderungen, die Washington vornahm, siehe Spalding u. Garrity, *A Sacred Union*, S. 53 f.

56 *Writings*, S. 968.

57 Ebd., S. 974 f.

58 Paltsits (Hg.), *Washington's Farewell Address*, S. 260.

59 Ebd., S. 172.

60 Ebd., S. 252 f.

61 Ebd., S. 258 f.

62 Ebd., S. 245–57; *Writings*, S. 972.

63 Washingtons Achte Jahresansprache ist abgedruckt in: *Writings*, S. 978–85. Der Entwurf Hamiltons findet sich in: Syrett, Bd. 20, S. 382–88.

64 Flexner, *George Washington*, S. 324–27, und Elkins u. McKitrick, *The Age of Federalism*, S. 495 f., machen auf die stark nationalistische Botschaft aufmerksam, die Washington vortrug. Einige Historiker tun diese Botschaft zwar als Werk Hamiltons ab und deshalb als Beweis dafür, daß Washington in seiner letzten Verlautbarung als Präsident vor dem Hamilton-Flügel der Föderalistischen Partei kapitulierte, aber mir scheint, daß diese Interpretation an dem vorbeigeht, worum es allgemeiner geht, nämlich daran, daß Washington in diesen Fragen keiner Belehrung von seiten Hamiltons bedurfte und immer noch seine eigenen Gründe dafür hatte, die verstärkten Befugnisse der Bundesregierung als unentbehrliche Instrumente anzusehen; dabei war der Hauptgrund der, daß sein Rückzug ein Vakuum schuf, das der Füllung durch Bundesinstitutionen bedurfte. Selbst Jefferson, der

1801 das Präsidentenamt in der vollen Absicht antrat, diese Institutionen und politischen Zielsetzungen eher zu demontieren als zu festigen, fand in seiner ersten Amtszeit heraus, daß der Entwurf Washingtons, auch wenn der große Mann jetzt im Grabe lag, immer noch in der politischen Landschaft umging. Selbst als in den frühen Jahren des 19. Jahrhunderts Jefferson triumphierte und parallel dazu die Föderalistische Partei als nationale Kraft besiegt wurde, blieb der Kern der Washingtonschen Vision lebendig, denn ohne ihn hätte die amerikanische Nation selbst zu existieren aufgehört. Ein wiederauferstandener Washington hätte sich, das will ich sagen, 1861 auf die Seite Lincolns und der Union gestellt.

65 Paltsits (Hg.), *Washington's Farewell Address*, S. 252f.

66 Die einzige, wenn auch unzulängliche monographische Studie über dieses Thema ist Fritz Hirschfeld, *George Washington and Slavery: A Documentary Portrayal*, St. Louis 1997. Immer noch wertvoll wegen seiner Behandlung der Haltung Washingtons als Sklavenbesitzer ist Flexner, *George Washington*, S. 432–48. Die gründlichste Würdigung in neuerer Literatur ist Robert E. Dalzell, Jr., u. Lee Baldwin Dalzell, *George Washington's Mount Vernon: At Home in Revolutionary America*, New York 1998, S. 112, 211–19.

67 *Writings*, S. 956f.

68 Ebd., S. 957–60.

69 Paltsits (Hg.), *Washington's Farewell Address*, S. 261f.; William Duane, *A Letter to George Washington ... Containing Strictures of His Address*, Philadelphia 1796, S. 11f.; *Aurora*, 17. Oktober 1796; Washington an Benjamin Walker, 12. Januar 1797, in: Fitzpatrick, Bd. 35, S. 363–65.

70 Washington an Bürger von Alexandria, 23. März 1797, in: Fitzpatrick, Bd. 35, S. 423.

71 Washingtons Meinung über den Stand der Politik in Virginia kommt am besten zum Ausdruck in Washington an Patrick Henry, 9. Oktober 1795, ebd., S. 335. Seine Ansichten über die Republikanische Partei im Staat nach seinem Amtsverzicht gehen hervor aus Washington an Henry Knox, 2. März 1797, in: *Writings*, S. 986f., und Washington an Lafayette, 25. Dezember 1798, in: Fitzpatrick, Bd. 37, S. 66. Jeffersons unmittelbare Meinung über Washington war ebenso kritisch: «Der Präsident hat das Glück, genau in dem Moment abzutreten, in dem die Blase platzt, und die anderen dürfen die Scherben aufsammeln. ... Er wird wie üblich das Glück haben, mit Hilfe der guten Taten anderer Anerkennung einzuheimsen und ihnen die Folgen seiner Fehler zu hinterlassen.» Siehe hierzu Jefferson an Madison, 8. Januar 1797, in: Smith, Bd. 2, S. 955, und Malone, *Jefferson and His Times*, Bd. 3, S. 307–11, der den Riß zuzukleistern versucht. Zur Rolle Washingtons bei der Errichtung der nationalen Hauptstadt und zu seinem Einsatz nicht für virginische, sondern für nationale Prioritäten siehe C. M. Harris, «Washington's Gamble, L'Enfant's Dream: Poli-

tics, Design, and the Founding of the National Capital», in: *WMQ* 56 (Juli 1999), S. 527–64.

72 Flexner, *George Washington*, S. 456–62.

5 Die Zusammenarbeit

1 Merill Peterson, *Adams and Jefferson: A Revolutionary Dialogue*, Oxford 1978, betrachtet die Zusammenarbeit aus der Perspektive Jeffersons. Ich habe zwei Darstellungen der Partnerschaft Adams-Jefferson gegeben: *Passionate Sage: The Character and Legacy of John Adams*, New York 1993, S. 113–42; und *American Sphinx: The Character of Thomas Jefferson*, New York 1997, S. 235–51.

2 Abigail Adams an Jefferson, 6. Juni 1785, in: Cappon, Bd. 1, S. 28.

3 Diese Skizze der Laufbahn von Adams beruht auf den Standardbiographien: Gilbert Chinard, *Honest John Adams*, Boston 1933; Page Smith, *John Adams*, Bd. 1–2, New York 1962; Peter Shaw, *The Character of John Adams*, Chapel Hill 1976. Die befriedigendste einbändige Biographie, die seine gesamte öffentliche Laufbahn behandelt und dabei die Geschichte berücksichtigt, in der sie verankert war, ist John Ferling, *John Adams: A Life*, Knoxville, Tenn. 1992. Zwei knappe und kluge Würdigungen des Adamsschen Temperaments sind Bernard Bailyn, *Faces of Revolution: Personalities and Themes in the Struggle for American Independence*, New York 1990, S. 3–21; und Edmund S. Morgan, «John Adams and the Puritan Tradition», in: *NEQ* 34 (1961), S. 518–29. Die frischeste und vollständigste Untersuchung über Adams als politischen Denker ist C. Bradley Thompson, *John Adams and the Spirit of Liberty*, Lawrence, Kans. 1998.

4 Adams an Abigail Adams, 19. Dezember 1793, in: Charles Francis Adams (Hg.), *Letters of John Adams, Addressed to His Wife*, Bd. 1–2, Boston 1841, Bd. 2, S. 133. Über Adams als Vizepräsidenten gibt es keine zufriedenstellende Arbeit. Ferling, *John Adams*, S. 185–217, bietet von den Biographen die vollständigste Darstellung. Siehe auch Linda Dudek Guerrero, *John Adams's Vice-Presidency 1789–97: The Neglected Man in the Forgotten Office*, New York 1982.

5 Adams an Abigail Adams, 19. Dezember 1793, 12. März 1794, in: *Adams*, Rolle 377; Adams an Thomas Brand-Hollis, 19. Februar 1792, in: *Adams*, Rolle 375.

6 Siehe den Briefwechsel zwischen Adams und Abigail, ganz besonders in der Zeit von 1794 bis 1796 (*Adams*, Rolle 378–381). Adams an Benjamin Rush, 4. April 1790, in: Alexander Biddle (Hg.), *Old Family Letters*, Philadelphia 1892, S. 168–70.

7 Adams an Ebenezer Stokes, 20. März 1790, in: *Adams*, Rolle 115.

8 James H. Hutson, «John Adams's Title Campaign», in: *NEQ* 41 (1968), S. 30–39; Jefferson an Madison, 29. Juli 1789, in: Boyd, Bd. 15, S. 315 f.

9 Adams an William Tudor, 28. Juni 1789; Adams an Rush, 5. Juli 1789, in: *Adams*, Rolle 115.

10 Eine Analyse des Adamsschen politischen Denkens, wie es sich in *Discourses on Davila* widerspiegelt, findet sich in: Ellis, *Passionate Sage*, S. 143–73, und Thompson, *John Adams*, S. 149–73. Eine praktische Synthese der Presseveröffentlichungen, in denen Adams als heimlicher Monarchist hingestellt wird, bietet Dumas Malone, *Jefferson and His Times*, B. 1–6, Boston 1948–81, Bd. 3, S. 283–85.

11 *Discourses on Davila* erschien zunächst von April 1790 an als Folge von 31 Artikeln in der *Gazette of the United States*; Jefferson an Washington, 8. Mai 1791, in: Ford, Bd. 5, S. 328–30; siehe auch Jefferson in seinen «Anas», in: Ford, Bd. 1, S. 166f.; Jefferson an Adams, 30. August 1791; Adams an Jefferson, 30. Juli 1791, in: Cappon, Bd. 1, S. 245–50.

12 Jefferson an Adams, 30. August 1791, in: Cappon, Bd. 1, S. 250. Zu Jeffersons späterer Erinnerung an diese Episode, in der er sein fortbestehendes Gefühl betont, daß Adams ein Verräter an der republikanischen Tradition sei, siehe Jefferson an William Short, 3. Januar 1825, in: Ford, Bd. 10, S. 328–35. Jefferson erzählte Adams einfach eine andere Fassung der Geschichte als allen anderen.

13 Adams an Abigail Adams, 3. Februar 1793, in: *Adams*, Rolle 376.

14 Eine praktische Zusammenfassung der drastischsten Donnerworte, die Adams gegen die Französische Revolution schleuderte, bietet Ellis, *Passionate Sage*, S. 91–98. Zu seiner Einschätzung der Motive, die Jefferson für die Unterstützung der Französischen Revolution hatte, siehe Adams an Abigail Adams, 3. Februar, 26. Dezember 1793, in: *Adams*, Rolle 376.

15 Adams an Abigail Adams, 6. Januar 1794, in: *Adams*, Rolle 377.

16 Adams an John Quincy Adams, 3. Januar 1794, ebd.

17 Zur Zusammenarbeit zwischen Jefferson und Madison ist ergiebig Adrienne Koch, *Jefferson and Madison: The Great Collaboration*, New York 1950; Madison an Jefferson, 5. Oktober 1794, in: Smith, Bd. 2, S. 857.

18 Jefferson an Madison, 5. Oktober 1794, 27. April 1795, in: Smith, Bd. 2, S. 857, 897f.; Jefferson an Adams, 25. April 1794, in: Cappon, Bd. 1, S. 254; Jefferson an Washington, 14. Mai 1794, in: Ford, Bd. 6, S. 509f. Und diese Briefe sind nur Beispiele für den viel umfangreicheren Dialog in diesem Stil.

19 Malone, *Jefferson and His Times*, Bd. 3, S. 276–83, bietet prägnante Ausführungen zum Burr-Besuch und zum politischen Kontext, der damals in Virginia bestimmend war. Ellis, *American Sphinx*, S. 121–33, behandelt die Fähigkeit Jeffersons, sich nach Monticello zurückzuziehen und dabei gleichzeitig still und heimlich eine Präsidentschaftskampagne in Gang zu setzen.

20 Madison an Monroe, 26. Februar 1796, in: Smith, Bd. 2, S. 940f.; Jefferson an Archibald Stuart, 4. Januar 1797, in: Ford, Bd. 7, S. 103.

21 Drei moderne Biographien von Abigail Adams sind besonders nützlich: Charles W. Akers, *Abigail Adams: An American Woman*, Boston 1980; Lynne Withey, *Dearest Friend: A Life of Abigail Adams*, New York 1981; Phyllis Lee Levin, *Abigail Adams: A Biography*, New York 1987. Zwar keine vollständige Biographie, aber die beste Charakterstudie Abigails ist Edith B. Gelles, *Portia: The World of Abigail Adams*, Bloomington, Ill. 1992. Zu den Zitaten siehe Adams an Abigail Adams, 5. Dezember, 16. Dezember 1794, in: *Adams*, Rolle 378; Abigail Adams an Adams, 5. Januar 1795, in: *Adams*, Rolle 379.

22 Adams an Abigail Adams, 2. Dezember 1793, 12. März 1794; Abigail Adams, 6. Dezember 1794, in: *Adams*, Rolle 378.

23 Abigail Adams an Adams, 4. Januar 1795; Adams an John Quincy Adams, 25. August 1795, in: *Adams*, Rolle 379.

24 Adams an Abigail Adams, 2., 6. Dezember 1794, in: *Adams*, Rolle 378; Abigail Adams an Adams, 10. April 1796, in: *Adams*, Rolle 381.

25 Adams an Abigail Adams, 10. Februar 1796, in: *Adams*, Rolle 381.

26 Adams an Abigail Adams, 14. Februar 1796, ebd.

27 Abigail Adams an Adams, 21. Januar, 20. Februar 1796; Adams an Abigail Adams, 15., 19. März 1796, ebd.

28 Adams an Abigail Adams, 7. Januar 1796, ebd.; Abigail Adams an Adams, 31. Dezember 1796, 1. Januar 1797, in: *Adams*, Rolle 382.

29 Adams an Abigail Adams, 8. April, 8., 12. Dezember 1796, in: *Adams*, Rolle 381, 382.

30 Jefferson an Madison, 1. Januar 1797, in: Smith, Bd. 2, S. 953; Jefferson an Stuart, 4. Januar 1797, in: Ford, Bd. 7, S. 102 f.; Abigail Adams an Adams, 31. Dezember 1796, in: *Adams*, Rolle 382.

31 Jefferson an Madison, 22. Januar 1797, in: Smith, Bd. 2, S. 959 f.; Abigail Adams an Adams, 15. Januar 1797, in: *Adams*, Rolle 382.

32 Fisher Ames an Rufus King, 24. September 1800, in: Charles R. King (Hg.), *The Life and Correspondence of Rufus King*, Bd. 1–6, New York 1895, Bd. 3, S. 304; Adams an Elbridge Gerry, 20. Februar 1797, in: *Adams*, Rolle 117.

33 Madison an Jefferson, 22. Januar 1797, in: Smith, Bd. 2, S. 961.

34 Adams an Abigail Adams, 15. März 1797, in: *Adams*, Rolle 382.

35 Jefferson an Edward Rutledge, 27. Dezember 1796, in: Ford, Bd. 7, S. 93–95; Jefferson an Thomas Mann Randolph, 28. November 1796, zitiert in Malone, *Jefferson and His Times*, Bd. 3, S. 290 f.; Jefferson an Madison, 16. Januar 1797, in: Smith, Bd. 2, S. 958 f.

36 Jefferson an Madison, 8. Januar 1797, in: Smith, Bd. 2, S. 955; Merrill D. Peterson, *Visitors to Monticello*, Charlottesville 1989, S. 31.

37 Jefferson an Adams, 28. Dezember 1796, in: Smith, Bd. 2, S. 954 f.

38 Madison an Jefferson, 15. Januar 1797, ebd., S. 956–58.

39 Jefferson an Madison, 30. Januar 1797, ebd., S. 962 f.

40 Ford, Bd. 1, S. 272 f.; Smith, Bd. 2, S. 966–97.

41 Adams an Abigail Adams, 9., 17., 27. März 1797, in: *Adams*, Rolle 383.

42 Das ist meine interpretierende Synthese, die auf den Standarddarstellungen der Adams-Präsidentschaft beruht: Stephen G. Kurtz, *The Presidency of John Adams: The Collapse of Federalism, 1795–1800*, Philadelphia 1957; Manning Dauer, *The Adams Federalists*, Baltimore 1953; Ralph A. Brown, *The Presidency of John Adams*, Lawrence, Kan. 1975. Die maßgebliche Darstellung dieses verworrenen Moments in der amerikanischen Politik ist Stanley Elkins u. Eric McKitrick, *The Age of Federalism: The Early American Republic, 1787–1800*, New York 1993, S. 513–28.

43 Jefferson an Rutledge, 24. Juni 1797, in: Ford, Bd. 7, S. 154 f.; Jefferson an John Wise, 12. Februar 1798; Jefferson an Martha Jefferson Randolph, 17. Mai 1798, in: Smith, Bd. 2, S. 996, 1063.

44 Adams an John Quincy Adams, 3. November 1797, in: *Adams*, Rolle 117.

45 Abigail Adams an Cotton Tufts, 8. Juni 1798, in: *Adams*, Rolle 392; Smith, *John Adams*, Bd. 2, S. 933.

46 Adams an John Quincy Adams, 2. Juni 1797, in: *Adams*, Rolle 119.

47 Abigail Adams an Mary Cranch, 20. März 1798, in: Stewart Mitchell (Hg.), *New Letters of Abigail Adams, 1788–1801*, Boston 1947, S. 146 f.

48 Smith, *John Adams*, Bd. 2, S. 937.

49 Ebd., S. 958; Abigail Adams an William Smith, 20., 30. März 1798, in: *Adams*, Rolle 392; Smith, Bd. 2, S. 1010.

50 Das Standardwerk über die Fremden- und Aufruhrgesetze ist James Morton Smith, *Freedom's Letters: The Alien and Sedition Laws and American Civil Liberties*, Ithaca, N. Y. 1956. Von den Adamsschen Biographen neigt Smith, *John Adams*, Bd. 2, S. 975–78, dazu, Adams zu verteidigen, indem er die Schwere der Bedrohung für die Bürgerrechte herunterspielt; Ferling, *John Adams*, S. 365–68, sieht diese Episode als großen Fehler von Adams. Die Ausführungen in Elkins u. Kitrick, *The Age of Federalism*, S. 590–93, 694 f., sind elegant und ausgeglichen und warnen davor, unser modernes Verständnis von Bürgerrechten oder Pressefreiheit einem Zeitalter überzustülpen, das sich erst tastend in Richtung auf eine umfassendere Version der Schutzbestimmungen des Ersten Verfassungszusatzes hinbewegte. Diese letztgenannte Warnung, die mir historisch, wenn auch nicht politisch korrekt erscheint, muß ganz eindeutig betont werden. Als monumentales Beispiel dafür, zu welchen Fehlern das Hineintragen der heutigen Sicht führt, ist zu nennen das Schrotschuß-Buch von Richard Rosenfeld, *American Aurora: A Democratic-Republican Returns*, New York 1997.

51 Abigail Adams an Mercy Otis Warren, 25. April 1798, zitiert in Ferling, *John Adams*, S. 365; Abigail Adams an Cranch, 26. April 1798, in: Mitchell (Hg.), *New Letters*, S. 165; Smith, Bd. 2, S. 1003–05.

52 Richard Welch, *Theodore Sedgwick, Federalist: A Political Portrait*, Middletown, Conn. 1965., S. 185 f.; Syrett, Bd. 22, S. 494 f.; Abigail Adams an Adams, 3. März 1799, in: *Adams*, Rolle 393.

53 Adams an Abigail Adams, 31. Dezember 1798, 1. Januar 1799; Abigail Adams an Adams, 27. Februar 1799, in: *Adams*, Rolle 392, 393.
54 Abigail Adams an Elizabeth Peabody, 7. April 1799, in: *Adams*, Rolle 393.
55 Adams an James McHenry, 22. Oktober 1798, in: *Adams*, Rolle 119. Das Standardwerk über die Bedrohung, die von der New Army ausging, ist Richard W. Kohn, *Eagle and Sword: The Beginnings of the Military Establishment in America*, New York 1975. Siehe auch Syrett, Bd. 22, S. 452–54.
56 Abigail Adams an William Smith, 7. Juli 1798, in: *Adams*, Rolle 392.
57 Jefferson an Madison, 2., 21., 22. März 1798, in: Smith, Bd. 2, S. 1024, 1029.
58 Madison an Jefferson, 18. Februar 1798, ebd., S. 1021.
59 Jefferson an Madison, 6. April 1798; Madison an Jefferson, 15. April 1798, 13., 20. Mai 1798, ebd., S. 1002, 1036–38, 1048 f., 1051.
60 Jefferson an Madison, 24. Mai 1798, 3. Januar, 19., 26. Februar 1799, ebd., S. 1053, 1056, 1085, 1086.
61 Zur Karriere Callenders siehe Michael Durey, *With the Hammer of Truth: James Thomas Callender and America's Early National Heroes*, Charlottesville 1990; Jefferson an Monroe, 26. Mai 1801, 15. Juli 1802, in: Ford, Bd. 8, S. 57 f., 164–68. Die beste wissenschaftliche Untersuchung über die republikanischen Bemühungen, Adams anzuschwärzen, ist C. O. Lerche, Jr., «Jefferson and the Election of 1800: A Case Study in the Political Smear», in: *WMQ* 8 (1948), S. 467–91.
62 Jefferson an Monroe, 5. April 1798, in: Ford, Bd. 7, S. 233; Madison an Jefferson, 18. Februar 1798; Theodore Sedgwick an Rufus King, 9. April 1798, in: Smith, Bd. 2, S. 997, 1021.
63 Jeffersons Entwurf zu den Kentucky-Resolutionen ist abgedruckt in Smith, Bd. 2, S. 1080–84. Der einleitende Essay (ebd., S. 1063–75) bietet die fairste und vollständigste Behandlung des Kontextes. Die vorangegangene Darstellung, in der Jefferson nachsichtiger beurteilt wird, ist Adrienne Koch u. Harry Ammon, «The Virginia and Kentucky Resolutions: An Episode in Jefferson's and Madison's Defense of Civil Liberties», in: *WMQ* 5 (1945), S. 170–89.
64 Smith, Bd. 2, S. 1108–12; siehe auch die Anmerkungen des Herausgebers in Rutland, Bd. 17, S. 199–206, 303–07.
65 Jefferson an Madison, 23. August 1799, in: Smith, Bd. 2, S. 1118 f.; Jefferson an Wilson Cary Nicholas, 5. September 1799, in: Ford, Bd. 7, S. 389–92. Eine elegante Würdigung des Madisonschen Einflusses auf Jefferson und der gewaltigen verfassungsrechtlichen Kluft, welche die beiden Kollegen zu ignorieren vermochten, liefert Drew R. McCoy, *The Last of the Fathers: James Madison and the Republican Legacy*, Cambridge 1989. Siehe auch Leonard Levy, *The Emergence of a Free Press*, New York 1985, S. 315–25.

66 Madison an Jefferson, 4. April 1800, in: Smith, Bd. 2, S. 1131 f. Zur Durchsetzung des Aufruhrgesetzes siehe Smith, *Freedom's Letters*, S. 176–87.

67 Smith, *Freedom's Letters*, S. 270–74; Elkins u. McKitrick, *The Age of Federalism*, S. 694–713; Ellis, *American Sphinx*, S. 217–19. Die wissenschaftlichen Beweise dafür, daß Jefferson der Vater von zumindest einem von Sallys Kindern, Eston Hemings, war, wurden publiziert in *Nature*, November 1998, S. 27 f. Siehe auch die erläuternde Notiz von Eric S. Lander u. Joseph J. Ellis, «DNA Analysis: Founding Father», in: *Nature*, November 1998, S. 13 f.

68 Jefferson an John Breckenridge, 29. Januar 1800, in: Ford, Bd. 7, S. 417 f.; Jefferson an Madison, 4. März 1800, in: Smith, Bd. 2, S. 1128–30. Zu einem Überblick über die Wahl aus der Perspektive Jeffersons siehe Daniel Sisson, *The American Revolution of 1800*, New York 1974.

69 Ferling, *John Adams*, S. 403 f.; Abigail Adams an Cranch, 5. Mai 1800, in: Mitchell (Hg.), *New Letters*, S. 251, 265.

70 Syrett, Bd. 25, S. 178–202, bietet den Text des Hamiltonschen Pamphlets sowie die dadurch veranlaßte Korrespondenz von Adams und anderen Föderalisten.

71 Jefferson an Levi Lincoln, 25. Oktober 1802, in: Ford, Bd. 8, S. 175 f.; siehe die abschließenden Erwägungen in Elkins u. McKitrick, *The Age of Federalism*, S. 750–54.

72 Das erste Adams-Zitat stammt aus Zoltán Haraszti, *John Adams and the Prophets of Progress*, Cambridge, Mass. 1953, S. 57; Adams an Thomas Boylston Adams, 24., 26. Januar 1801, in: *Adams*, Rolle 400; Ferling, *John Adams*, S. 405–13, faßt gut das Gefühl der Resignation zusammen, das Adams hatte.

73 Adams an Gerry, 30. Dezember 1800, in: *Adams*, Rolle 399. Dies ist eine stark komprimierte Darstellung der historischen Abstimmung im Repräsentantenhaus, bei der es um die Wahl zwischen Jefferson und Burr ging. Die Standarddarstellung ist jetzt Elkins u. McKitrick, *The Age of Federalism*, S. 743–50.

74 Jefferson an Madison, 19. Dezember 1800, in: Smith, Bd. 2, S. 1154, zu den Erwartungen Jeffersons im Hinblick auf entgegenkommendes Verhalten. Vollständiger behandelt habe ich die Geschichte dieser letzten Tage der Adams-Präsidentschaft in: *Passionate Sage*, S. 19–25.

6 Die Freundschaft

1 Adams an Samuel Dexter, 23. März 1801; Adams an Benjamin Stoddert, 31. März 1801, in: *Works*, Bd. 10, S. 580–82.

2 Abigail Adams an Thomas Boylston Adams, 12. Juli 1801, in: *Adams*, Rolle 400; Adams an Francis Vanderkemp, 25. Januar 1806, in: *Adams*, Rolle 118.

3 Adams an William Cranch, 23. Mai 1801, in: *Adams*, Rolle 118; Adams an Benjamin Waterhouse, 29. Oktober 1805, in: Worthington C. Ford (Hg.), *Statesman and Friend: The Correspondence of John Adams and Benjamin Waterhouse*, 1784–1822, Boston 1927, S. 31.
4 Abigail Adams an Jefferson, 20. Mai 1804, in: Cappon, Bd. 1, S. 268 f.
5 Jefferson an Abigail Adams, 14. Juni 1804, ebd., S. 270 f.
6 Abigail Adams an Jefferson, 1. Juli 1804, ebd., S. 271–74.
7 Jefferson an Abigail Adams, 22. Juli, 11. September 1804, ebd., S. 274–76, 279 f.
8 Abigail Adams am Jefferson, 25. Oktober 1804, ebd., S. 280–82.
9 Jefferson an Francis Hopkinson, 13. März 1789, in: Boyd, Bd. 14, S. 650.
10 Adams-Postskriptum, 19. November 1804, in: Cappon, Bd. 1, S. 282.
11 Adams an Benjamin Rush, 18. April 1808, in: *Spur*, S. 107.
12 Adams an Rush, 30. September 1805, in: Alexander Biddle (Hg.), *Old Family Letters*, Philadelphia 1892, S. 86; Lyman H. Butterfield (Hg.), *The Diary and Autobiography of John Adams*, Bd. 1–4, Cambridge, Mass. 1961, Bd. 3, S. 335 f.; Adams an Rush, 21. Juni 1811, in: *Spur*, S. 182.
13 Diese frühen Jahre des Ruhestands von Adams habe ich detaillierter behandelt in: *Passionate Sage: The Character and Legacy of John Adams*, New York 1993, S. 57–83. Mercy Otis Warren an Adams, 7., 15. August 1807, in: Charles Francis Adams (Hg.), *Correspondence Between John Adams and Mercy Otis Warren*, abgedruckt in: *Collections of the Massachusetts Historical Society* 4 (1878), S. 422 f., 449; Adams an William Cunningham, 22. Februar, 31. Juli 1809, in: *Correspondence Between the Honorable John Adams ... and William Cunningham, Esq.*, Boston 1823, S. 93, 151; Adams an Nicholas Boylston, 3. November 1819, in: *Adams*, Rolle 124.
14 Adams an Rush, 23. Juli 1806, in: *Spur*, S. 61.
15 Rush an Adams, 23. März 1805; Adams an Rush, 29. November 1812, ebd., S. 25, 254 f.
16 Adams an Rush, 22. Dezember 1806, ebd., S. 72 f.
17 Adams an Rush, 17. August 1812, in: Biddle (Hg.), *Old Family Letters*, S. 420.
18 Adams an Rush, 12. Juni, 17. August 1812, in: *Spur*, S. 225, 242.
19 Adams an Rush, 20. Juni 1808, 14. November 1812, ebd., S. 110, 252.
20 Adams an Rush, 30. September 1805, 14. März 1809, 21. Juni 1811, 11. November 1807, 8. Januar, 14. Mai 1812, in: *Spur*, S. 39–42, 97–99, 181, 204, 216 f.
21 Ellis, *Passionate Sage*, S. 143–73; Adams an Rush, 27. September 1809, in: *Spur*, S. 155; John Ferling u. Lewis E. Braverman, «John Adams's Health Reconsidered», in: *WMQ* 55 (1998), S. 83–104.
22 Adams an Cunningham, 16. Januar 1804, in: *Correspondence Between the Honorable John Adams ... and William Cunningham, Esq.*, S. 7–9; Adams an Rush, 18. April 1808, in: *Spur*, S. 107 f.

23 Adams an Rush, September 1807, in: *Spur*, S. 93.
24 Adams an Rush, 10. Oktober 1808, ebd., S. 122f.
25 Adams an Rush, 23. März 1809, ebd., S. 139.
26 Rush an Adams, 16. Oktober 1809, ebd., S. 156f.
27 Adams an Rush, 25. Oktober 1809, ebd., S. 158f.
28 Rush an Jefferson, 2. Januar 1811, zitiert in: *Spur*, S. 157f.
29 Jefferson an Rush, 5. Dezember 1811, in: Ford, Bd. 9, S. 300. Siehe auch Lyman H. Butterfield, «The Dream of Benjamin Rush: The Reconciliation of John Adams and Thomas Jefferson», in: *Yale Review* 40 (1950/51), S. 297–319.
30 Adams an Rush, 25. Dezember 1811, in: *Spur*, S. 200–02.
31 Adams an Jefferson, 1. Januar 1812, in: Cappon, Bd. 2, S. 290; Adams an Rush, 10. Februar 1812, in: *Adams*, Rolle 118; Rush an Adams, 17. Februar 1812, in: *Spur*, S. 211; die Bemerkung über den «Seemannskameraden» findet sich in Donald Stewart u. George Clark, «Misanthrope or Humanitarian? John Adams in Retirement», in: *NEQ* 28 (1955), S. 232.
32 Das Zitat stammt aus Adams an Jefferson, 15. Juli 1813, in: Cappon, Bd. 2, S. 357. Ich habe die Korrespondenz zwischen Adams und Jefferson in zwei früheren Büchern untersucht: aus der Adams-Perspektive in: *Passionate Sage*, S. 113–42; aus der Jefferson-Perspektive in: *American Sphinx: The Character of Thomas Jefferson*, New York 1997, S. 281–300. Die hier gegebene Darstellung ist ein Versuch, die Perspektiven beider Männer miteinander zu verbinden und den Briefwechsel als bewußten Schlußstein zum Werk der Revolutionsgeneration zu würdigen.
33 Jefferson an Adams, 12. Oktober 1823; Adams an Jefferson, 10. November 1823, in: Cappon, Bd. 2, S. 600–02. Ein typischer Brief brauchte für den Weg von Quincy nach Monticello oder umgekehrt sieben bis zehn Tage, und beide Männer waren erstaunt über die vergleichsweise Schnelligkeit der Beförderung, die sie als ein Zeichen des technischen Fortschritts und des Anbruchs eines «neuen Zeitalters» ansahen, das ganz anders war als ihre Zeit.
34 Jefferson an Adams, 21. Januar 1812; Adams an Jefferson, 3. Februar 1812, ebd., S. 291f., 295.
35 Jefferson an Adams, 5. Juli 1814; Adams an Jefferson, 16. Juli 1814, ebd., S. 430f., 435.
36 Jefferson an Adams, 11. Juni 1812; Adams an Jefferson, 11. Juni 1813; Jefferson an Adams, 12. September 1820, ebd., S. 305–07, 328, 566f. Das Adams-Zitat über Samuel Johnson stammt aus seinem Briefwechsel mit Catherine Rush, 23. Februar 1815, in: *Adams*, Rolle 118.
37 Adams an Jefferson, 1. Mai 1812; Jefferson an Adams, 27. Mai 1813, in: Cappon, Bd. 2, S. 301, 324.
38 Adams an Jefferson, 10. Juni 1813; Jefferson an Adams, 15. Juni 1813, ebd., S. 326f., 331f.

39 Jefferson an Adams, 15. Juni 1813, ebd., S. 331 f.
40 Adams an Jefferson, 14., 25., 28., 30. Juni 1813, ebd., S. 329 f., 333–35, 338–40, 346–48.
41 Adams an Jefferson, 15. Juli 1813, ebd., S. 358.
42 Jefferson an Adams, 27. Juni 1813, ebd., S. 335 f.
43 Ebd., S. 336–38.
44 Ebd., S. 337.
45 Adams an Jefferson, 9. Juli 1813, ebd., S. 350–52.
46 Adams an Jefferson, 9., 13. Juli, 14. August, 19. Dezember 1813, ebd., S. 351 f., 355, 365, 409.
47 Jefferson an Adams, 28. Oktober 1813, ebd., S. 387–92.
48 Jefferson an Adams, 24. Januar 1814, ebd., S. 421–25.
49 Adams an Jefferson, 15. November 1813, 16. Juli 1814, ebd., S. 397–402, 438.
50 Adams an Jefferson, 2., 15. September, 15. November 1813, ebd., S. 371 f., 376, 398.
51 *Works*, Bd. 6, S. 461 f.
52 Jefferson an Adams, 11. Januar 1816, in: Cappon, Bd. 2, S. 458–61.
53 Adams an Jefferson, 2. Februar 1816, ebd., S. 461 f.
54 Adams an Jefferson, 16. Dezember 1816, ebd., S. 500 f.
55 Ebd., S. 501–03.
56 Adams an Jefferson, 2. Februar 1816, ebd., S. 462.
57 Adams an Reverend Coleman, 13. Januar 1817, in: *Adams*, Rolle 124; Jefferson an George Logan, 11. Mai 1805, in: Ford, Bd. 9, S. 141.
58 Jefferson an Adams, 10. Dezember 1819, 20. Januar 1821, in: Cappon, Bd. 2, S. 448–50, 569 f. Die extreme Reaktion Jeffersons auf die Missouri-Krise stellt seine ehrfurchtsvolleren Biographen vor ein erhebliches Problem; siehe Dumas Malone, *Jefferson and His Times*, Bd. 1–6, Boston 1948–81, Bd. 6, S. 328–44. Ausgeglichenere und kritischere Würdigungen sind unter anderem Robert Shalhope, «Thomas Jefferson's Republicanism and Antebellum Southern Thought», in: *JSH* 72 (1976), S. 529–56, und Donald S. Fehrenbacher, «The Missouri Controversy and the Sources of Southern Separatism», in: *Southern Review* 14 (1978), S. 653–67. Meine eigene Einschätzung findet sich in: *American Sphinx*, S. 314–34.
59 Adams an Jefferson, 23. November 1819, in: Cappon, Bd. 2, S. 547 f.; Adams an William Tudor, 20. November 1819; Adams an Louisa Catherine Adams, 29. Januar 1820, in: *Adams*, Rolle 124.
60 Jefferson an John Holmes, 22. April 1820, in: Ford, Bd. 10, S. 157 f.; Adams an Jefferson, 3. Februar 1821, in: Cappon, Bd. 2, S. 571 f. Nähme man das Generationenargument wörtlich, dann böte die Familie Adams ein perfektes Beispiel für die ungeschriebenen Regeln. John Adams blieb bei seiner Festlegung auf Schweigen und Vermeidung, aber sein Sohn John Quincy Adams wurde zu einem Führer der Antisklaverei-Bewegung. Überdies wurzelte die führende Stellung

John Quincys in seinen persönlichen Kenntnissen über den Regionalkompromiß, dem sein Vater zugestimmt hatte, sowie in seinem starken Empfinden, daß der Süden, insbesondere Virginia, seinen Teil der Verpflichtung nicht eingehalten habe.

61 Adams an Jefferson, 22. Juni 1819; Jefferson an Adams, 9. Juli 1819; Adams an Jefferson, 21. Juli 1819, in: Cappon, Bd. 2, S. 542–46; Adams an Vanderkemp, 21. August 1819, in: *Adams*, Rolle 124. Die beste und neueste wissenschaftliche Untersuchung über die Mecklenburg-Thematik ist Pauline Maier, *American Scripture: Making the Declaration of Independence*, New York 1997, S. 172–77.

62 Butterfield (Hg.), *The Diary and Autobiography*, Bd. 3, S. 335–52.

63 Zu der Szene mit Abigail auf dem Sterbebett siehe Paul C. Nagel, *Descent from Glory: Four Generations of the John Adams Family*, New York 1983, S. 129 f.; Jefferson an Adams, 1. Juni 1822, in: Cappon, Bd. 2, S. 578 f.

64 Jefferson an Adams, 12. Oktober 1823; Adams an Jefferson, 25. Februar 1825, in: Cappon, Bd. 2, S. 599–601, 610.

65 Jefferson an Adams, 11. April 1823; Adams an Jefferson, 25. Februar 1825, ebd., S. 591–94, 610; Adams an Vanderkemp, 27. Dezember 1816, in: *Works*, Bd. 10, S. 235.

66 Adams an Jefferson, 10. Februar 1823; Jefferson an Adams, 25. Februar 1823, in: Cappon, Bd. 2, S. 587–89.

67 Bennett Nolan (Hg.), *Lafayette in America: Day by Day*, Baltimore 1934, S. 247–57; Jefferson an Madison, 18. Oktober 1825, in: Smith, Bd. 2, S. 1942, zum Browere-Vorfall; Jefferson an Adams, 25. März 1826, in: Cappon, Bd. 2, S. 613 f.

68 Jefferson an Roger C. Weightman, 24. Juni 1826, in: Ford, Bd. 10, S. 390–92. Der handschriftliche Entwurf mit seinen zahlreichen Streichungen und Abänderungen ist abgedruckt in: Ellis, *Passionate Sage*, S. 207.

69 Douglass Adair, «Rumbold's Dying Speech, 1685, and Jefferson's Last Words on Democracy, 1826», in: Trevor Colbourn (Hg.), *Fame and the Founding Fathers: Essays by Douglass Adair*, New York 1974, S. 192–202.

70 Adams an John Whitney, 7. Juni 1826, in: *Works*, Bd. 10, S. 416 f.; Lyman H. Butterfield, «The Jubilee of Independence, July 4, 1826», in: *VMHB* 61 (1953), S. 119–40.

71 Sarah N. Randolph, *The Domestic Life of Thomas Jefferson*, Charlottesville 1978, S. 422–32, zu den letzten Stunden und Worten Jeffersons; siehe auch Ellis, *American Sphinx*, S. 280 f. Zur Szene auf dem Sterbebett in Quincy siehe Eliza Quincy, *Memoirs of the Life of Eliza S. M. Quincy*, Boston 1861; siehe auch Ellis, *Passionate Sage*, S. 209 f.

Personenregister